國家社科基金重大委托項目"《子海》整理與研究"成果

山東省社科規劃重大委托項目成果

子海精華編

主編 王承略 聶濟冬

子略校釋

[宋] 高似孫 撰　司馬朝軍 校釋

山東人民出版社·濟南

國家一級出版社　全國百佳圖書出版單位

圖書在版編目（CIP）數據

子略校釋/（宋）高似孫撰；司馬朝軍校釋. -- 濟南：山東人民出版社，2018.9

（子海精華編/王承略，聶濟冬主編）

ISBN 978－7－209－11529－2

Ⅰ.①子… Ⅱ.①高… ②司… Ⅲ.①圖書目錄—中國—宋代 Ⅳ.①Z812.44

中國版本圖書館 CIP 數據核字（2018）第 180063 號

責任編輯：李　濤
封面設計：武　斌

子略校釋
ZILÜE JIAOSHI
［宋］高似孫　撰　　司馬朝軍　校釋

主管部門　山東出版傳媒股份有限公司
出版發行　山東人民出版社
出　版　人　胡長青
社　　　址　濟南市英雄山路 165 號
郵　　　編　250002
電　　　話　總編室（0531）82098914
　　　　　　市場部（0531）82098027
網　　　址　http://www.sd－book.com.cn
印　　　裝　山東臨沂新華印刷物流集團有限責任公司
經　　　銷　新華書店

規　　　格　32 開（148mm×210mm）
印　　　張　12.5
字　　　數　260 千字
版　　　次　2018 年 9 月第 1 版
印　　　次　2018 年 9 月第 1 次
ISBN 978－7－209－11529－2
定　　　價　78.00 圓

如有印裝質量問題，請與出版社總編室聯繫調換。

國家社科基金重大委托項目"《子海》整理與研究"成果之一

《子海精華編》

工作委員會

主　　任: 樊麗明　土清憲

副 主 任: 李建軍　胡金焱　劉致福　張志華

委　　員(按姓氏筆畫排列):

王　飛　王　偉　王君松　王學典　方　輝　巴金文

邢占軍　杜　福　李平生　李劍峰　吴　臻　胡長青

孫鳳收　陳宏偉　劉丕平　劉洪渭

編纂委員會

學術顧問: 安平秋　周勛初　葉國良　林慶彰　池田知久

總 編 纂: 鄭傑文(首席專家)　王培源

副總編纂: 王承略　劉心明

委　　員(按姓氏筆畫排列):

王　瑋　王　震　王小婷　王國良　李　梅　李士彪

李玉清　何　永　宋開玉　苗　菁　郝潤華　姜　濤

馬慶洲　秦躍宇　高海安　陳元峰　黄懷信　張　兵

張曉生　單承彬　蔡先金　漆永祥　鄧駿捷　劉　晨

聶濟冬　蘭　翠　竇秀豔

《子海精華編》出版説明

"子海",即"子書淵海"的簡稱。"《子海》整理與研究"課題係國家社科基金重大委托項目、山東省社科規劃重大委托項目。該課題分《珍本編》《精華編》《研究編》《翻譯編》四個版塊,力圖把子部珍稀文獻、精華文獻進行深層次的整理、研究和譯介,挖掘子部文獻的價值,促進子學研究的發展。

山東大學向來以文史見長。古籍整理與子學研究,是其中的傳統研究方向。"《子海》整理與研究",是在山東大學前輩學者高亨先生積三十年之力陸續做成的《先秦諸子研究文獻目録》的基础上,由已故著名古籍整理與研究專家董治安先生參與策劃、設計的大型綜合研究課題。課題立項後,得到了宣传部、教育部、財政部、山東省政府和山東大學的大力支持,學界同仁踴躍參與。《精華編》的整理研究團隊近兩百人,來自海内外四十八所高校和研究機構。在組織管理上,《精華編》努力探索傳統文化研究協同創新的新體制、新機制,現已呈現出活力和實效。

華夏文明是由多元文化構築而成的。中國古代子部典籍,以歷代士人個性化作品的形式,系統性地展示了華夏民族的世界觀和方法論,立體性地反映了中華民族對世界文明發展的貢獻。其中,無論是宏篇大論,還是叢殘小語,都激蕩着歷史的聲音,閃爍着智慧的光芒,構成中國古代思想、藝術、科技和生活方式的主體內容。《精華編》通過對子部最优秀的典籍的整理,一方面擷英取粹,爲華夏文明的傳播提供可靠的資源和文本;另一方面以古鑒今,爲當下社會的發展提供智力支持和精神支撑。並希望進而梳理中華傳統文化的多元結構,繼承中華優秀傳統文化的一貫文脈。

根據漢代以後子學發展和子部典籍的實際情況,參照官私目錄的分類與著録,《精華編》選取先秦諸子、儒學、兵家、法家、農家、醫家、曆算、術數、藝術、雜家、小説家、譜録、釋道、類書等十四個類目的要籍幾百種,編爲目録,作爲整理的依據,而在成果展現上則不出現具體的類目。爲統一體例,便於工作,《精華編》編有詳細的《整理細則》,并有簡明的《整理要則》,供整理者遵循使用。

《精華編》整理原則是,對每種子書的整理,突出學術性、資料性和創新性,力求吸納已有的整理成果,推出更具參考價值、更方便閱讀的整理文本。所采用的整理方式,大體有三種:一、部頭較大且前人未曾整理者,采用標點、校勘的方式整理;二、前人曾經標點、校勘者,或采用抽換更好或別具學術特色底本的方式整理,或采用集校、集注的方式整理,或采用校箋、疏證的方式整理,或綜合使用以上方式;三、前人已有較好的注本者,則采用集注、彙評、補正等方式整理。

《精華編》采用五次校審、遞進推動的管理程式,即:一、初校全稿。子海編纂中心組織碩、博研究生,修改文稿錯别字,規範異體字,調整格式,發現並標明校點中的不妥之處。二、初審文稿。子海編纂中心的編纂人員根據情況,解決初校時發現的問題,並判斷書稿的整體質量。三、匿名評審。聘請資深教授通審全稿,全面進行學術把關,消滅硬傷,寫出審稿意見。四、修改文稿。子海編纂中心及時把專家審稿意見反饋給整理者。整理者根據審稿意見修改,做出新文稿。五、終審文稿。待新文稿返回子海編纂中心後,總編纂做最後的學術質量把關。五步程序完成後,將文稿交付出版社。

五次校審的目的是爲了保證學術質量,提高整理水平,減少錯訛硬傷。但校書如掃塵埃落葉,隨掃隨有,《精華編》雖經多道程序嚴加把關,仍難免有錯,懇請方家不吝指教。子海編纂中心將及時總結經驗,吸取教訓,把工作做得更好,以實現課題設計的初衷。

目　録

整理説明

　　《子略》，係南宋高似孫擇取"子部"中諸子著作，依次分卷編纂而成的一部專科目録。下面從作者生平和主要著述、本書内容與主要學術價值、版本源流以及底本與校本的確定情況、此次整理的個人創獲等方面加以説明。

一、作者生平和主要著述

　　高似孫（1158—1231）[①]，字續古，號疏寮，浙江鄞縣（今屬寧波）人，後遷居嵊縣（古稱剡縣）。似孫爲高文虎長子。宋孝宗淳熙十一年進士，賜文林郎。紹熙元年爲會稽主簿，慶元五年除秘書省校書郎，翌年任徽州通判。嘉泰元年

---

　　① 詳見左洪濤、張恒《兩宋浙東高氏家族研究——以由鄞遷剡的高氏家族及其文學爲中心》（海洋出版社 2010 年版）第三章"個案研究——高似孫的生平與相關問題"。據民國二十年（1931）高我桂等第七次續修的永思堂木活字本《剡南高氏宗譜》卷三《内紀行傳》載："（高似孫）生於紹興戊寅（1158）二月初三日，卒于紹定辛卯（1231）十月十五日。娶侍郎趙磻公之女，封恭人，合葬剡北金波山父墳側。事見《邑志》並《傳》。生二子,普、曆。"

知信州，開禧二年知嚴州。嘉定元年封通議大夫、知江陰軍，後與祠祿。嘉定十六年除秘書郎，次年升著作佐郎，兼權吏部右侍郎。寶慶元年出知處州，進官中大夫（從四品），提舉建康府崇禧觀。紹定四年卒於嵊縣，贈通議大夫（正四品）。

高氏才情勃發，文名藉甚，學問亦優，勤於著述，著作多達二十餘種。現存世的有：《剡錄》《史略》《子略》《緯略》《蟹略》《騷略》《硯箋》《疏寮小集》《選詩句圖》《剡溪詩話》①。亡佚的有：《經略》《集略》《詩略》《古世本》《戰國策考》《蜀漢書》《漢書司馬相如傳注》《漢官》《烟雨集》《秦檜傳》及《樂論》等。從其著書目錄來看，高氏在目錄學方面下過不少功夫，其《史略》《子略》與今已失傳的《經略》《集略》《詩略》構成一整套關於我國古籍的專科目錄學系列著作。

二、本書內容與主要學術價值

《子略》共五卷，《子略目》一卷，正文四卷。高似孫在本書序言中介紹了寫作目的：

---

① 俞弁子跋稱《剡溪詩話》非高似孫所著，因其筆意與《緯略》不同。語見《高似孫集》，浙江古籍出版社，2005年，第1061頁。

　　六經後，以士才藝自聲於戰國、秦、漢間，之（往）往騁辭立言，成一家法。觀其跌宕古今之變，發揮事物之機，智力足以盡其神，思致足以殫其用。其指心運志，固不能盡宗於經，而經緯表裏，亦有不能盡忘乎經者。使之純乎道，昌乎世，豈不可馳騁規畫，銷鋅事功，而與典謨、風雅並傳乎？所逢如此，所施又如此，終亦六六與群言如一，百氏同流，可不嗟且措（惜）哉！嗚呼！仲尼皇皇，孟子切切，猶不克如皋、夔，如伊、呂、周、召，況他乎？至若荀况、楊雄氏，王通、韓愈氏，是學孔孟者也，又不可與諸子同日語。或知此意，則一言可以明道藝，究訏謨；可以立身養性，致廣大，盡高明；可以著書立言，丹青金石，垂訓乎後世。顧所擇如何耳，審哉！審哉！乃系以諸子之學，必有因其學而決其傳，存其流而辨其術者，斯可以通名家、究指歸矣。作《子略》。

高氏對於子書的性質、功用皆有所闡發，提出了"經緯表裏"（即"經經子緯、互爲表裏"）的觀點，同時明確指出了諸子"跌宕古今之變，發揮事物之機""純乎道，昌乎世"，"明道藝，究訏謨""致廣大，盡高明""通名家、究指歸"等作用。其書宗旨在於"因其學而決其傳，存其流而辨其術"，與後世章學誠所謂"辨章學術，考鏡源流"若合符契。

　　《子略目》摘録《漢書·藝文志》《隋書·經籍志》《新唐書·藝文志》、庚仲容《子鈔》及鄭樵《通志·藝文略》中的諸子書目，並簡要附録撰者姓名及卷數。正文一至四卷，共著録諸子三十八家，其中《八陣圖》附於《握奇經》，《新序》《説苑》合二爲一，故高氏所撰題識實爲三十六篇。卷一包括《黄帝陰符經》《風后握奇經》（附《八陣圖》）、《鬻子》《太公金匱六韜》《孔叢子》《曾子》《魯仲連子》《晏子春秋》；卷二包括《老子》《莊子》《列子》《文子》；卷三包括《戰國策》《管子》《尹文子》《韓非子》《墨子》《鄧析子》《亢桑子》《鶡冠子》《孫子》《吴子》《范子》《鬼谷子》；卷四包括《吕氏春秋》《黄石公素書》《淮南子》、賈誼《新書》、桓寬《鹽鐵論》、王充《論衡》、《太玄經》《新序》《説苑》《抱朴子》《文中子》《元子》《皮子隱書》。其中，《黄帝陰符經》《風后握奇經》因篇幅短小抄録原書，其餘各家，皆不著録。如有爲諸子作注的，則先於各家名目下羅列注家姓名，並附録書名及卷數。

　　《子略目》一卷大體摘録前志，價值不大。不過高氏於每篇志前分別撰有按語，其中所藴含的高氏本人對待官方史志目録與私家目録的不同態度，直接體現了他的目録學思想。《子略》正文四卷，共三十六篇題識，雖然匯集了别家言論，但大多爲高氏本人撰寫的評論和心得體會，包含了高氏對諸子各家獨到的理解和看法。其中有不少考訂和辨僞的内容，馬端臨編撰《文獻通考》時多所采用。《四庫全書總目》論及高氏《子略》時稱"頗有所考證發明"，又稱其"薈萃諸家，且所見之本猶近古，終非焦竑《經籍志》之流輾轉販鬻、徒構虛詞者比"，可謂允論。高氏於諸子中選取三十八家，逐一解題，采納眾言，分析入理，考證大體精詳。就《子略》全書的組織形式而言，高氏對於書目體式的探索和嘗試，體現了他在書目體例建構方面勇於創新的一面。總之，《子略》一書在目錄學、考據學等方面所具有的學術價值是不言而喻的。

三、版本源流以及底本與校本的確定情況

現存最早的《子略》版本，收錄在刻於南宋咸淳年間《百川學海》叢書裏。其後明弘治十四年華珵、嘉靖十五年鄭氏宗文堂、民國十六年陶湘涉園翻刻的《百川學海》，以及《四庫全書》《學津討原》《四明叢書》《叢書集成初編》《四部備要》都收錄了《子略》一書。此外，日本國立公文圖書館藏南宋刻本（內閣文庫五二〇八號，僅存目及前三卷）。董康《書舶庸譚》卷八載："《子略》三卷。與前（按指《史略》）同一行款，蓋同時梓行。前有序目，序未署名。"《史略》序作於寶慶元年，此本爲宋本無疑。經過比較版本異同之後，《子略》大體可分爲三個版本系統：

（一）《百川學海》本自爲一系；（二）學津本、四明本、叢編本、四部本爲一系，凡與底本文字有別的地方，這四個版本對應之處基本相同；（三）四庫本亦自成一系，該本與底本文字出入較大，且徑自改動處較多，誠如顧頡剛所謂"爲求其文從字順，時時憑臆竄改"。

本書以中華再造善本《百川學海》叢書中所收録的《子略》爲底本，再用影刊《百川學海》本、《四庫全書》本、《學津討原》本、《四明叢書》本、《叢書集成初編》本、《四部備要》本及日本内閣文庫本對校。此外，我們在校勘時還充分利用了《文獻通考》所引用的《子略》。底本避宋諱"玄"字，以"元"代之，今統一改正，不再出注。

四、此次整理的個人創獲

第一，高氏在《子略目》中，對前代子書書目皆有所删減，這種隨心所欲的做法未免太任性。我們在整理的過程中發現，爲了提升《子略》的學術價值，必須對這一部分加大注釋的力度，特別是對《漢書·藝文志·諸子略》進行集釋，梳理好子書的源頭，做好正本清源的工作。我們由此認識到《漢志》的魅力，進而撰寫《漢書藝文志諸子略通考》。

第二，《子略》在諸子辨僞方面取得了一定的成就。正如顧頡剛所説："宋代繼承柳宗元辨子書真僞的是高似孫，他所作的《子略》四卷是他説子書時的筆記……由於這本書是隨筆性的，所以體例不謹嚴，文辭又拖沓，心得也稀少，在學術上的地位不高。不過，他總是上承柳宗元，下開宋濂、胡應麟的一個人，不能抹殺他的篳路藍縷的功勞。"有鑒於此，我們加大了有關辨僞資料的集釋工作，有利於更加清楚地判斷《子略》一書在辨僞史上的功過得失。

龍文真等人曾經參與前期的材料搜集與注釋工作，王獻松博士也有所貢獻，審稿專家晁岳佩教授精心審訂，提出了若干修改意見，謹此致謝。

子略序

六經[1]後，以士[2]才藝自聲於戰國、① 秦、漢間，之往騁辭[3]立言，② 成一家法[4]。觀其跌宕古今之變，發揮事物之機，智力足以盡其神[5]，思致足以殫其用[6]。其指心運志，固不能盡宗於經，而經緯[7]表裏，亦有不能盡忘乎經者。使之純乎道，昌乎世，豈不可馳騁規畫[8]，鉤鈲[9]事功，而與典謨[10]、風雅[11]並傳乎？所逢如此，所施又如此，終亦六六與群言如一，③ 百氏[12]同流，可不嗟且措哉!④ 嗚呼! 仲尼[13]皇皇[14]，孟子[15]切切[16]，猶不克[17]如皋[18]、夔[19]，如伊[20]、呂[21]、周[22]、召[23]，況他乎？至若荀況[24]、⑤ 楊

---

① "以士"，學津本、四部本、叢編本、四明本、日本內閣文庫本均作"士以"，底本文義不通，當據各本改正。
② "之往"，學津本、四庫本、四部本、叢編本、四明本、日本內閣文庫本均作"往往"，底本文義不通，當據各本改正。
③ "六六"，四庫本作"碌碌"。按："六""碌"古音同，"六六"，即"碌碌"，隨眾附和貌，平庸無能貌。
④ "措"，學津本、四庫本、四部本、叢編本、四明本、日本內閣文庫本均作"惜"，底本文義不通，當據各本改正。
⑤ "荀況"，學津本、四庫本、四部本、叢編本、四明本作"荀況"。

1

雄[25]氏，① 王通[26]、韓愈[27]氏，是學孔孟者也，又不可與諸子同日語。或知此意，則一言可以明道藝[28]，究訏謨[29]；可以立身養性，致廣大，盡高明[30]；可以著書立言，丹青金石[31]，垂訓乎後世。顧所擇如何耳，審哉！審哉！乃系以諸子之學，必有因其學而決其傳、存其流而辨其術者，斯可以通名家、究指歸矣。作《子略》。②

【集釋】

[1]六經：六部先秦時期的經典，謂《易》《詩》《書》《春秋》《禮》《樂》。《樂》後來失傳，"六經"遂變爲"五經"。"六經"先秦時或爲百家之通學，然唯儒家獨能從中發揮微言大義，故逐漸成爲儒家專守之經典。

[2]士：古代諸侯設上士、中士、下士，士的地位在大夫與庶人之間，爲貴族階級中之最底層。

[3]騁辭：謂自如地、盡情地運用言語文辭。

[4]成一家法：猶"成一家之言""成一家之説"，謂諸子競相立説。

[5]智力足以盡其神：變化之不測謂之神，此即言才智與勇力足以窮盡事物之變化。

[6]思致足以殫其用：思慮與才性足以竭盡事物之利用。

[7]經緯：本义爲織物的縱綫和橫綫，此處比喻條理、秩序、法度。

[8]規畫：籌劃，謀劃。

---

① "楊雄"，學津本、四庫本、四部本、叢編本、四明本作"揚雄"。
② 原注："此葉缺，按華氏翻宋本補。"

[9] 鎗：象聲詞。形容鐘、鼓等發出的聲音。鏳：象聲詞。常形容金、玉等物的撞擊聲。

[10] 典謨：《尚書》中《堯典》《舜典》和《大禹謨》《皋陶謨》等篇的並稱。

[11] 風雅：指《詩經》中的《國風》和《大雅》《小雅》。亦用以指代《詩經》。

[12] 百氏：猶言諸子百家。

[13] 仲尼：即孔子（前551—前479），子姓，以孔爲氏，名丘，字仲尼。春秋時期魯國陬邑昌平鄉（今曲阜市南辛鎮）人。孔子是我國古代儒家學派的創始人，相傳曾修《詩》《書》，訂《禮》《樂》，序《周易》，作《春秋》。孔子師郯子、萇弘、師襄、老聃，有弟子三千，賢弟子七十二人。事迹詳見《史記·孔子世家》。

[14] 皇皇：美盛貌，莊肅貌。

[15] 孟子（前372—前289），名軻，字子輿。戰國時期魯國人，魯國慶父後裔。孟子繼承並發揚了孔子的思想，有“亞聖”之稱，與孔子合稱爲“孔孟”。

[16] 切切：相互敬重切磋勉勵貌。《廣雅·釋訓》：“切切，敬也。”

[17] 克：猶及。《文選·班固〈東都賦〉》：“原野厭人之肉，川谷流人之血。秦項之災，猶不克半。”李周翰注：“比於秦末項羽之災，猶未及此之半。”

[18] 皋：古同“皋”，指皋陶，相傳爲舜之賢臣，掌刑獄之事，以正直聞名天下。

[19] 夔：人名。相傳舜時樂官。《禮記·樂記》：“昔者舜作五弦之琴，以歌《南風》。夔始制樂，以賞諸侯。”鄭玄注：“夔，舜時典樂者也。”

[20] 伊：即伊尹，商湯大臣，名伊，一名摯，尹是官名。相傳生

於伊水，故名。是湯妻陪嫁的奴隸，後助湯伐夏桀，被尊爲阿衡。湯去世後歷佐卜丙（即外丙）、仲壬二王。後太甲即位，因荒淫失度，被伊尹放逐到桐宮，三年後迎之復位。

［21］呂：即呂尚，字子牙，一名望，尊稱太公望，武王尊姜尚之號爲“師尚父”，世稱“姜太公”。

［22］周：即周公旦，也稱叔旦，姬姓，西周宗室，文王子，武王弟，成王叔。武王死後，成王年幼，周公攝政當國。其兄弟管叔、蔡叔和霍叔等人勾結商紂子武庚和徐、奄等東方夷族反叛，史稱三監之亂。他奉命出師，三年後平叛，並將國家勢力擴展至東海。後建成周洛邑，稱爲“東都”。

［23］召：即邵公奭，姬姓，西周宗室。

［24］荀況（約前313—前238），因避西漢宣帝劉詢諱，又稱孫卿。曾三次出任齊國稷下學宮的祭酒，後爲楚蘭陵（今山東蘭陵）令。荀子對儒家思想有所發展，提倡性惡論。

［25］楊雄：一作揚雄（前53—18），字子雲，西漢蜀郡成都人。長於辭賦。漢成帝時，奏《甘泉》《河東》《羽獵》《長揚》四賦，被任爲郎。王莽時任大夫，校書天禄閣。多識古文奇字，著有《太玄》《法言》《方言》《訓纂篇》等書。

［26］王通（584—617），字仲淹，隋絳州龍門人。仕隋爲蜀郡司户書佐，文帝仁壽間至長安上《太平十二策》。後知所謀不被用，乃歸河汾間以教授爲業，受業者以千數，時稱河汾門下。著有《元經》《中説》等書。

［27］韓愈（768—824），字退之，唐河内河陽（今河南孟縣）人。唐代古文運動的倡導者，蘇軾稱他“文起八代之衰”，與柳宗元並稱“韓柳”，著有《韓昌黎集》四十卷、《外集》十卷。

［28］道藝：指大道與術藝。

［29］訏謨：遠大宏偉的謀劃。

［30］致廣大，盡高明：語出《中庸》："故君子尊德性而道問學，致廣大而盡精微，極高明而道中庸。"

［31］丹青：指史籍。古代丹册紀勛，青史紀事。金石：指古代鐫刻文字、頌功紀事的鐘鼎碑碣之屬。

子略目卷一

漢書藝文志

史稱劉氏[1]《七略》[2]剖判藝文[3]，揔百家之緒，每一書已，輒條[4]其篇目，撮[5]其指意，録而奏之。自書災於秦，文字掃蕩[6]，斷章脱簡，不絶如綫。上天禄[7]、石渠[8]、麒麟閣[9]者，曾不一二。又雜以漢儒記臆綴續之言，書益蕪駁。枚數《諸子略》所鈔，則所謂建藏書之策者，不過是耳。天不斁喪[10]，猶有可傳者，而後世乃復與之疏闊[11]，鮮克[12]是訂，而書益窮矣。采劉氏《略》，作《子略》。

【集釋】

[1] 劉氏：即劉歆（？—23），字子駿，後改名秀，字穎叔。西漢末沛縣（今屬江蘇）人。劉向之子。成帝時以通《詩》《書》，能屬文，召爲黃門郎。河平元年（前28），奉命與父向總校群書。哀帝時，累遷奉車光禄大夫。復領校五經，卒父前業，總群書而類別爲《七略》。建平元年（前6）建議立《周禮》《左傳》《毛詩》《古文尚書》等古文經於學官。遭今文學博士反對，因移書太常博士責之，語甚激切。由此觸犯執政大臣，出爲河内太守。後歷任五原、涿郡太守，安定屬國都尉。

平帝時王莽執政，任中壘校尉、京兆尹，封紅休侯。使治明堂、辟雍，典儒林史卜之官，考定律曆。又與甄豐、王舜等稱頌王莽功德，議立安漢、宰衡之號。王莽稱帝，拜國師，封嘉新公。後謀誅王莽，事泄，自殺。著《三統曆譜》，計算出圓周率爲3.1547，世稱"劉歆率"。原有著作已佚。明張溥輯有《劉子駿集》，收入《漢魏六朝一百三家集》。

［2］《七略》：我國第一部官修圖書分類目錄著作，劉歆根據其父劉向所撰《別錄》編纂而成。分《輯略》《六藝略》《諸子略》《詩賦略》《兵書略》《術數略》和《方技略》。《漢書·藝文志》即據《七略》爲藍本。原書已佚，清馬國翰、洪頤煊等均有輯本。

［3］藝文：六藝群書之概稱。

［4］條：編排。

［5］撮：摘取，攝取。

［6］文字掃蕩：意指文章、書籍慘遭焚毀。

［7］天禄：漢宮中藏書閣名。漢高祖時創建，在未央宮内。《三輔黃圖·未央宮》："天禄閣，藏典籍之所。《漢宮殿疏》云：'天禄麒麟閣，蕭何造，以藏秘書，處賢才也。'"

［8］石渠：閣名。西漢皇室藏書之處，在長安未央宮殿北。《三輔黃圖·閣》："石渠閣，蕭何造。其下礱石爲渠以導水，若今御溝，因爲閣名。所藏入關所得秦之圖籍。至於成帝，又於此藏秘書焉。"

［9］麒麟閣：漢代閣名。在未央宮中。漢宣帝時曾繪霍光等十一功臣像於閣上，以表彰其功績。封建時代多以畫像於"麒麟閣"表示卓越功勳和最高的榮譽。《三輔黃圖·閣》："麒麟閣，蕭何造，以藏秘書，處賢才也。"

［10］椓喪：遭受傷害，此處爲使動用法。

［11］疏闊：時間相隔久遠。

［12］克：能，能夠。《爾雅》："克，能也。"

《晏子》八篇[1]。名嬰，謚平仲，相齊景公，孔子稱善與人交，有列傳[2]。師古曰："有列傳者，謂《太史公書》。"

【集釋】

[1] 今存。劉向序云："'臣向所校中書《晏子》十一篇……晏子名嬰，謚平仲，萊人。萊者，今東萊地也。晏子博聞強記，通于古今，事齊靈公、莊公、景公，以節儉力行，盡忠極諫道齊，國君得以正行，百姓得以附親，不用則退耕于野，用則必不訕義，不可脅以邪，白刃雖交胸，終不受崔杼之劫。諫齊君懸而至，順而刻，及使諸侯，莫能訕其辭，其博通如此，蓋次管仲。內能親親，外能厚賢，居相國之位，受萬鍾之祿，故親戚待其祿而衣食五百餘家，處士待而舉火者亦甚衆。晏子衣苴布之衣，麋鹿之裘，駕敝車疲馬，盡以祿給親戚朋友，齊人以此重之。晏子蓋短……其書六篇，皆忠諫其君，文章可觀，義理可法，皆合六經之義。又有複重，文辭頗異，不敢遺失，復列以爲一篇。又有頗不合經術，似非晏子言，疑後世辯士所爲者，故亦不敢失，復以爲一篇，凡八篇。其六篇，可常置旁御觀。"前代著録是書，多入儒家。柳宗元《辨晏子春秋》始謂："墨子之徒有齊人者爲之。墨好儉，晏子以儉名於世，故墨子之徒尊著其事，以增高爲己術者。且其旨多尚同、兼愛、非樂、節用、非厚葬久喪者，是皆出墨子。又非孔子，好言鬼神，非儒、明鬼，又出墨子。其言問棗及古冶子等，尤怪誕。又往往言墨子聞其道而稱之，此甚顯白者。……後之録諸子書者，宜列之墨家。非晏子爲墨也，爲是書者，墨之道也。"孫星衍《晏子春秋序》斥柳宗元説爲文人無識："《晏子》八篇，見《藝文志》，後人以篇爲卷，又合《雜》上下二篇爲一，則爲七卷。見《七略》及《隋志》。宋時析爲十四卷，見《崇文總目》，實是劉向校本，非僞書也。《晏子》文最質古，疑出於齊之《春秋》，

即《墨子·明鬼》篇所引。嬰死，其客哀之，集其行事成書，雖無年月，尚仍舊名。凡稱子者，多非自著，無足怪者。柳宗元文人無學，謂墨氏之徒爲之，可謂無識。"顧實《漢書藝文志講疏》認爲"孫説近是"，而陳朝爵《漢書藝文志約説》又堅持"柳説是也"。宋晁公武《郡齋讀書志》、元馬端臨《文獻通考·經籍考》皆從柳宗元之説，改入墨家；《四庫全書總目》又改入史部傳記類，曰："劉向、班固俱列之儒家，惟柳宗元以爲墨子之徒有齊人者爲之。薛季宣《浪語集》又以爲《孔叢子》詰墨諸條今皆見《晏子》書中，則嬰之學實出于墨。蓋嬰雖略在墨翟之前，而史角止魯實在惠公之時，見《呂氏春秋·仲春紀·當染》篇，故嬰能先宗其説也。"《四庫簡明目錄》亦曰："《晏子春秋》八卷，撰人名氏無考，舊題晏嬰撰者，誤也。書中皆述嬰遺事，實魏徵《諫錄》、李絳《論事集》之流，與著書立説者迥別。列之儒家，于宗旨固非；列之墨家，于體裁亦未允；改隸傳記，庶得其真。"《崇文總目》曰："《晏子春秋》十二卷，晏嬰撰。《晏子》八篇，今亡。此書蓋後人采嬰行事爲之，以爲嬰撰則非也。"蔣伯潛《諸子通考》："此書非晏子自著，乃後人采其行事，記其言論，纂輯而成；其成書實在戰國之世。《漢志》以其署名晏子，而晏子與孔子同時，故列之儒家之首爾。"（以上論著録源流）清高士奇《左傳紀事本末》卷二十稱："其言論多可采，先儒謂其本墨氏，夫墨氏原于老子者也。晏子于患難之際，大抵以退避爲長策。如云人有君而人弑之，吾焉得死之，而焉得亡之，正老氏教也。二桃而殺三勇士，清淨流爲名法，不其然哉？"孫德謙《諸子通考》卷四："《晏子春秋》，班《志》列儒家之首，《孔叢子·詰墨》篇所云'察晏子之所行，未有異於儒也'，是已。余嘗謂儒家有晏子，方不與後儒空談經濟者可同年而語。且其書言禮者爲多，正儒家之游文六經也。即有尚同諸説，如柳宗元以爲此書出

《墨子》之後，未嘗無見。然諫上云：'莊公奮乎勇力，不顧於行義。勇力之士，無忌于國，貴戚不薦善，逼邇不引過，故晏子見公。公曰：古者亦有徒以勇力立於世者乎？晏子對曰：嬰聞之，輕死以行禮謂之勇，誅暴不避強謂之力。故勇力之立也，以行其禮義也。'則其開宗明義，用禮義黜勇力，直即孟子之對梁惠王，以仁義辟利也，若是晏子猶非儒家乎哉？劉向《叙録》云：'文章可觀，義理可法，皆合六經之義。'然則晏子之於儒家，惟其合於六經，故列儒家可矣。至詆毀孔子語，《叙録》又云：'又有頗不合經術，似非晏子言，疑後世辯士所爲者。'則劉向明言非出晏子矣。墨子非儒，晏子身爲儒家，且爲孔子所嚴事，其肯毀我孔子與？即有時涉及尚同、兼愛諸義，似近墨家，在晏子不過隨事進諫而已，豈如《墨子》本其宗旨，思以救世者哉？柳氏並見書中屢稱墨子聞其道，則謂齊之墨者所作，若更無可疑義者也，不知引仲尼者亦時有之，安知必出墨學取以增高爲己術者耶？自《文獻通考》始從柳氏之説，次之墨家，而焦氏亦附著此篇，並非儒家爲榮，人之墨家則爲辱，然家數則由此亂矣。夫諸子爲專家之學，所貴首辨者家數也。以晏子之爲儒家，必易而著録墨家，此家學之所以不明耳。"呂思勉《經子解題·晏子春秋》："其書與經子文辭互異，足資參訂處極多；歷來傳注，亦多稱引；絕非僞書。《玉海》因《崇文總目》卷帙之增，謂後人采嬰行事爲書，故卷帙頗多於前，實爲妄説，孫星衍已辨之矣。……今觀全書，稱引孔子之言甚多；引墨子之言者僅兩條；詆毀孔子者，唯外篇不合經術者一至四四章耳。陳義亦多同儒家，而與墨異，以入墨家者非也。全書皆記晏子行事。其文與《左氏》複者頗多。《左氏》之'君子曰'，究爲何人之言，舊多異説。今觀此書，引君子之言亦頗多。則係當時史家記事體例如此。"陳直《周秦諸子述略》云："列國以來，'春秋'名書之義有三：有紀一人之事者，《晏子春秋》是也；有成一家之言者，《虞氏春秋》《呂氏春秋》是也；有紀一時之事者，《楚漢春秋》《吳越春秋》是也。名雖同而派別微異，此書即後代別傳之胚胎，實爲子部支流。紀昀《四庫全書提要》入于史部①，未免循名而失實矣。"陳柱《諸子概論》："《晏子春秋》既非晏子自著，亦非後世僞書，其所以名爲'春秋'，則由其爲紀晏子一人之事，而所以列於子家不入史家，則又以其所記重在乎學説也。……晏子儒家，非墨家也。何也？以其根本與儒同也。其根本與儒同者何？一曰崇禮，二曰非鬼。"張舜徽《漢書藝文志通釋》謂："不悟儒、墨同遵儉約，墨固背周道而用夏政，儒亦推崇禹德。儒、墨相衡，有同有異，強本節用之説，則其所同也。且觀《晏子》書中，稱引孔子之言獨多，援用墨子之言甚少；陳説義理，亦多同於儒而與墨異。"（以上論著述大旨）顧實《漢書藝文志講疏》曰："通行孫星衍校本爲善，黃以周《晏子春秋校勘》亦佳。"王叔岷《晏子春秋斠證序》曰："《晏子春秋》文多淺近，且有重複，共爲後人補綴成書，自可無疑；然其中亦多古字古義，猶存先秦之舊，不可因後人有所竄亂，遂一概溌滅也。晏子之行己無私，直言無諱，敏達公忠，名顯諸侯，於是書猶可概見。前賢治理是書者，孫星衍《音義》發其端；盧文弨《拾補》、王念孫《雜志》、洪頤煊《叢録》繼之，審正漸多；厥後黃以周《校勘記》、俞樾《平議》、孫詒讓《札迻》、蘇輿《校注》，發正益廣；劉師培《斠補》《補釋》、張純一《校注》、于省吾《新證》續出，尤臻完善矣。岷讀是書，時有謏記，足補前賢所略，因據吳鼒景元刊本，輔以《子匯》本、涵芬樓景明活字本及日本翻刻黃之采本，並檢驗古注、類書，寫成

---

① 蔣伯潛《諸子通考》："《四庫全書》入史部傳記類。按其體裁，仍爲子書，非史書，所以列之史部者，豈以其名《晏子春秋》歟？"今按：蔣氏的推理較爲合理。又按：張舜徽認爲入墨家與傳記皆失之。

《晏子春秋斠證》一卷。"（以上論校讎源流）

[2]《史記·管晏列傳》："晏平仲嬰者，萊之夷維人也。事齊靈公、莊公、景公，以節儉力行重于齊。既相齊，食不重肉，妾不衣帛；其在朝，君語及之，即危言，語不及之，即危行；國有道即順命，無道即衡命。以此三世顯名于諸侯。太史公曰：吾讀《晏子春秋》，詳哉其言之也，既見其著書，欲觀其行事，故次其傳。至其書，世多有之，是以不論，論其軼事。方晏子伏莊公尸哭之，成禮然後去，豈所謂見義不爲無勇者耶？至其諫說，犯君之顏，此所謂進思盡忠、退思補過者哉！假令晏子而在，余雖爲之執鞭，所忻慕焉。"①《史記索隱》曰："嬰所著書，名《晏子春秋》，今其書有七十篇。"（以上論作者事迹）姚明輝《漢書藝文志注解》："《校讎通義》曰：'讀《六藝略》者，必參觀於《儒林列傳》，讀《諸子略》必參觀於《孟荀》《管晏》《老莊申韓列傳》也。'孟子曰：'誦其詩，讀其書，不知其人，可乎？'藝文雖始於班固，而司馬遷之列傳實討論之，觀其叙述戰國秦漢之間著書諸人之列傳，未嘗不於學術淵源、文詞流別，反覆而論次焉。是以諸子、詩賦、兵書諸略，凡遇史有列傳者，必注有'列傳'字於其下，所以使人參互而觀古人師授淵源，口耳傳習不著竹帛者，實爲後代群籍所由起，蓋參觀於列傳，而後知其深微也。"（以上論列傳之體例）

《子思》二十三篇[1]。名伋[2]，孔子孫，爲魯繆公師[3]。

【集釋】

[1] 今缺。《史記·孔子世家》曰："子思作《中庸》。"《漢志》

---

① 姚振宗《漢書藝文志條理》："按《傳贊》正義引《七略》云《晏子春秋》七篇，蓋《七錄》之誤，正義所引多是《七錄》，今本往往誤爲《七略》也。"

著録二十三篇,《隋志》《唐志》、晁公武《郡齋讀書志》皆有《子思子》七卷。自六朝至宋代所傳之《子思子》均爲七卷本。王應麟《漢藝文志考證》曰:"今一卷本,是由《孔叢子》捃摭子思之言行者,而非《子思子》之原本。"則宋、元之際七卷本已亡矣。然明陳第《世善堂書目》猶載七卷,或爲虚標其目。《子思子》之輯本有兩種:其一爲南宋人汪晫所輯;其一爲清末黄以周所輯。(以上論著録源流)《隋書·音樂志》引沈約曰:"漢初典章滅絶,諸儒捃拾溝渠牆壁之間,得片簡遺文,與禮事相關者,即編次以爲禮,皆非聖人之言。《中庸》《表記》《坊記》《緇衣》四篇皆取《子思子》。"① 邵晋涵《與朱笥河書》曰:"欲從《禮記》中摘出此四篇,合《大戴禮記》中之《曾子》十篇,及《論語》《孟子》,名曰《四書》,而爲之注。"(以上論學術源流)

[2] 伋:謂善思,思考敏捷。《説文·人部》:"伋,人名。"段玉裁《説文解字注》:"以此爲解,亦非例也。古人名、字相應,孔伋字子思;仲尼弟子燕伋字子思,然則伋字非無義矣……此蓋設言善思之人。"朱駿聲《説文通訓定聲》:"當訓急思也。"

[3] 子思爲孔子之孫。《史記·孔子世家》:"孔子生鯉,字伯魚。先孔子死。伯魚生伋,字子思,年六十二。嘗困于宋。子思作《中庸》。"《漢書·古今人表》中,子思列第二等上中仁人,錢塘梁玉繩《考》曰:"子思亦稱孔思,貌無鬚眉,年八十二,葬孔子冢南。"事迹詳見《孔叢子·居衛》篇。蔣伯潛《諸子通考·諸子著述考》:"子思爲曾子弟子之説,不見於先秦古籍中。"錢基博《古籍舉要》曰:"竊按《漢志》部録諸子,必謹師承。如儒家,《曾子》十八篇,《宓子》十六篇之系曰'孔子弟子',《李克》七篇之系曰'子夏弟子',《孟子》十一篇之系曰'子思弟子',皆其例也。獨世稱子思爲曾子弟子,

---

① 梁啓超《漢書藝文志諸子略考釋》曰:"沈約説當可信。"

而《子思子》二十三篇，系之曰‘孔子孫’，不稱‘曾子弟子’，且以次《曾子》十八篇之前。細籀二子所著書，子思稱《詩》《書》而道性情，肇啓孟子，傳道統；曾子善言禮而隆威儀，毗于荀卿，爲儒宗。其工夫一虛一實，其文章一華一樸，故不同也。近儒章炳麟爲《徵信論》曰：‘宋人遠迹子思之學，上逮曾參。尋《制言》《天圓》諸篇，與子思所論殊矣。《檀弓》記曾子呼伋。古者言朴，長老呼後生則斥其名。微生畝亦呼孔子曰丘，非師弟子之征也。《檀弓》復記子思所述。鄭君曰：爲曾子言難繼，以禮抑之。足明其非弟子也。近世阮元爲《子思子章句》，亦曰師曾迪孟。孟軻之受業，則太史公著其事矣。師曾者，何征而道是耶？’知言哉！”

《曾子》十八篇[1]。名參，孔子弟子[2]。

【集釋】

[1] 晁公武《郡齋讀書志》卷三上：“《漢·藝文志》：《曾子》十八篇；《隋志》：《曾子》二卷、《目》一卷；《唐志》：《曾子》二卷；今世傳《曾子》二卷，十篇本也。……視隋亡《目》一篇。考其書已見於《大戴禮》。”陳振孫《直齋書錄解題》：“《曾子》二卷，凡十篇，具《大戴禮》，後人從其中錄出別行。”（以上論著錄源流）朱熹《朱文公文集》卷八十一《書劉子澄所編曾子後》曰：“昔孔子歿，門人唯曾氏爲得其傳。其後，孔子之孫子思、樂正子春、公明儀之徒皆從之學，而子思又得其傳，以授孟軻，故其言行雜見於《論語》、孟氏書及他傳記者爲多，然皆散出，不成一家之言，而世傳《曾子》書，乃獨取《大戴禮》之十篇以充之，其言語氣象視《論》《孟》《檀弓》等篇所載，相去遠甚。”今按：晁氏所謂十篇者，即今《大戴禮記》中之《曾子立事》《曾子本孝》《曾子立孝》《曾子大孝》《曾子事父母》《曾子制言上》《曾子制言中》《曾子制言下》《曾子疾病》《曾子天圓》。明

方孝孺《遜志齋集》卷四《讀曾子》："《曾子》十篇一卷，其詞見《大戴禮》，雖非曾子所著，然格言至論雜陳其間，而於言孝尤備。意者出於門人弟子所傳聞，而成於漢儒之手者也，故其說間有不純，如曰'喜之而觀其不諞，怒之而觀其不惕，近諸色而觀其不逾，飲之而觀其有常'，又曰'神靈者，禮樂仁義之祖也'，又曰'君子將說富貴，必勉於仁'，若是者，決非曾子之言。顧其言孝，有足感予者。予少之時事二親，嘗謂人子無所自爲心，以父母之心爲心。今此書曰：'孝子無私憂，無私樂，父母之憂憂之，父母所樂樂之。'旨乎其有味哉，一何似予之所欲言也！然少時知之而不能躬見之，及今欲養而二親已莫在矣。《疾病篇》有曰：'親戚既没，雖欲孝，誰爲孝？'誦其言，輟業流涕者久之。"（以上論學術大旨）阮元從《大戴禮記》中録出單行，而爲之注，題曰《曾子十篇注釋》；以爲七十子親受業于孔子，其言之無異于孔子而獨存者，惟此十篇。《曾子大孝篇》中有曾子弟子樂正子春與其門弟子問對事，則其書亦門弟子所記無疑。① 阮元注釋本歸安嚴傑題記曰："宮保師注釋是書，正諸家之得失，辨文字之異同，可謂第一善冊。師于中西天算考核尤深，《天員》一篇更非他人之所能及。"王仁俊《漢藝文志考證校補》亦曰："阮氏（元）注釋最精。"（以上論校讎源流）

[2]《史記·仲尼弟子列傳》："曾參，南武城人，字子輿。少孔子四十六歲。孔子以爲能通孝道，故授之業。作《孝經》。死於魯。"張守節《史記正義》：《韓詩外傳》云："曾子曰：'吾嘗仕爲吏，禄不過鍾釜，尚猶欣欣而喜者，非以爲多也，樂道養親也。親没之後，吾嘗南游於越，得尊官，堂高九仞，榱提三尺，躬轂百乘，然猶北向而泣者，非爲賤也，悲不見吾親也。'"

---

① 張舜徽認爲"不必目爲出七十子之手"。

《漆雕子》十三篇[1]。① 孔子弟子漆雕啓後[2]。

【集釋】

[1] 其書亡佚。馬國翰有輯本，序曰："陶潛《聖賢群輔録》云 '漆雕氏傳《禮》爲道'，蓋孔子以《禮》傳開，開之後世習其學，因 述開言以成此書。《隋》《唐志》均不著目，佚已久。考《韓非子》引 漆雕之議，王充《論衡》稱其言性，又《家語》載孔子問漆雕憑一節， 《説苑》亦載之，作漆雕馬人，意者憑名，馬人其字，以孔子嘆美其 言，而稱爲漆雕氏之子；或即著書之人歟？並據輯録。"（以上論著録 源流）《韓非子·顯學》篇："世之顯學，儒、墨也。儒之所至，孔丘 也。自孔子之死也，有子張之儒，有子思之儒，有顏氏之儒，有孟氏之 儒，有漆雕氏之儒。"舊本題晉陶潛《聖賢群輔録》曰："漆雕氏傳 《禮》爲道，爲恭儉莊敬之儒。"馬國翰輯本序曰："其説不色撓，不目 逃，行曲則違於臧獲，行直則怒於諸侯，與孟子述北宮黝之養勇、曾子 謂子襄自反而縮語意吻合，意孟子述其語，至言人性有善有惡，與宓 子、世碩、公孫尼同旨。雖有異乎孟子性善之説，各尊所聞，初不害其 爲儒家也。"梁啓超《漢書藝文志諸子略考釋》曰："此蓋儒而兼俠 者。"（以上論學術源流）

[2] 王應麟《漢藝文志考證》曰："《史記》列傳'漆雕開，字子 開'。蓋名啓，字子開，《史記》避景帝諱也。"楊樹達《漢書窺管》 曰："'後'字蓋衍文。《志》文順序謹嚴，決非妄列。此條前爲《曾 子》十八篇，後爲《宓子》十六篇，曾、宓皆孔子弟子，則漆雕開亦 當爲孔子弟子。若是漆雕開之後，不應置《宓子》之前。"張舜徽認 爲："楊説是也。其人名啓，字子開。周秦名字多相應，啓即開也。" 今按，其書早亡，馬國翰有輯本一卷。

---

① 此書篇數，汪本、官本作"十三篇"，汲古閣本及王應麟《考證》均作"十二篇"。

《宓子》十六篇[1]。名不齊，字子賤，孔子弟子[2]。師古曰：“宓，讀與伏同。”

【集釋】

[1] 其書《隋志》已不著録，唐代以前即已亡佚。馬國翰有輯本，序曰：“《漢志》儒家《宓子》十六篇，《隋》《唐志》不著録，佚已久。《家語》《韓非子》《吕氏春秋》《淮南子》《説苑》諸書時引佚説，彼此互有同異。兹據參訂，録爲一帙，記單父治績爲多，仁愛濟之以才智，可爲從政者法。”（以上論著録源流）王充《論衡·本性》篇曰：“宓子賤、漆雕開、公孫尼子之徒，亦論情性，與世子相出入。”顧實《漢書藝文志講疏》：“蓋孔子殁而儒分爲八，漆雕氏之儒居其一，此派實最與黄老道德之術相近者也。”張舜徽認爲其書大旨以任人尊賢爲要。用人則必專任之而不掣其肘，尊賢則必師事之而得盡其材。使民以義而絶彼此幸災樂禍之心，教民以誠而化彼陽奉陰違之習。（以上論學術大旨）

[2] 宓子，名不齊，字子賤，孔子弟子。春秋時魯國人。曾爲單父宰，彈琴而治，爲後世儒家所稱道。《史記·仲尼弟子列傳》：“宓不齊字子賤。少孔子四十九歲。孔子謂：‘子賤君子哉！魯無君子，斯焉取斯？’子賤爲單父宰，反命于孔子，曰：‘此國有賢不齊者五人，教不齊所以治者。’孔子曰：‘惜哉不齊所治者小，所治者大則庶幾矣。’”①《吕氏春秋·具備》云：“宓子賤治亶父，恐魯君之聽讒人，而令己不得行其術也。將辭而行，請近吏二人於魯君，與之俱至於亶父。邑吏皆朝，宓子賤令吏二人書。吏方將書，宓子賤從旁時掣搖其肘。吏書之不善，則宓子賤爲之怒。吏甚患之，辭而請歸。……魯君太

---

① 《史記集解》:孔安國曰:“魯人。”《史記索隱》:《家語》“少孔子三十歲”,此云“四十九”,不同。又《家語》“不齊所父事者三人,所兄事者五人,所友者十一人”,與此不同。

息而嘆曰：'宓子以此諫寡人之不肖也。寡人之亂子，而令宓子不得行其術，必數有之矣。微二人，寡人幾過。'遂發所愛，而令之亶父，告宓子曰：'自今以來，亶父非寡人之有也，子之有也。有便於亶父者，子決爲之矣。五歲而言其要。'宓子敬諾，乃得行某術於亶父。"《論衡·本性》篇曰："宓子賤、漆雕啓、公孫尼子之徒，亦論性情，與世子相出入，皆言性有善有惡。"①《韓非子》《吕氏春秋》《淮南子》《賈誼新書》《韓詩外傳》《説苑》《論衡》諸書，載宓子賤治單父事，當出此書。唐高適《登子賤琴堂賦詩》亦云："宓子昔爲政，鳴琴登此臺。琴和人亦閒，千載稱其才。"

《景子》三篇[1]。説宓子語，似其弟子[2]。

【集釋】

[1] 其書亡佚，《隋志》已不著録。馬國翰有輯本，序曰："《漢志》儒家有《景子》三篇，説宓子語，似其弟子，《隋》《唐志》不著録，佚已久。考《韓詩外傳》《淮南子》載宓子語各一節，俱有論斷，與班固所云'説宓子語'者正合。據補，依《漢志》與宓子比次，明其淵源有自云。"然所録僅二則，所記皆宓子事，張舜徽認爲不當别自爲書。（以上論著録源流）沈欽韓《漢書疏證》卷二十五曰："孟子書有景子。"顧實《漢書藝文志講疏》曰："兵形勢家《景子》十三篇，蓋非同書。"（以上論學術源流）

[2] 宋鄧名世《古今姓氏書辯證》："景氏出自姜姓，齊景公之後，以謚爲氏，景丑、景春皆其裔也。戰國時，景氏世爲楚相，或云楚之公族别爲景氏。"

---

① 梁啓超《漢書藝文志諸子略考釋》曰："據此可見，孔門討論人性問題，當以漆雕、宓二子爲最先。"

《世子》二十四篇[1]。名碩，陳人也，七十子之弟子[2]。

【集釋】

[1] 其書早佚，《隋志》已不著録，馬國翰有輯本一卷，序曰："《漢志》儒家《世子》二十一篇，《隋志》不及著録，佚已久。唯董仲舒《春秋繁露》、王充《論衡》引之，並據采録，附充説以備參證。充謂世子言人性有善有惡云云，作《養書》一篇。又謂宓子賤、漆雕開、公孫尼子之徒，説情性與世子相出入。復舉孟子、荀卿、揚子雲、劉子政等説，皆言非實，而以世碩及公孫尼子爲得正。按碩亦聖門之徒，雖其持論與子輿氏不同，而各尊所聞，要亦如游、夏門人之論歟？"（以上論著録源流）王應麟《漢藝文志考證》曰："王充《論衡·本性》篇：'周人世碩以爲人性有善有惡。舉人之善性，養而致之，則善長；惡性，養而致之，則惡長。如此，則性各有陰陽善惡，在所養焉。故世子所作《養書》一篇。宓子賤、漆雕開、公孫尼子之徒亦論性情，與世子相出入，皆言性有善有惡。'"（以上論學術大旨）

[2] 宋鄧名世《古今姓氏書辯證》："世氏出自春秋衞世叔氏之後，去'叔'爲世氏。《漢·藝文志》陳人世碩著《世子》二十一篇。"顧實《漢書藝文志講疏》曰："王充……此以世子爲周人，與班《注》異，蓋傳聞異詞。"張舜徽《漢書藝文志通釋》曰："《論衡》以世子爲周人，蓋指其時，謂爲周末戰國時人也。班《注》謂爲陳人，則指其所生之地。各言其一，非異辭也。"①

《魏文侯》六篇[1]。

【集釋】

[1] 馬國翰有輯本一卷，序曰："《漢志》儒家《魏文侯》六篇，

---

① 今按:蔣伯潛《諸子通考》觀點亦與此同。

《隋》《唐志》皆不著録，佚已久。考《禮·樂記》載《魏文侯問樂》一篇……中多格言，湛深儒術，而容直納諫之高風，尊賢下士之盛德，尤足垂範後世焉。"（以上論著録源流）魏文侯，名斯。《史記·魏世家》稱："文侯受子夏經藝，客段干木。秦嘗欲伐魏，或曰：'魏君賢人是禮，國人稱仁，上下和合，未可圖也。'文侯由此得譽于諸侯。任西門豹守鄴，而河內稱治。三十八年，文侯卒。"《漢志·樂家篇叙》曰："六國之君，魏文侯最爲好古。"《漢書·古今人表》中，魏文侯列第四等中上。（以上論作者事迹）王先謙《漢書補注》引葉德輝曰："《樂記》引魏文侯問子貢樂；《魏策》載魏文侯辭韓索兵，及疑樂羊烹子，命西門豹爲鄴令，與虞人期獵；《吕覽·期賢》篇引魏文侯式段幹木之閭，《樂成》篇引魏文侯與田子方論收養孤，《自知》篇引魏文侯問任座君德；《淮南·人間訓》引魏文侯不賞解扁東封上計；《韓詩外傳》引魏文侯問狐卷子；《説苑·君道》篇引魏文侯賦鼓琴，《復恩》篇引樂羊攻中山，《尊賢》篇引魏文侯下車趨田子方及觴大夫於曲陽，《善説》篇引魏文侯與大夫飲酒，使公乘不仁爲觴政，《反質》篇引御廩災，魏文侯素服辟正殿；《新序·雜事二》引魏文侯出游，見路人負芻，《雜事四》引魏文侯與公季成議田子方，《刺奢》篇引魏文侯見箕季，問牆毀；其言皆近理，當在此六篇中。"張舜徽稱其爲政能容直納諫，尊賢下士，皆自儒學中出，故其書列入儒家。（以上論學術源流）

《李克》七篇[1]。子夏弟子，爲魏文侯相[2]。

【集釋】

[1] 馬國翰有輯本一卷，序曰："《釋文·叙録》云：'子夏傳曾申。申傳魏人李克。'① 案曾申：曾子之子，克先從曾申受《詩》，爲

---

① 梁啓超《漢書藝文志諸子略考釋》曰："果爾，則克是子夏再傳弟子矣。"

子夏再傳弟子。後子夏居魏，親從問業，故班固以爲子夏弟子也。其書
《隋》《唐志》不著錄，佚已久。……兹據輯錄，凡七節。其論皆能握
政術之要，敘次文侯書後，即君臣同心共治，可想見西河之教澤焉。”
（以上論著錄源流）王應麟《漢藝文志考證》曰：“《韓詩外傳》《説
苑》魏文侯問李克。《文選·魏都賦》注引《李克書》。”顧實《漢書
藝文志講疏》：“法家《李子》三十二篇，兵權謀家《李子》十篇，蓋
俱非一書。”（以上論學術源流）

[2]《漢書·古今人表》中，李克列第四等中上，梁玉繩《考》
曰：“李克始見《吕覽·適威》，《史·魏世家》《韓詩外傳》十又作
里克。里、李古通，《吕覽·舉難》又作季充，因形近而訛，子夏
弟子。”

《公孫尼子》二十八篇[1]。七十子之弟子[2]。

【集釋】

[1]《公孫尼子》亡於宋代。馬國翰有輯本一卷，序曰：“馬總
《意林》引六節，標目云《公孫文子》一卷。‘文’爲‘尼’字之誤。
《隋書·音樂志》引沈約奏答，謂《樂記》取公孫尼子。《禮記》正
義引劉瓛云：‘《緇衣》，公孫尼子作。’除二篇今存《戴記》外，餘
皆佚矣。兹從《意林》《御覽》及《春秋繁露》《北堂書鈔》《初學
記》諸書輯錄。王充謂其説情性與世碩相出入，皆言性有善有惡，與
孟子性善之旨不合。然董廣川引公孫之養氣，與孟子養氣互相發明，
則其異同可考也。中有兩引《尼書》即《樂記》語，可證沈説之有
據。朱子嘗舉《樂記》‘天高地下’六句，以爲‘漢儒醇如仲舒如何
説得到這裏去，想必古來流傳得此個文字如此’，此雖不以沈説爲信，
而觀于廣川誦述，則當日之心實見折服，以斯斷《尼書》焉，可矣。”
此外，尚有洪頤煊輯本（在《問經堂叢書》中）。（以上論著錄源流）

孫德謙《諸子通考》卷一："《漢志》諸子一略，其用互見之法者如《公孫尼子》，既入儒家，而雜家又錄其一篇；道家有《伊尹》五十一篇，《鬻子》二十二篇，而雜家之中亦載兩家之說，此其重複互見。雖書有缺佚不傳者，無以考其分別部居之意。然執是以觀，則若者爲儒，若者爲道，固可以辨其家數，而諸子之同源異流，于此蓋亦可悟矣。"（以上論學術源流）

［2］公孫尼子，生平事迹不詳。王應麟《漢藝文志考證》曰："《隋》《唐志》：一卷，似孔子弟子。沈約謂《樂記》取公孫尼子。劉瓛云：'《緇衣》，公孫尼子所作也。'"

《孟子》十一篇[1]。名軻，鄒人，子思弟子，有列傳[2]。師古曰："《聖證論》云：'軻，字子車。'① 而此《志》無字，未詳其所得。"

【集釋】

［1］王應麟《漢藝文志考證》曰："趙岐《題辭》：'著書七篇。又有《外書》四篇：《性善》《辯文》《說孝經》《爲正》，其文不能弘深，不與内篇相似。'《志》云十一篇，並《外書》也。《外書》今不傳。"（以上論著錄源流）《史記》稱孟軻"受業子思之門人"。而司馬貞《索引》引王劭說，以"人"爲衍文，則孟軻實受業於孔伋，與班固說合。《史記》但言孟軻退而與萬章之徒序《詩》《書》，述仲尼之意，作《孟子》七篇。《孟子》一書，舊在諸子之列。顧實《漢書藝文

---

① "子車"，或作"子居""子輿"。《廣韻》注："孟子居貧轗軻，故名軻字子居。"蔣伯潛《諸子通考·孟子略考》："《史》《漢》均不言孟子之字。《孔叢子》始云'字子車'。注曰：'一作子居；居貧坎軻，故名軻，字子居。亦稱字子輿。'《聖證論》曰：'子思《孔叢子》，有孟子居，即是軻也。'《傅》亦云'孟子輿'。王應麟《困學紀聞》疑其皆出附會是也。《說文》曰：'軻，接軸車也。''軻'有車義，故曰字子車；車、居音近，故又曰字子居；車、輿同義，故又曰字子輿。"

志講疏》：“自南宋淳熙中，朱熹取《孟子》與《大學》《中庸》《論語》合爲《四書》，遂升入經部。① 故唐以前，周、孔並稱；宋以後，孔、孟並稱。此中國文化一大升降之機也。周公、孔子皆集前古獻典而制經，孟子則發表其一己所欲言而已。故自孟子之説横流，而文化偏趨於簡單，豈非儒教之不幸哉？”（以上論學術源流）蔣伯潛《諸子通考‧諸子著述考》：“《論語》中最精彩之一部分，在今日尚有價值者，即爲做人之道。此非可僅於文字間求之，僅於解釋誦讀中得之者。熟讀深思之後，隨時隨地，就身心人事，下一番省察體驗工夫，方能得其實益。否則，如朱熹《論語序説》所云‘未讀《論語》時是此等人，讀了《論語》原是此等人’，則亦口耳之學而已。”按：讀《四書》皆當作如是觀。（以上論讀書方法）

[2]《史記‧孟荀列傳》：“太史公曰：余讀孟子書，至梁惠王問何以利吾國，未嘗不廢書嘆也。曰：嗟乎，利誠亂之始也！孟軻，鄒人也，受業子思之門人。② 道既通，游事齊宣王，宣王不能用；適梁，梁惠王不果所言，則見以爲迂遠而闊於事情。當是之時，秦用商君，富國强兵；楚、魏用吳起，戰勝弱敵；齊威王、宣王用孫子、田忌之徒，而諸侯東面朝齊。天下方務於合從連衡，以攻伐爲賢，而孟軻乃述唐、虞、三代之德，是以所如者不合。退而與萬章之徒序《詩》《書》，述仲尼之意，作《孟子》七篇。”

《孫卿子》三十三篇[1]。名況，趙人，爲齊稷下祭酒，有列傳[2]。師古曰：“本曰荀卿，避宣帝諱，故曰孫。”[3]

---

① 今按：從前目録學者有一種傳統觀念，以爲經、子之别，不在性質之殊異，而在地位之高低。
② 今按：趙岐《孟子題辭》謂其師孔子之孫子思。王邵説，“門”下衍“人”字。

23

【集釋】

[1] 今存，係三十二篇。《四庫提要》據王應麟《漢藝文志考證》謂，當作三十二篇。劉向校書，叙録稱“《孫卿書》凡三百二十三篇，以相校除重複二百九十篇，定著三十二篇，爲十二卷，題曰《新書》”。唐楊倞分易舊第，編爲二十卷，復爲之注，更名《荀子》，即今本也。陳直《周秦諸子述略》云：“劉向《別録》云：‘《孫卿書》凡三百二十三篇，以相校除重複二百九十篇，定著三十三篇，爲十二卷。’夫以三百餘篇重複者多至二百九十篇。劉向校書屢言去其重複，殆莊子所謂重言十七者乎？王應麟《藝文志考證》謂當作三十二篇。案《後漢書·荀淑傳》，荀卿子著書三十二篇，與王説合。”（以上論著録源流）明方孝孺《遜志齋集》卷四《讀荀子》：“若荀卿者，剽掠聖人之餘言，發爲近似中正之論，肆然自居於孔子之道而不疑，沛乎若有所宗，淵乎執之而無窮，尊王而賤霸，援堯、舜，摭湯、武，鄙桀、紂，儼若儒者也。及要其大旨，則謂人之性惡，以仁義爲僞也。妄爲蔓衍不經之辭，以蛆蠱孟子之道，其區區之私心，不過欲求異於人，而不自知卒爲斯道讒賊也。蓋數家者偏駁不倫，故去之也易。荀卿似乎中正，故世多惑之。惜無孟子者出以紏其謬，故其書相傳至今。孔子曰：‘惡紫，爲其亂朱也；惡鄭聲，爲其亂雅樂也。’夫欲擯悖道之書而不用，必自荀卿始。何者？其言似是而實非也。”《四庫提要》曰：“況之著書，主于明周、孔之教，崇禮而勸學。其中最爲口實者，莫過于《非十二子》及《性惡》兩篇。”顧實《漢書藝文志講疏》曰：“王應麟云：‘當作三十二篇。’蓋傳刊之誤也。荀書《議兵篇》稱孫卿子，此自著其氏也。《史記》作荀卿，謝墉曰：‘漢不避嫌名，荀淑、荀爽俱用本字。《左傳》荀息以下，並不改字，何獨於荀卿改之？蓋荀、孫二字同音，語遂移易，如荆卿又爲慶卿也。（《荀子校叙》）自孟子道性善，荀子反之而言性惡。後世性善之説勝，遂伸孟而黜荀。”梁啓超《漢書藝文志諸子略考釋》曰：“《荀子》全書，大概可信，惟《君子》《大略》《宥

坐》《子道》《法行》《哀公》《堯問》七篇，疑非盡出荀子手，或門弟子所記，或後人附益也。”吕思勉《經子解題·荀子》：“荀子書多精論，然頗凌雜無條理，今爲料揀之。按荀子書宗旨，犖犖大者，凡有八端：曰法後王，見《不苟》《非相》《儒效》《王制》諸篇。曰主人治，見《王制》《君道》《致士》諸篇。曰群必有分，見《王制》《富國》諸篇。曰階級不能無，見《榮辱》《富國》諸篇。曰性惡，見《榮辱》《性惡》諸篇。曰法自然，見《天論》《解蔽》諸篇。曰正名，見《正名》篇。此外攻擊儒、墨、名、法，與權謀諸家之語，散見《非十二子》《儒效》《王霸》《君道》《議兵》《強國》《正論》《樂論》諸篇。要之，荀子書于諸家皆有詰難；語其宗旨，實與法家最近；而又蒙儒家之面目者也。全書中最精者，爲《天論》《正論》《解蔽》《正名》四篇。”張舜徽《漢書藝文志通釋》曰：“孟、荀同爲儒學之宗，咸歸於師法聖人，誦説王道，大張仲尼之説於後世。顧儒學自有孟、荀，道遂分爲二：孟主於尊德性，荀主於道問學。論其終詣，則孟子多衛道之語，荀子有傳經之功。其後兩千餘年儒學，皆二途並騖，爭議遂多。孟、荀之説，實其先導。孟、荀二家之書，在漢世並列諸子。自宋以後，既入《孟子》於經，《荀》猶與百家伍，而學者遂妄分軒輊矣。《荀子》三十二篇，多與兩戴《禮記》相表裏。唐人楊倞始爲之注，乃謂‘荀子之書，羽翼六經，增廣孔氏，非諸子之言’。”（以上論學術源流）王叔岷《荀子斠理序》曰：“荀子之學，博於孟子，亦雜於孟子。前賢近人於《荀子》書，或發明義蘊；或定正字句，立説繁多，咸有裨於研討。岷亦時有斠理，足補諸家漏略。因據《古逸叢書》影宋台州本，條理成篇。”（以上論校讎源流）

[2] 孫卿事迹見《史記》本傳。劉向序亦曰：“孫卿，趙人，名況。方齊宣王、威王之時，聚天下賢士於稷下，尊寵之。若鄒衍、田駢、淳于髡之屬甚衆，號曰列大夫，皆世所稱，咸作書刺世。是時，孫卿有秀才，年五十，始來游學。諸子之事，皆以爲非先王之法也。孫卿

善爲《詩》《禮》《易》《春秋》。至齊襄王時，孫卿最爲老師，齊尚修列大夫之缺，而孫卿三爲祭酒焉。齊人或讒孫卿，乃適楚，楚相春申君以爲蘭陵令。人或謂春申君曰：'湯以七十里；文王以百里。孫卿，賢者也，今與之百里地，楚其危乎！'春申君謝之，孫卿去，之趙。後客或爲春申君曰：'伊尹去夏入殷，殷王而夏亡；管仲去魯入齊，魯弱而齊強；故賢者所在，君尊國安。今孫卿，天下賢人，所去之國，其不安乎！'春申君使人聘孫卿，孫卿遺春申君書，刺楚國，因爲歌賦，以遺春申君。春申君恨，復固謝孫卿，孫卿乃行，復爲蘭陵令。春申君死而孫卿廢，因家蘭陵。李斯嘗爲弟子，已而相秦。及韓非號韓子，又浮丘伯，皆受業，爲名儒。孫卿之應聘於諸侯，見秦昭王，昭王方喜戰伐，而孫卿以三王之法説之，及秦相應侯，皆不能用也。至趙，與孫臏議兵趙孝成王前。孫臏爲變詐之兵，孫卿以王兵難之，不能對也。卒不能用。孫卿道守禮義，行應繩墨，安貧賤。孟子者，亦大儒，以人之性善。孫卿後孟子百餘年。孫卿以爲人性惡，故作《性惡》一篇，以非孟子。蘇秦、張儀以邪道説諸侯，以大貴顯。孫卿退而笑之曰：'夫不以其道進者，必不以其道亡。'孫卿卒不用于世，老于蘭陵。疾濁世之政，亡國亂君相屬，不遂大道，而營乎巫祝，信機祥；鄙儒小拘，如莊周等，又滑稽亂俗。於是推儒、墨、道德之行事興壞，序列著數萬言而卒，葬蘭陵。"

[3] 清嚴可均《三代文編》叙録曰："荀子名況，趙人，時相尊而號爲卿，方音改易，又稱孫卿。"清姚振宗《漢書藝文志條理》曰："然則荀、孫乃音聲遞轉之誤，或謂漢人稱孫卿以宣帝諱詢避嫌名者，殊不然也。"

《芈子》十八篇。名嬰，齊人也[1]，七十二子之後。師古曰："芈，音弭。"[2]

【集釋】

[1] 其書亡佚。《史記·孟子荀卿列傳》："趙有公孫龍爲堅同異之辯，劇子之言；魏有李悝，盡地力之教；楚有尸子、長盧；阿之吁子焉。自如孟子至於吁子，世多有其書，故不論其傳云。"清沈濤《銅熨斗齋随筆》卷四"芊子"條曰："芊、吁並同，故《史》與《別録》亦相異而相同。芊亦作芈，吁亦或作芈，《楚世家》陸終生子六人，六曰季連，芈姓，楚其後也。此芊子蓋與楚同姓，或楚人而居于齊之東阿者。"清沈家本《諸史瑣言》卷三："阿之吁子焉。《正義》：'《藝文志》吁子十八篇，名嬰，齊人，七十子之後。顏師古云：音弨。按：是齊人，阿又屬齊，恐顏公誤也。'按：《漢志》作芈子，故師古音弨。《正義》以顏爲誤，豈以芈實楚姓，不得爲齊人歟？"顧實《漢書藝文志講疏》："七十子無姓芊者，不知爲誰之後。"蔣伯潛《諸子通考·儒家之書六》："七十子之後者，言芊子爲七十子之後學也。"（以上論學術源流）

[2] 清王念孫《讀書雜志》漢書第七"芊子"條曰："《史記·孟子荀卿列傳》：'楚有尸子、長盧，阿之吁子焉。'《索引》云：'吁音芊，《別録》作芊子，今吁亦如字。'《正義》云：'《藝文志》《芊子》十八篇，顏云音弨。案：是齊人，阿又屬齊，恐顏誤也。'《正義》説是也。芊有吁音，故《別録》作《芊子》，《史記》作《吁子》，作'芈'者字之誤耳。"

《内業》十五篇。不知作書者[1]。

【集釋】

[1] 其書亡佚。馬國翰輯本序曰："《内業》一卷，周管夷吾述。《漢志》儒家有《内業》十五篇，注'不知作書者'。《隋》《唐志》皆不著録，佚已久。考《管子》第四十九篇，標題《内業》，皆發明大道

之蘊旨，與他篇不相類。蓋古有成書，而管子述之。案《漢志》《孝經》十一家有《弟子職》一篇，今亦在《管子》第五十九，以此類推知，皆誦述前人，故此篇在《區言》五，《弟子職》在《雜篇》十，明非管子所自作也。茲據補録，仍釐爲十五篇，以合《漢志》，不題姓名，闕疑也。”（以上論著録源流）宋王應麟《漢藝文志考證》曰：“《管子》有《內業篇》，此書恐亦其類。”顧實《漢書藝文志講疏》亦曰：“《管子》有《內業篇》，古書多重複，或此竟包彼書也。”張舜徽《漢書藝文志通釋》曰：“是篇所言，與《管子》書中《心術》上下及《白心》篇實相表裏，皆爲君道而發。舉凡後起傅會之說，悉非此文本旨也。今取《心術》上下及《白心》篇，與是篇彼此印證，則其所言乃人君南面之術，昭昭甚明。《管子》雖爲糅雜之書，而言人君南面之術者，往往在焉。若《心術》上下、《白心》《內業》四篇，其尤著者也。斯固不出管仲手，要皆裒集舊文，以入管子書中耳。其間精義要旨，足與《道德》五千言相發明。”（以上論學術大旨）

《周史六弢》六篇[1]。惠、襄之間，或曰顯王時，或曰孔子問焉[2]。師古曰：“即今之《六韜》也。蓋言取天下及軍旅之事。弢字與韜同也。”

【集釋】

[1] 今本《六韜》六卷，自《隋書·經籍志》及《四庫總目》皆載兵家。《四庫提要》謂六弢非六韜，別爲一書，則今佚矣。沈濤《銅熨斗齋隨筆》四：“今《六韜》乃文王、武王問太公兵戰之事，而此列之儒家，則非今之《六韜》也。‘六’乃‘大’字之誤。《人表》有周史大弢。古字書無‘弢’字，《篇韻》始有之，當爲‘弢’字之誤。《莊子·則陽》篇：‘仲尼問於太史大弢。’蓋即其人，此乃其所著書。故班氏有‘孔子問焉’之說。顏以爲太公《六韜》，誤矣。今《六韜》，當在《太公》二百三十七篇之內。”

[2] 清姚振宗《漢書藝文志條理》曰："周史大弢,見《人表》第六等中下,列周景王、悼王時,爲春秋魯昭公之世,與孔子同時。上距惠、襄之間,下至顯王之際,皆一百數十年,實不相及。唯云'孔子問焉',則與《人表》叙次時代相合。又《莊子》有'仲尼問於太史大弢',則確爲大弢無疑。沈氏所考,信有徵矣。孫伯淵先生校刊《六韜》,編入《平津館叢書》,其序反覆辯證,謂即此《周史六弢》,蓋考之未審,不可從也。"

《周政》六篇。周時法度政教。

《周法》九篇。法天地,立百官。[1]

【集釋】

[1]《周政》《周法》二書已亡佚。章學誠《校讎通義》內篇卷三"漢志諸子第十四"條曰："儒家有《周政》六篇,《周法》九篇,其書不傳。班固注《周政》云'周時法度政教',注《周法》云'法天地,立百官',則二書蓋官禮之遺也。附之禮經之下爲宜,入于儒家非也。"姚振宗《漢書藝文志條理》云："案班氏仍《錄》《略》之舊,列于儒家,必有其故,後人未見其書,未可斷以爲非。"張舜徽《漢書藝文志通釋》亦云："儒家之《周政》《周法》,蓋所載乃布政立法之餘論。以其同出儒生之手,故列之儒家。"

《河間周制》十八篇[1]。似河間獻王所述也[2]。

【集釋】

[1] 其書亡佚。張舜徽《漢書藝文志通釋》："河間獻王修學好古,搜求遺書。既取古代經傳獻之朝廷,又輯錄與經傳相表裏之逸文遺典,裒纂爲書。此編殆即其一,大抵分屬儒生爲之,而非出自己手。……此

29

書與上文《周政》《周法》，亡佚甚早，故《隋志》皆不著録。"

　　[2] 清姚振宗《漢書藝文志條理》云："《周史六弢》及《周政》《周法》《周制》四書，似皆河間獻王所奏進，而《周制》又似獻王綜述爲書也。周之故府，篇籍多矣，家邦既隕，或亦有散在民間者，獻王購以金帛，遂多爲所得，如《毛詩經》及《故訓傳》，《禮古經》《古記》，《明堂陰陽》，《王史氏記》，《周官》經、傳，《司馬法》，《樂記》，《雅歌詩》，《左氏》經、傳，《三朝記》，皆獻之漢朝，此亦其類也歟？又案《禮樂志》言'叔孫通既没之後，河間獻王采禮樂古事，稍稍增輯，至五百餘篇。今學者不能昭見，但推士禮以及天子，説義又頗謬異，故君臣長幼交接之道寖以不章'。此或五百餘篇之殘剩，亦未可知也。"

　　《讕言》十篇[1]。① 不知作者，陳人君法度[2]。如淳曰："讕音粲爛。"② 師古曰："説者引《孔子家語》云孔穿所造，非也。"

【集釋】

　　[1] 張舜徽《漢書藝文志通釋》："此處'讕'字，實當讀'諫'。考《集韻》去聲二十九換：'讕'字下又列'讕''諫'二體，釋之云：'詆讕、誣言相被也。或从間从柬。'是讕之或體，亦可作諫矣。《漢志》著録之《讕言》，實即《諫言》。乃漢以前儒生裒録古代忠臣進諫之語以成此書，所言皆爲君之道，故班氏自注云：'陳人君法度。'至于讕之'誣言相被'一義，固不能以解《讕言》之讕也。此類書既由儒生纂輯而成，故班氏云'不知作者'。"

　　[2] 馬國翰輯本序曰："《漢志》儒家《讕言》十篇，注'不知作

---

　　① "十篇"，學津本、四部本、叢編本作"十一篇"。
　　② "粲"，學津本、四部本、叢編本無此字。

者，陳人君法度'，師古曰：'説者引《孔子家語》云孔穿所造，非也。'案《家語·後序》云：'子直生子高，名穿，亦著儒家語十二篇，名曰《讕言》。'《集韻》去聲二十九換：讕、誧、諫三字並列，注云'詆讕，誣言相被也，或從柬，從間'，然則讕與誧通加草者，隸古之別也。書名既同，復並稱儒家，且以《孔叢子》所載子高之言觀之，其答信陵君祈勝之禮，對魏王人主所以爲患，及古之善爲國，至於無訟之間，又與齊君論車裂之刑，所言皆人君法度事，則《讕言》審爲穿書矣。班固云'不知作者'，蓋劉向校定《七略》時，《孔叢子》晦而未顯，《漢志》本諸《七略》，無從取證。東漢之季，《孔叢子》顯出，故王肅注《家語》據以爲説。魏晉儒者遂據肅説以解《漢志》，在當日實有考見，不知顏監何以斷其非也。兹即從《孔叢子》錄出凡三篇，依舊説題周孔穿撰，先聖家學可於此探其淵源云。"清姚振宗《漢書藝文志條理》曰："孔穿《古今人表》列第四等，注云'子思玄孫'，馬氏以此爲穿書，與顏監異，究未知爲孰是也。"

《功議》四篇。不知作者，論功德事[1]。

【集釋】

[1] 其書亡佚。清姚振宗《漢書藝文志條理》曰："《功議》未詳。"張舜徽《漢書藝文志通釋》曰："《諫言》所以箴君，《功議》所以勸臣，皆古者致治之術。君之大權，繫乎賞罰，而行賞必先論功。此《功議》一書，亦必由儒生裒錄古代論功德之事而成，故亦不知作者。二書實相表裏，惜均亡佚甚早。"

《寧越》一篇[1]。中牟人，爲周威王師[2]。

【集釋】

[1] 其書亡佚，《隋志》已不著錄。馬國翰有輯本一卷，序曰：

"《淮南子·道應訓》以寧戚事誤屬寧越,潘基慶《古逸書》又以寧越事誤屬寧戚,且以周威公爲齊威公,尤大誤也。《漢志》儒家有《寧越》一篇,《隋》《唐志》皆不著録,佚已久。考《吕氏春秋》《説苑》引其説,輯録二節,並附事迹爲一卷。以苗賁皇爲楚平王之士,並以城濮、鄢陵二戰屬之,舛踳殊甚,辭氣亦染游説風習,名列於儒,蓋不没其日夜勤學之功力云。"

[2]《史記·秦始皇本紀》引賈生之言曰:"當是時,齊有孟嘗,趙有平原,楚有春申,魏有信陵。約從離衡,並韓、魏、燕、楚、齊、趙、宋、衛、中山之衆。於是六國之士有寧越、徐尚、蘇秦、杜赫之屬爲之謀。"索隱曰:"寧越,趙人。"《吕氏春秋·博志》篇:"孔、墨、寧越,皆布衣之士也。慮于天下,以爲無若先王之術者,故日夜學之。有便於學者,無不爲也;有不便於學者,無肯爲也。……寧越,中牟之鄙人也,苦耕稼之勞,謂其友曰:'何爲而可以免此苦也?'其友曰:'莫若學,學三十歲則可以達矣。'寧越曰:'請以十五歲。人將休,吾將不敢休;人將卧,吾將不敢卧。'十五歲而周威公師之。矢之速也,而不過二里止也;步之遲也,而百歲不止也。今以寧越之材而久不止,其爲諸侯師,豈不宜哉?"張舜徽《漢書藝文志通釋》:"寧越乃周末名人也。《吕氏春秋·博志》篇嘗舉寧越與孔、墨並提。稱其以布衣之士,勸學不止,爲諸侯師。……《吕氏春秋·不廣》篇、劉向《説苑·尊賢》篇,皆記其言論行事。惜其書不傳於後,《隋志》已不著録,馬國瀚有輯本一卷。班《志》自注所云'爲周威王師','王'當作'公'。威公,西周君也。"

《王孫子》一篇[1]。一曰《巧心》。

【集釋】

[1] 張舜徽《漢書藝文志通釋》:"是書《唐志》已不著録,亡佚

已久。清嚴可均、馬國翰均有輯本一卷。"清嚴可均《鐵橋漫稿》卷五《王孫子叙》曰:"《漢志》儒家:《王孫子》一篇,一曰《巧心》。《隋志》一卷,《意林》亦一卷,僅有目録。而所載《王孫子》,文爛脱。校《意林》者乃割《莊子》雜篇以充之,實非《王孫子》也。《唐志》不著録。今從《北堂書鈔》等書采出二十四事,省並複重,僅得五事。愛是先秦古書,繕寫而爲之叙曰:王孫,姓也,不知其名,'巧心'亦未詳。繹其言,蓋七十子之後言治道者。《漢志》儒五十三家,今略存十家,而子思、曾子、公孫尼子、魯仲連子、賈山五家尚未全亡。《王孫子》得見者,僅三百九十九字耳,然而君人者可懸諸座隅。夫爲國而不受諫、不節財而暴民,如國何?"馬國翰輯本序曰:"王孫氏,其名不傳,事迹亦無考。以《漢》《隋志》叙次其書,知爲戰國時人。一曰《巧心》,蓋其書之別稱,如揚子之《法言》、文中子之《中説》矣。《意林》存目而無其書。《藝文類聚》《太平御覽》引其佚説,而彼此殊異,參互考定,完然可讀者尚得五節,録爲一卷。書主愛民爲説,如衛靈、楚莊、趙簡子之事。又《春秋》内外傳所未載者,且舉孔子、子貢之論以爲斷。其人蓋七國之翹楚也。"(以上論著録源流)王先謙《漢書補注》引沈欽韓云:"《文選·舞賦》注引《王孫子》曰:'衛靈公侍御數百,隨珠照日,羅衣從風。'"陳朝爵《漢書藝文志約説》:"此非周時語,明是六朝人僞作。"顧實《漢書藝文志講疏》:"兵形勢家《王孫》十六篇,蓋非同書。"(以上論學術源流)

　　《公孫固》一篇[1]。十八章。齊閔王失國[2],問之,固因爲陳古今成敗也。

【集釋】

　　[1] 張舜徽《漢書藝文志通釋》:"其書《隋》《唐志》皆不著録,亡佚甚早,後人亦無輯本。"(以上論著録源流)姚振宗《漢書藝文志

條理》："《史記·十二諸侯年表》云：'孔子次《春秋》，左丘明成《左氏春秋》，鐸椒爲《鐸氏微》，虞卿爲《虞氏春秋》，呂不韋爲《呂氏春秋》。及如荀卿、孟子、公孫固、韓非之徒，各往往捃摭《春秋》之文以著書。'案：《索隱》謂宋有公孫固者，指宋襄公時大司馬固，見《左·僖二十二年傳》及注，齊桓公時人。此公孫固齊閔王時，相去凡三百五十餘年。至齊人韓固傳《詩》，又似轅固之訛，轅固生漢景、武時人，《索隱》此條皆非是，由於未嘗參考《藝文志》之失也。"（以上論學術源流）

[2]《史記·燕世家》云："燕兵入臨淄，燒其宮室宗廟。齊城之不下者，唯聊、莒、即墨，其餘皆屬燕。湣王死於莒宮。"姚振宗《漢書藝文志條理》："班氏稱閔王失國，即此《人表》第八等下中齊愍王，宣王子，閔、愍、湣並通。公孫固當是齊人，其書蓋即作於是時，周赧王三十一年也。"

《李氏春秋》二篇[1]。

【集釋】

[1]《李氏春秋》早佚。馬國翰有輯本一卷，序曰："叙次在公孫固、羊子之間。公孫固，齊閔王失國問之；羊子，秦博士；然則李氏亦戰國時人也。其書《隋》《唐志》不著録，佚已久。考《呂氏春秋·勿躬》篇引《李子》一節，不言名氏，當是《李氏春秋》佚文。泛論名理，以《春秋》取號者，其亦《虞氏春秋》之類歟？"（以上論著録源流）蔣伯潛《諸子通考·晏子考》："'春秋'爲古代編年史之通名，錯舉四季之二以爲名，蓋示編年之意，故各國皆有'春秋'，不但魯而已。此皆史書也。及戰國末期，乃以'春秋'爲記個人言行之書之名稱，如《李氏春秋》《呂氏春秋》《虞氏春秋》皆是。"張舜徽《漢書藝文志通釋》："春秋二字，乃錯舉四時之名，足該一歲終始。故古之

按年月四時以紀事者，謂之《春秋》。春生夏長，秋收冬藏，實包天地萬物。故古之以立意爲宗而網羅彌廣者，亦得謂之《春秋》。如《晏子春秋》《呂氏春秋》是也。此類書而名春秋，喻其所言非一，猶今稱《叢刊》《匯編》耳。"（以上論書名理據）

《羊子》四篇[1]。百章。故秦博士[2]。

【集釋】

[1] 此書早佚，《隋志》已不著録。（以上論著録源流）清章學誠《校讎通義》曰："《漢志》計書多以篇名，間有計及章數者，小學叙例稱《倉頡》諸書也。至于叙次目録而以章計者，惟儒家《公孫固》一篇注十八章，《羊子》四篇注百章而已。其如何詳略，恐劉、班當日亦未有深意也。"（以上論校讎源流）

[2] 《廣韻》平聲十陽 "羊" 字注："羊，又姓。出泰山，本字羊舌大夫之後。《戰國策》有羊千者，著書顯名。"清姚振宗《漢書藝文志條理》："'策' 似 '時' 字之誤。"宋鄭樵《通志·氏族略》："戰國有羊千著書。"姚振宗《漢書藝文志條理》："按氏姓諸書皆曰羊千，或實名千，或 '千' 爲 '子' 字之誤，無以詳知。"羊千至秦爲博士。

《董子》一篇[1]。名無心[2]，難墨子。

【集釋】

[1] 其書亡佚。（以上論著録源流）宋王應麟《漢藝文志考證》："《論衡·福虛》篇云：'儒家之徒董無心，墨家之徒纏子，相見講道。纏子稱墨家右鬼神，是引秦穆公有明德，上帝賜之九十年。董子難以堯、舜不賜年，桀、紂不夭死。'"張舜徽《漢書藝文志通釋》："董子無心闢墨之説，可見於此。仲尼嘗言：'未能事人，焉能事鬼。' 是儒

學但盡人事，不信鬼神。董子實承斯緒，故其書列于儒家。……其書入清始無傳本，散亡甚晚。雖有馬氏輯本一卷，惜乎其辯上同、兼愛、上賢、明鬼之非者，其詳不可得聞矣。”（以上論學術源流）

[2]《玉海·藝文》：“董子，戰國時人。宋朝吳秘注一卷，《中興書目》一卷。與學墨者纏子辯上同、兼愛、上賢、明鬼之非，纏子屈焉。《論衡》引董子難纏子。”清錢大昕《三史拾遺》曰：“董無心，蓋六國時人，王充《論衡》、應劭《風俗通》俱引董無心説。”

《俟子》一篇[1]。① 李奇曰：“或作《侔子》。”

【集釋】

[1] 其書亡佚。（以上論著録源流）俟子乃六國時人。《廣韻》引《風俗通·姓氏》篇：“俟氏有俟子，古賢人，著書。”宋鄭樵《通志·氏族略》：“俟氏，《風俗通》俟子，著書，六國時人。”清王先謙《漢書補注》：“應仲遠嘗爲《漢書音義》，則所見本必俟矣。”清沈欽韓《漢書疏證》卷二十五謂《説苑·反質》篇言：“‘秦始皇後得侯生，侯生仰台而言’云云，其文八百餘言，疑即此。”（以上論作者事迹）

《徐子》四十二篇[1]。宋外黃人[2]。

【集釋】

[1]《隋志》《唐志》皆不著録，書亡已久，馬國翰有輯本一卷。（以上論著録源流）張舜徽《漢書藝文志通釋》：“觀徐子所陳百戰百勝之術，意在戢兵還師。與儒者非戰之旨合，故其書列入儒家。”（以上論學術源流）

---

① “俟子”，學津本、四部本、叢編本作“侔子”。

[2]《史記·魏世家》："惠王三十年，魏伐趙，趙告急齊。齊宣王用子計，救趙擊魏。魏遂大興師，使龐涓將，而令太子申爲上將軍。過外黃，外黃徐子謂太子曰：'臣有百戰百勝之術。'太子曰：'可得聞乎？'客曰：'固願效之。'曰：'太子自將攻齊，大勝並莒，則富不過有魏，貴不益爲王。若戰不勝齊，則萬世無魏。此臣之百戰百勝之術也。'太子曰：'諾，請必從公之言而還矣。'客曰：'太子雖欲還，恐不得矣。彼勸太子戰攻，欲啜汁者衆。太子雖欲還，恐不得矣。'太子因欲還，其御曰：'將出而還，與北同。'太子果與齊人戰，敗於馬陵。齊虜魏太子申，殺將軍涓，軍遂大破。"劉向《別録》曰："徐子，外黃人也，外黃時屬宋。"

《魯仲連子》十四篇[1]。有列傳[2]。

【集釋】

[1] 張舜徽《漢書藝文志通釋》："隋、唐、宋《史志》均有著録，宋以後遂亡。嚴可均、馬國翰均有輯本。"馬國翰輯本序曰："《戰國策》載其六篇，其《卻秦軍》《説燕將》二篇《史記》亦載，文句不同，參互校訂。又搜采《意林》《御覽》等書，得佚文二十五節，合録一卷。指意在於勢數，未能純粹合賢聖之義，然高才遠致，讀其書，想見其爲人矣。"（以上論著録源流）張舜徽《漢書藝文志通釋》："魯仲連，戰國齊人。……史稱其好奇偉俶儻之畫策，而不肯仕官任職，人皆欽其高節。常出游各國，排難解紛。當秦軍圍趙都邯鄲其急時，曾以利害進説趙魏大臣，阻其尊秦昭王爲帝，秦軍乃引去。其後燕將攻下齊之聊城，重兵固守。齊將田單圍攻歲餘不能克。魯連遺燕將書，約之矢以射城中，勸其撤守，事功既成，而堅辭禄賞，逃隱海上。其意趣甚遠，合乎儒者'不事王侯，高尚其事'之旨，故其書列入儒家。"（以上論學術源流）

[2]《史記》本傳：“魯仲連者，齊人也。好奇偉俶儻之畫策，而不肯仕宦任職，好持高節。游于趙。趙孝成王時，而秦王使白起破趙長平之軍前後四十餘萬，秦兵遂東圍邯鄲。趙王恐，諸侯之救兵莫敢擊秦軍。魏安釐王使將軍晉鄙救趙，畏秦，不進，止於蕩陰不進。魏王使客將軍新垣衍間入邯鄲，因平原君謂趙王……使尊秦昭王爲帝。……此時魯仲連適游趙……乃見平原君，曰：‘梁客新垣衍安在？吾請爲君責而歸之。’於是衍不敢復言帝秦。會魏公子無忌奪晉鄙軍救趙，秦軍遂引而去。於是平原君欲封魯連，魯連辭讓者三，終不肯受。平原君乃置酒，酒酣起前，以千金爲魯連壽。魯連笑曰：‘所貴於天下之士者，爲人排患釋難解紛亂而無取也。即有取者，是商賈之事也，而連不忍爲也。’遂辭平原君而去，終身不復見。其後二十餘年，燕將攻下聊城，聊城人或讒之燕，燕將懼誅，因保守聊城，不敢歸。齊田單攻聊城歲餘，士卒多死，而聊城不下。魯連乃爲書，約之矢以射城中，遺燕將書。……燕將見魯連書，泣三日，猶豫不能自決。……乃自殺。聊城亂，田單遂屠聊城。歸而言魯連，欲爵之。魯連逃隱於海上，曰：‘吾與富貴而詘於人，寧貧賤而輕世肆志焉。’……太史公曰：‘魯連其指意雖不合大義，然余多其在布衣之位，蕩然肆志，不詘於諸侯，談説於當世，折卿相之權。’”

《平原老》七篇[1]。朱建也[2]。宋祁曰：“老，一作君。”[3]

【集釋】

[1] 是書《隋》《唐志》皆不著録，亡佚甚早。馬國翰有輯本一卷，序曰：“《建本傳》只記其救辟陽侯事，與鄒陽説竇長君絕類，要皆戰國之餘習。乃班《志》於鄒陽入縱橫家，于平原君則入儒，必其佚篇多雅正語，今不可見矣。第取本傳中《説閎籍孺》一篇，附載事迹，聊備觀覽云爾。”

［2］清沈濤《銅熨斗齋隨筆》云：“書既爲建所作，不應厠魯連、虞卿之間，蓋後人誤以爲六國之平原君，而移易其次第。”① 清姚振宗《漢書藝文志條理》：“自分條刊刻以來，割裂破碎，多非本來舊第，如此一條當在《孝文傳》之後。《詩賦略》有朱建賦二篇，次枚皋、莊匆奇之間。”

［3］姚振宗《漢書藝文志條理》云：“又一本作《平原老》，今考高帝賜號平原君，太史公亦曰平原君，又云‘平原君子與余善’，則作‘老’字者非也。”蔣伯潛《諸子通考》持論相反：“官本‘君’作‘老’。高似孫《子略》亦作‘平原老’。作‘君’者誤也。但《漢志》録書以作者先後爲序，則此書當列下《高祖傳》之後。”

《虞氏春秋》十五篇[1]。虞卿也[2]。

【集釋】

［1］《隋志》《唐志》皆不著録，佚已久，馬國翰有輯本一卷。（以上論著録源流）張舜徽《漢書藝文志通釋》：“虞卿者，游説之士也。（司馬遷語）徒以不得大有爲於當世，乃發奮以圖不朽。此太史公所謂‘虞卿非窮愁，亦不能著書以自見於後世’也。……長於《春秋》之學，學醇於儒，故此十五篇亦列入儒家也。”《史通·六家》云：“晏子、虞卿、吕氏、陸賈，其書篇第本無年月，而亦謂之《春秋》。”陳朝爵《漢書藝文志約説》申之曰：“陸賈《楚漢春秋》，班氏列春秋家，而《晏子》《虞氏春秋》列子部儒家，是孟堅例之不純者。”（以上論學術源流）

［2］《史記》虞卿本傳：“虞卿既以魏齊之故，不重萬户侯卿相之

---

① 張舜徽《漢書藝文志通釋》亦云：“朱建，漢初楚人，《史》《漢》皆有傳。此書七篇，既爲建作，不應厠魯連、虞卿之間。”張氏人云亦云，此其一也。

印，與魏齊間行，卒去趙，困于梁。魏齊已死，不得意，乃著書，上采《春秋》，下觀近世，曰《節義》《稱號》《揣摩》《政謀》，凡八篇。以刺譏國家得失，世傳之曰《虞氏春秋》。太史公曰：'……虞卿料事揣情，爲趙畫策，何其工也！及不忍魏齊，卒困於大梁，庸夫且知其不可，況賢人乎？然虞卿非窮愁，亦不能著書以自見於後世云。'"

《高祖傳》十三篇[1]。高祖與大臣述古語及詔策也。

【集釋】

[1] 嚴可均《全漢文叙録》："《漢志》儒家《高帝傳》十三篇，魏相表奏高皇帝所述書《天子所服第八》即十三篇之一也。其他見於諸史傳記者，有詔二十二篇，手敕、賜書、告諭、令答、鐵券、盟誓等十五篇，總凡三十八篇。"（以上論著録源流）梁啟超《漢書藝文志諸子略考釋》曰："此及《孝文傳》，以入儒家，本無取義。殆因編《七略》時未有史部，詔令等無類可歸，姑入於此耳。"張舜徽《漢書藝文志通釋》："高帝既常與儒生述古，又時頒詔策以論國政。簡牘漸多，故有人裒輯以爲《高祖傳》十三篇……然則《漢志》著録之十三篇，蓋其中之尤要者也。所載言論，多與儒近，故列之儒家。"（以上論學術源流）今按：梁啟超之説未免武斷，而張舜徽的解釋較爲合理。

《孝文傳》十一篇[1]。文帝所稱及詔策。

【集釋】

[1] 王應麟《漢藝文志考證》曰："《史記·文帝紀》凡詔皆稱'上曰'，以其出於帝之實意也。"顧實《漢書藝文志講疏》曰："《史記·文紀》，凡詔皆稱'上曰'，蓋即此類之文。文帝黃老之治，而入儒家，道、儒固相通也。"今按：此書早佚，《隋志》已不著録。

《陸賈》二十三篇[1]。

【集釋】

[1]《漢書·陸賈傳》曰：“凡著書十二篇，號曰《新語》。”《史記·陸賈傳》同。“新語”之名亦見於班固《答賓戲》、王充《論衡·書解》篇。《史記》本傳《正義》引《七錄》曰：“《新語》二卷，陸賈撰。”《隋志》《唐志》均作二卷。《玉海》曰：“今存《道基》《雜事》《輔政》《無爲》《資質》《至德》《懷慮》七篇。”朱一新曰：“今存二卷，十二篇。”嚴可均校録序曰：“《史記》本傳：‘陸賈者，楚人也。時時前說稱《詩》《書》，高帝曰：試爲我著秦所以失天下，吾所以得之者。乃粗述存亡之徵，凡著十二篇。每奏一篇，高帝未嘗不稱善，左右呼萬歲，號其書曰《新語》。’《漢書》本傳同，《藝文志》作二十三篇，疑兼他所論撰計之。《史記正義》引梁《七錄》：‘《新語》二卷，陸賈撰。’《隋志》《舊》《新唐志》皆同，《崇文總目》《郡齋讀書志》《直齋書録解題》皆不著録。王伯厚《漢藝文志考證》云：‘今存《道基》《雜事》《輔政》《無爵》《資質》《至德》《懷慮》七篇。’蓋宋時此書佚而復出，出亦不全。至明弘治間，莆陽李廷梧字仲陽得十二篇足本，刻版于桐鄉縣治。……或疑明本反多于王伯厚所見，恐是後人不全之本補綴篇，以合本傳篇數，今知不然者。《群書治要》載有八篇，其《辯惑》《本行》《明誡》《思務》四篇皆非王伯厚所見，而與明本相同……足知多出五篇是隋、唐原本……”① 顧實《漢書藝文志講疏》曰：“本傳曰：‘陸賈，楚人。凡著十二篇，號其書曰《新語》。’此作二十三篇，蓋兼他所著者計之。”（以上論著録源流）張舜徽《漢書藝文志通釋》：“漢初天下甫定，以儒學匡弼高帝而有所述造者，以陸賈爲最先。實於開國弘規，大有關繫。……傳至宋代，已殘缺不全。

---

① 見浙江文叢本《嚴可均集》卷五。按：此與戊申年《國粹學報》所載《藏書志》文字頗有出入。又按：嚴氏所説，足以解《四庫全書總目》之惑。

故王應麟撰《漢書藝文志考證》時，所見僅七篇。至明弘治間，始有人得十二篇足本刻之。《群書治要》載有八篇，多爲王應麟所未見，而與明本大致相合。今《四部叢刊》本，即影印明本也。嚴可均謂‘漢代子書，《新語》最純最早。貴仁義，賤刑威。述《詩》《書》《春秋》《論語》，紹孟、荀而開賈、董，卓然儒者之言’。評論切當，殆非虛譽。陸賈尚有《楚漢春秋》九篇，在《六藝略》春秋家。”（以上論學術源流）

《劉敬》三篇[1]。

【集釋】

　　[1] 其書早佚，《隋志》已不著録。馬國翰有輯本一卷，序曰：“《漢志》儒家《劉敬》三篇，《隋》《唐志》不著目。其《説都秦》《説和親》《説徙民》皆見本傳中，今據録之。敬之爲策，大抵權宜救時之計。然漢兼王霸以爲家法，則當日之列于儒家者，蓋有由矣。”張舜徽《漢書藝文志通釋》：“劉敬，本姓婁，齊人。高帝從其言西都關中後，曾曰：‘本言都秦地者婁敬。婁者，劉也。’賜姓劉氏，拜爲郎中，號曰奉春君。《史記》列傳題劉敬，《漢書》則作婁敬，二傳可以互勘。”

《賈山》八篇[1]。

【集釋】

　　[1] 其書亡佚。馬國翰有輯本，序曰：“《漢志》儒家《賈山》八篇，今只傳《至言》一篇。若《諫文帝除鑄錢》《訟淮南王》《言柴唐子》三疏，當在八篇中，而世不傳。本傳全載《至言》，據録爲卷。真西山稱其爲忠臣防微之論，而以陳善閉邪許之。王伯厚謂山之才亞於賈誼，其學粹於鼂錯。乃班書以涉獵書記，不能爲醇儒斷之，豈其然乎？”（以上論著録源流）張舜徽《漢書藝文志通釋》：“班書謂山涉獵書記不能爲醇儒者，言其爲學不守章句，但務博涉，不能爲醇粹專經之

學也。……《漢書》本傳稱其'祖父袪，故魏王時博士弟子也，山受學袪'。可知其家世學業，而又與其先人異趣矣。今觀山言治亂之道，借秦爲喻，名曰《至言》。大意謂聖主以和顏受諫而興，秦以不聞過失而亡。於文帝二年上書陳之。直言極諫，侃侃而談，要非深於儒術者不能道也。"（以上論學術源流）

《太常蓼侯孔臧》十篇[1]。父聚，高祖時以功臣封，臧嗣爵[2]。

【集釋】

[1] 清周壽昌《漢書注校補》卷二十八曰："《隋·經籍志》梁有漢太常《孔臧集》二卷。亡。壽昌案：臧爲高祖功臣蓼夷侯孔聚，《史記》所稱爲孔將軍者之子也。臧以功臣子襲爵，官太常而名重。儒家有書十篇，載入《七略》，又賦家入賦二十篇，亦漢初儒雋中才學之並茂者。而出自功臣子，尤可異也。宋晁公武《讀書雜志》有云：'漢孔臧以所著賦與書謂之《連叢》，附於《孔叢子》之後。'壽昌考《孔叢子》漢初未出，至東漢末始有其書。則臧書之名《連叢》，疑後人僞托也。然其書名，已載入宋《中興館閣書目》及宋人《邯鄲書目》，《通考》《玉海》俱引之。"宋王應麟《漢藝文志考證》："先時嘗爲賦二十四篇，四篇別不在集，似其幼時之作也。又爲書與從弟，及戒子，皆有義。"（以上論著錄源流）蔣伯潛《諸子通考》："殆《孔臧集》以此十篇爲一卷，賦二十篇又爲一卷歟？梁代已徑稱之曰'集'，則此十篇本亦綴單篇而成一書，與東漢後之'別集'相同；但尚無'集'稱已。專書之著述衰，而單篇之文章盛，於是學者少而文人多。故'子'與'集'之遞嬗，爲學術史、文章史上一大轉變。此種轉變，蓋自西漢始也。晁公武曰：'臧以所著書與賦，謂之《連叢》，附《孔叢子》後。'按《孔叢子·連叢》上有《諫格虎賦》《楊柳賦》《鴞賦》《蓼蟲賦》四篇，殆即所謂不在集之四篇歟？"（以上論學術源流）

[2]《孔叢·連叢子》云："（臧）歷位九卿，遷御史大夫。辭曰：'臣世以經學爲業……乞爲太常典禮……與安國紀綱古訓，使永垂來嗣。'孝武皇帝難違其意，遂拜太常典禮，賜如三公。在官數年，著書十篇而卒。"《漢書·高惠高后文功臣侯表第四》："蓼夷侯孔藂，以執盾前元年從起碭，以左司馬入漢，爲將軍，三以都尉擊項籍，屬韓信，侯。高帝六年正月丙午封，三十年薨。孝文九年，侯臧嗣，四十五年，元朔三年，坐爲太常衣冠道橋壞不得度，免。"

《賈誼》五十八篇[1]。

【集釋】

[1]《隋志》《舊唐書·經籍志》均稱其書《賈子》，《唐書·藝文志》始改題《賈誼新書》。今所存者，實僅五十六篇。（以上論著録源流）宋黄震《黄氏日鈔》曰："賈誼天資甚高，議論甚偉，一時無與比者。其後經畫漢世變故，皆誼遺策。"章學誠《校讎通義》曰："《賈誼》五十八篇收於儒家，然與法家當互見。"蔣伯潛《諸子通考》云："按本傳，賈誼爲吳廷尉所賞薦。吳廷尉嘗學于同邑李斯。賈誼之被征爲博士，乃由通諸子百家。故章學誠謂當互見於法家也。其《鵩鳥賦》，同生死，輕去就，則又深有得於道家矣。近人章炳麟《春秋左傳讀叙録》曰：'賈誼書引用《春秋内外傳》甚多，而其《道術篇》《六術篇》《道德説篇》，正是訓詁之學，蓋有得於正名，爲政者也。'是賈誼又長於經術矣。賈誼所兼長，不但經術，尚有辭賦。蓋西漢學者本不專主一家，如陸賈，亦以儒而兼縱横者也。"又云："賈誼早卒，疑其書爲後人欽佩誼者，取其論著、奏議、辭賦、雜集編綴而成，故朱子謂似雜記稿，《四庫書目提要》譏其餖飣。《新書》已非諸子專門著述之性質，而爲東漢以後別集之濫觴。"陳朝爵《漢書藝文志約説》："賈誼傳《左氏春秋》，見《儒林傳》。其學則儒而兼法者，王船山論之詳

矣。"張舜徽《漢書藝文志通釋》:"《漢書》本傳贊引'劉向稱賈誼言三代與秦治亂之意,其論甚美,通達國體,雖古之伊、管,未能遠過也。使時見用,功化必盛。爲庸臣所害,甚可悼痛。追觀孝文玄默躬行以移風俗,誼之所陳,略施行矣。誼亦天年早終,雖不至公卿,未爲不遇也'。……至其論政之文,如《過秦論》《治安策》,篇長氣盛,讀之令人神旺,至今猶膾炙人口。"(以上論學術源流)

《河間獻王》二篇[1]。

【集釋】

[1] 其書早佚。馬國翰有輯本一卷,序曰:"《説苑·君道》篇、《建本》篇引四節,據輯,並取《春秋繁露》所載問《孝經》一節附後。其説稱述古聖,粹然儒者之言。"(以上論著録源流)《漢書·景十三王傳》云:"武帝時,獻王來朝,獻雅樂,對三雍宮及詔策所問三十餘事。① 其對推道術而言,得事之中,文約指明。"王應麟《漢藝文志考證》引司馬公曰:"獻王得《周官》《左氏春秋》《毛氏詩》而立之。《周禮》者,周公之大典;毛氏言《詩》最密;《左氏》與《春秋》相表裏。三者不出,六藝不明。微獻王,則六藝其遂噎乎! 故其功烈,至今賴之。"(以上論學術源流)

《董仲舒》百二十三篇[1]。

【集釋】

[1] 王應麟《漢藝文志考證》曰:"《春秋繁露》十七卷,今八

---

① 三雍宮:亦稱"三雍"。漢時對辟雍、明堂、靈台的總稱。《漢書·河間獻王傳》:"武帝時,獻王來朝,獻雅樂,對三雍宮及詔策所問三十餘事。"顏師古注引應劭曰:"辟雍、明堂、靈臺也。雍,和也,言天地君臣人民皆和也。"

十二篇，始《楚莊王》，終《天道施》，三篇闕。又即用'玉杯''竹林'題篇，疑後人附著。"王先謙《漢書補注》曰："按本傳'仲舒所著，皆明經術之意，及上疏條教，凡百二十三篇。而説春秋事得失，《聞舉》《玉杯》《蕃露》《清明》《竹林》之屬，復數十篇，十餘萬言'。是此百二十三篇早亡，不在《繁露》諸書内也。"（以上論著録源流）宋黃震《黃氏日鈔》曰："自孟子没後，學聖人之學者惟仲舒。其天資粹美，用意純篤，漢、唐諸儒鮮其比者。使幸而及門于孔氏，親承聖訓，庶幾四科之流亞歟？"張舜徽《漢書藝文志通釋》："董仲舒專治《公羊春秋》，爲漢初今文經學大師。景帝時爲博士，武帝時官至江都相及膠西王相。其説經雖以儒家思想爲中心，而雜以陰陽五行之説，借天道以明人事。欲以天變災異，對時君進規諫。……今日通行之《春秋繁露》十七卷，《漢志》不載，始著録於《隋志》經部春秋類。其書自《楚莊王》第一至《天道施》第八十二，凡八十二篇。其書發明《春秋》大義者，僅十之四五；其餘多篇，率泛論性與天道及治國之要。而《離合根》《立元神》《保位權》諸篇，闡明人君南面術，尤爲深切。可知其所論述，非專爲《春秋》作也。竊疑此書既不見于《漢志》，所起必晚。殆漢以後人收拾董氏遺文如百二十三篇中之零散篇章，裒輯以成斯編。今之稽考董氏學術思想者，仍必究心於此。"（以上論學術源流）

《兒寬》九篇[1]。

【集釋】

[1] 其書亡佚，馬國翰有輯本。姚振宗《漢書藝文志條理》曰："兒寬遺文略可考見者僅此，前兩篇當在禮家《封禪議對》十九篇中，《改正朔議》或當在此書。"王先謙《漢書補注》引葉德輝曰："本傳引對封禪一事、《律曆志》引議改正朔一事，餘無考。"（以上論著録源

流）張舜徽《漢書藝文志通釋》："《漢書》本傳稱寬治《尚書》，事歐陽生，以郡國選詣博士，受業孔安國。張湯爲廷尉時，以寬爲掾。嘗見武帝語經學，帝大悅。擢爲中大夫，遷左内史，後拜御史大夫。而本傳贊復云：'漢之得人，於兹爲盛，儒雅則公孫弘、董仲舒、兒寬。'"（以上論學術源流）

《公孫弘》十篇[1]。

【集釋】

[1] 其書散佚，馬國翰有輯本，序曰："《漢志》儒家《公孫弘》十篇，今不傳，本傳載其對策、上疏、對問之語，《藝文類聚》《太平御覽》亦引之，並據輯録，凡五十篇。"（以上論著録源流）《西京雜記》曰："公孫弘著《公孫子》，言刑名事，亦謂字直百金。"王先謙《漢書補注》引葉德輝曰："《藝文類聚》鱗介部引弘《答東方朔書》云：'譬猶龍之未升，與魚鱉可伍，及其升天，鱗不可睹。'《御覽》帝王部引公孫弘曰：'舜牧羊于黄河，遇堯，舉爲天子。'皆佚文也。本傳載弘對策上武帝書。"張舜徽《漢書藝文志通釋》："公孫弘少爲獄吏，年四十餘，乃學《春秋》雜説，武帝初以賢良文學爲博士，詔徵文學，弘復對策，擢第一。累遷至丞相，封平津侯。……其爲人多忌，外寬内深，嘗與有隙者，必乘間報之。殺主父偃，徙董仲舒於膠西，皆弘所爲也。人多譏其曲學阿世，故能持禄保寵。亦以熟習文法吏治，始得久居高位耳。其所爲文，辭旨安雅，今但觀其存於本傳中者，猶不失敦謹之意。"（以上論學術源流）

《終軍》八篇[1]。

【集釋】

[1] 終軍遺文除了載於本傳的四篇外，餘皆散佚。馬國翰有輯本，

序曰:"《漢志》儒家《終軍》八篇,今見本傳者四篇,餘皆散佚不可復見,茲據輯録。其文若不經意,而音節自諧宜,林希元嘆爲天與之奇才,而惜其年之不永也。"嚴可均《全上古三代秦漢三國六朝文》全漢文卷二十七收録終軍《白麟奇木對》《奉詔詰徐偃矯制狀》《自請使匈奴》《自請使南越》等篇。今按:《漢書》本傳稱軍少好學,以辯博能屬文聞於郡中。(以上論著録源流)

《吾丘壽王》六篇[1]。

【集釋】

[1]《漢書補注》引葉德輝曰:"本傳有《駁公孫弘禁民挾弓弩》《説汾陰寶鼎》二篇,《藝文類聚》武部引《驃騎論功論》一篇。"張舜徽《漢書藝文志通釋》:"《漢書》本傳稱壽王年少以善格五,召待詔。詔使從中大夫董仲舒受《春秋》,高材通明,遷侍中中郎。累遷至光禄大夫侍中。"《隋志》云:"梁有《五丘壽王集》二卷,亡。馬國翰有輯本。"

《虞丘説》一篇[1]。難孫卿也。

【集釋】

[1] 其書亡佚。(以上論著録源流)姚振宗《漢書藝文志條理》曰:"《史記》孫叔敖,楚之處士,虞丘相進于王,以自代。《説苑》虞丘子爲令尹,在莊王時。虞丘,一作吾丘。又案《氏族略》云'晋大夫虞丘子著書',似因晋虞丘書傳訛。此虞丘名説,未詳其始末。《志》列吾丘壽王、莊助之間,則武帝時人。馬氏以爲即吾丘壽王,殆以此説爲所説之書,然例以上下文,殊不然也。"王先謙《漢書補注·藝文志》曰:"虞、吾字同,虞丘即吾丘也。此壽王所著雜説。"(以上論學術源流)

《莊助》四篇[1]。

【集釋】

[1]《漢志》著録其遺文四篇而早亡，馬國翰有輯佚一卷。（以上論著録源流）姚明輝《漢書藝文志注解》曰：“本書列傳稱嚴助，避後漢明帝諱也。《志》蓋據《七略》原文不追改。”（以上論作者姓氏）

《臣彭》四篇[1]。

【集釋】

[1] 其書亡佚。（以上論著録源流）姚振宗《漢書藝文志條理》曰：“臣彭無考。案此佚其姓氏爵里，在《録》《略》亦不得其詳，故唯就其所署，題曰‘臣彭’耳。大抵亦與虞丘説同爲武帝時人。”張舜徽《漢書藝文志通釋》：“古人著書爲文，或應制而作，或獻之於朝，故皆題‘臣’字於姓名之上，亦有不標其姓者。此書四篇而稱臣彭，亦猶《漢書》注中之有臣瓚耳。”（以上論作者時代）

《鈎盾冗從李步昌》八篇[1]。宣帝時數言事。宋祁曰：“兄，當作冗。”

【集釋】

[1] 其書亡佚。（以上論著録源流）王應麟《漢書藝文志考證》：“《百官表》少府有鈎盾令丞。《注》：‘鈎盾主近苑囿。’《枚皋傳》：‘與冗從爭。’《注》：‘冗從，散職。’”王先謙《漢書補注》引沈欽韓曰：“《續百官志注》，漢官白鈎盾令，從官四十人。”姚振宗《漢書藝文志條理》曰：“《詩賦略》中有《李步昌賦》二篇，蓋宣帝時奏御，固能文之士也。”（以上論作者事迹）

《儒家言》十八篇[1]。不知作者。

【集釋】

[1] 其書亡佚。（以上論著録源流）姚振宗《漢書藝文志條理》曰：“此似劉中壘哀録無名氏之説以爲一編。其下道家、陰陽家、法家、雜家皆有之，並同此例。”（以上論著録書體例）張舜徽《漢書藝文志通釋》：“昔之讀諸子百家書者，每喜撮録善言，別鈔成帙。《漢志·諸子略》儒家有《儒家言》十八篇，道家有《道家言》二篇，法家有《法家言》二篇，雜家有《雜家言》一篇，小説家有《百家》百三十九卷，皆古人讀諸子書時撮鈔群言之作也。可知讀書摘要之法，自漢以來然矣。後人效之，遂爲治學一大法門。《文心雕龍·諸子》篇亦言‘洽聞之士，宜撮綱要。覽華而食實，棄邪而采正。’韓愈《進學解》復謂‘紀事者必提其要，纂言者必鈎其玄’。證之隋、唐史志，梁庾仲容、沈約皆有《子鈔》。兩宋學者，尤勤動筆。《直齋書録解題》有司馬温公《徽言》，乃温公讀諸子書時手鈔成册者也。此皆步趨漢人讀書之法，行之而有成者。《漢志》悉將此種鈔纂之編，列諸每家之末，猶可考見其類例。古人於此類摘鈔之書，不自署名，且未必出於一手，故不知作者也。”（以上論讀書方法）

桓寬《鹽鐵論》六十篇[1]。師古曰：“寬，字次公，汝南人也。孝昭帝時，丞相、御史與諸賢良文學論鹽鐵事，寬撰次之。”

【集釋】

[1] 今存。宋陳振孫《書録解題》曰：“凡六十篇，其末曰《雜論》，班書取以爲論贊。”《四庫提要》曰：“《鹽鐵論》十二卷……凡六十篇，實則篇各標目，反覆問答，諸篇皆首尾相屬。後罷榷酤，而鹽鐵則如舊，故寬作是書惟以‘鹽鐵’爲名，蓋惜其不盡行也。……所論皆食貨之事，而言皆述先王，稱六經，故諸史皆列之儒家。”（以上

論著録源流）張舜徽《漢書藝文志通釋》："漢昭帝時，詔郡國舉賢良
文學之士，問以民所疾苦，皆謂宜罷鹽鐵、榷酤，與御史大夫桑弘羊等
互相詰難。後榷酤雖罷，而鹽鐵如舊。宣帝時，桓寬哀錄當日兩方辯論
之語，集成是書，即以鹽鐵標題。賢良文學之士所言皆述先王、稱六
經，故自《漢志》以下，皆列此書於儒家。自《本議》至《雜論》凡
六十篇。"章炳麟《國故論衡·論式》篇曰："漢論著者，莫如《鹽
鐵》；然觀其駁議，御史大夫、丞相言此，而文學、賢良言彼，不相剴
切。有時牽引小事，攻劫無已，則論已離其宗。……其文雖博麗哉，以
持論則不中矣。"蔣伯潛《諸子通考·鹽鐵論考》："《漢志》曰：'雜
家者流，蓋出於議官。'《鹽鐵論》非桓寬一人之言，乃集録賢良、文
學之士與丞相、御史大夫集議罷鹽鐵、榷酤之辯論，是真出於議官者，
則當列之雜家矣。"（以上論學術源流）

《劉向所序》六十七篇[1]。《新序》《説苑》《世説》《列女傳》
《頌》《圖》也。

【集釋】

[1]《新序》《説苑》《列女傳》三書列儒家，章學誠對此不以爲
然，其《校讎通義》曰："《説苑》《新序》雜舉春秋時事，當互見
《春秋》之篇。《世説》今不詳；本傳所謂'《疾讒》《摘要》《救危》
及《世頌》諸篇，依興古事，悼己及同類也'，似亦可以互見《春秋》
矣。惟《列女傳》本采《詩》《書》，所采婦德可垂法戒之事，以之諷
諫宮闈，則是史家傳記之書；而《漢志》未有傳記專門，亦當附次
《春秋》之後可矣。至其引《風》綴《雅》，托興六義，又與《韓詩外
傳》相爲出入，則附注於《詩經》，部次庶幾相合。總之，非諸子儒家
也。"顧實《漢書藝文志講疏》曰："稱曰所序者，蓋猶今之叢書也。
本傳云：'向采傳記，著《新序》《説苑》凡五十篇。序次《列女傳》

凡八篇，著《疾讒》《摘要》《救危》及《世頌》凡八篇。'《疾讒》
《摘要》《救危》《世頌》，蓋皆《世說》中篇目，即《世說》也。《隋
志》：《新序》三十卷，《說苑》二十卷，卷即是篇，是五十篇。合《世
說》八篇，《列女傳》八篇，凡十六篇。又加《列女傳圖》一篇，恰符
《漢志》六十七篇之數。今《世說》八篇亡，《列女傳圖》一篇亦亡，
《新序》亡二十篇，存十篇，凡餘三十八篇。"蔣伯潛《諸子通考·劉
向所序考》："所謂'劉向所序'乃總括劉向之著述而言也。《隋志》則
《新序》《說苑》仍列儒家，《列女傳》改入史部雜傳類。《四庫全書》，
《列女傳》亦在史部傳記類中。"張舜徽《漢書藝文志通釋》："劉向字
子政，本名更生，爲楚元王交四世孫，事迹附《漢書·楚元王傳》。向
學問淵博，通達能文，專精思於經術，治《春秋穀梁傳》。宣帝時爲諫
大夫，累遷給事中。坐事免，復起，乃更名向。拜郎中，累遷光禄大
夫，終中壘校尉。成帝和平三年，詔向領校群書。分群書爲六大類，向
自校經傳、諸子、詩賦。其他兵書、數術、方技，各委專才，而向總其
成。每書校畢，向輒條其篇目，撮其指意，各爲叙録一篇。後又裒集衆
録，使可別行，名曰《別録》。辨章學術，厥功甚偉。其所自爲之書，
除《漢志》儒家著録六十七篇外，尚有《五行傳記》十一卷，見《六
藝略》尚書家；《賦》三十三篇，見《詩賦略》屈賦類。又有《五經通
義》，早佚，馬國翰有輯本一卷。"

《揚雄所序》三十八篇[1]。《太玄》十九[2]，《法言》十三[3]，
《樂》四[4]，《箴》二[5]。

【集釋】

[1] 張舜徽《漢書藝文志通釋》："揚雄字子雲，西漢末期成都人。
史稱其少而好學，不爲章句，訓詁通而已。博覽無所不見。……作
《太玄》以擬《易》，作《法言》以擬《論語》，仿《倉頡篇》作《訓

纂》，仿《虞箴》作《州箴》。述造雖富，而仕途不顯。歷事成、哀、平、新莽四朝，均抑鬱不得志。成帝時曾爲給事黃門郎，王莽時校書天祿閣，轉爲大夫。……桓譚獨許其書之必傳。至東漢魏晉時，已有人裒集其遺文。故《隋志》《唐志》皆有《雄集》五卷，其本久佚。宋譚愈、明鄭樸又續輯之。清嚴可均輯録其遺文共四卷，較詳備，在《全漢文編》中。其他專著，皆別行於世。"

[2]《太玄》，仿《易》而作，且參以"卦氣"之説。如以"家"准"卦"，以"首"准"彖"，以"贊"准"爻"，以"測"准"象"，以"文"准《文言》，以"摛""瑩""掜""圖""止"准《繫辭》，以"數"准《説卦》，以"錯"准《雜卦》。

[3]《法言》十三篇，本傳列舉其篇名：《學行》《吾子》《修身》《問道》《問神》《問明》《寡見》《五百》《先知》《重黎》《淵騫》《朋子》《孝至》。今存本分爲十卷。此書係仿《論語》而作。

[4]《樂》四篇今已亡佚。

[5]《後漢書·胡廣傳》曰："初，楊雄依《虞箴》作十二《州箴》，二十五《官箴》，其九箴亡缺。"顧實《漢書藝文志講疏》："沈欽韓：'"箴二"下有脱字。'或曰即指《十二州》《二十五官》兩種箴言之。"

《伊尹》五十一篇[1]。湯相[2]。

【集釋】

[1] 清周壽昌《漢書注校補》卷二十八："小説家有《伊尹説》二十七篇，較此少二十四篇，多一説字。注云語淺薄，似依托也。案《史記·殷本紀·集解》引《七略別録》云：《伊尹》五十一篇，《史記》伊尹從湯言素王及九主之事。九主者，有法君、專君、授君、勞君、等君、寄君、破君、國君、三歲社君，凡九品，圖畫其形，其書

《隋》《唐志》俱不著録，佚已久。"馬國翰有輯本，序曰："《隋》《唐志》均不著録，佚已久。兹從《逸周書》《吕氏春秋》《齊民要術》《七略》《别録》《説苑》《尸子》等書輯得十一篇……至於九主之名及阻職貢之策，與戰國術士語近，殆所謂依托者乎？今亦不能區分，依班《志》入道家云。"（以上論著録源流）王應麟《漢藝文志考證》曰："《説苑·臣術》篇、《吕氏春秋》皆引伊尹對湯問。愚謂孟子稱伊尹曰：'天之生此民也，使先知覺後知，使先覺覺後覺也。予，天民之先覺者也。予將以斯道覺斯民也，非予覺之而誰也！'伊尹所謂道，豈老氏所謂道乎？《志》於兵權謀省《伊尹》《太公》而入道家，蓋戰國權謀之士，著書而托之伊尹也。《湯誓》序曰：'伊尹相湯伐桀，升自陑。'孔安國謂出其不意，豈知伊尹者哉？傳伊尹之言者，孟子一人而已。"清姚振宗《漢書藝文志條理》曰："道家之言托始黄帝。史言伊尹從湯，言素王之事，蓋亦述黄、虞之言爲多，此其所以爲道家之祖，而老子猶其後起者也。又太史公《素王妙論》云：'管子設輕重九府，行伊尹之術，則桓公以霸。'是管仲《輕重》《九府》等篇本之於伊尹是書。"章太炎《訄書·儒道第四》："學者謂黄、老足以治天下，莊氏足以亂天下。夫莊周憤世湛濁，已不勝其怨，而托卮言以自解，因以彌論萬物之聚散，出于治亂，莫得其耦矣。其于興廢也何庸？老氏之清静，效用于漢。然其言曰：'將欲取之，必固與之。'其所以制人者，雖范蠡、文種，不陰鷙於此矣。故吾謂儒與道辨，當先其陰鷙，而後其清静。韓嬰有言：'行一不義，殺一不辜，雖得國，可恥。'儒道之辨，其揚榷在此耳。然自伊尹、大公有撥亂之才，未嘗不以道家言爲急（《漢藝文志》道家有《伊尹》五十一篇、《大公》二百三十七篇），迹其行事，與湯、文王异術，而鈎距之用爲多。今可睹者，猶在《逸周書》。老聃爲柱下史，多識故事，約《金版》《六弢》之旨，著五千言，以爲後世陰謀者法。其治天下同其術，甚异于儒者矣。故周公詆齊國之政，而仲尼不稱伊、吕，抑有由也。且夫儒家之術，盜之不過爲新莽；

而盜道家之術者，則不失爲田常。漢高祖得本，不求赢財帛，婦女不私取，其始與之，而終以取之，比於誘人以《詩》《禮》者，其廟算已多。夫不幸污下，以至於盜，而道猶勝於儒。然則憤鳴之夫，有訟言僞儒，無訟言僞道，固其所也。雖然，是亦可謂防竊鈎而逸大盜者也。"顧實《漢書藝文志講疏》曰："《吕覽·本位篇》述伊尹之言，當出此書。《史記·殷本紀》云'伊尹從湯，言素王九主之事'，則所謂君人南面之術也。"王仁俊《漢藝文志考證校補》："《説文解字》屢引伊尹説。"（以上論學術大旨）

[2]《史記·殷本紀》："伊尹名阿衡。阿衡欲奸湯而無由，乃爲有莘氏媵臣，負鼎俎，以滋味説湯，致于王道。或曰，伊尹處士，湯使人聘迎之，五反然後肯往從湯，言素王及九主之事。湯舉任以國政。伊尹去湯適夏。既醜有夏，復歸於亳。入自北門，遇女鳩、女房，作《女鳩女房》。……湯乃踐天子位，平定海内……伊尹作《咸有一德》……湯崩，太子太丁未立而卒，于是乃立太丁之弟外丙。……帝外丙即位三年，崩，立外丙之弟中壬。帝中壬即位四年，崩，伊尹乃立太丁之子太甲。太甲，成湯嫡長孫也。帝太甲元年，伊尹作《伊訓》，作《肆命》，作《徂后》。帝太甲既立三年，不明，暴虐，不遵湯法，亂德，於是伊尹放之於桐宫。三年，伊尹攝行政當國，以朝諸侯。帝太甲居桐宫三年，悔過自責，反善，於是伊尹乃迎帝太甲而授之政。帝太甲修德，諸侯咸歸殷，百姓以寧。伊尹嘉之，乃作《太甲訓》三篇，襃帝太甲，稱太宗。太宗崩，帝子沃丁立。沃丁之時，伊尹卒。既葬伊尹於亳，咎單遂訓伊尹事，作《沃丁》。"陳柱《子二十六論·原道》："道家之學凡數變：始爲革命家，再變而爲打倒君主政體者，三而爲無政府主義者。自漢以後，或爲隱逸，或合於佛釋，或混于方士，其變益紛，而後世之治道家言者，則多知漢以後之道家而鮮知漢以前之道家，而道家之真面目遂不能明於世矣。何謂道家本爲革命家？曰，《漢書·藝文志》道家首列《伊尹》五十一篇，

次列《太公》二百三十七篇、《辛甲》二十九篇、《鬻子》二十二篇。今案：伊尹、太公、辛甲、鬻子皆革命家也。"①

　　《太公》二百三十七篇[1]。吕望爲周師尚父[2]，本有道者。或有近世又以爲太公術者所增加也。師古曰："父，讀曰甫也。"

　　《謀》八十一篇。

　　《言》七十一篇。

　　《兵》八十五篇。

【集釋】

　　[1]《四庫全書》兵家類著録《六韜》六卷，凡六十篇，乃文王、武王問太公兵戰之事，疑出於兵八十五篇中。其他皆佚。清錢大昭《漢書辯疑》卷十六曰："《謀》《言》《兵》，就二百三十七篇而析言之，《太公》其總名也。"顧實《漢書藝文志講疏》："《隋》《唐志》《通志》著録太公書多種，《通考》僅餘《六韜》而已，莊子稱《金版》《六弢》（《徐無鬼篇》），《淮南子》亦言《金縢》《豹韜》（《精神訓》）。今《六韜》與《群書治要》所載異，乃宋元豐間所删定本也（《通志》載《改正六韜》四卷。清《四庫》兵家類著録六卷）。孫星衍有校本及輯佚文（《平津館叢書》本），黄奭復有輯本（《漢學堂叢書》）。"（以上論著録源流）王應麟《漢藝文志考證》曰："愚謂老氏曰'將欲翕之，必固張；將欲奪之，必固與之'，此陰謀之言也。范蠡用之以取吳，張良本之以滅項，而言兵者尚焉。此太史公入道家。然陰謀之術，申、商、韓非之所本也。文王之德之純，太公見而知之。《丹書》'敬義'之訓，武王得於師尚父。陰謀傾商之説，陋矣。"清沈

────────────

欽韓《漢書藝文志疏證》曰："自宋以來，著錄家無之。蓋六朝以前著書者，喜托名古人。唐以後，道術之士多攘古人之言以爲己書。故前乎此，不爲多人所扳援也；後乎此，無怪其少新名易故也。《秦策》：'蘇秦夜發書，得《太公陰符》之謀。'《齊世家》：'後世之言兵及周之陰權，皆宗太公爲本謀。'是太公之書，尚矣。今按《志》云《謀》者，即《太公陰謀》也。《言》者，即《太公金匱》，凡善言，書諸金版；《大戴禮·踐阼篇》《吕覽》《新書》《淮南》《説苑》所稱皆是也。《兵》者，即《太公兵法》；《説苑·指武》篇引《太公兵法》最其先，亦《管子》書中所本耳。"清周壽昌《漢書注校補》卷二十八："《詩·大雅·大明》正義引《七略》《别録》云：師之，父之，尚之，故曰師尚父。"王仁俊《漢藝文志考證校補》引《淮南·要略》："文王欲以卑弱制強暴，以爲天下去殘除賊而成王道，故太公之謀生焉。"陳朝爵《漢書藝文志約説》："《隋》《唐志》《通志》著録太公書多種，《（文獻）通考》僅餘《六韜》而已。又《隋志》有《三官兵法》《禁忌立成集》《枕中記》等名，今流俗新年貼語有所謂'姜太公在此，百無禁忌'者，殆即本此。又案班氏云'或有近世又以爲太公術者所增加也'，小説《鬻子》注亦云後世所加。顧實云：'俱明原書而有後之傳學者附益。'爵謂六藝諸子往往有此。《孟子》書中所云'有爲神農之言者'，即是言其依托神農爲名號。儒言堯、舜，道言黄、老，後世言孔明、劉伯温，一也。"張舜徽《漢書藝文志通釋》："上世言道術者，爲使其書見重於世，故必依托古初，高遠其所從來。言道術者之必推本於伊尹、太公，猶言方技者之必推本於神農、黄帝耳。此類書戰國時興起最多，要必前有所承，非盡後起臆説也。學者籀繹遺文，可慎思而明辨之。班氏自注所云'或有近世又以爲太公術者所增加也'，當作'或又以有近世爲太公術者所增加也'。竊疑正文'《謀》八十一篇，《言》七十一篇，《兵》八十五篇'十五字，本爲自注中語，後乃誤爲正文，皆傳寫者亂之。"（以上論學術大旨）

[2]《史記·齊太公世家》:"太公望呂尚者,東海上人。……本姓姜氏,從其封姓,故曰呂尚。呂尚蓋嘗窮困,年老矣,以魚釣奸周西伯。西伯將出獵……遇太公于渭之陽,與語大説,曰:'自吾先君太公曰:當有聖人適周,周以興。子真是耶?吾太公望子久矣。'故號之曰太公望,載與俱歸,立爲師。或曰,太公博聞,嘗事紂。紂無道,去之。游説諸侯,無所遇,而卒西歸周西伯。或曰,呂尚處士,隱海濱。周西伯拘羑里,散宜生、閎夭素知而招呂尚。呂尚亦曰:'吾聞西伯賢,又善養老,盍往焉。'三人者爲西伯求美女奇物,獻之于紂,以贖西伯。西伯得以出,反國。言呂尚所以事周雖異,然要之爲文武師。周西伯昌之脱羑里歸,與呂尚陰謀修德以傾商政,其事多兵權與奇計,故後世之言兵及周之陰權皆宗太公爲本謀。"清周濟《味雋齋史義》卷一《齊太公世家》:"自太公以陰謀開業,其子孫大臣遂多權詐用事。然而得民者得,失民者失,盡取或可逆,守必用順,自古強霸之君未之有易也。太史本齊變至魯,魯變至道,以明齊不能守周禮,徒尚權詐,是以苟收人心于一時,雖或得之,而無以固結其親上死長之意。景公踊貴,陳氏厚施,轉移之間,國祚中絕,反不如魯之弱而久存。黃老之不足恃,固若此哉!"

《辛甲》二十九篇[1]。紂臣[2],七十五諫而去,周封之。

【集釋】

[1] 此書不見於《隋志》,亡佚甚早。馬國翰有輯本一卷,序曰:"《漢志》道家有《辛甲》二十九篇,《隋》《唐志》不著録,佚已久。考《左氏傳》魏絳述其《虞人之箴》,《韓非子·説林》引其與周公議伐商蓋之語,是佚説之僅存者,據輯,並附考爲卷。《虞箴》似《太公金匱》《陰謀》所載武王諸銘,其言兵亦略似,班《志》以此書與太公書同入道家,知非取課虛而叩寂也。"嚴可均《全上古三代文》卷二有

《虞箴》，辭曰："茫茫禹迹，畫爲九州，經啓九道，民有寢廟，獸有茂草，各有攸處。德用不擾，在帝夷羿，冒于原獸，亡其國恤，而思其麀牡。武不可重用，不恢于夏家，獸臣司原，敢告僕夫。"

[2]《左傳》襄公四年："昔周辛甲之爲太史也，命百官，官箴王闕。"《韓非·説林》作"辛公甲"。漢劉向《別録》曰："辛甲，故殷之臣，事紂。蓋七十五諫，而不聽。去至周，召公與語，賢之，告文王。文王親自迎之，以爲公卿，封長子。長子今上黨所治縣是也。"明楊慎《升庵集》卷五十《辛甲》亦云："辛甲爲商紂太史，七十五諫而去，其後周人封之，著書一篇，其事不傳，見於《漢書·藝文志》，其後代有辛有，見《左傳》。"

《鬻子》二十二篇[1]。名熊，爲周師，自文王以下問焉。周封爲楚祖[2]。師古曰："鬻，音弋六反。"

【集釋】

[1] 原書早已殘缺，隋、唐、宋史《志》所著録，皆止一卷。嚴可均輯《全上古三代文編》時，録其佚文凡十四條。其《鐵橋漫稿》卷三《鬻子叙》曰："《漢志》道家：《鬻子》二十二篇，名熊，爲周師，自文王以下問焉，周封爲楚祖。又小説家：《鬻子説》十九篇，後世所加。《隋志》道家《鬻子》一卷，《舊唐志》改入小説家。案：隋、唐人所見皆道家殘本，其小説家本梁時已佚失。劉昫移道家本當之，非也。《新唐志》仍歸道家。今世流傳僅唐永徽中華州鄭縣尉逢行珪注本，凡十四篇，爲一卷。《道藏》作二卷，在顛字號，注甚疏蔓，又分篇瑣碎，所題甲乙，故作偵倒，羼辭，以瞀惑後人。宋又有陸佃校本，分行珪十四篇爲十五篇，瑣碎尤甚，又棼其次第，不足存。案：《群書治要》所載起迄如行珪，而第二篇至第十三篇聯爲一篇，則行珪十四篇值當三篇。《意林》稱'今一卷六篇'，末後所載多出'昔文王見鬻

子'一條，則行珪十四篇未足六篇。行珪姓名不他見，其人爲唐人與否，其本爲唐本與否，未敢知之。"葉德輝亦有輯本二卷，在《觀古堂叢書》中。宋王應麟《漢藝文志考證》曰："又小説有《鬻子説》十九篇，後世所加。"明宋濂《諸子辨》曰："熊爲周文王師，封爲楚祖。書二十二篇，蓋子書之始也。《藝文志》屬之道家，而小説家又別出十九卷。今世所傳者出祖無擇，所藏止十四篇。《崇文總目》謂其八篇已亡，信矣。其文質，其義弘，實爲古書無疑。第年代久邈，篇章舛錯，而經漢儒補綴之手，要不得爲完書。黃氏擬爲戰國處士所托，則非也。……其書頗及三監、曲阜時事，蓋非熊自著，或者其徒名'政'者之所記歟？不然，何有稱'昔者文王有問于鬻子'云？"清宋翔鳳《過庭錄》卷十三《鬻子》曰："《鬻子》書已不傳，今傳逢行珪注《鬻子》乃是僞書。惟《新書》修政語二篇，當采自《鬻子》。凡文王以下問者皆在下篇，其上篇載黃帝、顓頊、帝嚳、堯、舜、禹、湯之言，皆鬻子所述，以告文王以下者也。道家之言，皆托始黃帝，故《七略》列於道家，而以爲人君南面之術，固治天下之書也。"顧實《漢書藝文志講疏》："小説家亦有《鬻子》。《隋志》道家《鬻子》一卷，小説家無。《舊唐志》小説家《鬻子》一卷，道家無。《新唐書》仍歸道家，蓋本一書而轉輾相隸，今斷從《隋志》。"姚明輝《漢書藝文志注解》："今所傳《鬻子》一卷，有篇十四，首尾不完，中皆雜亂不成章，非必原本。"（以上論著錄源流）明王世貞《弇州四部稿》卷一百十二《讀鬻子》："《鬻子》僞書也，其文辭雖不悖謬於道，要之，至淺陋者掇拾先賢之遺而加飾之耳。謂禹'據一饋而七十起'，非'三吐'之厄言乎？七十起，何其勞也！禹得七大夫，如杜、季、施，皆非夏氏，因生之姓，至所謂東門虛、南門蠕、西門疵、北門側，幾乎戲戲矣！夫鬻子九十而爲文王師也，乃末篇曰'昔者魯周公使康叔往守於殷'，何哉？阮逸僞《元經》，李荃僞《陰符》，劉歆僞《周禮》，固矣，猶能文其辭，未有如鬻子之淺陋者也。雖然，使僞而近也，毋寧僞而遠也乎？近則惑。”明胡應麟《少室山房集》卷一百三《讀鬻子》：“《鬻子》章次篇名，前人論者咸以殘缺不可曉。余初讀，尤漫然；載閱之，覺其詞頗質奥，雖非真出熊手，要爲秦漢前書。及反覆綢繹之，乃知此書之存，視舊纔十之一，而篇名章次錯亂混淆之甚，宜宋以來諸家未有得其要領者也。蓋古《鬻子》本書篇名章次與《莊》《列》不同，而絶與今傳《關尹子》類。所謂‘撰吏’‘道符’等目，即關尹之‘一宇’‘二柱’等篇也，《撰吏》下有五帝等目，《道符》下有三王等目，即《一柱篇》之盆沼等章，《二柱篇》之碗盂等章也。《關尹》九篇，而每篇章次少者六七，多者十餘，更互闡發，以竟一篇之義，故每章之詰雖極寥寥，而不覺其簡。《鬻子》二十二篇，律以《關尹》，則今傳短章總之當不下百數十，而東京之後，兵火殘逸，至唐所存僅此一十四條，當時注者鹵莽，苟欲庶幾前代全書，遂以每章當其一篇，而僅以爲缺其八，故今讀之寥寥枯寂，若本末略無足觀者。又其篇章既混，而先後復淆，後人因益厭棄弗省。余既幸得其説，輒稍爲更定之，雖缺者不可復完，而章次篇名咸中舊解，亦謂旦暮遇之者也。”清嚴可均《鐵橋漫稿》卷三《鬻子叙》曰：“《鬻子》非專記鬻熊之語，故其書於文王、周公、康叔皆曰‘昔者’。‘昔者’，後乎鬻子言之也。古書不必手著，《鬻子》蓋康王、昭王後周史臣所録，或鬻子子孫記述先世嘉言，爲楚國之令典西，即《史記·序傳》所謂‘重黎業之，吴回接之。殷之季世，鬻熊牒之。周用熊繹，熊渠是續’者也。……諸子以《鬻子》爲最早，《神農》《黄帝》《大禹》《伊尹》等書疑皆依托，今亦不傳。傳者《本草》有後世地名，《六韜》言騎戰，皆不在《鬻子》前。劉勰曰：‘鬻熊知道，而文王咨謀。諸子肇始，莫先於斯。’誠哉是言！”清周壽昌《漢書注校補》卷二十八：“《隋·經籍志》云：《鬻子》一卷，周文王師鬻熊撰。壽昌案：本注云名熊，爲周師，自文王以下問焉，楚後以熊爲氏，氏以君名也。漢摇無餘爲南粵王，摇之族猶是也。”清田雯《古歡堂集》卷三十四《讀鬻子跋》：“鬻熊，楚人。……著書十二篇，前人

61

謂其理致通遠，旨趣恢宏，織組仁義，經緯家邦，實先達之真言，爲諸
子之首唱。愚以爲其文俚，其詞戔，必後世僞作之書，無足稱述也。且
其中引魯周公、衞康叔年代相去遠甚，讀者察之。按：賈誼《新書》
所引《鬻子》七條，皆正言確論，兹本無之，又《文選》引《鬻子》
武王率兵車以伐紂，紂虎旅百萬列於商郊，起自黃鳥，至於赤斧，三軍
之士莫不失色，今本亦無，知爲僞書無疑矣。”清方浚頤《二知軒文
存》卷十三《讀鬻子》：“熊爲諸子冠，所言皆五帝三王之道，而特揭
有國者之治志治謀，歸本於道和信仁，以爲帝王之器，大哉言乎！宜文
王弗以爲老而師之也。一曰撰吏，再曰撰吏，其任官惟賢才之説耶？一
曰周政，再曰傳政，其惟精惟一，允執厥中之旨耶？至謂民免四死而得
四生，而能以理數屬之道教。嗚呼，其論可謂醇且正已！獨卿相君侯之
本一語，未免重輕失當爾。”清陸心源《儀顧堂集》卷十五《讀鬻子》：
“《漢志》道家《鬻子》二十二篇，名熊，爲周師，自文王以下問焉，
周封爲楚祖。又小説家《鬻子説》十九篇，後世所加。今本爲唐永徽
間華州鄭縣尉逄行珪注本，凡十四篇。又有宋陸農師校本，無注，分十
四篇爲十五篇，尤爲瑣碎。據《群書治要》所載起迄，知行珪本合爲
三篇，然《意林》《北堂書鈔》《文選注》所引往往爲今本所無，則已
非唐之舊矣。劉勰曰：‘鬻熊知道，而文王咨謀。諸子肇端，莫先於
斯。’愚以爲熊爲文王師，其言宜足與謨誥相發明，乃率多泛然無當之
言，何歟？其謂禹一饋而七十起，與周公一飯三吐哺之言同，蓋出於後
人依托無疑也。《漢志》所載當爲戰國人所僞爲，今所傳本又必魏晉以
後掇拾而成。《列子》、賈誼《新書》本非秦漢之舊，其所引亦不足信，
僞中之僞，故其言淺陋如此也。”陳朝爵《漢書藝文志約説》：“《隋志》
在道家，《舊唐書》在小説家，《新唐書》仍歸道家。自葉正則、高似
孫輩皆疑之。嚴可均曰：‘《史記》鬻熊三傳至熊繹，蓋文王師爲熊，
成王問爲繹。《鬻子》非專記鬻熊語，古書不必手著，《鬻子》蓋後世
史臣所録，或子孫所記。今世傳唐逄行珪注本，分十五篇，瑣碎尤

甚.'案，嚴説極通，與劉勰'餘文遺事，録爲《鶡子》'説合，蓋自
孔、孟之書，亦非手著，世之以此而疑古書之僞者，多未達耳。"顧實
《漢書藝文志講疏》："嚴説是也。蓋逯本去其妄爲標題，猶古本殘帙，
而非僞作，故與僞《列子》所引三條不類，而與《賈子》所引六條甚
相類也。"張舜徽《漢書藝文志通釋》："周秦諸子之書，不皆出自己
手，大率由其門生故吏或時人之服膺其説者、衰録其言論行事以爲之。
此乃古書通例，無足怪者。《文心雕龍·諸子》篇云：'鶡熊知道，而
文王咨詢。餘文遺事，録爲《鶡子》。子之肇始，莫先于兹。'考周秦
諸子之書，著録于《漢志》者，在《鶡子》之前，尚有《伊尹》《黄
帝》《孔甲》《大禹》《神農》《力牧》諸書，是不得謂《鶡子》爲子書
之始也。特直名其書爲某子，則以此爲最早耳。觀《列子》中三引
《鶡子》，如云：'物損於此者盈於彼，成於此者虧於彼。損盈成虧，隨
世隨死。'又云：'欲剛必以柔守之，欲強必以弱保之。積於柔必剛，
積於弱必強。觀其所積，以知禍福之鄉。'若此所論，實有合於'清虛
自守，卑弱自持'之旨，《漢志》列之道家，是矣。至於《新書·修政
語下篇》所引鶡子論治國之道，則亦道義禮節忠信爲尚，又似乎與儒
學宗旨無殊，故明刊《子匯》徑以《鶡子》列入儒家也。"（以上論學
術大旨）

［2］《史記·太史公自序》曰："重黎業之，吴回接之。殷之季世，
粥子牒之。"劉向《別録》云："鶡子名熊，封於楚。"劉勰曰："鶡熊
知道，而文王咨謀。諸子肇始，莫先於斯。"賈誼《新書》引文王、武
王、成王問鶡子。《列子·天瑞》篇引鶡熊曰："運轉無已，天地密移，
疇覺之哉。"《力命》篇引鶡熊語文王曰："自長非所增，自短非所損。"

《筦子》八十六篇[1]。名夷吾，相齊桓公，九合諸侯，不以兵車也，
有列傳[2]。師古曰："筦，讀與管同。"

【集釋】

[1] 今存。漢劉向序曰："所校讎中《管子書》三百八十九篇，大中大夫卜圭書二十七篇、臣富參書四十一篇、射聲校尉立書十一篇、太史書九十六篇，凡中外書五百六十四，以校，除複重四百八十四篇，定著八十六篇。"自《隋書·經籍志》及《四庫全書總目》皆入子部法家類。（以上論著録源流）太史公曰："吾讀管氏《牧民》《山高》《乘馬》《輕重》《九府》……詳哉言之也。"《傅子》曰："《管子書》過半是後之好事者所加，《輕重篇》尤鄙俗。"宋葉夢得曰："其間頗多與《鬼谷子》相亂。管子自序其事，亦泛濫不切。疑皆戰國策士相附益。"蘇轍《古史》卷二十五曰："至戰國之際，諸子著書，因管子之説而益增之，其廢情任法，遠於仁義者，多申、韓之言，非管子之正也。至其甚者，言治國則以智欺其民，言治外則以術傾鄰國，於是有不貲之寶、石璧菁茅之謀。使管仲而信然，則天下亦將以欺奪報之，尚何以霸哉?"《朱子語類》卷一百三十七曰："《管子》之書雜。管子以功業著者，恐未必曾著書。"又曰："《管子》非管仲所著。仲當時任齊國之政，事甚多，稍閒時又有三歸之溺，決不是閒工夫著書底人。著書者是不見用之人也。其書想只是戰國時人收拾仲當時行事言語之類著之，並附以他書。"宋葉適《習學記言》卷四十五《管子》曰："《管子》非一人之筆，亦非一時之書，莫知誰所爲。以其言毛嬙、西施、吳王好劍推之，當是春秋末年，又持滿定傾、不爲人客等語，亦種、蠡所遵用也。其時固有師傳，而漢初學者講習尤著。賈誼、鼌錯以爲經本，故司馬遷謂讀管氏書，詳哉其言之也篇目次第最爲整比，乃漢世行書。至成、哀間，向、歆論定群籍，古文大盛，學者雖疑信未明，而管氏、申、韓由此稍絀矣。然自昔相承直，云此是齊桓、管仲相與謀議，唯諾之辭，余每惜晉人集諸葛亮事，而今不存。使管子施設果傳於世，士之淺心既不能至周、孔之津涯，隨其才分，亦足與立，則管仲所親嘗經紀者，豈不足爲之標指

哉？惟夫山林處士，妄意窺測，借以自名，王術始變，而後世信之，轉相疏剔，幽蹊曲徑，遂與道絕，而此書方爲申、韓之先驅，鞅、斯之初覺，民罹其禍，而不蒙其福也，哀哉！"元馬端臨《文獻通考》引《周氏涉筆》曰："《管子》一書，雜說所叢，予嘗愛其統理道理名法處，過於餘子，然他篇自語道論法，如《內業》《法禁》諸篇，又偏駁不相麗。雖然，觀物必於其聚。文子、淮南徒聚衆詞，雖成一家，無所收采，管子聚其意者也。粹羽錯色，純玉間聲，時有可味者焉。"明宋濂《諸子辨》曰："是書非仲自著也。其中有絕似《曲禮》者，有近似《老》《莊》者，有論霸術而極精微者，或小智自私而其言至卑污者。疑戰國時人采掇仲之言行，附以他書成之。不然，‘毛嬙、西施’‘吳王好劍’‘威公之死’‘五公子之亂’，事皆出仲後，不應豫載之也。朱子謂仲任齊國之政，又有三歸之溺，奚暇著書，其說是矣。"嚴可均《鐵橋漫稿》卷八《書管子後》曰："《七略》，《管子》在法家，引見《史記·管晏傳》正義。《隋》《唐志》以下，著錄皆同，惟《漢志》在道家。余觀《內業》篇，蓋《參同契》所自出，實是道家。餘篇則儒家、陰陽家、法家、名家、農家、兵家，無所不賅。今若改入雜家，尚爲允當。不然，寧從《漢志》。其書八十六篇，至梁、隋時，亡《謀失》《正言》《封禪》《言昭》《修身》《問霸》《牧民解》《問乘馬》《輕重丙》《輕重庚》十篇。宋時又亡《王言篇》。……至近人編書目者①，謂此書多言管子後事，蓋後人附益者多。余不謂然。先秦諸子皆門弟子或賓客或子孫撰定，不必手著。"呂思勉《經子解題·管子》："《管子》一書，最爲難解，而亦最錯雜。此書《漢志》列道家，《隋志》列法家。今通觀全書，自以道、法家言爲最多。然亦多兵家、縱橫家之言，又雜儒家及陰陽家之

---

① 浙江文叢本《嚴可均集》第 269 頁注釋一："劉咸炘於此葉抬頭批曰：‘指《提要》。’"可見嚴可均曾經公開批評《四庫提要》。

語。此外又有農家言。《輕重》諸篇論生計學理，大率重農抑商，蓋亦農家者流也。……予按某子之標題，本只取表明其爲某派學術，非謂書即其人所著。《管子》之非出仲手，可以勿論。古書存者，大抵出於叢殘綴輯之餘，原有分別，爲後人所混，亦理所可有。然古代學術，多由口耳相傳。一家之學，本未必有首尾完具之書。而此書錯雜特甚，與其隸之道法，毋寧稱爲雜家；則謂其必本有條理，亦尚未必然也。今此書《戒》篇有流連荒亡之語，與孟子述晏子之言同。又其書述制度多與《周官》合；制度非可虛造，即或著書者意存改革，不盡與故事相符，亦必有所原本。此書所述制度，固不能斷爲《管子》之舊，亦不能決其非原本《管子》；然則此書蓋齊地學者之言，後人匯輯成書者耳。《法法》篇有‘臣度之先王’云云，蓋治此學者奏議，而後人直錄之（《尹注》以臣爲管子自稱，恐非），亦可見其雜也。此書多古字古言；又其述制度處頗多，不能以空言解釋；故極難治。”張舜徽《漢書藝文志通釋》：“此書在劉向前，乃雜亂無章之文獻資料。經劉向去其複重，訂其訛謬，寫定爲八十六篇，仍爲一部包羅甚廣之叢編，固非紀錄管子一人之言行也。古人記事纂言，率資簡策。積之既多，每取其相近者聚而束之。大抵河平校書以前之古代遺文，多屬此類，不獨《管子》然也。劉向區而別之，諸書始粲然可觀。然於刪除繁重之際，不可謂其所割棄者，皆全無足取者也。若其校錄《管子》，竟除去複重至四百八十四篇之多。如此豐贍舊文，豈盡不足采掇乎？……今觀《管子》書中，多言無爲之理，詳於人君南面之術，班《志》列之於道家，即以此耳。自《隋志》改列法家之首，後世學者，咸以管子爲申、商之前驅，非、斯之先導，謂爲刻薄寡恩。不悟道家之旨，施諸後世，其流必爲刑名法術之學，此史公所爲以老、莊與申、韓合傳，而謂申、韓皆原於道德之意也。……要之道、法二家，相須爲用。惟任大道，始以法治國；惟明法令，始能無爲而成。相濟相生，似二而實一耳。今本《管子》存七十六篇，文字多有訛脫。近人聞一多、許維遹、郭沫若均有校本。又裒録前人所校，刊爲《管子集校》。"孫德謙《諸子通考》卷三："《管子》之言曰：'明主之治天下，靜其民而不擾，佚其民而不勞，不擾則民自循，不勞則民自試，故曰"上無事而民自試"。'又曰：'法立而民樂之，令出而民銜之，法令之合于民心如符節之相得也，則主尊顯。故曰銜令者君之尊也。'然則《志》以《管子》列道家，而《七略》並次法家，特爲孟堅所省耳。蓋《管子》本爲道家，其出而治世，作用則在法矣。"又曰："道、法二家，其學相通，余已詳論之矣。今《（隋）志》以《管子》一書冠諸法家之首，則編次未得其當也，何則？《管子》者，《七略》兼入法家，而《班志》則厠道家之中。雖于同源異流之故，不能以互著而見，然《管子》實爲道家也。夫道家者，君人南面之術，自有《管子》，乃足征古之道家未有不長於治道者。若僅列法家，則失其真矣。昔陳振孫作《書録解題》，謂《管子》似非法家，此言誠得之，然卒疑置之道家，以爲不類，彼蓋未明道家之旨，非專任清虛而不足治世也。顧其誤，則始于《隋志》，余故急爲辯正之。"①（以上論學術大旨）王叔岷《管子斠證序》曰："《管子》一書，古奥駁雜，向稱難讀。唐尹知章注雖以疏謬見譏，然創始之功不可没也。明劉績《增注》續之，頗有發明。清乾、嘉以來，討治者漸多，讎斠之精，當推高郵王氏。戴望《校正》，博采衆説，附益己見，則頗便初學焉。次如孫詒讓《札迻》、劉師培《斠補》、陶鴻慶《札記》、于省吾《新證》，續有創獲，足費撫拾。而張佩綸之《管子學》，考證繁富，用力尤勤。岷於是書，粗加涉獵，亦時有弋獲，足補諸家未備。"（以上論校讎源流）

［2］管子事迹詳見《史記·管晏列傳》。《古今人表》中，管仲列第二等上中。

---

① 今按：孫德謙深諳諸子相通之理，所論極有啓發意義。

《老子鄰氏經傳》四篇[1]。姓李，名耳[2]，鄰氏傳其學。

【集釋】

[1]《鄰氏傳》亡，今《老子經》不詳何本。宋董思靖《道德經集解序說》引《七略》曰："劉向定著二篇八十一章，上經三十四章，下經四十七章。"顧實《漢書藝文志講疏》："今本《老子道德經》八十一章，猶《七略》《別錄》之舊。惟分上經三十七章，下經四十四章，則又異矣。今存王弼注本最古，河上公本更在王後，次之。陸游曰：'晁以道謂王輔嗣本《老子》曰《道德經》，不析乎道德而上下之，猶近於古。今此本久已離析。'（《放翁題跋》）是在宋季已失王注定本也。儶河上公注本，上篇首章曰《體道》，下篇首章曰《論德》，惟尚無《道經》《德經》之標目。"（以上論著錄源流）唐陸德明《經典釋文序錄》云："周敬王時西出關，為關令尹喜說《道》《德》二篇，尚虛無、無為。漢文帝時，河上公作《章句》四篇以授帝，言治身、治國之要。"宋葉夢得曰："老氏之書，其與孔子異者皆矯世之辭，而所同者皆合於《易》。"明宋濂《諸子辨》曰："《老子》二卷，《道經》《德經》各一，凡八十一章，五千七百四十八言。周柱下史李耳撰。……大抵斂守退藏，不為物先，而壹返於自然。由其所訪者甚廣，故後世多尊之行之。"顧實《漢書藝文志講疏》曰："大抵老子本領，盡於首章觀妙、觀徼二事，妙者虛無也，徼者因循也。故司馬談曰：'道家以虛無為本，因循為用也。'自王弼陰用佛說'群有以至虛為宗，萬品以終滅為驗'，誤解徼曰'歸終也'，不知虛無為本，則老、佛同也。而因循為用，則老、佛一積極，一消極，迥殊也。爾後《老子》注家甚眾，大抵疏陋不足觀。畢沅《老子考異》，考眾本異同，猶多未盡。"張舜徽《漢書藝文志通釋》："老子其人其書自來考辨紛紜，莫之能一。余則以為世遠年湮，宜遵多聞闕疑之義。於所不知，不必深探而廣索也。……至於其人是否為楚苦縣人、姓李名耳？是否為老萊子？或太史儋？或老彭？均宜姑置弗論。但就其書靜心讀之，以窺道論之要，斯亦可

矣。……《老子》之學，繼承前人緒論，至爲廣泛也。此書二篇，特其緒論之較精要者耳。由於不出於一時，不成於一手，故前後不免有複見字句，且雜入後人附加之辭，學者宜明辨之。"（以上論學術大旨）

　　［2］《史記·老莊申韓列傳》："老子者，楚苦縣厲鄉曲仁里人也。姓李氏，名耳，字聃，周守藏室之史也。孔子適周，將問禮于老子……老子修道德，其學以自隱無名爲務。居周久之，見周之衰，乃遂去。至關，關令尹喜曰：'子將隱矣，強爲我著書。'於是老子乃著書上下篇，言道德之意五千餘言而去，莫知其所終。……李耳無爲自化，清靜自正。"

　　《老子傅氏經説》三十七篇[1]。述老子學。

【集釋】

　　［1］全書亡佚。顧實《漢書藝文志講疏》曰："《傅氏説》亡。今《老子經》不詳何本。牟融曰：'吾覽佛經之要有三十七品，老氏《道經》亦三十七篇。'（《理惑論》）則東漢之末，《傅氏經》猶存也。或云：'即今《老子》上經三十七章。'（孫詒讓《札迻》）然章篇不侔，蓋非也。"（以上論著録源流）張舜徽《漢書藝文志通釋》："《經説》之體，與爲原書作注解者有所不同。《漢志》著録《老子傅氏經説》三十七篇，乃講説道家義蘊之文，固非注述之體。故班氏自注云：'述老子學'也。講説老子之學，而發爲論著，其文可多可少。故傅氏、徐氏所爲《經説》，篇數不一，其明徵也。此處所云三十七篇，乃傅氏所撰《經説》論文之實數，自不得傅會爲《道經》之三十七章，意固明甚。"（以上論學術大旨）

　　《老子徐氏經説》六篇[1]。字少季，臨淮人，傳《老子》。

【集釋】

　　［1］其書亡佚。姚振宗《漢書藝文志條理》曰："本書《外戚傳》：

‘竇太后好黃老言，景帝及諸竇不得不讀《老子》，尊其術。’是當文、景、武帝之初，黃老之學最盛。此鄰氏、傅氏、徐氏三家，當在其時，蓋蓋公之後、劉向之前有此三家之學，《釋文》及《隋志》皆不著錄。”

劉向《說老子》四篇[1]。

【集釋】

[1] 其書亡佚。宋董思靖《道德經集解·序說》曰：“《老子》，劉向定著二篇八十一章，上經三十四章，下經四十七章。葛洪等又加損益，乃云天以四時成，故上經四九三十六章；地以五行成，故下經五九四十五章，通應九九之數。而從此分章，遂失中壘舊制矣。”梁章鉅《退庵隨筆》卷十七：“唐玄宗《御注道德經》分‘老子道經卷上’‘德經卷下’，陸放翁題跋云：晁以道謂王輔嗣本《老子》曰：‘《道德經》不析乎道德而上下之，猶近於古，今此本已久離析。’然則在宋時已失輔嗣定本矣。”張舜徽《漢書藝文志通釋》：“《志》著錄《老子鄰氏經傳》四篇，實包《老子》本書在內。明其中有《經》二篇、《傳》二篇，故爲四篇也。班志藝文時，蓋未見《老子》經文單行之本，故合《鄰氏經傳》以著錄之耳。河上公，乃漢文帝時人。史稱其深於老子之學，不必曾注書。後世有河上公注本，乃好事者所依托。唐玄宗開元七年，詔令儒官詳定注《老》諸家得失，劉知幾即議《河上公注》之僞。且言王弼所注，義旨爲優（見《唐會要》）。故自唐以下，王《注》盛行，而《河上注》黜矣。”顧實《漢書藝文志講疏》：“亡。今《說苑》《新序》有述老子語，當即其說。”

《文子》九篇[1]。老子弟子，與孔子並時[2]。而稱周平王問，似依托者也[3]。

【集釋】

[1]《隋志》："《文子》十二卷,《七略》有九篇,梁《七録》十卷,亡。"顧實《漢書藝文志講疏》曰："豈《七略》本亡,而十二卷僞本行耶?"章炳麟《菿漢微言》云："今之《文子》,半襲《淮南》;所引《老子》,亦多怪異;其爲依托甚明。"蔣伯潛《諸子通考》:"其書當亦戰國時好事者所編造。至於今存之本,則文原書亡後,六朝人僞撰,故更駁雜不足觀耳。……故今存之《文子》,雖未能考定其僞造之人爲誰,其爲僞造書已無可疑。江瑔乃以爲文種所著,且推崇之以比《老子》,誤矣。"今按:1973 年,在河北省定州發掘一座西漢後期中山懷王墓,出土大批簡書,其中有《文子》,證明在西漢時期《文子》已在社會上傳播,至於《文子》與《淮南子》誰抄撮誰,今亦尚難論定。簡書《文子》的出土,證明傳世本《文子》不僞,也證明傳世本《文子》並非古本《文子》之原貌,曾經後人竄改。歷代學者關於《文子》之辨僞意見,由於簡書《文子》的出土,多已不攻自破。(以上論著録源流)唐柳宗元《辨文子》曰:"其旨意皆本《老子》。然考其書,蓋駁書也。其渾而類者少,其竊他書以合之者多。凡《孟子》等數家,皆見剽竊,嶢然而出其類;其意緒文辭,又互相抵牾而不合。不知人之增益之歟?或者衆爲聚斂以成其書歟?"元馬端臨《文獻通考》卷二百十一《經籍考》三十八引《周氏涉筆》曰:"《文子》一書,誠如柳子厚所云駁書也。然不獨其文聚斂而成,亦黃、老、名、法、儒、墨諸家各以其説入之,氣脈皆不相應。其稱平王者,往往是楚平王。序者以爲周平王時人,非也。"明宋濂《諸子辨》曰:"予嘗考其書,壹祖老聃。大概《道德經》之義疏爾……蓋《老子》之言宏而博,故是書雜以黃、老、名、法、儒、墨之言明之,無怪其駁雜也。……黃氏屢發其僞;以爲唐徐靈府作,亦不然也。其殆文姓之人,祖老聃而托之者歟?"明胡應麟《四部正訛》曰:"柳宗元以爲駁書,而黃東發直以爲注者唐人徐靈府所撰。余以爲柳謂駁書是也;黃謂徐靈府撰,則失於深考。……惟

中有漢後字面，而篇數屢增，則或李暹輩潤益於散亂之後歟？"清孫星衍《問字堂集·文子序》曰："黄老之學存于《文子》，西漢用以治世，當時諸臣皆能稱道其説，故其書最顯。諸子散佚，獨此有完本在《道藏》中，其傳不絶，亦其力也。今《文子》十二卷，實《七略》舊本，《藝文志》稱九篇者，疑古以《上仁》《上義》《上禮》三篇爲一篇，以配《下德》耳。注蓋謂文子生不與周平王同時，而書中稱之，乃托爲問答，非謂其書由後人僞托。宋人誤會其言，遂疑此書出于後世也。"（以上論學術大旨）王叔岷《文子斠證序》曰："今所見最早之本，有敦煌唐寫本，惜僅存《道德篇》百五十六行；蔣鳳藻《鐵華館叢書》有景宋本徐靈府注十二卷，靈府號默希子，惟與《道藏》本默希子注十二卷勘驗，《道藏》本實優於景宋本（景宋本有極繁之錯簡）。因據《道藏》本參核群籍，成《斠證》一卷云。"①（以上論校讎源流）

[2]《漢書·古今人表》中，文子列第五等中中。清梁玉繩曰："文子不傳其名字，《困學紀聞》十辨文子非周平王時人。檢《文子·道德》篇平王問一條，無'周'字，末云寡人敬聞命，其非周王甚審。《通考》引《周氏涉筆》以爲楚平王，極確。《士仁》篇有王良，更足驗爲楚平王時人。班氏所見之《文子》，或是誤本，遂疑《文子》書有依托，而于此表仍列周平時，蓋疑以傳疑之意也。"

[3] 王應麟《漢藝文志考證》曰："《志》注謂'似依托'，晁氏曰：'三代之書，經秦火之後幸而存者，錯亂參差，如《爾雅》，周公作，而有張仲孝友是也。'柳宗元以爲駁書。曹子建表引《文子》，李善注以爲計然。今其書一以老子爲宗，略無與范蠡謀議之事。"清沈欽韓《漢書藝文志疏證》曰："書爲《淮南》襲取殆盡，《莊》《列》亦時與之同。十二篇並引老子之言而推衍之。"陶方琦《漢孳室文鈔》卷二《文子非古書説》曰："《文子》非古書。今屬於杂家之《文子》，

---

① 王叔岷《諸子斠證》所撰各序言簡意賅，確爲斫輪老手。

与《漢志》屬道家之《文子》不同。《文子》雖冠以'老子曰'，中間有'故曰'，實引《淮南》作爲老子之語。又《淮南》作爲戰國時人問答者，《文子》亦作爲《老子》之語。詳細考之，《文子》首章之《道原》，即《淮南》之《原道》；《精誠》即《精神》；《上德》即《説林》；《上義》即《兵略》；實相一致。而割裂矛盾之迹顯然。"張舜徽《漢書藝文志通釋》："此蓋漢人雜抄道家之言以爲一編，欲以疏釋《老子》者。雜而不醇，故柳宗元直斥之爲駁書也。自後世尊之爲《通玄真經》，始成爲道觀之秘笈，而儒者罕習。宋季當塗杜道堅撰《文子纘義》十二卷，暢發其旨，道堅亦道士也。"

《蜎子》十三篇[1]。名淵，楚人，老子弟子[2]。師古曰："蜎，姓也，音一元反。"

【集釋】

[1] 其書亡佚。張舜徽《漢書藝文志通釋》："史言'著上下篇'，著之言猶注也，謂爲《老子》上下篇解説，使其義著明也。其解説之文有十三篇，故《漢志》如實以著録之。"

[2]《史記·孟荀列傳》："環淵，楚人，學黄老道德之術，著上下篇。"《史記索隱》《史記正義》皆無注釋。劉歆《七略》曰："蜎子，名淵，楚人也。"王應麟《漢藝文志考證》曰："今按《文選》枚乘《七發》'便蜎、詹何之倫'，注云：'《淮南子》雖有鈞針芳餌，加以詹何、蜎蠉之數，猶不能與罔罟爭得也，宋玉與登徒子偕受鈞於玄淵，《七略》蜎子名淵。三文雖殊，其人一也。'"清王仁俊《漢藝文志考證校補》："環、蜎同音，通假字。"張舜徽《漢書藝文志通釋》："環、蜎古字通。《楚策》范環，《史記·甘茂傳》作范蜎，可證也。《史記·孟軻荀卿列傳》云：'環淵，楚人。學黄老道德之術，著上下篇。'即其人也。"清沈欽韓《漢書藝文志疏證》曰："愚謂玄淵似非人名，李善蓋誤。"

《關尹子》九篇[1]。名喜。爲關吏，老子過關，喜去吏而從之[2]。

【集釋】

[1] 今存，疑僞。或題《文始真經》。劉向《關尹子叙録》云："校中秘書九篇（太常存七篇，臣向本九篇），蓋公授曹相國參。相國薨，書葬。至孝武時，有方士來以七篇上，上以仙處之。淮南王安好道聚書，有此不出。臣向父德因治淮南王事得之。"① 陳振孫《直齋書録解題》云："徐藏子禮得之於永嘉孫定，首載劉向校定序，末有葛洪後序。未知孫定從何得之，殆皆依托也。"《四庫简明目録》曰："《關尹子》一卷，舊本題周尹喜撰。《漢志》著録，而《隋》《唐志》皆不載，知原本久佚，此本出宋人依托。然在僞書之中，頗有理致有詞采，猶能文者所爲。"梁啓超《漢書藝文志諸子略考釋》曰："《隋》《唐志》皆不著録。原書久佚。今存一卷本，僞品也。今本之僞，陳振孫、宋濂及《四庫提要》辨之已詳。"（以上論著録源流）梁啓超《漢書藝文志諸子略考釋》又曰："文筆頗類唐人所譯佛經，辭理雜剿釋、道皮毛，蓋唐以後作品也。《莊子·天下》篇以關尹與老聃並稱，且名列聃前，似非聃弟子。《吕覽》言：'老聃貴柔，關尹貴清。'其學似亦不與老氏全同也。"蔣伯潛《諸子通考》："《史記·老子傳》所載老子過關，爲關尹著書之故事，當出於戰國時《老子》已成書，且已流行之後。關尹名喜，去吏從老子西游之故事，則由老子過關而增益變化以成；關尹自著《關尹子》之傳説，則又由老子爲關尹著書而增益變化以成；故《漢志》所録之《關尹子》，已是秦漢間方士所撰之僞書。僞劉向《叙録》謂此書由方士上淮南王安。言雖無征不信，已露蛛絲馬迹矣。是書不見録于《隋志》，蓋以本無足觀，早已亡佚歟？至於今存之本，則確爲唐五代間方士之所撰，更爲僞中之僞矣。"張舜徽《漢書藝文志

---

① 嚴可均《全漢文編》曰："《關尹子叙録》疑宋人依記。"

通釋》："今本之僞，固衆所周知矣。即著錄於《漢志》之九篇，亦難保其非依托。且'關尹'二字，乃稱其人之職守，而非其姓也。劉向入之《列仙傳》中，又名關令子。彼既爲神仙中人，豈復下筆著書？紀其事最早者，莫如《史記》。但言老子'見周之衰，乃遂去。至關，關令尹喜曰：子將隱矣，強爲我著書。於是老子乃著書上下篇，言道德之意五千餘言而去'。而未嘗言關尹亦著書。況《史記》所云'關令尹喜曰'，乃言關令尹見老子至而心喜悅也。司馬遷以後之人，誤讀《史記》，遂以'喜'爲其名，或直稱之爲'尹喜'，自劉向、劉歆已然，班氏自注，亦沿其誤。他如高誘注《呂覽》，陸氏撰《釋文》，皆謂其人名喜。名之不正，孰甚於此。後世對其人之姓名，不免以訛傳訛，則其人之有無，自難遽加論斷。遑論其著述乎？《漢志》著錄九篇之書，殆秦、漢間人所撰記，托名於關尹耳。"（以上論辨僞源流）

[2] 劉向《列仙傳》云："關令尹喜者，周大夫也。善內學星宿，服精華，隱德行仁，時人莫知。老子西游，喜先見其氣，知真人當過，候物色而迹之，果得老子。老子亦知其奇，爲著書。與老子俱至流沙之西，服具勝實，莫知其所終。亦著書九篇，名《關令子》。"

《莊子》五十二篇[1]。名周，宋人[2]。

【集釋】

[1]《史記·老莊申韓列傳》索隱引《別錄》曰："作人姓名，使相與語，是寄辭於其人，故有《寓言篇》。"陸德明《經典釋文叙錄》云："《漢志》《莊子》五十二篇，即司馬彪、孟氏所注是也。言多詭誕，或似《山海經》，或類占夢書，故注者以意去取。其內篇衆家並同。自餘或有外而無雜，唯郭子玄所注，特會莊生之旨，故爲世所貴。"（以上論著錄源流）宋李石《方舟集》卷十三《列子辯上》："劉向以《列子》《湯問》、《穆王》二篇非君子之言，《湯問》則《莊子》

湯之問棘以大椿、鯤鵬變化，《列子》作夏革，晋張湛注《莊子》以革作棘。《穆王》篇論西極有化人來。又《仲尼》篇稱孔子答商太宰稱西方之聖意，其説佛也。然佛出漢明帝時，湛乃謂列子語與佛相參，蓋指其幻學也。豈西方之佛幻已肇於列子時，爲穆王化人事乎？必有能辯之者。"吕思勉《經子解題・莊子》："《莊子》與《老子》，同屬道家，而學術宗旨實異……《莊子》之旨，主于委心任運，頗近頹廢自甘；然其説理實極精深。……先秦諸子中，善言名理，有今純理哲學之意者，則莫《莊子》若矣。章太炎于先秦諸子中，最服膺《莊子》，良有由也。今《莊子書》分内篇、外篇及雜篇。昔人多重内篇，然外篇實亦精絶，唯雜篇中有數篇無謂耳。"顧實《漢書藝文志講疏》引王樹枬曰："其書《内篇》即内聖之道，《外篇》即外王之道。所謂靜而聖，動而王也。《雜篇》者，雜述内聖外王之事，篇各爲意，猶今人之雜記也。"張舜徽《漢書藝文志通釋》："今本定著三十三篇，亦非郭氏所始創。《淮南・修務》篇高誘《注》云：'莊周作書三十三篇，爲道家之言。'是漢末已有三十三篇之本矣。郭象特據是本作注耳。考《史記・老莊申韓列傳》稱莊周'與梁惠王、齊宣王同時，其學無所不窺，然其要本歸於老子之言。故其著書十餘萬言，大抵率寓言也'。……其學雖歸本於老子，而實有廣狹之不同。故戰國、秦、漢以黃、老並稱，實施之於政治；魏、晋以來，始稱老、莊，已流於曠達放任，此又二者之殊也。"（以上論學術大旨）

［2］《史記・老子韓非列傳》："莊子者，蒙人也，名周。周嘗爲蒙漆園吏，與梁惠王、齊宣王同時。其學無所不窺，然其要本歸于老子之言。故其著書十餘萬言，大抵率寓言也。作《漁父》《盜跖》《胠篋》，以詆訾孔子之徒，以明老子之術。《畏累虚》《亢桑子》之屬，皆空語，無事實。然善屬書離辭，指事類情，用剽剥儒、墨，雖當世宿學不能自解免也。其言汪洋自恣以適己，故自王公大人不能器之。"

《列子》八篇[1]。名圄寇，先莊子，莊子稱之[2]。

【集釋】

[1] 今本《列子》八篇（《四庫全書》道家類著録），前有劉向叙曰"《列子》内外書，凡二十篇，以校，除複重十二篇，定著八篇"。馬叙倫曰："劉向《叙録》亦依托。蓋《列子》書早亡，故不甚稱於作者。"（以上論著録源流）唐柳宗元《辨列子》曰："劉向古稱博極群書，然其録《列子》獨曰'鄭穆公時人'。穆公在孔子前幾百歲，《列子》書言鄭國皆云子產、鄧析，不知向何以言之如此。……文辭類《莊子》，而尤質厚。少僞作，好文者可廢耶？其《楊朱》《力命》疑其楊子書。其言魏牟、孔穿，皆出列子後，不可信。然觀其辭，亦足通知古之多異術也。"宋李石《方舟集》卷十三《列子辯下》："孟子距楊、墨，以楊近墨遠爲序於儒，以楊爲爲我之學，一毫不拔，於天下可也。如禽滑釐對朱之言，則以墨翟、大禹爲爲人之學，老聃、關尹爲爲己之學，似以朱況於黄帝、關尹，此列子之有取也。劉向云《楊子》之篇唯貴放逸，與《力命》篇乖背，豈放逸近道乎？其何以近於儒？不然，力命自力命，放逸自放逸耳，必有能辯之者。"宋葉夢得曰："《天瑞》《黄帝》篇與佛書相表裹。"吕氏曰："《列子》多引黄帝書，蓋古之微言，傳久而差者。《玄牝》一章，今見《老子》。此戰國、秦、漢所以並言'黄老'也。"宋趙希弁《讀書附志》云："政和中，宜春彭俞積石軍倅，聞高麗國《列子》十卷，得其第九篇曰《元端》於青唐卜者。"清陸次雲《尚論持平》卷二"列子"條："《莊》《列》之書同出于老，其高曠一也，其奇誕一也，而章法不一。《南華》之言，起伏斷續，不可端倪；《沖虛》之言，長篇之中各爲短篇，而意自貫串。然《南華》之言近于墨，爲釋氏之宗；《沖虛》之言近于楊，皆道家之旨。論欲齊物，大秋毫而小泰山，壽殤子而殀彭祖，夢爲蝴蝶，誰蝶誰周，幾欲空諸所有矣；若夫笑杞人之憂天，多引楊朱之説，謂矜一時之毀譽，焦苦神形，要數百年之餘名，豈足潤枯骨哉？獨善獨修，期于清

靜，異委同源，兩家之所至，不昭然見乎？”清吳蕭公《街南文集》卷
十八《讀列子書後跋》：“《列子》書所稱生死幻化，其皆二氏嚆矢乎？
大旨與《莊》略同。《莊》本道德，而極之無爲爲治；《列》本沖虛，
而歸之達化自修。《莊子》精深浩蕩，《列》則瞠乎後已……彼何異夢
中語也，泥於其說，以誣我夫子。泥書，陋也；誣聖，悖也。”清姚際
恒《古今僞書考》曰：“戰國時本有其書，或莊子之徒所依托爲之者，
但自無多；其餘盡後人所附益也。……至其言西方聖人，則直指佛氏，
殆屬明帝後人所附益無疑。夫向博極群書，不應有鄭穆公之謬，此亦可
證其爲非向所作也。後人不察，咸以《莊子》中有《列子》，謂《莊
子》用《列子》，不知實《列子》用《莊子》也。《莊子》之書洸洋自
恣，獨有千古，豈蹈襲人作者！其爲文，舒徐曼衍中仍寓拗折奇變，不
可方物。《列子》則明媚近人，氣脈降矣。又《莊子》叙事回環鬱勃，
不即了了，故爲真古文。《列子》叙事簡淨有法，是名作家耳。”清鄭
光祖《一斑錄》雜述七“列子”條：“列子，鄭人，學本老氏，著《沖
虛經》八篇，主清虛無爲，其思幻，其言誕，其識偏，多寓言，近似
莊生，號道家。即小有可取，終非君子之言也。”蔣伯潛《諸子通考》：
“今存《列子》，確如姚氏所言。”清沈欽韓《漢書藝文志疏證》曰：
“若然，高麗所得本傳在向校書之前邪？其妄明矣。”馬叙倫《列子僞
書考》曰：“世傳《列子》書八篇，非《漢志》著録之舊，較然可知。
況其文不出前書者，率不似周、秦人詞氣，頗綴裂不條貫。……汪繼培
謂其會萃補綴之迹，諸書見在者，可覆按也。知言哉！蓋《列子》書
出晚而亡早，故不甚稱於作者。魏、晋以來，好事之徒，聚斂《管子》
《晏子》《論語》《山海經》《墨子》《莊子》《尸佼》《韓非》《呂氏春
秋》《韓詩外傳》《淮南》《説苑》《新序》《新論》之言，附益晚説，
成此八篇，假爲向叙以見重。”吕思勉《經子解題·列子》：“此書前列
張湛序，述得書源流，殊不可信。而云‘所明往往與佛經相參，大同
歸於老、莊’‘屬辭引類，特與《莊子》相似。莊子、慎到、韓非、尸

子、淮南子，玄示指歸，多稱其言'，則不啻自寫供招。佛經初入中國時，原有以其言與老、莊相參者；一以爲同，一以爲異，兩派頗有爭論。湛蓋亦以佛與老、莊之道爲可通，乃僞造此書，以通兩者之郵也。其云莊子、慎到等多稱其言，蓋即湛造此書時所取材。汪繼培謂'後人依采諸子而稍附益之'，最得其實。然此固不獨《列子》。凡先秦諸子，大都不自著書；其書皆後人采綴而成；采綴時豈能略無附益，特其書出有早晚耳。故此書中除思想與佛經相同，非中國所固有者外，仍可認爲古書也。（篇首劉向校語，更不可信。凡古書劉向序，大都僞物。姚姬傳唯信《戰國策序》爲真，予則並此而疑之。）……此書大旨與《莊子》相類。精義不逮《莊子》之多，而其文較《莊子》易解，殊足與《莊子》相參證。（讀《莊子》不能解者，先讀此書最好。）其陳義有視前人爲有進者，如《湯問》篇……已深入認識論之堂奧矣。蓋佛學輸入後始有之義也。"嚴北溟、嚴捷《列子譯注・前言》曰："從《列子》文氣簡勁宏妙、内容首尾呼應自成一體的特點看，似乎不可能在這樣一個長時期内經過多人多次的增竄而成，而只能出於一家之手筆。倘此說成立，便可將成書時間縮到一個小的範圍。根據《周穆王篇》本自《穆天子傳》，而後者係西晋太康二年與《竹書紀年》等册簡同出於魏襄王或魏安釐王冢，可定其成書最早不會超過公元二八一年，至遲不晚於永嘉南渡（公元三一五年）前後。至於僞作者誰，在沒有可靠資料證明之前，最好不要捕風捉影。"馬達認爲《列子》不僞，詳見氏著《列子真僞考辨》一書（其說得到孫欽善先生支持）。（以上論真僞）張舜徽《漢書藝文志通釋》："列子之學，與莊周近，而不顯於當時。故《莊子・天下》篇論及墨翟、宋鈃、尹文、田駢、慎到、惠施諸家，復贊許關尹、老聃，獨不及列禦寇。《荀子・非十二子》篇亦不提列子。司馬遷撰《史記》時，不特不爲之列傳，且無一字語及之。是以後之論者，多疑其人之有無，更不論其書之真僞矣。顧其名數數見於莊周書中，甚至尊之爲子列子，且有《列禦寇》專篇以紀之。《樂

雅・釋詁》邢昺《疏》引《尸子・廣澤》篇及《吕氏春秋・不二》篇
皆云'列子貴虚',與《莊子・應帝王》篇所言相合。則當時實有其
人,特非世之顯學耳。顧其書非自著,亡佚亦早。今之八篇,又後人之
僞作也。自東晋張湛爲之《注》,唐殷敬順撰《釋文》,晚出《列子》,
得傳至今。楊伯峻爲《列子集釋》,疏證而條理之,遠勝舊注。"(以上
論學術大旨)

[2] 晋皇甫謐《高士傳》:"列禦寇者,鄭人也,隱居不仕。鄭穆
公時,子陽爲相,專任刑。列禦寇乃絶迹窮巷,面有飢色。或告子陽
曰:'列禦寇蓋有道之士也,居君之國而窮,君無乃不好士乎?'子陽
使官載粟數十乘以與之。禦寇出見使,再拜而辭之。居一年,鄭人殺子
陽,其黨皆死,禦寇安然獨全,終身不仕。著書八篇,言道家之意,號
曰《列子》。"

《老成子》十八篇[1]。

【集釋】

[1] 其書已亡佚。《列子》曰:"老成子學幻於尹文先生。"姚振宗
《漢書藝文志條理》:"《姓纂》及《廣韻》《氏族略》別出老成氏,並
言老成方仕宋,爲大夫,著書十篇,言黃、老之道。豈著書者即爲老成
方乎?其言十篇與此十八篇不合,不可知已。"顧實《漢書藝文志講
疏》曰:"老、考古字通,今本《列子・周穆王》篇,《釋文》作考成
子。"張舜徽《漢書藝文志通釋》:"《通志・氏族略》有老成氏一條云:
'古賢人老成子之裔孫也。老成方爲宋大夫,著書十篇,言黃老之道。'
又別出考成子一條云:'古有考成子,著書述黃、老之道。列子有考成
子,幼學於尹先生。'《通志》所言,蓋據《世本・氏姓》篇、《元和姓
纂》諸書。老成方著書十篇,未知即著録於《漢志》之十八篇否?篇
數不符,殆非一書。"

《長盧子》九篇。楚人[1]。

【集釋】

[1] 其書亡佚。《史記·孟荀列傳》："楚有尸子、長盧……世多有其書，故不論其傳。"《索引》云："長盧，未詳。"《正義》云："《長盧》九篇，楚人。"張舜徽《漢書藝文志通釋》："《正義》之言，蓋本《漢志》。《通志·氏族略》有長盧氏，列於複姓不知其詳本者之類云：'《列子》楚賢者長盧氏著書。'蓋已不能盡考矣。"

《王狄子》一篇[1]。

【集釋】

[1] 其書亡佚。姚振宗《漢書藝文志條理》曰："王狄子未詳。按：氏姓諸書，亦無王狄氏，豈姓王名狄，如韓非、鄧析之稱子者歟？"

《公子牟》四篇[1]。魏之公子也，先莊子，莊子稱之[2]。

【集釋】

[1] 其書亡佚。馬國翰有輯本，序曰："《漢志》道家《公子牟》四篇，魏之公子也。其書《隋》《唐志》皆不著目，佚已久。茲從《莊子》《戰國策》《呂氏春秋》《說苑》所引捃摭，粗可補四篇之缺，理見其大，清辯滔滔，宜乎折《堅白》《異同》之論，使公孫龍口呿而舌舉也。"（以上論著錄源流）張舜徽《漢書藝文志通釋》："《荀子·十二子》篇云：'縱情性，安恣睢，禽獸行，不足以合文通治。然而其持之有故，其言之成理，足以欺惑愚衆，是它囂、魏牟也。'楊倞注云：'魏牟，魏公子，封於中山。今《莊子》有公子牟稱莊子之言以折公孫龍，據即與莊子同時也。又《列子》稱公子牟解公孫龍之言。'可知其人在周末，放任自適，與蒙莊為近；而又通於名理，能以善辯勝人者

也。"《戰國策》卷二十："公子牟游於秦,且東,而辭應侯。應侯曰:
公子將行矣,獨無以教之乎?曰:且微君之命命之也,臣固且有效於
君。夫貴不與富期而富至,富不與梁肉期而梁肉至,梁肉不與驕奢期而
驕奢至,驕奢不與死亡期而死亡至,累世以前,坐此者多矣。'應侯
曰:'公子之所以教之者厚矣'"(以上論學術大旨)

[2]《列子·仲尼》篇:"中山公子牟,魏國賢公子。而悅趙人公
孫龍。"張湛云:"文侯子,作書四篇,號曰道家。"清沈欽韓《漢書藝
文志疏證》曰:"按平原君時,文侯歿且百年,不得爲文侯子也。"《荀
子·非十二子》注:"魏牟,魏公子,封於中山。"清錢大昭《漢書辨
疑》卷十六曰:"高誘注《呂覽》云:'子牟,魏公子也,作書四篇。
魏伐中山得之,以封子牟,因曰中山公子牟也。'"

《田子》二十五篇[1]。名駢,齊人,游稷下,號"天口駢"[2]。師古
曰:"駢,音步田反。"

【集釋】

[1] 其書亡佚。馬國翰有輯本。(以上論存佚)《呂氏春秋》曰:
"老聃貴柔,孔子貴仁,墨翟貴廉,關尹貴清,子列子貴虛,陳駢貴齊,
陽朱貴己,孫臏貴勢,王廖貴先,兒良貴後。"今按,陳駢即田駢。《尸
子·廣澤》篇曰:"墨子貴兼,孔子貴公,皇子貴衷,田子貴均,列子貴
虛,料子貴別。"唐楊倞《荀子·非十二子》注:"田駢,齊人,游稷
下,著書(二)十五篇。其學本黃老,大歸名法。"(以上論學術大旨)

[2]《史記·孟荀列傳》云:"田駢,齊人。環淵,楚人。皆學黃
老道德之術。"《莊子·天下》篇:"田駢學於彭蒙。"《七略》曰:"齊
田駢好談論,故齊人爲語曰'天口駢'。天口者,言田駢子不可窮其口
若事天。"清羅惇衍《集義軒咏史詩鈔》卷三《田駢》:"天口驚人槃齒
牙,名齊髡奭自成家。生徒養得千鍾富,陶冶思周六合遐。手著新書關

治亂，身居高第鬥聲華。精純果似鍾山玉，道德憑教稷下誇。"

《老萊子》十六篇[1]。楚人，與孔子同時[2]。

【集釋】

[1] 其書已亡佚。馬國翰有輯本。《史記·老子列傳》："老萊子，亦楚人也。著書十五篇，言道家之用。與孔子同時云。"清周壽昌《漢書注校補》卷二十八："《隋》《唐志》不著錄，久佚。《文選》孫綽《天臺賦》注引《七略別錄》云：'老萊子，古之壽者。'"（以上論著錄源流）張舜徽《漢書藝文志通釋》："《史記·仲尼弟子列傳》云：'孔子之所嚴事，於周，則老子；於衛，蘧伯玉；於齊，晏平仲；於楚，老萊子。'……《史記·老子列傳》云：'或曰老萊子亦楚人，著書十五篇，言道家之用，與孔子同時云。'"（以上論學術大旨）

[2]《大戴禮記·衛將軍文子》篇云："德恭而行信，終日言，不在尤之內，在尤之外，貧而能樂，蓋老萊子之行也。"盧辯注："楚人，隱者也。"《戰國策》云："不聞老萊子之教孔子事君乎？示之其齒之堅也，六十而盡，相靡也。"清洪頤煊《讀書叢錄》卷二十"老萊子"條："《老萊子》十六篇，楚人，與孔子同時。頤煊案：老萊子見《大戴禮·衛將軍文子》篇。《史記·仲尼弟子列傳》序云：……故附見於老子傳中。《禮記·曾子問》引老聃云，當是適周問禮之老子。《莊子·天運》篇：'孔子行年五十有一而不聞道，乃南之沛見老聃。'沛地屬楚，疑是老萊子也。"清羅惇衍《集義軒咏史詩鈔》卷一："何必書傳世外篇，蓬蒿爲室兩三椽。舞衣終日斑斕慶，投畚高風仉儷賢。每語無尤身壽考，在貧能樂趣神仙。蒙陽耕耨江南隱，宣聖同時豈偶然。"

《黔婁子》四篇[1]。齊隱士，守道不詘，威王下之[2]。師古曰："黔，音其炎反。下，音胡稼反。"

【集釋】

[1] 其書早亡，《隋志》已不著録。馬國翰有輯本，序曰："《漢志》道家《黔婁子》四篇，《隋》《唐志》不著目，佚已久。諸家亦無引述之者，惟曹氏庭棟搜采孔子及群弟子言行，仿薛據《孔子集語》作《逸語》，中引黔婁子述聖言一節，記原憲事一節。所據之書當爲不傳秘本，既不可考，姑依録之，並附考爲卷。"張舜徽《漢書藝文志通釋》："皇甫謐《高士傳》稱'黔婁先生齊人，修身清節，不求進於諸侯。著書四篇，言道家之務，號《黔婁子》。終身不屈，以壽終'。"

[2] 劉向《列女傳》："魯黔婁先生死，曾子與門人往弔。哭之曰：'嗟乎！先生之終也，何以爲謚？'其妻曰：'以康爲謚。'曾子曰：'先生在時，食不充口，衣不蓋形，死則手足不斂，旁無酒肉。生不得其美，死不得其榮，何樂于此而謚爲康乎？'其妻曰：'昔先生君嘗欲授之政，以爲國相，辭而不爲，是有餘貴也；君嘗賜之粟三十鍾，先生辭而不受，是有餘富也。彼先生者，甘天下之淡味，安天下之卑位，不戚戚于貧賤，不忻忻于富貴，求仁得仁，求義得義，其謚爲康，不亦宜乎？'曾子曰：'唯斯人也而有斯婦。'君子謂黔婁妻爲樂貧行道。"晋皇甫謐《高士傳》卷中黔婁先生："黔婁先生者，齊人也，修身清節，不求進於諸侯。魯恭公聞其賢，遣使致禮，賜粟三千鍾，欲以爲相，辭不受。齊王又禮之以黄金百斤，聘爲卿，又不就。著書四篇，言道家之務，號《黔婁子》。終身不屈，以壽終。"晋陶潛《咏貧士》之四："安貧守賤者，自古有黔婁。"清沈欽韓《漢書藝文志疏證》曰："當爲魯人，先曾子死，亦不當威王時。"

《宫孫子》二篇[1]。師古曰："宫孫，姓也，不知名。"

【集釋】

[1] 鄭樵《通志・氏族略》云："室孫氏，王室之孫也。古有室孫子著書。"姚振宗《漢書藝文志條理》："《氏族略》有室孫氏，無宫孫

氏。據鄧名世言，則室孫氏即宮孫氏。"

《鶡冠子》一篇[1]。楚人，居深山，以鶡爲冠[2]。師古曰："以鶡鳥羽爲冠。"

【集釋】

[1] 呂思勉《經子解題·鶡冠子》曰："按《漢志》止一篇，韓愈時增至十六，陸佃注時又增至十九，則後人時有增加，已絕非《漢志》之舊。"（以上論著錄源流）唐柳宗元《柳河東集》卷四《辯鶡冠子》："予讀賈誼《鵩賦》，嘉其辭，而學者以爲盡出《鶡冠子》。予往來京師，求《鶡冠子》，無所見，至長沙，始得其書。讀之，盡鄙淺言也。唯誼所引用爲美，餘無可者。吾意好事者僞爲其書，反用《鵩賦》以文飾之。非誼有所取之決也。太史公《伯夷列傳》稱賈子曰'貪夫殉財，烈士殉名，夸者死權'，不稱鶡冠子。遷號爲博極群書。假令當時有其書，遷豈不見耶？假令真有鶡冠子書，亦必不取《鵩賦》以充入之者。何以知其然耶？曰不類。"唐韓愈《讀鶡冠子》："《鶡冠子》十有六篇，其詞雜黃、老、刑名。其《博選》篇'四稽''五至'之說，當矣。使其人遇其時，援其道而施於國家，功德豈少哉？《學問》篇稱'賤生於無所用''中流失船，一壺千金'者，余三讀其辭而悲之。文字脫謬，爲之正三十有五字，乙者三，減者二十有二，注十有二字云。"宋陸佃《陶山集》卷十一《鶡冠子序》曰："鶡冠子，楚人也，居于深山，以鶡爲冠，號曰鶡冠子。其道躇駮，著書初本黃、老，而末流迪於刑名。傳曰：'申、韓屬名，實切事情。'其極慘礉少恩，而原於道德之意。蓋學之弊，有如此者也。故曰：'孔、墨之後，儒分爲八，墨離爲三。'嗚呼，可不慎哉！此書雖雜黃、老、刑名，而要其宿時若散亂而無家者，然其奇言奧旨，亦每每而有也。自《博選》篇至《武靈王問》，凡十有九篇，而退之讀此云十有六篇者，非全書也。今

子略校釋

其書雖具在，然文字脱繆不可考者多矣。"明羅明祖《羅紋山全集》卷
四："讀《鶡冠》文，詞格巉峭，而旨義玄微，如對深山道流，穆然不
與人接一語，迨其徽音一宣，千重冥關，單騎而破。大凡用陡句者多
雋，《鶡冠》句愈陡，味愈厚，非六朝士所辨。"清黄中堅《蓄齋二集》
卷三《讀鶡冠子》："傳言鶡冠子楚人，居深山，好聚鶡羽爲冠，而未
詳其制。按《後漢書·輿服志》：'鶡，勇雉也，其鬥對一死乃止。故
趙武靈王以表武士，冠首環繆，以青絲爲緄，加雙鶡尾，豎左右，曰鶡
冠，蓋武冠也。'鶡冠子喜言兵，而其書載有武靈王、卓襄王，豈嘗仕
於趙而服其冠歟？其著書大旨亦仿佛黄、老，而流入於申、韓，頗踳
駁，不可用。韓退之以爲施於國家功德不少者，非也。其文字句多脱
誤，不免生澀齟晦，然而峭刻之思，古奥之致，奇雋之語，有足耐人尋
味者。玩其氣格，自是戰國人手筆。柳子厚以爲淺鄙，而疑其僞者，亦
非也。"楊大瓢評之曰："平允切實，可補似孫《子略》。"清方浚頤
《二知軒文存》卷十三《讀鶡冠子》："《學問》篇最爲明暢簡括，宜乎
昌黎賞其文而悲其不遇也。……故爲奇奥之語，以驚世駭俗，而實則黄
老之學，雜以刑名，未能入乎聖賢之域也。觀其首戴鳥羽，卻聘幽栖，
蓋石隱之流，甘心行怪者，奚足尚乎？"清沈欽韓《漢書藝文志疏證》
曰："宋陸佃所注，自《博選》至《武靈王》十九篇，然其中龐煖論兵
法，《漢志》本在兵家，爲後人傅合耳。其多有可采。柳宗元謂惟賈生
《鵩賦》所引用者爲美，餘無可者。彼信遍觀之而定論邪？何其粗疏
也！韓子之言，當矣。"吕思勉《經子解題·鶡冠子》認爲其書不僞：
"今所傳十九篇，皆詞古義茂，絕非漢以後人所能爲。蓋雖非《漢志》
之舊，而又確爲古書也。① ……全書宗旨，原本道德，以爲一切治法，

① 蔣伯潛《諸子通考》曰："此書卷篇，後增於前，相去懸殊，其爲僞書，皎然
可知。……今按其書文晦意澀，又出《列子》之下，決非周秦之書也。"蔣氏認爲此
書爲僞書，未能提供真憑實據，不足爲憑。

皆當隨順自然。所言多明堂陰陽之遺，儒、道、名、法之書，皆資參證，實爲子部瓌寶。張舜徽《漢書藝文志通釋》："《漢志》：《鶡冠子》一篇，在道家；又《龐煖》二篇，在縱橫家。《隋志》但著録《鶡冠子》三卷，無《龐煖》書。清末王闓運《湘綺樓集》有《鶡冠子序》，疑《隋志》之三卷，乃合《龐煖》二篇在內，揆之其實，理或然也。即以今本十九篇觀之，言多名理，且饒古訓，似非魏晉以下人所能爲。以視其他僞書，固不同矣。要之，上世美言雋辭，流布甚夥。周秦諸子，各有所取，載之篇籍，雖非出之己口，自有存古之功。此書可寶者，亦在是耳。"（以上論學術大旨）

［2］漢劉向《別録》曰："鶡冠子常居深山，以鶡爲冠，故號鶡冠子。"應劭《風俗通·姓氏》篇："鶡冠氏，楚賢人，以鶡爲冠，因氏焉。鶡冠子著書。"《太平御覽·逸民部》："袁淑《真隱傳》：鶡冠子，或曰楚人，隱居幽山，衣弊履穿，以鶡爲冠，莫測其名，因服成號。著書言道家事，馮煖常師事之。煖後顯于趙，鶡冠子懼其薦己也，乃與煖絶。"

《周訓》十四篇[1]。師古曰："劉向《別録》云：人間小書，其言俗薄。"[2]

【集釋】

［1］其書亡佚。清沈欽韓《漢書藝文志疏證》曰："《隋志》有《周書陰符》九卷。《初學記》（十七）引云：'凡治國有三常，一曰君以舉賢爲常，二曰官以任賢爲常，三曰士以敬賢爲常。'蓋即此類。《御覽》亦引之。"

［2］"人間"，姚振宗《漢書藝文志條理》："《別録》本文當是'民間'，此蓋顏監避諱所改也。"陳朝爵《漢書藝文志約説》："'人間'即'民間'，猶鄉曲也。"

《黄帝四經》四篇[1]。

【集釋】

[1] 其書亡佚，《隋志》已不著録。（以上論著録源流）顧實《漢書藝文志講疏》曰："《隋志》云：'漢時諸子道書之流，有三十七家。大旨皆去健羨，處沖虛而已。其《黄帝》四篇、《老子》二篇，最得深旨。'《道經》篇蓋懸揣之談。"張舜徽《漢書藝文志通釋》："黄帝之世，荒遠難稽。故司馬遷在《五帝本紀贊》中早已嘆喟：'百家言黄帝，其文不雅馴，薦紳先生難言之。'然世俗之人，多尊古卑今，貴遠賤近。故爲道者必托之神農、黄帝，以高遠其所從來。此《淮南·修務》篇所爲致慨也。言道論之必托本於黄帝，猶治《本草》之必推始於神農耳。黄、老並稱，爲時已久。學者習焉不察，遂以黄帝爲道家之祖，目爲無所不知、無所不能之神聖人物。因之述道德之意以爲書者，遂托名於黄帝也。即使漢世果有其書，亦必出六國時人之手。此乃著書托古之慣技，不足怪也。"（以上論學術大旨）

《黄帝銘》六篇[1]。

【集釋】

[1] 顧實《漢書藝文志講疏》："殘。《黄帝金人銘》見於《荀子》《太公金匱》、劉向《説苑》，《黄帝巾幾銘》見於《路史》，是《六銘》尚存其二也。"（以上論著録源流）張舜徽《漢書藝文志通釋》："黄帝之世，荒渺遥遠，其時尚無文字，更何有於銘辭？所謂《黄帝銘》者，亦後世依托之作耳。"陳朝爵《漢書藝文志約説》引李大防曰："班以黄帝書次《老》《莊》後者，以其書多出後人所撰述，非自著也。"今按：張、李二氏之説頗爲有理。

《黄帝君臣》十篇[1]。起六國時,與《老子》相似也。

【集釋】

[1] 其書亡佚。清沈欽韓《漢書藝文志疏證》曰:"《五帝紀》: '舉風后、力牧、常先、大鴻以治民,順天地之紀、幽明之占、死生之 說、存亡之難。'《御覽》(七十九)、《尸子》曰:'子貢曰:"古者黄 帝四面,信乎?"孔子曰:"黄帝取合己者四人,使治四方。不計而耕, 不約而成,此之謂四面。"'按:此蓋雜記其君臣事迹,爲後來言風后、 力牧、大山稽等所本。"

《雜黄帝》五十八篇[1]。六國時賢者所作。

【集釋】

[1] 其書亡佚。張舜徽《漢書藝文志通釋》:"凡云雜者,謂其不 純一也。此蓋六國時人治道德之術者,雜集衆說,兼采異論以成一編。 篇幅較多,又托爲黄帝遺教,故名之曰《雜黄帝》。班氏自注云:'六 國時賢者所作。'斯一語也,實可上貫此四種書。"

《力牧》二十二篇[1]。六國時所作,托之力牧。力牧,黄帝相[2]。

【集釋】

[1] 其書亡佚。顧實《漢書藝文志講疏》曰:"兵陰陽家有《力 牧》十五篇,班《注》語意略同,然未必同書。《淮南子》曰:'黄帝 治天下,而力牧、太山稽輔之。'《覽冥訓》或據此書。劉勰曰:'《風 后》《力牧》篇述者,蓋上古遺語,而戰代所記。'(《文心雕龍·諸 子》篇)其詞亦視班《注》爲恕。故班注於道家《文子》《力牧》之 外,又如農家《神農》注云'六國時,諸子托之神農',小説家《師 曠》注云'其言淺薄,似因托',《天乙》注云'其言非殷時,皆依

89

托’，《黄帝説》注云‘迂誕依托’，兵家《封胡》《風后》《力牧》《鬼容區》注皆云‘依托’。此類語絶不施之於六藝，是其攻諸子甚矣。”

[2]《史記·五帝本紀》：“舉風后、力牧、常先、大鴻以治民。”裴駰《集解》引班固曰：“力牧，黄帝相也。”《淮南·覽冥訓》：“黄帝治天下，而力牧、大山稽輔之，以日月之行，律治陰陽之氣，節四時之度，正律曆之數。”《先天紀》：“帝問張若謀敵之事。張若曰：‘不如力牧能於推步之術。’”

《孫子》十六篇[1]。六國時[2]。

【集釋】

[1]《漢志》道家著録之《孫子》十六篇，亡佚甚早，《隋志》已不著録。清沈欽韓《漢書藝文志疏證》曰：“《鹽鐵論·論功》篇：‘孫子曰：今夫國家之事，一日更百變，然而不亡者，可得而革也。逮出兵乎平原廣牧，鼓鳴矢流，雖有堯、舜之知，不能更也。’不稱兵法而言孫子，似是道家之孫子。”明朱之瑜《舜水先生文集》卷十三《孫子兵法論》：“世以孫武子爲戰將者，皆非也，何以明其然也？其曰：‘道天地將法者，治國之良謨也。’何謂天？陰陽、寒暑、時制也。何謂地？遠近、險狹、廣狹、死生也。何謂將？智、信、仁、勇、嚴也。何謂法？曲制、官道、主用也。至於所謂道者，令民與上同意，可與之死，可與之生，而不畏危也。夫可與之死，可與之生，而不畏危，以攻則取，以守則固，是人君立國，舍此又何求焉。若不得已，而以正於天下，夫孰有逆其顔行者哉？王者之師不過如斯而已。而謂孫子爲戰將哉？北宫黝者，萬人之敵，撫劍疾視，人莫敢迕，至今名湮滅不傳。孫子曰：全國、全城、全卒爲上，破國、破城、破卒次之。又曰：不戰而屈人之兵，善之善者也。又曰：屈人之兵而非戰，是果以戰陳爲先乎？……若孫子者，可謂大將也矣。不特孫子也，咎犯之用於晋文，管仲之

用於齊桓，皆此道也。孫子，齊人，只不過修明管子內政而已。即太公爲千古兵家之祖，其所以用於武王，一戎衣而天下定，及其著書立言，亦不過如是而止耳。”

[2] 姚振宗《漢書藝文志條理》曰：“《人表》於吳孫武之外，列此孫子於田太公和魏武侯之時，與春秋時孫武自別，亦與此言六國時相合，蓋即此孫子。《莊子·達生》篇引其語當出是書。然自司馬彪以來，注《莊子》書者皆略而不言，其始末不可考。”清梁學昌《庭立記聞》卷一曰：“孫子惟見《莊子·達生》篇，名休。《藝文志》道家《孫子》十六篇，當即其人。”

《捷子》二篇。齊人。武帝時說[1]。

【集釋】

[1] 張舜徽《漢書藝文志通釋》：“《史記·孟荀列傳》云：‘慎到，趙人；田駢、接子，齊人；環淵，楚人；皆學黃、老道德之術。’《漢志》著錄之《捷子》二篇，乃其自得之言也。其書早佚，《隋志》已不著錄。”清梁學昌《庭立記聞》卷一曰：“捷子又作接子，始見《莊子·則陽》《田完世家》《孟荀傳》。《藝文志注》謂‘武帝時說’，恐誤，接、捷古通。”清沈濤《銅熨斗齋隨筆》卷四“捷子”條曰：“《捷子》二篇，齊人，武帝時說。濤案：捷，當作接。《史記·孟荀列傳》：‘接子，齊人，學黃、老道德之術，因發明序其指意。’《正義》云：‘《接子》二篇，道家。’則張守節所見本作接，不作捷。《元和姓纂》引《三輔決錄》：‘接昕子著書十篇，當即其後。’然《姓纂》引《漢志》亦作捷，不作接，是林氏所見本與顏氏同。《史記》又言田駢、接子皆有所論，則接子著書在戰國時，而此云‘武帝時說’，疑誤。案下文‘《曹羽》二篇，楚人。武帝時說於齊王’，則四字乃涉下而誤衍耳。”清沈欽韓《漢書藝文志疏證》亦曰：“原注‘武帝時說’四字，

涉下《曹羽》而誤錯。"

《楚子》三篇[1]。

【集釋】

[1] 其書亡佚。姚振宗《漢書藝文志條理》："楚子無考。案：臣姓而稱爲君子，鄭人而號爲長者，則此殆以楚人而尊爲子者歟？"張舜徽《漢書藝文志通釋》："戰國時百家競興，諸子之言，紛然淆亂。而大半出於好事者之所纂録。既已成書，則各以美名題之。或取其壽考，如《老子》《老萊子》是也；或取其賢德，如《臣君子》《鄭長者》是也；或著其官爵，如《郎中嬰齊》是也；或直稱之爲子，如《孫子》《楚子》之類是也。觀其標題之例不一，可以知其書之高下淺深，惜多不傳於後耳。"

《鄒子》四十九篇[1]。名衍，齊人，爲燕昭王師，居稷下，號談天衍[2]。

【集釋】

[1] 其書亡佚。馬國翰有輯本。按葉昌熾《緣督廬日記抄》卷二曰："《問道》篇：'鄒言有取乎曰自持。'吳秘注衍之書十餘萬言，然要其歸必止乎仁義節儉。考《漢書·藝文志》，《鄒子》四十九篇、《鄒子終始》五十六篇，並列陰陽家。吳秘在温公之前，能言其書，則宋初尚未散逸，而《隋》《唐志》皆不著録，豈當時民間習之，而秘府轉闕歟？"（以上論著録源流）《史記·孟子列傳》："（鄒衍）深觀陰陽消息，而作怪迂之變，《終始》《大聖》之篇十餘萬言。其語閎大不經，必先驗小物，推而大之，至於無垠。先序今以上至黄帝，學者所共術，大並世盛衰。因載其機祥度制，推而遠之。至天地未生……及海外人之

所不能睹。稱引天地剖判以來，五德轉移，治各有宜，而符應若茲。”
《史記·封禪書》言：“騶子著終始五德之運，及秦帝而齊人奏之，始
皇采用。文帝時，公孫臣上書，推漢當土德。”《漢書·郊祀志》同。
劉勰《文心雕龍·諸子》篇曰：“騶子養政于天文。”《鹽鐵論》以爲
“鄒衍惑六國之君”，《論衡》更是斥之爲“浮妄虛僞”。至晚清陳澧
《東塾讀書記》卷十二則大加贊賞：“《漢書·藝文志》：陰陽家《鄒
子》四十九篇、《鄒子終始》五十六篇，惜其書亡矣。《史記》云：‘騶
衍深觀陰陽消息，而作怪迂之變，《終始》《大聖》之篇十餘萬言。其
語閎大不經，必先驗小物，推而大之，至於無垠。先序今以上至黃帝，
學者所共術，大並世盛衰。因載其機祥度制，推而遠之。至天地未生，
窈冥不可考而原也，稱引天地剖判以來，五德轉移，治各有宜，而符應
若茲。’（《孟荀列傳》）此蓋與後世邵康節《皇極》之書相似，其所謂
九州，每一州有裨海環之，如此者九，乃有大瀛海環其外，此與近時外
國所繪地圖相似，但外國所繪者有四五區，無九區耳。騶衍冥心懸想，
而能知此，亦奇矣哉！”顧實《漢書藝文志講疏》亦云：“鄒子曰：‘政
教文質者，所以云救也，當時則用，過則舍之，有易則易也，故守一而
不變者，未睹治之至也。’（《漢書·嚴安傳》引）則與《易》言‘一
陰一陽之謂道’無不合，而與董仲舒言‘天不變，道亦不變’者大相
徑庭也。説者謂鄒子疾晚世之儒、墨，守一隅而欲知萬方（《鹽鐵論·
論鄒》篇）。觀其與淳于髡微言，實長於游説。故揚雄曰：‘鄒衍以頡
亢而取世資。’（《解嘲》）蓋陰陽家固與縱橫家之陰陽捭闔相通歟？”顧
氏之論亦有所會通，可謂卓見。張舜徽《漢書藝文志通釋》：“鄒衍始
見《燕策》。亦或作騶。《史記·孟子傳》稱：‘騶子重於齊。適梁，梁
惠王郊迎，執賓主之禮；適趙，平原君側行襒席；如燕，昭王擁篲先
驅，請列弟子之座而受業；築碣石宫，身親往師之，作《主運》。其游
諸侯，見尊禮如此。豈與仲尼菜色陳蔡、孟軻困於齊梁同乎哉！’又
《荀卿傳》稱：‘騶衍之術，迂大而閎辯。故齊人頌之曰：談天衍。’

……觀其論政有曰：'政教文質者，所以云救也。當時則用，過則舍之，有易則易也。故守一而不變者，未睹治之至也。'（見《漢書·嚴安傳》引）是豈則古稱先之儒者所逮知！"（以上論學術大旨）

［2］唐李白《鄒衍谷》："燕谷無暖氣，窮巖閉嚴陰。鄒子一吹律，能迴天地心。"

《容成子》十四篇[1]。

【集釋】

［1］其書亡佚。《世本》曰："黃帝使容成作調曆。"《呂氏春秋·勿躬》篇"容成作曆"。《莊子·則陽》篇："容成氏曰：'除日无歲，无內无外。'"清郭慶藩《莊子集釋》卷八下引俞樾曰："《莊子·則陽》篇嘗引容成氏語，《釋文》云：'老子師也。'《漢志》陰陽家有《容成子》十四篇，房中家又有《容成陰道》二十六卷，此即老子之師也。"又曰："合諸說觀之，容成氏有三：上古之君，一也；黃帝之臣，二也；老子之師，三也。然老子生年亦究不可考，其師或即黃帝之臣乎？未可知矣。"姚振宗《漢書藝文志條理》云："此書列在《南公》之次、《張倉》之前。南公，楚懷王時人。張倉，秦漢時人。謂爲老子之師，似不然矣。或六國之末別有其人號容成子，著書言陰陽律曆終始五行者歟？"王先謙《漢書補注》引朱一新云："《志》次於《南公》後，當是六國時人，言陰陽以爲容成之道，如《黃帝泰素》之比。"①顧實《漢書藝文志講疏》："此抑次於《南公》之後，當亦如道家之黃帝矣。朱一新曰'疑六國時人作'，非也。"陳朝爵《漢書藝文志約說》曰："朱說是也。凡諸子術數，皆依托前哲，如《孟子》所稱'有爲神

---

① 張舜徽《漢書藝文志通釋》亦云："《漢志》著錄之《容成子》十四篇，列於《南公》之次、《張蒼》之前，必非老子之師無疑。此書蓋出六國時人之手，而托名於容成子者也。"

農之言者許行’之類，後房中術亦有《容成陰道》。”

《張蒼》十六篇[1]。丞相、北平侯。

【集釋】

[1] 其書亡佚。宋王應麟《漢藝文志考證》卷六曰：“本傳：‘著
書十八篇，言陰陽律曆事。’篇數不同。”姚振宗《漢書藝文志條理》：
“其餘二篇，疑在曆譜家《律曆數法》三卷中。”顧實《漢書藝文志講
疏》：“篇數不同，蓋‘八’‘六’字形近易訛。”張舜徽《漢書藝文志
通釋》：“書經傳寫，記數之字多舛，六八形近易言化，必有一誤。”清
沈欽韓《漢書藝文志疏證》曰：“《年表》云：‘張蒼曆譜五德。’按：
蒼不數亡秦當五運者是也。”

《李子》三十二篇[1]。名悝，相魏文侯，富國強兵[2]。

【集釋】

[1] 其書亡佚。顧實《漢書藝文志講疏》：“儒家《李克》七篇，
兵權謀家《李子》十篇，蓋俱非同書。《食貨志》言‘李悝爲魏文侯作
盡地力之教’，與《史記·貨殖傳》言‘當魏文侯時，李克務盡地力’
正合。故知克、悝一人，而此其法家言也，蓋自著之書。《晉書·刑法
志》言悝撰次諸國法，著《法經》六篇，商鞅受之以相秦。”清孫星衍
《嘉穀堂集·李子法經序》曰：“李悝《法經》六篇存唐律中，即《藝
文志》之《李子》三十二篇在法家者。① 後人援其書入律令，故隋以
後志經籍者不載。”清沈欽韓《漢書藝文志疏證》曰：“今按李悝爲律
家之祖，三十二篇，則其自著書。”而梁啓超《漢書藝文志諸子略考

---

① 孫星衍謂即《漢志》之《李子》三十二篇，顧實《漢書藝文志講疏》認爲似
失之。

釋》曰："《法經》爲漢律九章所本，近人黄奭有輯本，或即在《李子》三十二篇中，但其書疑亦後人誦法李悝者爲之，未必悝自撰也。"

[2]《漢書·食貨志》："陵夷至于戰國，貴詐力而賤仁義，先富有而後禮讓。是時李悝爲魏文侯作盡地力之教……行之魏國，國以富强。"唐房玄齡《晋書·刑法志》："是時承用秦漢舊律，其文起自魏文侯師李悝，悝撰次諸國法，著《法經》。以爲王者之政莫急於盜賊，故其律始《盜》《賊》。盜賊須劾捕，故著《網捕》二篇。其輕狡、越城、博戲、借假、不廉、淫侈、逾制，以爲《雜律》一篇。又以《具律》具其加減，是故所著六篇而已，然皆罪名之制也。商君受之以相秦。"孫德謙《諸子通考》卷三："古人之學，最重師承。《史·鼂錯列傳》云：'錯學申、商刑名于軹張恢生所，與洛陽宋孟及劉帶同師。'則法家之術世有傳授矣。《晋書·刑法志》：'……商君受之以相秦。'如其説，鞅之爲秦立法，則師事李悝矣。至韓非學于荀卿而自成法家，尉僚學于商君而別爲雜家（謙注：劉向《別録》云：'僚爲商君學。'），雖互有出入，要可見法家一流未嘗無師傳也。後人但知儒者釋經，確守師説，而孰知法家者亦若是乎？然此第刑法一家耳。"

《商君》二十九篇[1]。名鞅，姬姓，衛後也。相秦孝公，有列傳[2]。

【集釋】

[1]《四庫全書總目》著録五卷。太史公曰："嘗讀《商君·開塞》《耕戰書》，與其人行事相類。"《隋志》作五卷，《新唐志》或作《商子》。《讀書志》云宋時亡三篇，又佚其二，凡二十四篇。張舜徽《漢書藝文志通釋》："晁公武《郡齊讀書志》云：'二十九篇今亡三篇。'是宋時已二十六篇矣。今所傳本，目凡二十有六，而有目無書者二篇。《刑約》第十六篇亡，第二十一篇並目亦亡，實存止二十四篇耳。其書涉及魏襄王事及長平之勝，皆在鞅死後數十年，其非鞅所自著

無疑。……蓋其初本有遺文傳世，至六國時，又有人掇拾餘論以補充之也。"（以上論著錄源流）孫德謙《諸子通考》卷三："商君者，法家也，乃農家《神農》二十篇，劉向則云：'李悝及商君所説。'若然，鞅以法家而通于農矣。抑吾嘗讀其《戰法》《兵守》諸篇，初不解鞅以法術聞於後世，而于戰守之道何以論之極精。及觀《志》兵書一略，於權謀家有《公孫鞅》二十七篇，然後知鞅又通於兵家者也。班氏所以互見之者，非以其長於兵謀哉？夫道與兵、農皆專家之業也，豈知法家者流，無不通其學，則治其書者，苟能明辨乎此，庶不疑宗旨之雜入矣。"又曰："如法家者，使能於明法之後，而更以德禮行之，則爲純王之治，不復有殘刻之患也。顧百家學術各有所宗，刻者所爲，雖專任刑法，抑知惟爲法家，故以刑法爲主，況商、韓二子又能相地制宜，因時濟變者乎？夫天下有治世之學術，有亂世之學術。昔者武侯之相蜀也，信賞必罰，綜核名實，于用人行政，皆斷之於法。在武侯以王佐之才，彼豈不知教化仁愛之爲美哉？反謂《商君書》益人意志，而以法爲歸。蓋三國之世，適當離亂故耳。余故謂治諸子者當尚論其世，又貴審乎所處之時，善爲用之。必以法家蔽失而詆排之，是真所云因噎廢食矣。"呂思勉《經子解題·商君書》："今《商君書》精義雖不逮《管》《韓》之多，然要爲古書，非僞撰；全書宗旨，盡于'一民于農戰'一語。其中可考古制及古代社會情形處頗多，亦可貴也。"（以上論學術大旨）王叔岷《管子斠證序》曰："商君爲人雖刻薄少恩，然其書實有裨於法治。惜前賢討治者少，鈔刊舛誤，研習匪易。自清儒嚴可均校本出，乃稍可讀；俞樾、孫詒讓、陶鴻慶諸儒相繼纂理，發正漸多；時賢朱師轍《商君書解詁》定本，疏釋讎校，益臻完善。朱氏治《商君書》垂四十年，《解詁》之作，初印於滬，再印於蜀，最後寫成定本，刊入《中山大學叢書》，其工苦如此！然岷細讀一過，尚覺多可商榷補正者，因於講習之暇，作《商君書斠補》云。"（以上論校讎源流）

[2]《史記》本傳："商君者，衞之諸庶孽公子也，名鞅，姓公孫

子略校釋

氏，其祖本姬姓也。鞅少好刑名之學，事魏相公叔痤爲中庶子。……公叔既死……遂西入秦……爲左庶長，卒定變法之令。……商君相秦十年，宗室貴戚多怨望者。……秦孝公卒，太子立。公子虔之徒告商君欲反，發兵攻商君。……秦惠王車裂商君以徇，曰：'莫如商鞅反者！'遂滅商君之家。"

《申子》六篇[1]。名不害，京人。相韓昭侯，終其身諸侯不敢侵韓[2]。師古曰："京，河南京縣。"

【集釋】

[1] 劉向《別録》曰："今民間所有上下二篇、中書六篇，皆合。二篇已備，六篇過太史公所記。"《史記》但言申子著書二篇，而著録於《漢志》者爲六篇。《七録》："《申子》二卷。"《隋志》："梁有《申子》三卷，亡。"新、舊《唐志》仍三卷。而《通志·藝文略》《文獻通考·經籍考》均不之及，殆亡於南宋。《群書治要》載《大體》篇，蓋亦不完。凡六篇目，《三符》《君臣》《大體》三篇目可徵而已。馬國翰有輯本，未盡。（以上論著録源流）《荀子》曰："申子蔽於勢而不知知。"《韓非子》曰："申不害徒術而無法，公孫鞅徒法而無術。"清沈欽韓《漢書藝文志疏證》曰："其云：'妒妻不難破家，亂臣不難破國。智均不相使，力均不相勝。百世有聖人猶隨踵，千里有賢者是比肩。'大抵爲韓非之所本。"張舜徽《漢書藝文志通釋》："《史記·老莊申韓列傳》云：'……申子之學，本於黃老，而主刑名。著書二篇，號曰《申子》。'玩繹此末句八字，可知申子之書，乃自著而自題之。百家著述，自名爲子，蓋以此爲最早。餘則率由時人或後世所補題，目之爲某子耳。"（以上論學術大旨）

[2]《史記·老莊申韓列傳》："申不害者，京人也，故鄭之賤臣。學術以干韓昭侯，昭侯用爲相，内修政教，外應諸侯，十五年。終申子

98

之身，國治兵强，無侵韓者。申子之學，本於黄老而主刑名，著書二篇，號《申子》。”孫德謙《諸子通考》卷三：“戰國之世，學校已衰，故士之奮志功名者不得不出於游説。即以孟子大賢，亦從者數百，後車數十以傳食于諸侯，蓋時勢使然也。《史記·申子列傳》曰：‘……’是申子嘗挾其説以干世主矣。然卒能使國治兵强，則其功亦甚巨。況其進身之始，雖近于立談取卿相，而不知當時取士之法，實由於此乎？”

《處子》九篇。師古曰：“《史記》云趙有處子。”[1]

【集釋】

[1] 其書亡佚。清姚振宗《漢書藝文志條理》曰：“《史》《漢》舊本或作劇，或作處。唐、宋人已莫衷一是，今更無得而詳矣。”王應麟《漢藝文志考證》：“《風俗通》‘漢有北海太守處興’，蓋處子之後。《史記正義》‘趙有劇孟、劇辛’，是有劇姓。”陳朝爵《漢書藝文志約説》曰：“王氏於處、劇二説未證其孰是。考《廣韻》，處、劇實爲二姓，而字形相似，故傳寫有異。顧實云‘處即是劇’，似爲失考。”

《慎子》四十二篇[1]。名到，先申、韓，申、韓稱之[2]。

【集釋】

[1] 宋王應麟《漢藝文志考證》曰：“《漢志》四十二篇，今三十七篇亡，惟有《威德》《因循》《民雜》《德立》《君人》五篇，滕輔注。”清嚴可均《鐵橋漫稿》卷五《慎子叙》：“《漢志》法家：《慎子》四十二篇。名到，先申、韓，申、韓稱之。《隋志》《舊》《新唐志》皆十卷，滕輔注。《崇文總目》三十七篇，《書録解題》稱麻沙刻本纔五篇，余所見明刻本亦皆五篇。今從《群書治要》寫出七篇，有注，即滕輔注，其多出之篇曰《知忠》，曰《君臣》。其《威德》篇又多出二百五十三字，雖亦節本，視陳振孫所見本爲勝。因刺取各書引見之文，

校補訛脱，其遺文短段不能成篇者凡四十四事，附于後。滕輔，東漢人。《藝文類聚》六十有漢滕輔《祭牙文》，亦作滕撫，又作騰撫。《後漢書》：滕撫，字叔輔，有傳。《元和姓纂》：騰本滕氏，因避難改爲騰氏。後漢相騰撫，蓋滕、騰一姓，輔、撫一聲，故二文隨作矣。東晉亦有滕輔，《隋志》梁有晉太學博士《滕輔集》五卷、《録》一卷，亡。《舊》《新唐志》皆五卷，《慎子注》爲漢爲晉，未敢定之。"（以上論著録源流）《荀子·非十二子》篇曰："慎子蔽於法而不知賢。"又曰："慎子有見於後，無見於先。"《史記》注引徐廣曰："劉向所定，有四十二篇。"《荀子》注："其術本黄老，歸刑名，多明不尚賢、不使能之道。"明方孝孺《遜志齋集》卷四《讀慎子》："世以慎到與鄧析、韓非之流並稱。到雖刑名家，然其言有中理者，非若彼之深刻也。其謂'立天子以爲天下，非立天下以爲天子'，不猶儒者所謂君爲輕之意乎？其謂'役不得逾時'，不猶不違農時之意乎？其謂'用人之自爲，不用人之爲我'，不猶捨己從人之意乎？其謂'不設一方以求於人'，不猶無求備之意乎？其謂'人君任人而勿自躬'，不猶任賢勿疑之意乎？但到不聞聖人之道，不知仁義之治，墮於曲學，而流於卑陋爾夫。豈其性然哉！"明羅明祖《羅紋山全集》卷四《讀慎子》："典則嚴謹，與《尚書》無異。所異者，以其氣格奇駿，故不及耳。"清浚頤《二知軒文存》卷十三《讀慎子》："雖法家言，而簡括純粹，無一枝辭蔓語，以少勝多，稷下固推巨擘。其曰：'明君動事分官由慧，定賞分財由法，行德制中由禮。'又曰：'天道因則大，化則細。'又曰：'臣疑君而無不危國，孼疑宗而無不危家。'警動名貴，可入奏疏。吾讀到之文，深惜其不爲世用也。本道而附於情，主法而責於上，夫豈在繁稱博引、累牘連篇哉？若到之善言名法，在當時能有幾人耶？覺賈生之策治安尚嫌辭費也。"孫德謙《諸子通考》卷三："今《志》入之法家，誠得其當矣。《史·孟荀列傳》云：'慎到，趙人，學黄、老道德之術，著十二論。'則慎子雖爲法家，又通於道家者也。"吕思勉《經子解題·慎子》：“此書亦法家者流，而闕佚殊甚。……觀荀、莊二子之論，其學實合道、法爲一家。故《史記》謂其學黃、老道德之術，《漢志》以其書隸法家也。”張舜徽《漢書藝文志通釋》：“《史記·孟荀列傳》：‘慎到，趙人；田駢，接子，齊人；環淵，楚人；皆學黃、老道德之術。因發明序其指意，故慎到著十二論。’《集解》引徐廣云：‘今《慎子》，劉向所定有四十一篇。’觀史公所論，則慎子所著十二論，乃道家言。疑十二論原在已佚之三十七篇中，今則不可考矣。”（以上論學術大旨）

[2]《史記·孟荀列傳》：“慎到，趙人。田駢、接子，齊人。環淵，楚人。皆學黃、老道德之術。因發明序其指意。故慎到著《十二論》，環淵著《上下篇》，而田駢、接子，皆有所論焉。”《荀子·修身》篇楊倞注：“齊宣王時處士慎到，其術本黃、老而歸刑名，先申、韓，其意相似，多明不尚賢、不使能之道，著書四十一篇。”明張萱《疑耀》卷二“慎子名姓辨”：“《孟子》：‘魯欲使慎子爲將軍。’趙岐注：‘慎子名滑釐。’正義同，朱考亭從之。又按《史記》：慎到，趙人。謂慎子即慎到，是到又慎子之名，諸書皆同，但下文此則滑釐所不識也，爲慎子自呼。余按：古人自呼皆呼名，未有呼字者，豈慎子以滑釐爲名，而以到爲字耶？皆不可曉。《莊子·天下》篇又曰：慎子與彭蒙、田駢爲友，學墨子弟子禽滑釐之術。故薛仲常應旂著《四書人物考》，遂以慎子所云滑釐乃述其師非自呼其名也，豈師弟同名耶？《姓譜》諸書又以滑釐字慎子，其後以字爲氏，而以滑釐爲慎氏所自出，則益誤矣。慎子之先，當有慎氏，慎之姓非自滑釐始也。”

《韓子》五十五篇[1]。名非，韓諸公子。使秦，李斯害而殺之[2]。

【集釋】

[1]《史記·老莊申韓列傳》：“韓非者，韓之諸公子也。喜刑名法術之學，而其歸本於黃、老。……作《孤憤》《五蠹》《內外儲》《説

林》《說難》十餘萬言。"注:"《新序》曰:'申子書言人主當執術無刑,因循以督責臣下,其責深刻,故號曰術。商鞅所爲書號曰法。皆曰刑名,故號曰刑名法術之書。'"東萊呂氏曰:"太史公謂非喜刑名法術之學,則兼治之也。"《索隱》:"按《韓子》書有《解老》《喻老》二篇,是大抵亦崇黄、老之學耳。"孫德謙《諸子通考》卷三:"法家派别,余於前篇已詳言之,而其相通之理則學者又不可不知也。太史公以申、韓二子合老、莊爲一傳,並爲之説曰:'申子之學本于黄、老,而主刑名。''韓非者,韓之諸公子,喜刑名法術之學,而其歸本于黄、老。'則法家皆通于道矣。申子書已亡,《韓非子》不有《解老》《喻老》兩篇乎?其爲《老子》作注,是非固深于《老子》者也。"(第131頁)劉咸炘《子疏》論韓非學問之變曰:"非之術蓋多變矣。初學于荀卿,必不如是也。觀《外儲》引孔子盂圓水圓之説,是荀卿所述(《君道》),而非聞之者也。乃以孔爲不知,其背師明矣。繼而學于黄、老,故書常稱引道家鄭長者説(《外儲説右》)。《解老》一篇,義頗純正,與後世誤解而詆老者大殊,雖亦有淺陋誤解,固不害也。其言寧有與其所謂術法相合者邪?此其所學而非所執也。又繼乃爲管、慎、申之説,故《主道》二篇,純爲申義,《現行》以下諸篇,雜慎、申之説,其説皆與其後之説相反,如《安危》言有信無詐,而《外儲説左下》則言恃勢恃術而不恃信矣。《難三》篇駁管子賞罰信於所見,不求所不見之説,以爲好説在所見,則群下必飾奸罔君矣。《用人》篇詳申子治不逾官之説,《難三》篇亦申之,而《定法》篇則謂治不逾官爲非矣。是皆後益深刻之之驗也。且不獨於前人之説也,《内儲説》戒兩用,而《難一》篇則言有術不患兩用;《難四》篇皆自難而自駁,則其自爲之説亦駁之矣。大氏其初雜申、慎語,尚有純者,如《功名》篇稱堯舜,《有度》篇言先王,皆管、慎、申之所同;其後之自爲説者,大氏宗商而兼慎,用申之術而去其無爲自然法之説,純爲嚴刑立法、密術察奸矣。極詆私行私意,以尊公功,尊主威,則商鞅之本旨也。故韓非子之于商極近，而于申稍遠焉。"呂思勉《經子解題·韓子》："刑名法術，世每連稱，不加分別，其實非也。刑名之刑，本當作形，形者，謂事物之實狀，名則就事物之實狀，加以稱謂之謂也。凡言理者，名實相應則是，名實不相應則非；言治者名實相應則治，不相應則亂；就通常之言論，察其名實是否相應，以求知識之精確，是爲名家之學。操是術以用諸政治，以綜核名實，則法家之學也。故'形名'二字，實爲名、法家所共審；而'名法'二字，亦可連稱。'法術'二字，自廣義言之，法蓋可以該術，故治是學者，但稱法家。若分別言之，則仍各有其義。法者，所以治民；術者，所以治治民之人。言法者宗商君，言術者祖申子。見本書《定法》篇。法家之學，世多以刻薄訾之。其實當東周之世，競爭既烈，求存其國，固不得不以嚴肅之法，整齊其民。且後世政治，放任既久；君主之威權，不能逮下；民俗亦日益澆漓。故往往法令滋章，則奸詐益甚；國家愈多所興作，官吏亦愈可藉以虐民。在古代國小民寡、風氣醇樸之時，固不如是。天下無政治則已，既有政治，即不能無治人者與治於人者之分；然同是人也，治於人者固須治，豈得謂治人者，即皆自善而無待於治？今世界各國，莫不以治人者別成一階級爲患。其所謂利，上不與國合，下不與民同。行政之官吏然，民選立法之議會，亦未嘗不然。世界之紛擾，由於治於人者之蠢愚者，固不能免；出於治人者之狡詐昏愚，嗜利無恥者，殆有甚焉。術家之言，固猶不可不深長思也。《韓非》謂言法者宗商君，言術者祖申子。今申子書已不傳。世所傳《商君書》，雖未必僞，然偏激太甚，而精義顧少，遠不逮《管》《韓》二書。道、法二家，關係最切。原本道德之論，《管子》最精；發揮法術之義，《韓非》尤切。二書實名、法家之大宗也。"（以上論學術大旨）王叔岷《韓非子斠證序》曰："王先慎《韓非子集解》，搜輯舊詮，附益己見，勝義紛陳，頗便初學。惟其疏舛處，亦間有之。陶鴻慶《讀韓非子札記》二卷，所見已多溢出《集解》者。惜其立説，好憑臆斷，《韓子》舊觀，仍多未復。因據宋乾道本讎斠一過，匡謬拾

遺，冀存其真，好古之士，或有取焉。"（以上論校讎源流）

[2]《四庫提要》曰："非之著書，當在未入秦前。……爲非撰，實非非所手定也。"梁啓超《漢書藝文志諸子略考釋》曰："今存，凡十二卷，篇數同《漢志》。開卷《初見秦》一篇，據《戰國策》，乃范雎之辭，然則本書明有他人著作錯入矣。"張舜徽《漢書藝文志通釋》："《史記·老莊申韓列傳》：'韓非者，韓之諸公子也。……人或傳其書至秦，秦王見《孤憤》《五蠹》之書曰："嗟乎！寡人得見此人與之游，死不恨矣。"李斯曰："此韓非之所著書也。"秦因急攻韓。韓王始不用非，及急，乃遣非使秦。秦王悦之，未信用。李斯、姚賈害之，毀之曰："韓非，韓之諸公子也。今王欲並諸侯，非終爲韓不爲秦，此人之情也。今王不能用，久留而歸之，此自遣患也，不如以過法誅之。"秦王以爲然，下吏治非。李斯使人遺非藥，使自殺。韓非欲自陳，不得見。秦王後悔之，使人赦之，非已死矣。'非以高才不遇，竟遭人嫉忌以死，然終不失爲六國時一大政治理論家也。李斯取其術相秦皇以治天下，卒能成一統之業，則其效可睹矣。非之學雖爲法家之集大成者，而實深於黄、老無爲之旨。今觀其書，《主道》《大體》《揚權》諸篇，皆道論之精英也。史公稱其'喜刑名法術之學，而其歸本於黄、老'，可謂諦當。"

《游棣子》一篇[1]。師古曰："棣，音徒計反。"

【集釋】

[1] 其書亡佚。清沈欽韓《漢書藝文志疏證》曰："《鼂錯傳》'與洛陽宋孟及劉帶同師軹張恢生'，此'游棣'與'劉帶'聲同。"張舜徽《漢書藝文志通釋》："此二人姓名俱異，不可視爲一人。且《史記·鼂錯傳》作劉禮，沈氏據《漢書》耳。"

《鼂錯》三十一篇[1]。

【集釋】

[1] 其書亡佚。清周壽昌《漢書注校補》卷二十八：“案本傳云三十篇。《隋志》云：梁有《鼂氏集》三卷，漢御史大夫鼂錯撰，亡。《唐志》復有鼂氏《新書》十卷，今佚。鄭樵《通志》作三卷，馬總《意林》三卷。而《通考》無之，亡久矣。”（以上論著録源流）漢司馬遷曰：“賈生、鼂錯明申、商。”王應麟《漢藝文志考證》：“錯學申、商刑名於軹張恢生所，與洛陽宋孟及劉帶同師。呂氏曰：‘申、商之學，亦世有傳授。’”《文選注》四十五《答賓戲》引《鼂錯新書》曰：“臣聞帝王之道，包之如海，養之如春。”《御覽》九百四十四《鼂子》曰：“以火去蛾，蛾愈多；以魚敺蠅，蠅愈至。”張舜徽《漢書藝文志通釋》：“《史記·鼂錯傳》言錯‘數上書，孝文時，言削諸侯事及法令可更定者，書數十上。孝文不聽，然奇其材’。又言‘錯所更令三十章，諸侯皆喧嘩’。《漢書》本傳則云：‘錯又言宜削諸侯事，及法今可更定者，書凡三十篇。孝文雖不盡聽，然奇其材。’《漢書》所云‘書凡三十篇’，即《史記》所言‘書數十上’也。此所謂‘書’，乃指當時上之於朝之章奏，故《史記》直作‘三十章’。與《漢志》著録之三十一篇書，似非一物。《史記》稱錯‘學申、商、刑名於軹張恢先所’。則其於法家之學，素養自深。法家主於因時立法，因事制禮。錯亦敢於昌言變易舊制，卒致吳楚七國之反，身死東市。古之法家，若商鞅、李斯，莫不以身殉道，乃事之常，無足怪者。史公竟以‘變古亂常，不死則亡’譏錯，豈知言哉！”（以上論學術大旨）

《鄧析》二篇[1]。鄭人，與子產並時[2]。師古曰：“《列子》及《孫卿》並云子產殺鄧析，據《左傳·召公二十年》‘子產卒’、《定公九年》‘駟歂殺鄧析而用其竹刑’，則非子產所殺也。”

【集釋】

[1] 其書疑僞。劉向序云："臣所校讎中《鄧析書》四篇，臣叙書一篇，凡中外書五篇，以相校，除複重爲一篇。……子產卒後二十年而鄧析死，傳説或稱子產誅鄧析，非也。其論無厚者，言之異同，與公孫龍同類。"嚴可均《鐵橋漫稿》卷五《鄧析子叙》："《漢志》名家：《鄧析》二篇，鄭人，與子產並時。《隋志》《舊》《新唐志》皆一卷，《意林》一卷二篇，《崇文總目》言劉歆校爲二篇，今本二篇即歆所分，而前有劉向奏稱除複重爲一篇者，蓋歆冠以向奏，唐本相承如此也。或言此奏當爲歆作，知不然者，《意林》及楊倞注《荀子》皆云向，不云歆也。……因據各書引見，改補五十餘事，疑者闕之。舊三十二章，今合並爲三十一章，節次或不相屬，而詞恉完具。各書徵用，鮮出此外。惟《御覽》八十《符子》引鄧析言曰：'古詩云：堯、舜至聖，身如脯臘。桀、紂無道，肌膚二尺。'今本無之，當是佚脱。"（以上論著録源流）晁公武《郡齋讀書志》卷三上："班固録析書於名家之首，則析之學，蓋兼名、法家。今其書大旨訐而刻，真其言也，無可疑者。而其間時剿取他書，頗駁雜不倫，豈後人附益之與？"明方孝孺《遜志齋集》卷四《讀鄧析子》："鄭人鄧析所著《無厚》《轉辭》二篇，其言皆嚴酷督責之行，韓非、李斯之徒也。嗚呼！先王之澤竭，而仁義道德之説不振，刑名者流著書以干諸侯，用之而亡國者何限？其遺毒餘焰蔓延於天下，生民受其害，至今而未已，不亦哀哉！予擇其可取者二百言著於篇，餘皆焚之。夫水濁則無掉尾之魚，政苛則無逸樂之士。故令煩則民詐，政擾則民不定。不治其本而務其末，譬如拯溺錘之以石，救火投之以薪。爲君當若冬日之陽，夏日之陰，萬物自歸，莫之使也。恬臥而功自成，優游而政自治，豈在振目扼腕，手據鞭朴而後爲治歟？心欲安靜，慮欲深遠。心安靜則神策生，慮深遠則計謀成。心不欲躁，慮不欲淺。心躁則精神滑，慮淺則萬事傾。怠生於宦成，病始於少瘳，（偏）[禍]生於懈慢，孝衰於妻子。目貴明，耳貴聰，心貴公。以天下之目

視則無不見，以天下之耳聽則無不聞，以天下之知慮則無不知。"孫德謙《諸子通考》卷四："名家之學，原本禮官。禮官則以人之名位既各不同，而禮數亦因之而異，故重在辨名。及後官失其守，遂爲名家之業。……後世名家《鄧析》《尹文子》書中，誰不條禮？其于異同之故，則言之最詳，蓋猶得禮官之意矣。"又曰："（鄧）析之本書，綜核名實，確乎其爲名家。凡讀古人書，知其爲某家，則探研乎此書之真，不可因他説而致疑於此。析，名家也，其書循名責實，宗旨既得其真，則就名家以求之，析自有一家之長也。即書中言及於法，如'奉法宣令，臣之職也''民一於君，事斷于法'諸語，未嘗不涉及於法，然在析不過辨名實耳。後世以析曾造竹刑，遂因其首篇《無厚》，謂析之用刑，失忠厚之道，此大不然。夫名之與法，學可相通，而要其區別，使名、法無分，古人亦何必析之爲二家哉？故讀其書者，以名爲歸可耳。"梁啓超《漢書藝文志諸子略考釋》曰："已佚。今所傳者蓋僞書。……全書皆膚廓粗淺，摭拾道家言，與名家根本精神絶相反，蓋唐、宋後妄人所爲，決非《漢志》舊本也。鄧析有無著書，本屬疑問。無厚、同異諸論，皆起自《墨經》以後，疑原書已屬戰國末年人依托，今本又僞中出僞也。"呂思勉《經子解題·鄧析子》："此書有采掇先秦古書處，又有後人以己意竄入處。核其詞意，似系南北朝人所爲。如'在己爲哀，在他爲悲''患生於宦成，病始於少瘳，禍生於懈慢，孝衰于妻子'等，皆絶非周、秦人語也。僞竄處固已淺薄，采掇古書處亦無精論，無甚可觀。"陳朝爵《漢書藝文志約説》："老子薄仁義，又云天地、聖人不仁，故其變爲申、韓。而鄧析在春秋時即有此學説，是又申、韓之先河，真老之別子。當時儒、道兩家分道揚鑣可見已。"張舜徽《漢書藝文志通釋》："鄧析爲鄭大夫，與子産同時，子産治鄭，而鄧析務難。子産嘗鑄刑書于鼎，鄧析則别造竹刑，用以教人，宣揚法治。'從之學訟者，不可勝數'（見《吕氏春秋·離謂》篇），是固春秋末期法家先驅也。然而'操兩可之説，設無窮之辭'（劉向《叙録》

語），長於辯論，故漢人又列入名家。考《荀子·不苟》篇云：'山淵平，天地比，齊秦襲，入乎耳，出乎口，鈎有須，卵有毛，是説之難持者也，而惠施、鄧析能之。'《非十二子》篇又云：'不法先王，不是禮義，而好治怪説，玩琦辭，甚察而不惠，辯而無用，是惠施、鄧析也。'《淮南子·詮言》篇亦云：'鄧析巧辯而亂法。'今觀傳世之《鄧析子》，此類言論不多，而惟掇拾黄、老、申、韓之言以成書，知非先秦之舊無疑。今本一卷，仍分《無厚》《轉詞》二篇。雖與《漢志》所載篇數合，然其文節次不相屬，僞迹固顯然易見也。"（以上論學術大旨與真僞）

[2]《列子·仲尼》篇："鄭之圃澤多賢，東里多才。圃澤之役有伯豐子者，行過東里，遇鄧析。"張湛注曰："鄧析，鄭國辯智之士，執兩可之説，而時無抗者，作竹書，子産用之也。"

《尹文子》一篇[1]。説齊宣王，先公孫龍[2]。師古曰："劉向云與宋鈃俱游稷下。鈃，音形。"

【集釋】

[1] 其書疑僞。《隋》《唐志》二卷，即今本《尹文子》上下二篇，復有殘闕。吕思勉《經子解題·尹文子》："此書言名法之義頗精，然文甚平近，疑經後人改竄矣。按《漢志》，《尹文子》一篇。《隋志》二卷。《四庫提要》云：'前有魏黄初末山陽仲長氏序，稱條次撰定，爲上下篇。《文獻通考》著録作二卷。此本亦題《大道上篇》《下篇》，與序文相符，而通爲一卷。蓋後人所合併也。序中所稱熙伯，蓋繆襲之字。其山陽仲長氏，不知爲誰。李淑《邯鄲書目》以爲仲長統。然統卒于建安之末，與所云黄初末者不合。晁公武因而疑史誤，未免附會矣。'按：四庫著録之本，與今通行本同。此序恐係僞物。《群書治要》引此書，上篇題《大道》，下篇題《聖人》，與今本不合，則今本尚定

于唐以後也。今本兩篇，精要之論，多在上篇中。然上篇實包含若干短章；因排列失次，其義遂不易通。蓋條次撰定者，於此學實未深造，此篇蓋《漢志》之舊。其文字平近處，則後人所改。下篇由雜集而成，蓋後人所附益，非漢時所有。"（以上論著録源流）宋洪邁《容齋續筆》引劉歆云："其學本於黄、老，居稷下，與宋鈃、彭蒙、田駢等同學于公孫龍。今其文僅五千言，亦非純本黄、老者，頗流而入於兼愛。"明方孝孺《遜志齋集》卷四《讀尹文子》："《尹文子》一卷，劉向定爲刑名家書。仲長統分爲上下二篇，且以劉向之論爲誣。然向謂爲刑名家者，誠是也，特善於鄧析、田駢者耳。其説治國之道，以爲人君任道不足以治，必用法術權勢。術者，人君之所密用，群下不可妄窺。勢者，制法之利器，群下不可妄爲。非刑名家而何？但其爲民之心頗切，末章尤中時君之弊。使舉而行之，名實正而分數明，賞罰嚴而事功舉，亦足以善其國。然其苛刻檢柅，而難於持循蹈履，非王者之道，以故君子不取。而統獨好之，遂因以斥向，殆有所激而然耶？"明羅明祖《羅紋山全集》卷四《讀尹文子》："太史公曰：申、韓皆原於道德之意。吾讀《尹文子》，此信矣。其造理犀利，已入木八九分，而詞色削薄，格局離披，多欠精旺。又云真質處以縱逸行之。今時作論浮縟，此可藥。"清沈欽韓《漢書藝文志疏證》曰："《説苑》尹文對齊宣王曰：'事寡易從，法省易因。'其書言'有形者必有名，有名者未必有形。形而不名，未必失其方圓白黑之實。名而不可不尋名以檢其差，故名以檢形，形以定名，名以定事，事以檢名'，大旨爲公孫龍所祖述，龍又加嵬瑣焉。"孫德謙《諸子通考》卷四："名物之名三者，其説出《尹文子·大運上篇》，曰：'名有三科：一曰命物之名，方圓白黑是也；二曰毁譽之名，善惡貴賤是也；三曰況謂之名，賢愚愛憎是也。'立此三科，正名之道，要不能外乎此。故曰：'名以檢形，形以定名；名以定事，事以檢名。察其所以然，則刑名之於事物，無能隱其理。'若是讀《尹文子》者，可以得辨名之旨，而其書之列入名家，萬無可疑。高似孫謂其‘學老氏而雜申、韓’，自漢以後，于諸子之學不能識其家數，遂不足以窺其立言之指，故如《子略》之言，尹文幾不得爲名家。洪容齋《隨筆》云：‘詳味其言，頗流而入於兼愛。’則又以爲近墨家矣。此皆不善讀書者也。夫名家未嘗不言法，所謂‘以法定治亂’‘百度皆准於法’，是爲其兼法而言，不知此仍綜核名實耳，非雜申、韓者也。吾嘗謂治百家之術者，當從《漢志》。彼既列在某家，即就此家以考求之。如《尹文》爲名家，但知其爲名家之書可耳。道家之學，無所不包，《老子》曰：‘無名天地之始，有名萬物之母。’亦及乎名之有無矣。《尹文》云：‘大道治者，則名、法、儒、墨自廢。’謂之學老氏，有何不可？然《尹文》要爲名家，全書都係名家之説，而又混入道家乎？至《容齋》謂流入兼愛，卻亦有見。……諸子之書，萬變而不離其宗，此其所以爲專家。名而取道、法，與墨、雜視之，猶能知尹文之家數乎？夫家數不明，丙部之學宜其絶聞於後世耳，豈不可嘆哉？”呂思勉《經子解題·尹文子》：“此書之旨，蓋尊崇道德，故謂道貴於儒、墨、名、法，非法術權勢之治，所得比倫。夫所貴於道者，爲其能無爲而治也；無爲而治，非不事事之謂，乃天下本無事可爲之謂；天下所以無事可爲者，以其治也；天下之所以治，以物各當其分也。蓋天下之物，固各有其分；物而各當其分，則天下固已大治矣。然此非可安坐而致，故必借法以致之。所謂‘道不足以治則用法，法不足以治則用術，術不足以治則用權，權不足以治則用勢；勢用則反權，權用則反術，術用則反法，法用則反道’也。夫權與術與勢，皆所以行法；法則所以蘄致於道也。法之蘄致於道奈何？曰：使天下之物，各當其分而已。然非能舉天下之物，爲之強定其分，而使之守也。能使之各當其固有之分而已。所謂‘圓者之轉，非能轉而轉，不得不轉；方者之止，非能止而止，不得不止。故因賢者之有用，使不得不用；因愚者之無用，使不得用’也。夫如是，則‘形以定名，名以定事’之術，不可不講矣。……上篇之大旨如此。此篇雖經後人重定，失其次序；其文字疑亦有改易。然諸書言形名之理，未有如此篇之明切者，學者宜細觀之。又，此書上篇，陳義雖精，然亦有後人竄入之語。如'見侮不辱，見推不矜；禁暴寢兵，救世之鬥'；乃《莊子》論《尹文》語，此篇襲用之，而與上下文意義，全不相涉。即其竄附之證。蓋古人之從事輯佚者，不肯如後人之逐條分列，必以己意爲之聯貫。識力不及者，遂至首尾衡決，亦非必有意作僞也。下篇則決有僞竄處。如'貧則怨人，賤則怨時'一節，斷非周、秦人語，亦全非名家之義也。"張舜徽《漢書藝文志通釋》："然則尹文之學，與墨爲近。故洪邁《容齋續筆》云：'詳味其言，頗流而入於兼愛'也。顧其言主術，悉歸本黃、老。今觀《大道上》《大道下》二篇，發明人君南面之術，時有善言，非盡後人所依托。然今本二篇，復多殘闕，亦有竄改。此殆唐、宋以來人所爲，又非如《文心雕龍·諸子》篇所言'辭約而精，尹文得其要'之舊矣。"馬叙倫《莊子義證·天下》篇云："今《尹文子》二篇，詞説庸近，不類戰國時文，陳義尤雜出，仲長統所撰定。然仲長統之序，前儒證其僞作，蓋與二篇並出僞作。"陳柱《諸子概論》云："今人唐囗（原文缺，空字當爲'鉞'——引者注）謂，現行《尹文子》上下篇，可懷疑之點甚多：甲、序之來歷可疑；乙、引用古書而故意掩晦來源；丙、用秦以後詞語；丁、文體不似先秦書；戊、剽襲別書之大段文字；己、襲用古書而疏謬；庚、一篇之中自相矛盾；辛、書中無尹文子之主張；壬、書中有與尹文主張相反者；癸、書中之錯誤與序中之錯誤相同。故決今本《尹文子》是僞書，其言蓋允。"（《陳柱講諸子》）（以上論學術大旨及真僞）

[2]《莊子·天下》篇云："不累於俗，不飾於物，不苟於人，不忮於衆。願天下之安寧，以活民命。人我之養，畢足而止。以此白心。古之道術有在於是者，宋鈃、尹文聞其風而悦之，作爲華山之冠以自表。……見侮不辱，救民之鬥；禁攻寢兵，救世之戰。以此周行天下，上説下教，雖天下不取，強聒而不舍者也。……雖然，其爲人太多，其

自爲太少。"《漢書·古今人表》中，尹文子列第四等中上。

　　《公孫龍子》十四篇[1]。趙人[2]。師古曰："即爲堅白之辨者。"①

【集釋】

　　[1] 顧實《漢書藝文志講疏》："《隋志》不著録，《舊唐志》三卷，賈公彦之子賈大隱曾爲作注。《通志》一卷，亡八篇，則殘於宋矣。故今本止六篇。然首篇《迹府》，疑非原書。"清洪頤煊《讀書叢録》卷十四"公孫龍子"條云："《公孫龍子》，《漢書藝文志》十四篇，《新》《舊唐志》俱作三卷，今止存一卷，凡六篇。《文苑英華》卷七百五十八有《公孫龍子論》，云咸亨二年歲次辛未十二月庚寅，有宗人王先生因出其書以示僕，凡六篇，勒成一卷。唐初所傳即是此本。"清姚際恒《古今僞書考》，以本書《漢志》所載，《隋志》無之，定爲僞書。梁啓超《漢書藝文志諸子略考釋》曰："《唐志》三卷。今所存六篇，《道藏》本分上、中、下三卷，蓋殘缺之書，卻不僞。"（以上論著録源流與真僞）《荀子·正名》論曰："析辭擅作名以亂正名，使民疑惑，人多辯訟，則謂之大奸。"元吳萊《淵穎集》卷六《讀公孫龍子》："世所傳《公孫龍子》六篇，龍蓋趙人，當平原君時，曾與孔子高論臧三耳，至其著堅白同異，欲推之天下國家，使君臣上下徇名責實，而後能治者，可謂詳矣。自太史公、劉向、班固之徒率稱其出古之禮官，及夫瞽者爲之，然後有敝。公孫龍豈所謂訐者哉？然獨不明立一定之説，而但虚設無窮之辭，亦徒爲紛更變亂而已，何其細也。"明方孝孺《遜志齋集》卷四《讀公孫龍子》："君子無用乎辨也，豈惟無事乎辨，亦無事乎言也。充乎心，不得已而後言。正言之而理不明，不得已而後辨，辨而無所明，言而不出乎道，則亦無用乎言與辨矣。若公孫

---

　　① "辨"，學津本、四部本、叢編本、四明本作"辯"。

龍之辨，不亦費其辭乎？孔子所謂正名，數言而煥然矣。龍術爲白馬、指物、通變、堅白、名實之論，枝蔓繁複，累數千言，然其意不越乎正名而已。傳有之曰：'有德者必有言。'有德之人，一言而有餘。不知道者，萬言而不足。故善學者必務知道。"明羅明祖《羅紋山全集》卷四《讀公孫子》："辨才無碍，總是口舌機變，非吾儒之所謂極精微也。已開後世清談法門，然周人肆，晋人簡，蓋季末縱橫風氣也。"清方浚頤《二知軒文存》卷十三《讀公孫龍子》："子石游仲尼之門，作平原之客，其論堅白異同，意主循名責實，原不背於聖道，特假物取譬，離奇夭矯，翻瀾鼓舌，純以辭勝，而意爲辭掩，辯則善矣，達則未也。欲冀時君之悟，徒貽警者之譏，所以言語一科，不得與宰我、子貢並列，正謂其強辭奪理，過於鑿空，毫無實際，轉令聞者生厭耳。然其用筆之妙，固不可及，鈍根人宜三服之。"呂思勉《經子解題・公孫龍子》："今名家之書，傳者極少。《墨經》及《經説》，皆極簡質，又經錯亂，難讀。此外，唯見《莊子・天下》《列子・仲尼》兩篇，亦東鱗西爪之談。此書雖亦難通，然既非若《墨經》之簡奥；又非如《莊》《列》之零碎，實可寶也。《漢志》十四篇，《唐志》三卷，今僅存六篇，蓋已非完帙，《通志》載陳嗣古、賈大隱兩《注》，皆不傳。今所傳者，爲宋謝希深《注》，全系門外語，絕無足觀。讀者如欲深求，當先於論理學求深造；然後參以名家之説散見他者，熟讀而深思之也。"張舜徽《漢書藝文志通釋》："公孫龍，戰國趙人，字子秉。爲堅白同異之辯，當時《莊》《列》《荀卿》並著其言。相傳龍嘗乘白馬度關，關司禁曰：'馬不得過。'公孫曰：'我馬白，非馬。'遂過。故《初學記》卷七引《別錄》曰：'公孫龍持白馬之論以度關。'則其《白馬論》爲尤著名也。其書《漢志》著錄十四篇，至宋僅存《迹府》《白馬》《指物》《通變》《堅白》《名實》六篇。惟《迹府》篇疑爲後人所集錄，餘皆龍之自作也。其意蓋疾名實之散亂，假物取譬，以明是非，自'白馬非馬'之論外，又有'離堅白'之説，謂石之堅與白可分爲二。著重

子略校釋

於分析感覺與概念，區分個別與一般、具體與抽象，以致過於強調事物之差別，此其所蔽也。抑公孫龍説趙惠王偃兵，見《吕覽·審應》；説燕昭王偃兵，見《吕覽·應言》，則其禁攻息戰之説，與尹文同，不徒以雄辯見稱於世矣。"陳柱《諸子概論》引樂調甫《名家篇籍考》云："《公孫龍子》之名《守白論》，本書《迹府》篇云：'疾名實之散亂，因資財之所長，爲守白之論。假物取譬，以守白辯。'此其命名之由者。一也。《隋志》雖録於道家，然確知其不爲道家者，因老子云：'知其白，守其黑，爲天下式。'道家旨在守黑，而論名守白，顯非道家之言。二也。唐成玄英《莊子疏》云：'公孫龍著守白之論，見行於世。'又云：'堅白，公孫龍《守白論》也。'此唐人猶有稱《公孫龍子》爲《守白論》者。三也。復合隋、唐兩《志》考之，《隋志》道家有《守白論》，而名家無《公孫龍子》；《唐志》名家有《公孫龍子》，而道家無《守白論》。是知其本爲一書，著録家有出入互異。四也。至《隋志》著録在道家，乃由魏、晋以來學者好治老、莊書，而因莊、列有記公孫龍堅石白馬之辯，故亦摭拾其辭，以談微理。此風已自晋人爰俞開之，而後來唐之張游朝著《沖虛白馬非馬證》，《新唐志》列入道家。宋之陳元景録《白馬》《指物》二論以入其論著《南華餘録》，亦在《道藏》。然則《隋志》之録《守白》於道家，又何足疑？此其五也。"陳直《周秦諸子述略》云："《迹府》篇首云'公孫龍六國時辯士'，似非其自撰。周秦諸子類此者多，不足怪也。蓋亦惟《迹府》篇爲然，餘五篇則龍自著也。"（以上論學術大旨）《文苑英華》卷七百五十八有崔弘慶《擬公孫龍子論》一篇。

[2]《史記·孟荀列傳》："趙亦有公孫龍，爲堅白同異之辯。"又《平原君列傳》："平原君厚待公孫龍，公孫龍善爲堅白之辯。及鄒衍過趙，言至道，乃絀公孫龍。"《漢書·古今人表》中，公孫龍居第六等中下。清汪琬《堯峰文鈔》卷九《辨公孫龍子》："勝國之末，吴中異學繁興，有謂孔子獨傳道於弟子公孫龍者，遂奉《公孫龍子》數篇以

絀曾子。噫，何其謬也！殆《王制》所謂行僞而堅、言僞而辨者也。雖其説誕妄，或不足以惑衆，然而吾不可不論。按《史記·仲尼弟子傳》，龍字子石，《家語》以爲衛人，鄭御名又以爲楚人，已莫知其真。追論歲月，決非趙之辨堅白同異者也。龍少孔子五十三歲，《年表》孔子卒於魯哀公之十六年，是歲周敬王十四年也，龍年二十歲，至周赧王十七年，是歲趙惠文王元年封公子勝爲平原君，距孔子卒時已一百七十九年矣，龍若尚在，當一百九十八歲，得毋爲人妖？與《平原君傳》君厚待公孫龍，及騶衍過趙言至道乃絀龍，史明言龍辨害道而顧倡爲孔子傳道之説，何其謬也。又孔穿嘗辨龍所謂臧三耳者，穿則孔子六世孫，其世系明白可考，而龍與穿同時，顧得見其六世祖邪？其必不然也審矣。且孔子之門畔孔子者衆矣，諸弟子之後，或流而爲荀卿，或流而爲莊周、禽滑釐，紛紛籍籍，皆異學也。龍堅白之辨，悖又甚焉。使果嘗受業孔子，果老壽二百年不死，則孔子復作，亦當不免於鳴鼓之誅，況可推爲傳道者哉？莊周曰：桓團、公孫龍，辨者之徒，能勝人之口，不能服人之心。然則龍特辨士，當時不謂之知道，龍亦未嘗以道自詡也。故吾謂春秋、六國間當有兩公孫龍，決非一人，其傳道云云，此吳中無忌憚者之言，絕無據依者也。劉歆《七略》有《公孫龍子》十四篇，在名家。又莊周謂惠子曰：儒、墨、楊、秉四，與夫子爲五。或謂秉即龍也。蓋其字子秉，並附之以俟考。"清凌揚藻《蠹勺編》卷二十"公孫龍子"條亦云："蓋春秋、六國間有兩公孫龍子無疑也。"

《惠子》一篇[1]。名施，與莊子並時[2]。

【集釋】

[1] 其書亡佚。馬國翰有輯本一卷。（以上論著録源流）清方浚頤《二知軒文存》卷十三《讀惠子》："惠施與公孫龍同時，龍善辯，施則善譬，人以止譬間之，王即以無譬難之施，若無譬，施復何言乎？施若

徑告王：以不可無譬，王豈遂善之乎？於是以彈喻彈，而王曰：未諭。以弓喻彈，而王曰：可知。以喜譬之，王得善譬之。施雖有止譬之客，而卒不能聽無譬之言，客之口鈍，施之口利，以鈍口攻利口，鈍者敗已。至齊荊之役，群臣左右皆爲張儀言，而莫爲惠施言，王亦聽張儀言，而弗聽惠施言。斯時施之説不幾窮乎？乃復創爲半可之論，加以劫主之名，動王之疑，而自護其短。嗚呼！此其所以爲策士也。"張舜徽《漢書藝文志通釋》："惠施多方，其書五車云云……則惠施當時述造必豐。《漢志》僅録一篇，知漢世已散佚殆盡，今並此一篇亦亡矣。……《徐無鬼》篇稱惠施死，莊子曰：'自夫人之死也，吾無與之言矣。'可知惠施在當時，乃好辯善説之人，實名家巨子。……自《荀子·非十二子》篇，取與鄧析並論，斥之爲'不法先王，不是禮義，而好治怪説，玩琦辭，察而不惠，辯而無用，多事而寡功，足以欺惑愚衆'。於是信從其言者漸寡。其後儒學勃興，而其書悉歸亡佚，非無故也。其學説今可考見者，惟《莊子·天下》篇而已。"（以上論學術大旨）方以智《浮山集》文集後編卷一有《惠子與莊子書》一篇，跋稱"此愚者大師五老峰頭筆也"。

[2]《莊子·天下》篇："惠施多方，其書五車。其道舛駁，其言也不中。"又曰："惠施之口談，自以爲最賢。南方有畸人焉，曰黄繚，問天地所以不墜不陷，風雨雷霆之故。惠施不辭而應，不應而對。遍爲萬物説，説而不休，多而無已。猶以爲寡，益之以怪。"《荀子》曰："惠子蔽於辭而不知實。"《漢書·古今人表》中，惠施列第六等中下。

《田俅子》三篇[1]。先韓子[2]。蘇林曰："俅，音仇。"

【集釋】

[1] 其書亡佚。《隋志》："梁有《田俅子》一卷，亡。"《唐志》已不著録。馬國翰有輯本一卷。清勞格《讀書雜識》卷六有輯佚文數

條。（以上論著録源流）陳朝爵《漢書藝文志約説》引葉德輝曰："《藝文類聚》《白帖》及《文選·東京賦》注、王元長《曲水詩序》注所引多言符瑞，殆亦明鬼之意歟？"梁啓超《漢書藝文志諸子略考釋》曰："《韓非子·問田》篇、《外儲説·左上》篇、《吕氏春秋·首時》篇、《淮南子·道應》篇皆述田鳩言行。鳩、俅音近，馬驌、梁玉繩並以爲一人，是也。"張舜徽《漢書藝文志通釋》："其書乃所以宣揚墨學者。"（以上論學術大旨）

［2］《吕氏春秋·首時》篇："墨者有田鳩，欲見秦惠王，留秦三年而弗得見。客有言于楚王者，往見楚王，楚王説之，與將軍之節以如秦，至，因見惠王。"高誘注云："田鳩，齊人，學墨子術。"《漢書·古今人表》中，田俅子列第四等中上。

《我子》一篇[1]。師古曰："劉向《别録》云爲墨子之學。"[2]

【集釋】

［1］章學誠《校讎通義》内篇卷三："墨家《隨巢子》六篇、《胡非子》三篇，班固俱注墨翟弟子，而叙書在《墨子》之前。《我子》一篇，劉向《别録》云：'爲墨子之學。'其時更在後矣，叙書在隨巢之前，此理之不可解者，或當日必有錯誤也。"張舜徽《漢書藝文志通釋》："我乃其姓，見《廣韻》。其書早佚，《隋志》已不著録。"

［2］唐林寶《元和姓纂》卷七"三十三哿"下"我"姓引《風俗通》云："我子，六國時人，著書號《我子》。"《廣韻》注云："我，姓。"

《隨巢子》六篇[1]。墨翟弟子[2]。

【集釋】

［1］顧實《漢書藝文志講疏》曰："《隋》《唐志》《通志》咸一

卷。洪邁曰：‘書今不存。’則亡於宋矣。其尚儉、明鬼，傳墨之術。馬國翰有輯本。亦見孫詒讓《墨子間詁》附錄。”（以上論著錄源流）《太史公自序·論六家要指》云：“墨者儉而難遵。”《正義》引韋昭説：“墨翟之術也，尚儉。後有隨巢子傳其術也。”宋洪邁《容齋三筆》卷十五《隨巢胡非子》：“《漢書·藝文志》：墨家者流有《隨巢子》六篇、《胡非子》三篇，皆云墨翟弟子也。二書今不復存，馬總《意林》所述，各有一卷。隨巢之言曰：‘大聖之行，兼愛萬民，疏而不絶，賢者欣之，不肖者憐之，賢而不欣，是賤德也，不肖不憐，是忍人也。’又有‘鬼神賢於聖人’之論，其於兼愛、明鬼，爲墨之徒可知。胡非之言曰：‘勇有五等：負長劍，赴榛薄，折兕豹，搏熊羆，此獵徒之勇也；負長劍，赴深淵，折蛟龍，搏黿鼉，此漁人之勇也；登高危之上，鵠立四望，顔色不變，此陶嶽之勇也；剽必刺，視必殺，此五刑之勇也；齊威公以魯爲南境，魯憂之，曹劇匹夫之士，一怒而劫萬乘之師，存千乘之國，此君子之勇也。’其説亦卑陋，無過人處。”清方浚頤《二知軒文存》卷十三《讀隨巢子》：“有相里氏之墨，有相夫氏之墨，有鄧陵氏之墨，墨分爲三，而隨巢子在當時即隱其名，與張孟談友，惜其書秦火燔燒未盡，尚存越蘭一問，答以鬼神賢於聖人，今之佛教蓋本於此。夫宗墨者言鬼神，守其師説，無足怪也。乃有儒而墨者，以孔孟之徒，慕釋氏之學，空談性理，遁入虛無，方自謂玄渺幽深，幾於神化，而不知已舍正路而涉歧途矣。且歧之又歧，而去道日遠矣。儒與墨截然不同，顧溷而一之，援而止之，意主中立，而實則囿於一偏也。非墨蠹儒，乃儒自蠹耳。雖賢士大夫皆不免焉，無惑乎聖教日衰，而異端蜂起也。”陳朝爵《漢書藝文志約説》：“《意林》一引《隨巢子》言：‘鬼神爲四時八節以化育之，乘雲雨潤澤以繁長之，皆鬼神所能也。’案，隨巢論鬼神與張子所云‘造化之迹’‘天地之功用’‘二氣之良能’諸語一意，是論鬼神之最古者。”張舜徽《漢書藝文志通釋》：“今觀諸書所引佚文，則又多言災祥禍福。可知其傳墨之術，固以尚儉、明鬼爲大矣。《文心雕龍·諸子》篇云：'墨翟、隨巢，意顯而語質。'竟取隨巢與墨翟並論，可以窺其所至，固墨學之巨子也。"（以上論學術大旨）

[2] 宋鄧名世《古今姓氏書辯證》："隨巢氏，《漢·藝文志》有《隨巢子》六篇，注云墨翟弟子。謹按：姓書未有此氏；而當時有胡非子、隨巢子皆師墨氏，則隨巢合爲人氏。"

《胡非子》三篇[1]。墨翟弟子[2]。

【集釋】

[1] 王應麟《漢藝文志考證》："《隋》《唐志》各一卷。洪氏曰：'二書今不復存。馬總《意林》所述隨巢兼愛、明鬼，而墨之徒可知。胡非言勇有五等，其說亦卑陋無過人處。'"張舜徽《漢書藝文志通釋》："此疑胡姓非名，其書則稱《胡非子》，猶韓非之書稱《韓非子》耳。考《隋志》云：'《隨巢子》一卷，巢似墨翟弟子；《胡非子》一卷，非似墨翟弟子。'並以巢、非其人之名，必有所受矣。《唐志》亦一卷，久佚。馬國翰有輯本。"（以上論著録源流）清方浚頤《二知軒文存》卷十三《讀胡非子》："胡非爲墨之徒，而論勇則上本莊、荀，下開《說苑》，其以君子之勇爲勇，一言折服危冠長劍之人，非不誠勇也哉！血氣暴於外，而道義餒於中，敵萬人者，反懼一人，勇固在德，而不在力也。非雖爲墨之徒，而所言則近乎聖賢，足資采擇，正不得以異端目之。靜能制動，柔能克剛，張至弱之帆，以當至強之風，風爲帆用，弱者轉強，而篙艣咸聽命焉，舟中攤卷，忽有所悟，附記於此，以見善言名理者之當前，即是無事遠求也。"清沈欽韓《漢書藝文志疏證》曰："按其言與《說苑·善說篇》林既語齊景公同。無稽之談，彼此般演，以是名家，一錢不直！始皇烈火，惜其分皂白。若此輩，恨不盡空之！"顧實《漢書藝文志講疏》引葉德輝曰："其書大旨與《貴義》《尚同》相近。"孫德謙《諸子通考》卷二："往讀《四庫提要》，見其

於名、墨、縱橫，併合雜家，以爲諸子之學，重在家數，而不立此三家，頗覺其非，嘗爲説以辨訂之。夫名家正名，孔子亦稱爲政之先。墨家之尚賢、節用，觀《魯問》篇，所謂擇務從事，蓋皆救時之術。縱橫家四方專對，以弭兵爲主，亦爲實用之學。即如《隋志》，名家《鄧析》《尹文》而外，僅有《人物志》三卷；墨家則《墨子》及《隨巢》《胡非》，只載三種；縱橫家則惟爲《鬼谷子》而已。其業誠爲漸滅！然不可以古之自成一家者，竟從而去之。胡氏（指胡應麟——引者注）以今又無習之者，不當獨爲家，則《提要》之統入雜家，殆亦本胡氏之説，而有此失乎？”（以上論學術大旨）

[2] 漢應劭《風俗通·姓氏》篇：“胡非氏，胡公之後有公子非，其後子孫因以胡非爲氏。戰國有胡非子著書。”清姚振宗《隋書經籍志考證》卷二十八引梁玉繩曰：“胡非，複姓。《廣韻》云：胡公之後，有公子非，因以爲氏，則胡非子齊人也。”

《墨子》七十一篇[1]。名翟，爲宋大夫，在孔子後[2]。

【集釋】

[1]《漢志》著録七十一篇，今本亡佚十八，尚存五十三篇。晋魯勝注《墨辯》，其叙曰：“墨子著書，作《辯經》以立名本。惠施、公孫龍祖述其學，以正刑名顯於世。《墨辯》有上、下經，經各有説，凡四篇。與其書衆篇連第，故獨存。”（以上論著録源流）劉向曰：“墨子，戰國一賢士耳。其言大抵皆平治之道，不甚悖於理，如擇務、尚賢、節用、非樂、尊天、兼愛，蓋言之以救世主藥石耳，非執以爲世主之准也。”①《淮南·要略》：“墨子學儒者之業，受孔子之術，以爲其禮煩擾而不説，厚葬靡財而貧民，久服傷生而害事，故背周道而用夏

---

① 見《諸子匯函》，孫德謙認爲當爲《別録》遺説。

政。故節財、薄葬、閒服生焉。"清沈欽韓《漢書藝文志疏證》曰：
"墨翟徒能熒惑一世耳，慮不足以及後。蓋目周衰文弊，習詐僞以鉗
世，無所不至，學詭則名高，名高則榮利隨之。如翟，則巧僞之尤者
矣。不然，彼猶是人也，獨糟食苦衣，爲孔、曾之所不爲，是賢於孔、
曾也。使墨翟獨以堅忍刻厲爲之，猶曰性。然乃其教強窮里之罷士，數
且千百，傳且數世，一聞墨子之風，而人之能糟食苦衣、摩頂放踵，曰
爲天下，吾是以知其僞也。"清強汝詢《求益齋文集》卷六《墨子跋》：
"孟子距墨氏甚力，韓子則謂辨生于末學，孔、墨必相爲用，其言幾若
冰炭。然又稱孟氏闢楊、墨功不在禹下，則前之說乃少年學識未定之
辭，不足據。墨子書雖存，鮮留意者。近人好先秦古書，始相與校讎刊
刻，盛有所稱說，其用心亦勤矣，幾於孟子有微辭。論者慮其張異端，
眩後學，余謂不足慮也。兼愛之術亦未易能，且彼所歆者，好古之名，
所醉者，文字之末。夫讀《孟子》而不能爲益者，則讀《墨子》，亦惡
能爲害哉！"孫德謙《諸子通考》卷四："學問之道，最不可牽合附會。
昔韓昌黎讀《墨子》篇，謂孔、墨必相爲用，其文曰：'儒譏墨以尚
同、兼愛、上賢、明鬼。而孔子畏大人，居是邦不非其大夫之賢者，
《春秋》譏專臣，不尚同哉？孔子泛愛親仁，以博施濟衆爲聖，不兼愛
哉？孔子賢賢，以四科進，襃弟子，疾沒世而名不稱，不上賢哉？孔子
祭如在，譏祭如不祭者，曰我祭則受福，不明鬼哉？'皆以《墨子》宗
旨強合於孔子，然則孔子之大，直與墨學無異同乎？今班氏抉出'貴
儉'諸義爲《墨子》之宗旨，是也。然其解則牽合於儒，曰'茅屋采
椽，是以貴儉'者，此猶可謂墨家取堯舜之儉，不必儒家如此。"又
曰："夫儒、墨不同，必不當牽合。班氏一遵儒家之理，而爲解《墨
子》宗旨，何其牽合如是？然貴儉也，兼愛也，上賢也，右鬼也，非
命也，上同也，此眞《墨子》之宗旨所在。師古注之謂：'《墨子》有
《節用》《兼愛》《上賢》《明鬼神》《非命》《上同》等諸篇，故《志》
歷序其本意。'吾謂《墨子》本意，班氏則未之知也。《漢志》諸子一

略，凡儒、道諸家皆能發明其宗旨，惟於墨子亦能將宗旨標舉，而解則牽合儒家，實失之矣。然以‘貴儉’五者爲墨學所長，固無誤也。”又曰：“《墨子》之學，自漢以來，其不傳於世久矣，所以不傳之故，蓋有由焉。《論衡·案書》篇：‘儒家之宗，孔子也。墨家之祖，墨翟也。且案儒、道傳而墨、法廢者，儒之道義可爲，而墨之法議難從也。何以驗之？墨家薄葬、右鬼，道乖相反違其實，宜以難從也。乖違如何？使鬼非死人之精也，右之未可知。今墨家謂鬼審死人之精也，厚其精而薄其尸，此於其神厚而于其體薄也。薄厚不相勝，華實不相副，則怒而降禍，雖有其鬼，終以死恨。人情欲厚惡薄，神心猶然。用墨子之法，事鬼求福，福罕至而禍常來也。以一況百，而墨家爲法，皆若此類也。廢而不傳，蓋有以也。’如王充説，墨子其道自相反，遂致不傳。”呂思勉《經子解題·墨子》：“墨家宗旨：曰尚賢，曰尚同，曰兼愛，曰天志，曰非攻，曰節用，曰節葬，曰明鬼，曰非樂，曰非命，今其書除各本篇外，《法儀》則論天志；《七患》《辭過》，爲節用之説；《三辨》亦論非樂；《公輸》闡非攻之旨；《耕柱》《貴義》《魯問》三篇，皆雜記墨子之言。此外《經》上下、《經説》上下、大小《取》六篇爲名家言，今所謂論理學也。《備城門》以下諸篇，爲古兵家言。墨翟非攻而主守，此其守禦之術也。《非儒》《公孟》兩篇，專詰難儒家，而《修身》《親士》《所染》三篇，實爲儒家言。因有疑其非《墨子》書者。予按《淮南·要略》謂：‘墨子學儒者之業，受孔子之術，以爲其禮煩擾而不悦，厚葬靡財而貧民，服傷而害事，故背周道而用夏政。’其説實爲可據。今墨子書引《詩》《書》之辭最多。百家中唯儒家最重法古，故孔子之作六經，雖義取創制，而仍以古書爲據。《墨子》多引《詩》《書》，既爲他家所無；而其所引，又皆與儒家之説不背。即可知其學之本出於儒。或謂墨之非儒，謂其學‘累世莫殫，窮年莫究’，安得躬道之而躬自蹈之。殊不知墨之非儒，僅以與其宗旨相背者爲限。此外則未嘗不同。且理固有必不能異者。”張舜徽《漢書藝文志通釋》：

"其學盛行於戰國之世，故《韓非子·顯學》篇曰：'世之顯學，儒墨也。儒之所至，孔丘也；墨之所至，墨翟也。'可知二家在當時，並見重於世。顧墨學實出於儒而與儒異者，《淮南·要略》云：'墨子學儒者之業，受孔子之術，以爲其禮煩擾而不説，厚葬靡財而貧民，久服傷生而害事，故背周道而用夏政。'此論甚精，足以明其不同於儒之故。大抵墨學宗旨，兼愛乃其根本，而尚賢、尚同、節用、節葬、非樂、非命、尊天、事鬼、非攻諸端，皆其枝葉。自來論述其學説主張者，莫不綜斯十事，目爲弘綱。而不悟其致用之際，固非取此十者施之於一時一地也。觀《魯問》篇有曰：'凡入國，必擇務而從事焉。國家昏亂，則語之尚賢、尚同；國家貧，則語之節用、節葬；國家憙音湛湎，則語之非樂、非命；國家淫僻無禮，則語之尊天、事鬼；國家務奪侵陵，則語之兼愛、非攻。'可知其所標舉之十端，乃因病制宜、對症下藥之良方，而非施之同時同地，齊舉兼行、拘泥不變之成法也。學者必明乎此，然後能知墨子救時之多術，可以讀墨子之書。自孟子兼闢楊、墨，詆爲無父無君。由是誦習者少，墨學遂微。文字脱佚尤甚，不易猝理。清儒始有校注，以孫詒讓《墨子閒詁》、曹耀湘《墨子箋》後出爲精。孫《注》詳於疏證文字，曹《箋》長於稱説大義，可以互參。"（以上論學術大旨）王叔岷《墨子斠證序》曰："清儒自乾、嘉以來，校注《墨子》者漸多，而以高郵王氏《雜志》最爲精審；至瑞安孫詒讓，覃思十載而成《閒詁》，尤所謂後來居上者矣。近人討治《墨子》者益衆，當推吳毓江氏《校注》，致力極勤，程功特巨。暇時一一展讀，覺其中尚有疑義可發，餘證可稽，因據《道藏》本斟酌群言，條舉所見。"（以上論校讎源流）

[2] 墨翟，魯人。《史記》無專傳。惟於《孟荀列傳》後附見數語曰："蓋墨翟，宋之大夫，善守禦，爲節用。或曰並孔子時，或曰在其後。"《史記索隱》引《別録》云："'墨子書有文子。文子，子夏之弟子，問於墨子。'如此，則墨子者，在七十子後也。"《漢書·古今人表》中，墨翟列第四等中上。

《蘇子》三十一篇^[1]。名秦，有列傳^[2]。

【集釋】

[1]《漢志》著録其書三十一篇，不復見於隋、唐諸志，則其亡佚已久。馬國翰有輯本。清沈欽韓《漢書藝文志考證》曰："今見於《史記》《國策》，灼然爲蘇秦者八篇，其短章不與。秦死後，蘇代、蘇厲等並有論説。《國策》通謂之蘇子，又誤爲蘇秦。此三十一篇，容有代、厲並入。"（以上論著録源流）《淮南·要略》："晚世之時，六國諸侯，溪異谷別，水絶山隔。各自治其境内，守其分地，握其權柄，擅其政令。下無方伯，上無天子。力徵爭權，勝者爲右，恃連與國，約重致，剖信符，結遠援，以守其國家，持其社稷，故縱橫修短生焉。"宋葉夢得曰："蘇秦學出於揣摩，未嘗卓然有志天下。反覆無常，不守一道，度其隙苟可入者則爲之，此揣摩之術也。故始求説周，周顯王不能用，則去而之秦，再求説秦。秦孝公不能用，則去而之燕。幸燕文侯適合而從説行。其所以説周者，吾不能知。若秦孝公而聽之，則必先爲衡説以噬六國，何有於周？此蘇秦所以取死也。"張舜徽《漢書藝文志通釋》："《史記·蘇秦列傳》明云：'世言蘇秦多異。異時事有類之者，皆附之蘇秦。'可知後人增益之辭不少，初不止於代、厲論説已也。"（以上論學術大旨）

[2]據《史記·蘇秦列傳》：蘇秦者，東周雒陽人也。東事師於齊，而習之於鬼谷先生。出游數歲，大困而歸。……自傷，閉室不出，出其書遍觀之。……得周書《陰符》，伏而讀之。期年，以出揣摩，曰："此可以説當世之君矣。"求説周顯王……弗信。乃西至秦。……（秦）方誅商鞅，疾辯士，弗用。乃東之趙。……（趙）弗説之。去游燕，歲餘而後得見。説燕文侯……于是資蘇秦車馬金帛以至趙。説趙肅侯一韓、魏、齊、楚、燕、趙從親，以畔秦。令天下之將相會于洹水之上，通質，刳白馬而盟。趙王乃飾車百乘，黄金千鎰，白璧百雙，錦繡千純，以約諸侯。于是説韓宣惠王、魏襄王、齊宣王、楚威王，六國從

合而並力焉。蘇秦爲從約長，並相六國。既約，歸趙，趙肅侯封爲武安君，乃投從約書于秦。秦兵不敢窺函谷關十五年。

《張子》十篇[1]。名儀，有列傳[2]。

【集釋】

[1] 其書亡佚。陳朝爵《漢書藝文志約説》：“姚明輝云佚，顧實云亡。案，儀書蓋亦即《國策》《史記》中游説之文，並非亡佚。蘇、張以及蒯通、鄒陽諸人，皆如是；儒家賈誼、兒寬、終軍亦皆如是。後世名臣政書、文集，實出於此。”今按：陳氏此説可謂創通之論。

[2] 《史記·張儀列傳》云：“張儀者，魏人也。始嘗與蘇秦俱事鬼谷先生，學術。蘇秦自以不及張儀。”二人學成，各操其縱橫捭闔之術，以游説諸侯，而取捨不同。而司馬遷評之曰：“此兩人，真傾危之士哉！”張舜徽《漢書藝文志通釋》：“後之人諱學其術，非無故矣。其書亦因以早亡。”

《闕子》一篇[1]。

【集釋】

[1] 其書亡佚。馬國翰有輯佚一卷，序曰：“《漢志》縱橫十二家有《闕子》一篇，在龐煖之後，秦零陵令信之前，當爲六國時人。”清嚴可均《鐵橋漫稿》卷五《闕子叙》：“《漢志》縱橫家：《闕子》一篇。《隋志》注：梁有《補闕子》十卷，亡。元帝撰《金樓子·著書》篇：《補闕子》一帙十卷。金樓爲序，付鮑泉東里撰。《舊》《新唐志》著于録。今散見于各書者凡十九事，省併複重，僅得五事。諸引皆稱《闕子》，不稱《補闕子》。劉逵注《吳都賦》、酈道元注《水經·睢水》，並采用之。當是先秦古書，非梁補也。”清沈欽韓《漢書藝文志疏證》曰：“……其詞飾，非周秦人文字，顯然可知。”

《國筮子》十七篇[1]。

【集釋】

[1] 其書亡佚。清姚振宗《漢書藝文志條理》曰："國筮子未詳。按《廣韻》二十五德'國'字下云：'國，又姓，太公之後。《左傳》齊有國氏，代爲上卿。'此國筮子或爲姓名，如鄧析子之類；或爲別號，如關尹子之類，均無由考見矣。"宋王應麟《姓氏急就篇》卷上："漢有議郎國由，魏有國淵，晉有國欽。《漢·藝文志》有國筮子。又百濟八姓有國氏。"

《鄒陽》七篇[1]。

【集釋】

[1] 其書亡佚。馬國翰有輯本，序曰："陽生漢文景之世，六國餘習未能盡除，故其言論雖正，而時與《戰國策》文字相近。《漢志》列之縱橫家，以此故也。書本七篇，《史記》僅載其《獄中上書》，《漢書》並載《諫吳王》及《説王長君》二篇，據録，次蒯子之後云。"張舜徽《漢書藝文志通釋》："鄒陽，齊人。《史記》《漢書》皆有傳。司馬遷稱其人'抗直不撓'；班固謂其'游於危國，然卒免於刑戮者，以其言正也'。《漢志》著録之七篇早亡，馬國翰有輯本。"

《主父偃》二十八篇[1]。

【集釋】

[1] 其書亡佚。馬國翰輯本序曰："偃蓋反覆傾危之士，出處大略與蘇秦相埒。嘗自言：'丈夫生不五鼎食，死則五鼎亨耳！吾日暮，故倒行逆施之。'負才任氣，卒不得其死，然則禍由自取也。《漢志》從橫家有《主父偃》二十八篇，今存本傳者四篇，上書所言九事，八事

爲律令，不傳，諫伐匈奴一節，可謂盡言。其説上使諸侯分封子弟，以弱其勢，亦賈誼之議。然誼不見用，偃竊之而得行焉，則乘乎時勢之既驗也。至其議徙豪民、置朔方，皆與時政有裨。兹據録之，毋以人廢言，其可乎？"張舜徽《漢書藝文志通釋》："主父偃，漢武帝時臨菑人。學長短縱横之術，後乃習《易》《春秋》、百家之言。嘗上書言九事，八事爲律令，一爲諫伐匈奴。拜郎中。喜揭發陰私，大臣皆畏忌之。後擢齊相，卒以事被族誅。事迹詳《史》《漢》本傳。"

《徐樂》一篇[1]。

【集釋】

[1] 其書亡佚。馬國翰有輯本，序曰："《藝文志》從横家有《徐樂》一篇，今其《傳》中不叙他事，僅載上書一篇，《志》所稱者即此也。黄東發曰：'《土崩瓦解》一書，大要可觀，惜其駁處多。'真西山亦曰：'樂之告武帝也，欲明安危之機，銷未形之患，則凡幾微之際，皆所當謹也。顧乃以瓦解之勢爲不必慮，而欲其自恣于游畋聲色之間，豈忠臣之言哉？大抵縱横之士逞其高談雄辯，軌於理者絶少。'二公之論切中其病，然其言隱而危，其詞微而婉，亦足自成一家之説，故據本傳録之。"張舜徽《漢書藝文志通釋》："《漢書》以主父偃、徐樂、嚴安等合列一傳，叙主父偃事時又兼及二人云：'是時徐樂、嚴安，亦俱上書言世務。書奏，上召見三人謂曰："公皆安在？何相見之晚也。"乃拜偃、樂、安皆爲郎中。'徐樂上書一篇，具載傳中，是其書未亡也。"

《孔甲盤盂》二十六篇[1]。黄帝之史，或曰夏帝孔甲，似皆非。

【集釋】

[1] 其書亡佚。劉歆《七略》曰："《盤盂》書者，其傳言孔甲爲

之。孔甲，黄帝之史也。書盤盂中，爲誡法，或于鼎，名曰銘。"《漢書·田蚡傳》"學《盤盂》諸書"，注："應劭曰：'黄帝史孔甲所作也。書盤盂中，所以爲法戒。'孟康曰：'雜家書，兼儒、墨、名、法。'"張舜徽《漢書藝文志通釋》："盤盂爲古銅器，上有刻辭。……孔甲，黄帝之史也。書盤盂中爲誡法，或於鼎，名曰銘。是古銅器多有銘辭，即今所謂金文。"

《大龠》三十七篇[1]。傳言禹所作，其文似後世語。師古曰："龠，古禹字。"宋祁曰："一作龠。"

【集釋】

[1] 其書亡佚。《新書·修政語》大禹曰："民無食也，則我弗能使也。功成而不利於民，我弗能勸也。"沈欽韓《漢書疏證》卷二十五引《博物志》："處士東鬼槐責禹亂天下事，禹退作三章。強者攻，弱者守，敵戰，城郭蓋禹始也。"姚振宗《漢書藝文志條理》曰："後漢王逸注《离骚》引《禹大传》……《禹大傳》及《禹本紀》，或當是此書篇目。又《岣嶁碑》文，或亦當在此書。"張舜徽《漢書藝文志通釋》："《漢志》作龠，即古文之變也。禹以治水有大功於生民，後世尊之，被稱爲大禹，亦曰神禹。漢以前人，已有紀其行事者，如《禹本紀》《禹大傳》之類是也；亦有刻石紀功者，如《岣嶁之碑》是也。岣嶁爲衡山主峰……凡七十七字。……目爲禹碑，雖出後世附會，然固非漢以後人所能僞造也。"

《伍子胥》八篇[1]。名員，春秋時爲吴將。忠直，遇讒死[2]。

【集釋】

[1] 其書亡佚。明胡應麟《四部正訛中》曰："《伍子胥》兩見

《漢志》，一雜家八篇，一兵家十篇，今皆不傳。而《越絕書》稱子胥撰，蓋東漢人據二書潤飾爲此。其遺言逸事，大率本之。其文詞氣法出東漢人手裁，故與戰國異。"清洪頤煊《讀書叢録》卷二十"五子胥"條曰："雜家《五子胥》八篇，兵技巧家《五子胥》十篇，圖二卷。頤煊案：……今本《越絕》無水戰法，又篇次錯亂。以末篇證之，本八篇：《太伯》一，《荊平》二，《吳》三，《計倪》四，《請糴》五，《九術》六，《兵法》七，《陳恒》八，與雜家《五子胥》篇數正同。"張舜徽《漢書藝文志通釋》："今所傳《越絕書》，乃後漢袁康所作（此舊説或有誤，詳見李步嘉先生《越絕書研究》——校注者）。……著録於《漢志》之《伍子胥》八篇，不得以今本《越絕》之八篇等同之。即《漢志》之八篇，亦在伍員既死之後，時人裒録其言論行事而成，而題爲《伍子胥》也。書雖早亡，其言行見於《左傳》《國語》《呂氏春秋》《吳越春秋》《史記》吳、越世家及本傳者詳矣，固猶可稽考也。"

[2]《史記》本傳："伍子胥者，楚人也，名員。員父曰伍奢，員兄曰伍尚。……楚併殺奢與尚。伍胥亡奔宋，奔鄭，至晉，復還鄭，入吳。吳王闔廬召爲行人。闔廬九年，與孫武伐楚。乘勝而前，五戰，遂至郢。楚昭王出奔。随吳王入郢，伍子胥求昭王不得，乃掘楚平王墓，出其尸，鞭之三百。夫差既立，因太宰嚭之讒，賜屬鏤之劍自剄死。吳王取其尸盛以鴟夷革，浮之江中。吳人憐之，爲立祠于江上，因命曰胥山。"

《子晚子》三十五篇[1]。齊人，好議兵，與《司馬法》相似[2]。

【集釋】

[1] 其書亡佚。清章學誠《校讎通義》内篇卷三曰："雜家《子晚子》三十五篇。注云：'好議兵，似《司馬法》。'何以不入兵家耶？"清成瓘《（道光）濟南府志》卷六十四："《子晚子》三十五篇，齊人

好議兵者，與《司馬法》相似。"張舜徽《漢書藝文志通釋》："《諸子略》中，有著録其書於某家，而其術兼擅他家之長者，其例甚多。故一人既有此家之著述，亦可有他家之著述，似未能以一方一隅限之。子晚子好議兵，特其術之一耳。《漢志》著録之三十五篇，蓋所包甚廣，故列之雜家也。其書早亡。"

[2] 宋鄧名世《古今姓氏書辯證》卷二十五："《漢·藝文志》雜家有《子晚子》三十五篇，齊人，好議兵，與《司馬法》相似。姓書未有此氏，今增入。"清王筠《菉友蛾術編》卷下："《漢書·藝文志》從横家有子晚子。子晚豈字邪？而注不著其姓，何邪？若謂子晚是字，則是篇無稱字者，恐亦其徒加以子也。"清王先謙《漢書補注》卷七："子服子。梁玉繩曰：'當是子服回，惟列于哀公時，在其子景伯之後，或傳寫失次也。'錢大昕曰：'《藝文志》有子晚子，齊人，晚與服聲相近，蓋即其人。或云魯繆公臣有子服厲伯，見《論衡·非韓》篇。'"

《蒯子》五篇[1]。名通[2]。

【集釋】

[1] 其書亡佚。《漢書·蒯通傳》稱其書"論戰國時説士權變，亦自序其説，號曰《雋永》"。清章學誠《校讎通義》内篇卷三曰："蒯通之書，自號《雋永》，今著録止稱《蒯子》；且《傳》云'自序其説八十一首'，而著録僅稱五篇。不爲注語以别白之，則劉、班之疏也。"張舜徽《漢書藝文志通釋》："蒯通自著之書甚多，而自視甚高。徒以口給不在儀、秦下，爲世所輕，諱學其術，故其書早佚。著録於《漢志》之五篇，殆時人所傳録，如蘇張之例，題曰《蒯子》耳。自是二書，未可混同也。書亡甚早。馬國翰有輯本。"

[2]《史記·田儋傳》太史公曰："蒯通者，善爲長短説，論戰國之權變，爲八十一首。"《索隱》云："長短説者，言欲令此事長，則長

説之；短，則短説之。故《戰國策》亦名《短長書》，是也。"

《由余》三篇[1]。戎人，秦穆公聘以爲大夫[2]。

【集釋】

[1] 其書亡佚。張舜徽《漢書藝文志通釋》："著録於《兵書略》形勢之二篇，乃論兵；此三篇，則論政也。……由余所論，可謂深入老聃之室。其後馬國翰搜輯佚文，即據《史記》所載對秦繆公之問，録爲一篇，復益以他文。余故但就斯篇發其旨趣云。"

[2]《史記·秦本紀》："（繆公）三十四年……戎王使由余於秦。由余，其先晉人也，亡入戎，能晉言。聞繆公賢，故使由余觀秦。秦繆公示以宮室、積聚。由余曰：'使鬼爲之，則勞神矣。使人爲之，亦苦民矣。'繆公怪之，問曰：'中國以詩書禮樂法度爲政，然尚時亂，今戎夷無此，何以爲治，不亦難乎？'由余笑曰：'此乃中國所以亂也。夫自上聖黃帝作爲禮樂法度，身以先之，僅以小治。及其後世，日以驕淫。阻法度之威，以責督于下，下罷極則以仁義怨望于上，上下交爭怨而相篡弑，至於滅宗，皆以此類也。夫戎夷不然。上含淳德以遇其下，下懷忠信以事其上，一國之政猶一身之治，不知所以治，此真聖人之治也。'于是繆公退而問内史廖曰：'孤聞鄰國有聖人，敵國之憂也。今由余賢，寡人之害，將奈之何？'内史廖曰：'戎王處辟匿，未聞中國之聲。君試遺其女樂，以奪其志；爲由余請，以疏其間；留而莫遣，以失其期。戎王怪之，必疑由余。君臣有間，乃可虜也。且戎王好樂，必怠于政。'繆公曰：'善。'因與由余曲席而坐，傳器而食，問其地形與其兵勢盡察，而後令内史廖以女樂二八遺戎王。戎王受而説之，終年不還。於是秦乃歸由余。由余數諫不聽，繆公又使人間要由余，由余遂去降秦。繆公以客禮之，問伐戎之形。……三十七年，秦用由余謀伐戎王，益國十二，開地千里，遂霸西戎。天子使召公過賀繆公以金鼓。"

《韓非・十過》篇秦穆公問由余事，較《吕覽》爲詳，史遷采入《秦本紀》。《新書・禮》篇亦引由余語。

《尉繚》二十九篇[1]。① 六國時。師古曰："尉，姓。繚，名也，音了，又音聊。劉向《别録》云：'繚爲商君學。'"

【集釋】

[1] 王應麟《漢藝文志考證》："兵形勢又有《尉繚》三十一篇。《隋志》：《尉繚子》五卷。今二十四篇，《天官》至《兵令》，言刑政兵戰之事，其文意有附會者。首篇稱梁惠王問，意者魏人與？"顧實《漢書藝文志講疏》曰："兵形勢家有《尉繚》三十一篇，蓋非同書。然《隋志》雜家《尉繚子》五卷，謂'梁並録六卷，梁惠王時人'，則已合兵家《尉繚》而爲一矣。《初學記》《御覽》引《尉繚子》，並雜家言，是其書唐、宋猶存。……爲商君學者，蓋不必親受業，如有爲神農之言者許行，是其比也。"（以上論著録源流）宋葉適《習學記言序目》卷四十六"尉繚子"："'凡兵不攻無過之城，不殺無罪之人。夫殺人之父兄，利人之貨財，臣妾人之子女，皆盗也。'尉繚子言兵，猶能立此論。孫子得車十乘以上賞其先得者，而更其旌旗，車雜而乘之，卒善而養之，是謂勝敵而益強，區區乎計虜掠之多少，視尉繚此論，何其狹也！夫名爲禁暴除患，而未嘗不以盗賊自居者，天下皆是也，何論兵法乎？"明方孝孺《遜志齋集》卷四《讀尉繚子》："《尉繚子》二十三篇。尉繚子，或曰齊人，或曰梁人，以其有惠王問答語也。三山施子美稱其有三代之遺風，其然哉？三代之盛，未嘗有兵書也。非惟無兵書，而兵亦非君子之所屑談也。君子之道圖亂於未萌，防危於既安，本之以德禮，導之以教化，同之以政令，使兵無自而作，俟兵之起，而後與

① "尉繚"，學津本、四部本、叢編本、四明本作"尉繚子"。

戰，雖孫武、吳起爲將，且恐不救，而況云云之書豈足恃乎？故好言兵者，賊天下者也。著書論兵者，流禍於後世者也，皆不免於聖人之誅也。尉繚子不能明君子之道，而恣意極口稱兵以惑衆，其重刑諸令，皆嚴酷苛暴，道殺人如道飲食常事，則其人之刻深少恩可知矣。《武議》《原官》諸篇，雖時有中理，譬猶盜跖而誦堯言，非出其本心，是以無片簡之可取者。謂之有三代之遺風，可乎？然孫、吳之書與《尉繚子》一術，彼以兵爲職，無怪其然。若《尉繚子》者，言天官、兵談、制談、戰威、守權、十二陵、武議、將理、原官、治本、戰權、重刑令、伍利令、分塞令、束伍令、經卒令、勤卒令、將令，有似乎君子而實非者也。予不得不論之。"清梁玉繩《瞥記》五："諸子中有《尉繚子》，疑即《尸子》所謂'料子貴別'者也。《漢志》雜家《尉繚》二十九篇，先《尸子》。兵家《尉繚》三十一篇，先《魏公子》，蓋兩人。尸佼所稱，非爲始皇國尉者。"張舜徽《漢書藝文志通釋》："雜家之《尉繚》，其書早亡。今所傳者，乃兵家之《尉繚》，而亦已殘缺矣。……尉繚有智有謀，固深通政理之要。此段言論，當在雜家之《尉繚》中。"（以上論學術大旨）

《尸子》二十篇[1]。名佼，魯人，① 秦相商君師之。鞅死，佼逃入蜀[2]。師古曰："佼，音絞。"

【集釋】

[1] 其書亡佚。王應麟《漢藝文志考證》引劉向《別錄》曰："楚有尸子，疑謂其在蜀。今案《尸子》書，晉人也，名佼，秦相衞鞅客也。衞鞅商君謀事畫計，立法理民，未嘗不與佼規也。商君被刑，佼恐並誅，乃亡逃入蜀，造二十篇書，凡六萬餘言。"清姚振宗《三國藝

① 吕思勉《經子解題·尸子》："晋、魯形近，今《漢志》作魯人，蓋訛字也。"

文志》卷三引清孫星衍《尸子輯本序》曰："尸子著書於周末，凡二十篇。《藝文志》列之雜家，後亡九篇。魏黃初中續之，至南宋而全書散佚。"（以上論著録源流）清方浚頤《二知軒文存》卷十三《讀尸子》："佼之論君治也，歷叙五帝、堯、舜、禹、湯、文、武，而歸諸四術、四德，崇閎典博，援引孔子、子夏之言，以日譬君，訓曰明遠，所學固絶正大，乃其徒則爲商君，迥與師異，豈佼之平日所教者別有道耶？抑鞅學成乃背其師，自立門户耶？鞅死，避而之蜀，後世稱爲傑士，吾則謂佼不智也。如鞅之性情學術，佼不能知之，而引爲弟子則已；佼或知之，而引爲弟子，佼非失言乎？佼既失言於先，猶幸全身於後，人皆服其一時之勇決，吾方咎其疇昔之昏蒙，教不擇人而授，固古今之通病也，豈獨一尸佼哉！"呂思勉《經子解題·尸子》："此書雖闕佚特甚，然確爲先秦古籍，殊爲可寶。……據今所輯存者，十之七八皆儒家言，劉向《校序》本儗物，不足信。此書蓋亦如《吕覽》，兼總各家而偏於儒。其文極樸茂，非劉勰所解耳。今雖闕佚已甚。然單詞碎義，足以取證經子者，實屬指不勝屈。……實足以通儒、道、名、法四家之郵。"張舜徽《漢書藝文志通釋》："是此二十篇之書，既富儒家之言，復有水地之記。其學多方，本不限於一隅。……徒以其爲商君師，佐之治秦，遽謂爲僅長於刑名法術之學，則猶淺視之矣。其書《隋》《唐志》皆二十卷，宋時已殘闕，後遂全佚。清儒輯本數家，以汪繼培本較勝。"孫德謙《諸子通考》卷一："尸子之學出於雜家，其書至宋已亡，今本爲近儒搜輯，雖不足窺其全，然雜家者流，兼儒、墨，合名、法，通於衆家之意，則昭然明矣。此篇謂'若使兼、公、虛、衷、平易、別囿，一實也，則無相非也'，則其意之所注，在博采兼收，將以息百家之爭，真《漢志》所謂'見王治之無不貫也'。且由其説而求之孔子之道，以公爲貴，固無論已。田駢之書雖已散佚，皇子、料子雖不載班書《諸子略》，而讀《墨子》《列子》者，其一以貴兼，一以貴虛，舍是固無以達其神恉矣，何也？……要之，斯篇之意，在揭諸子之指歸，而雜

家之所以博通衆家，于此蓋大可見矣。"（以上論學術大旨）

[2]《史記·孟荀列傳》："楚有尸子、長盧，世多有其書，故不論其傳云。"《集解》引劉向《別錄》曰："太史公曰'楚有尸子'，疑謂其在蜀。今案《尸子》書，晋人也，名佼，秦相衛鞅客也。衛鞅商君謀事畫計，立法理民，未嘗不與佼規也。商君被刑，佼恐並誅，乃亡逃入蜀。自爲造此二十篇，凡六萬餘言，卒因葬蜀。"明鄭明選《鄭侯升集》卷三十五"尸子"條："尸子名佼，楚人，或曰晋人，秦相衛鞅客也。鞅謀事畫策，立法理民，未嘗不與佼規也。商君被刑，佼亡逃入蜀，然則商君之惡，尸子實成之，乃商君蒙大僇，受惡名，而尸子得免。特表而出之，毋令獨罪商君焉。"

《吕氏春秋》二十六篇[1]。秦相吕不韋輯，智略士作[2]。

【集釋】

[1] 漢高誘注書序曰："此書所尚，以道德爲標的，以無爲爲綱紀，以忠義爲品式，以公方爲檢格，與孟軻、孫卿、淮南、楊雄相表裏也，是以著在《錄》《略》。……（誘）家有此書，尋繹案省，大出諸子之右，既有脱誤，小儒又以私意改定……故依先師舊訓，輒乃爲之解焉，以述古儒之旨。"王應麟《漢藝文志考證》："書以月紀爲首，故以'春秋'名。"總十二紀、八覽、六論也。十二紀，紀各五篇；八覽，覽各八篇；六論，論各六篇；凡百六十篇（第一《覽》少一篇）。元陳澔《禮記集説》卷三："吕不韋相秦十餘年，此時已有必得天下之勢，故大集群儒，損益先王之禮，而作此書，名曰《春秋》，將欲爲一代興王之典禮也。故其間亦多有未見與禮經合者。"明方孝孺《遜志齋集》卷四《讀吕氏春秋》："其書誠有足取者。其《節喪安死》篇譏厚葬之弊，其《勿躬》篇言人君之要在任人，《用民》篇言刑罰不如德禮，《達爵分職》篇皆盡君人之道，切中始皇之病。其後秦卒以是數者債敗

亡國，非知幾之士，豈足以爲之哉？"清沈欽韓《漢書藝文志疏證》曰："按不韋之書，弘益良多。以其與《淮南》並雜采諸書，故入雜家。然《吕氏》隸名，篇各有指歸，比於《淮南》市井販賣者懸絶，且帝王舊物猶可窺尋；所惜者，秦僅處墨之徒，本無儒者。雖極崇王道，終是旁門。王氏《考證》糾其引夏、商之《書》，異於今僞古文者爲舛謬，恐未能睨市門之金也。"孫德謙《諸子通考》卷四："雜家之學，以《吕氏春秋》爲最正，其書於儒、墨、名、法，有不兼綜併合者乎？試取而證之。《勸學》《尊師》，儒家之説也。《大樂》《侈樂》等篇，論樂特詳。《漢書·禮樂志》云：'六經之道同歸，而《禮》《樂》之用爲急。'儒家以移風易俗莫善於樂，此書深於音樂，真儒家之旨也。《蕩兵》《振亂》諸篇，皆論兵家之事，可知其長於兵家矣。惟言'今世之以偃兵疾説者，終身用兵而不知悖'，似《墨子》非攻，爲吕氏所不取。然《節喪》《安死》各有專篇，則《墨子》之節用、節葬，不韋固用其説也。《先識覽》中，其一篇曰《正名》，正名者，名家之術也，而鄧析、尹文、惠施、公孫龍皆載其言行，雖辨其是非，並不患宗其意，然亦見吕氏深知名家之學者也。《義賞篇》曰：'故善教者，不以賞罰而教成，教成而賞罰弗能禁。用賞罰不當亦然。'夫信賞必罰，法家之所尚也。又每著商鞅、申不害之事，則又通于法家矣。其他《貴生》篇之'堯讓于子州支父'云云，文全與《莊子》同，《去尤》篇之'人有亡鈇者'，此事見《列子》，是皆道家言也。《上農》《任地》四篇，多采后稷之説，則農家也。十二月紀，爲明堂、陰陽，又陰陽家之敬授民時也。然則兼儒、墨，合名、法，而博貫諸子之學，如《吕覽》者，純乎其爲雜家矣。今存者，後有《尸子》《尉繚》與《淮南鴻烈解》。《尸子》非原本，姑勿論，《尉繚》則以雜家而偏於兵，《淮南》則於雜家之中，又以道家爲主，故雜家惟吕氏最正。説者謂其采莊、列之言，非莊、列之理；用韓非之説，殊韓非之旨。蓋雜家不專一家，而仍自名爲一家，此其所以爲雜家乎？"又曰："不韋之人雖不

足取，較李斯同爲秦相，則勝焉。李斯識六藝之歸，而專以任法。不韋
此書，網羅百家，道無不貫，不失爲王者治天下之資也。讀其書者，但
知遺文佚事，相容並收，而未知雜家既出議官。議官爲議政之三公，上
參天子，而統理其政，真爲相者之事也。"孫德謙《諸子通考》卷三：
"且吾讀《呂氏春秋》，又知儒家重學，蓋有故焉。《春秋》一書于十二
月紀，並不如《禮記》之《月令》連接爲編，而每一月中，必附人數
篇，從來多有知其意者。余讀其春紀，則多道家言；讀其秋紀，則多兵
家言；冬紀則多墨家言。嘗從而推究之。春主生，故取道家之貴生；秋
主殺，故取兵家之振亂；冬主藏，故取墨家之節葬。其于夏也，勸學、
論孝、論樂，無不取之儒家。其首篇則亦曰《勸學》，與《荀子》同。
然則列儒于夏，而諄諄以勸學爲重者，當是春爲人之初生，及乎夏，則
若物之已長成矣。人既長成，不可無教，故重在學。夏於五行屬火，火
以其明，人之爲學，亦期其明於事理耳。故於《春秋》之排次，而儒
家之重學，可以悟矣。其他雜家如《呂覽》外，《尸子》則有《勵學》
篇。蓋此二子者，雖列在雜家，特以兼宗儒、墨故耳。至兵、農、名、
法，則不復言此矣。後之學者試用是説以求之，而儒家之旨與諸家之分
別部居不相雜厠，所云可坐而定者也。顧此一義焉，班氏所未及，而儒
家重學，爲教化之原，讀其書者不可不知，爰爲補其遺云。"呂思勉
《經子解題·呂氏春秋》："此書雖稱雜家，然其中儒家言實最多。《四
庫提要》謂其'大抵皆儒家言'，實爲卓識。……今此書除儒家言外，
亦存道、墨、名、法、兵、農諸家之言。諸家之書，或多不傳；傳者或
非其真；欲考其義，或轉賴此書之存焉；亦可謂藝林瓌寶矣。要之，不
韋之爲人固善惡不相掩，而其書則卓然可傳；譏其失而忘其善，已不免
一曲之見；因其人而廢其書，則更耳食之流矣。"張舜徽《漢書藝文志
通釋》："《史記·呂不韋傳》稱不韋'使其客人人著所聞，集論以爲八
覽、六論、十二紀，二十餘萬言。以爲備天地萬物古今之事，號曰
《呂氏春秋》'。……又《十二諸侯年表》亦云：'呂不韋者，秦莊襄王

相。亦上觀尚古，删拾《春秋》，集六國時事，以爲八覽、六論、十二
紀，爲《吕氏春秋》。'……（此書）保藏先秦學説思想，至爲豐贍。
舉凡道德、陰陽、儒、法、名、墨、兵、農諸家遺論，悉可考見其大
要。漢儒高誘，既注其書，又爲之序以發其藴奥，有云：'此書所尚，
以道德爲標的，以無爲爲綱紀。'……今觀其中《圜道》《君守》諸篇，
尤其彰明較著，悉道論之精英也。"（以上論學術大旨）

[2]《史記》本傳："吕不韋者，陽翟大賈也。往來販賤賣貴，家
累千金。秦昭王……以其次子安國君爲太子。……安國君中男名子楚，
……爲秦質子于趙。……不韋聞安國君愛幸華陽夫人，華陽夫人無子。
不韋乃行千金入秦，説華陽夫人姊立子楚爲嫡嗣。昭王薨，太子安國君
立爲王，華陽夫人爲王后，子楚爲太子。秦王立一年，薨，爲孝文王。
太子子楚代立，是爲莊襄王。莊襄王元年，以不韋爲丞相，封爲文信
侯，食河南洛陽十萬户。……是時諸侯多辯士，如荀卿之徒，著書布天
下。吕不韋乃使其客人人著所聞，集論以爲八覽、六論、十二紀，二十
餘萬言。以爲備天地萬物古今之事，號曰《吕氏春秋》。布咸陽市門，
懸千金其上，延諸侯游士賓客有能增損一字者予千金。……始皇十年十
月，以嫪毐事免，就國河南。歲餘，諸侯賓客使者相望於道，請文信
侯。秦王恐其爲變，乃賜文信侯書曰：'君何功於秦？秦封君河南，食
十萬户。君何親於秦？號稱仲父。其與家屬徙處蜀。'與家屬徙處蜀。
吕不韋自度稍侵，恐誅，乃飲酖而死。"

《淮南内》二十一篇[1]。王安[2]。

【集釋】

[1] 高誘注書序曰："初，安爲辯達，善屬文。……天下方術之士
多往歸焉。于是遂與蘇飛、李尚、左吴、田由、雷被、毛被、伍被、晋
昌等八人，及諸儒大山、小山之徒，共講論道德，總統仁義，而著此

書。其旨近《老子》，淡泊無爲，蹈虛守靜，出入經道。言其大也，則
燾天載地，説其細也，則淪于無垠，及古今治亂、存亡禍福、世間詭異
瓌奇之事。其義也著，其文也富。物事之類，無所不載，然其大較，歸
之于道。號曰'鴻烈'。鴻，大也。烈，明也。以爲大明道之言也。故
夫學者不論《淮南》，則不知大道之深也。是以先賢通儒、述作之士，
莫不援采，以驗經傳。……劉向校定撰具，名之《淮南》。又有十九
篇，謂之外篇。"《淮南・要略》曰："言道而不言事，則無以與世浮
沉；言事而不言道，則無以與化游息。"又曰："若劉氏之書，觀天地
之象，通古今之事，權事而立制，度形而施宜，原道之心，合三王之
風，以儲與扈冶，玄眇之中，精摇靡覽，棄其畛挈，斟其淑静，以統天
下，理萬物，應變化，通殊類，非循一迹之路，守一隅之指，拘繋牽連
之物，而不與世推移也。故置之尋常而不塞，布之天下而不窕。"《西
京雜記》卷三："安著《鴻烈》二十一篇。鴻，大也；烈，明也。言大
明禮教，號爲《淮南子》，一曰《劉安子》。自云字中皆挾風霜。楊子
雲以爲一出一入人。"清沈欽韓《漢書藝文志疏證》曰："其《要略》一
篇，自叙也。《隋志》許慎、高誘兩家注並列，今惟存高注。《景十三
王傳》云：'淮南王安好書，所招致率多浮辯。'則是書之定論也。"吕
思勉《經子解題・淮南子》："《淮南》雖號雜家，然道家言實最多；其
意亦主於道；故有謂此書實可稱道家言者。予則謂儒、道二家哲學之
説，本無大異同。自《易》之大義亡，而儒家之哲學不可得見。魏、
晋以後，神仙家又竊儒、道二家公有之説，而自附於道。於是儒家哲學
之説，與道家相類者，儒家遂不敢自有，悉舉而歸諸道家；稍一援引，
即指爲援儒入道矣。其實九流之學，流異原同。凡今所指爲道家言者，
十九固儒家所有之義也。魏、晋間人談玄者率以《易》《老》並稱，即
其一證。其時言《易》者皆棄數而言理，果使漢人言《易》，悉皆數術
之談，當時之人，豈易創通其理，與《老》相比。"張舜徽《漢書藝文
志通釋》："高誘注其書，且爲之序，有云：'其旨近《老子》，淡泊無

爲。蹈虛守靜，出入經道，號曰《鴻烈》。鴻，大也；烈，明也；以爲
大明道之言也。光禄大夫劉向校定撰具，名之《淮南》。'是此書本名
《鴻烈》，後由劉向校書時改名《淮南》，今則通稱《淮南子》矣。"孫
德謙《諸子通考》卷四："雜家之雜，乃兼合諸家，而非駁雜之謂。①
自《淮南》以後，漫羨無歸，不能考其宗旨，於是雜纂、雜記之作，
編目録者，概取而列入其中。甚至名、墨之書，以家學不傳，雜厠於
此。故後人於諸子之術，不復知有家數也久矣。即如《隋志》，未嘗不
達乎雜家兼儒、墨之道，通衆家之意，乃其所載者，雜事鈔也，雜書鈔
也。並庚仲容、沈約之《子鈔》，悉徑而著録焉，夫雜家豈雜鈔之無述
哉？蓋雜家以百家之學，我爲進退之，以成其一家言，而《子鈔》何
能與之並論乎？《隋志・雜家》又録《皇覽》《類苑》《華林遍略》，此
直爲類書矣。後世以類書一種歸之子部，別標爲類書類，其不明諸子專
家之學已不然矣。《隋志》以《皇覽》諸類書即附雜家之後，斯實其作
俑之過也。故後世爲雜家者，既失其家，而此一家中皆爲駁雜之書而
已。"（以上論學術大旨）王叔岷《淮南子斠證序》曰："《淮南子》一
書，援采繁富，含大領微。復能秉其要歸，渾而爲一。漢儒注解於前，
清儒斠理於後，近人劉文典復有《集解》之作，已頗便於研讀。惟劉
書功在綜緝，殊少勝義，疵病雜陳，猶待針灸。……因據《道藏》本
寫定積稿，成《淮南子斠證》一卷。前賢於許慎、高誘二家注，搜輯
剖瓃，用力已勤，偶有遺略，尚可補苴，因斠證正文之便，兼及注文
云。"（以上論校讎源流）

　　[2]《漢書・淮南王傳》："淮南王安爲人好書，鼓琴，不喜弋獵狗
馬馳騁，亦欲以行陰德，拊循百姓，流名譽。招致賓客方術之士數千
人，作爲内書二十一篇，外書甚衆，又有中篇八卷，言神仙黃白之術，

---

　　① 江瑔《讀子卮言》第十五章題爲《論雜家非駁雜不純》，與此同調，可以
合觀。

亦二十餘萬言。時武帝方好藝文，以安屬爲諸父，辯博善爲文辭，甚尊重之。每爲報書及賜，常召司馬相如等視草乃遣。初，安入朝，獻所作《内篇》，新出，上愛秘之。"

《淮南外》三十三篇[1]。師古曰："内篇論道，外篇雜説。"宋祁曰："雜，邵本作新。"

【集釋】

[1] 張舜徽《漢書藝文志通釋》："内篇議論詳博，實集道家學説之大成，本可列入道家。《淮南内篇》及《吕氏春秋》，至今日猶完好無缺，亦賴有高誘之注以永其傳也。高誘，漢末涿郡人，爲盧植弟子。學有本原，長於注述。大抵古書之得以永存，實以有漢注羽翼之。漢末鄭玄之注經，高誘之注子，皆大有功於典籍者。《淮南外篇》無人爲之注，故亡佚最早，《隋志》已不著録矣。"

《東方朔》二十篇[1]。

【集釋】

[1] 其書著録於《漢志》之二十篇書，既已早佚；而《隋志》有《東方朔集》二卷，乃後人所裒輯，殆真偽相雜，其他類書所引，亦未可全信。張舜徽《漢書藝文志通釋》："東方朔，字曼倩，西漢厭次人。長於文辭，喜詼諧滑稽。武帝時，累官侍中、太中大夫。時以滑稽之談，寓諷諫之意，帝常爲所感悟。元成間，褚少孫嘗叙其行事，附入《史記・滑稽列傳》。其後班固，復爲立專傳於《漢書》中，紀述尤詳，稱其嘗'上書陳農戰強國之計''其言專商鞅、韓非之語'。可知朔實精通治術，不徒詼諧放蕩而已。"

《荆軻論》五篇[1]。軻爲燕刺秦王，不成而死，司馬相如等論之。

【集釋】

[1] 其書亡佚。梁任昉《文章緣起》曰："司馬相如作《荆軻贊》。"章學誠《校讎通義》曰："雜家《荆軻論》五篇，大抵史贊之類也。"陳朝爵《漢書藝文志約説》："此論贊之文，與前《盤盂書》、後臣説所作賦，皆有韻之文，似皆宜入雜賦類，不當入雜家。"張舜徽《漢書藝文志通釋》："《漢志》著録之《荆軻論》五篇，班氏自注明云：'司馬相如等論之。'則其爲論文無疑。五篇蓋五人所作，故云'相如等'也。非止一人一論，而裒爲一書，梁啓超謂'此乃總集嚆矢。《漢志》無集部，故以附雜家'。其説是已。其書早佚，《隋志》已不著録。"

《吴子》一篇[1]。

【集釋】

[1] 清姚振宗《漢書藝文志條理》曰："吴子未詳。按此吴子列在公孫尼之前，則頗似吴起。同爲七十子之弟子。別見兵權謀家。"顧實《漢書藝文志講疏》則持反對意見："兵權謀家有《吴起》四十八篇，蓋非同書。"張舜徽《漢書藝文志通釋》："《兵書略》權謀有《吴起》四十八篇，皆論用兵之事；此一篇，蓋其論政之文也。其書早亡。"

《公孫尼》一篇[1]。

【集釋】

[1] 其書亡佚。清姚振宗《漢書藝文志條理》曰："公孫尼，似即公孫尼子。別有書二十八篇，見前儒家。"顧實《漢書藝文志講疏》則

持反對意見：“儒家《公孫尼子》二十八篇，蓋非同書。”張舜徽《漢書藝文志通釋》曰：“此一篇書，蓋其雜論也。而亦早亡。”

《伊尹說》二十七篇。其語淺薄，似依托也[1]。

【集釋】

    [1] 其書亡佚。《呂氏春秋·本味》篇：“伊尹說湯以至味。”《史記·殷本紀》“伊尹從湯言素王及九主之事”，注引劉向《別錄》曰：“九主者，有法君、專君、授君、勞君、寄君、等君、破君、國君、三歲任君，凡九品，圖畫其形。”清何焯《義門讀書記》卷三：“小說家《伊尹說》二十七篇，依托之書，皆入小說，弗爲弗滅，斯舉衷矣。”嚴可均《全上古三代秦漢三國六朝文》全上古三代文卷一《說湯》注：“《呂氏春秋·本味》篇，疑即小說家之一篇。《孟子》‘伊尹以割烹要湯’，謂此篇也。”清沈欽韓《漢書藝文志疏證》曰：“《說苑·君道》《臣術》並有湯問伊尹答，其語誠淺薄。”顧實《漢書藝文志講疏》曰：“道家名《伊尹》，名《鬻子》，此名《伊尹說》《鬻子說》，必非一書。然亦可明道家、小說一本矣。”陳朝爵《漢書藝文志約說》：“顧說甚確，但‘一本’二字尚未安。大抵古之小說家，多托於道家神仙之事，傅會詭異，以動人觀聽。所謂某某說者，即如近世所謂‘演義’。其事既托於古，仍號爲伊尹、鬻子、天乙、黃帝。班氏云‘淺薄似依托’、云‘後世所加’、云‘迂誕’，於小說深察其本矣。”① 張舜徽《漢書藝文志通釋》：“伊尹有書五十一篇，見前道家。與此不同者，一則發攄道論，一則薈萃叢談也。所記皆割烹要湯一類傳說故事，及其他雜說異聞。書乃僞托，早亡。”

———————

    ① 今按：小說允許虛構，可以“演義”，甚至“戲說”，而歷史不能虛構，更不能僞造。

《鬻子説》十九篇。後世所加[1]。

【集釋】

[1]《四庫全書總目》卷一百十七《鬻子提要》：“《漢書·藝文志》道家《鬻子》二十二篇，又小説家《鬻子説》十九篇，是當時本有二書。《列子》引《鬻子》凡三條，皆黃老清靜之説，與今本不類，疑即道家二十二篇之文。今本所載與賈誼《新書》所引六條，文格略同，疑即小説家之《鬻子説》也。”清嚴可均《鐵橋漫稿》卷五《鬻子叙》曰：“《隋志》道家：《鬻子》一卷。《舊唐志》改入小説家。案：隋、唐人所見，皆道家殘本；其小説家本梁時已佚失，劉昫移道家本當之，非也。”顧實《漢書藝文志講疏》：“道家名《鬻子》，此名《鬻子説》，必非一書。《伊尹説》與此同例。”姚明輝《漢書藝文志注解》：“禮家之《明堂陰陽》與《明堂陰陽説》爲二書，可比證。”張舜徽《漢書藝文志通釋》：“鬻子有書二十二篇，見前道家。此與《伊尹説》一書同例，皆後世所綴集，托之古人也。書亦不傳。”

《周考》七十六篇[1]。考周事也[2]。

【集釋】

[1] 其書亡佚。張舜徽《漢書藝文志通釋》：“蓋雜記叢殘小語、短淺瑣事以成一編，故爲書至七十六篇之多。”

[2] 清章學誠《校讎通義》內篇卷三曰：“小説家之《周考》七十六篇，其書雖不可知，然班固注《周考》云：‘考周事也。’注《青史子》云：‘古史官紀事也。’則其書非《尚書》所部，即《春秋》所次矣。觀《大戴禮·保傅篇》引《青史氏之記》，則其書亦不儕於小説也。”姚振宗《漢書藝文志條理》駁斥章氏之説曰：“以爲當部于《尚書》家，不可爲訓。”

《青史子》五十七篇[1]。古史官記事也。

【集釋】

[1] 其書亡佚。《隋志》："梁有《青史子》一卷。"馬國翰有輯本。（以上論著録源流）《大戴禮記·保傅》篇："《青史氏之記》曰：古者胎教。"《新書·胎教》篇："青史氏記胎教。"劉勰《文心雕龍·諸子篇》云："青史曲綴以街談。"清何琇《樵香小記》卷上"青史子"條："賈誼《新書》引《青史氏之記》，言太子生事，其文與禮經相表裏。《漢志》《青史子》五十七篇，乃列小説家，疑其他文駁雜也。"清姚振宗《漢書藝文志條理》駁章學誠"其書亦不儕于小説"之説曰："此其所以爲小説家言，安得以殘文斷其全書乎！"（以上論學術源流）明楊慎《升庵集》卷四十六《青史子》："《青史子》載：古禮，男子生而射天地四方，其文云：'東方之弧以梧。梧者，東方之草，春木也。南方之弧以柳。柳者，南方之草，夏木也。中央之弧以桑。桑者，中央之木也。西方之弧以棘。棘者，西方之草，秋木也。北方之弧以棗。棗者，北方之草，冬木也。是木亦可稱草也。'《青史子》，《漢志》五十三篇，今存者《胎教》一篇而已。其首曰：'古者胎教之道，王后有身，瑞七月而就蔞室。太師持銅而御户左，太宰持升而御户右，此三月者，王后所求聲音，非禮樂，則太師撫樂緼瑟，而稱不習，所求滋味，非正味，則太宰荷斗倚升，而不敢煎調'云云。其文義古雅。嗚呼，古書之不傳者何限惜哉！"

《師曠》六篇。見《春秋》，其言淺薄，本與此同，似因托也[1]。

【集釋】

[1] 其書亡佚。《説苑·君道》首載平公問師曠人君之道。顧實《漢書藝文志講疏》曰："兵陰陽家《師曠》八篇，蓋非同書。"（以上論著録源流）張舜徽《漢書藝文志通釋》曰："師曠有書八篇，在《兵書

略》陰陽家。標題雖同，所言各異也。……行事散見於《左傳》《周書》《國語》《韓非》《呂覽》者尚多，是固周末聞人也，故造僞書者依托之。書亦早亡。"《唐文粹》卷三十三有袁皓《書師曠廟文》一篇。（以上論學術大旨）宋朱長文《琴史》卷二《師曠》："師曠，字子野，晋人也。生而失明，然博通前古，以道自將，諫諍無隱。或云嘗爲晋太宰，晋國以治。蓋非止工師之流也。其於樂無所不通，休咎勝敗，可以逆知。晋人聞有楚師，師曠曰：'不害，吾驟歌北風，又歌南風，南風不競，多死聲，楚必無功。'已而果然。至於鼓琴感通神明，萬世之下，言樂者必稱師曠。始衛靈公將之晋，舍於濮水之上，夜半聞鼓琴聲，問左右，皆不聞，乃召師涓，問其故，且曰：'其狀似鬼神，爲我聽而寫之。'師涓曰：'諾。'明日曰：'臣得之矣，然未習也。請宿習之。'因復宿，明日報曰：'習矣。'即去之晋，見平公。平公置酒於施惠之臺，酒酣，靈公曰：'今者來，聞新聲，請奏之。'即令師涓援琴鼓之，未終，師曠撫而止之曰：'此亡國之聲，不可聽。'平公曰：'曷知之？'師曠曰：'師延所作也。商紂爲靡靡之樂，武王伐紂，師延東走，自投濮水而死，故聞此聲，必於濮水之上。'平公曰：'願遂聞之。'師涓鼓而終之。平公曰：'此何聲也？'師曠曰：'此謂清商者，不如清徵。'公使爲清徵一奏之，有玄鶴二八集于廊門，再奏之，延頸而鳴，舒翼而舞。平公大喜，問曰：'音無此最悲乎？'師曠曰：'不如清角。昔者黃帝以大合鬼神，今君德義薄，不足以聽，聽之將敗。'平公曰：'願遂聞之。'師曠不得已，援琴而鼓之，一奏之有白雲從西北起，再奏之風至而雨隨，飛墮廊瓦，左右皆奔走，平公恐懼，晋國大旱，赤地三年。然則琴者，樂之一器耳，夫何致物而感祥也，曰：治平之世，民心熙悅，作樂足以格和氣；暴亂之世，民心愁蹙，作樂可以速禍災，可不誡哉！世衰樂廢，在位者舉不知樂，然去三代未遠，工師之間時有其人。若師曠者，可不謂賢哉！及夫亂久而極，雖工師亦稍奔竄，是以摯干、繚缺之儔，相繼亡散，而孔子惜之也。"（以上論作者事迹）

《務成子》十一篇。稱堯問，非古語[1]。

【集釋】

[1] 其書亡佚。《隋志》已不著録。（以上論著録源流）清錢大昭《漢書辨疑》卷十六：“《荀子·大略篇》云：‘舜學於務成昭。’楊倞《注》引《尸子》曰：‘務成昭之教舜曰：“避天下之逆，從天下之順，天下不足取也；避天下之順，從天下之逆，天下不足失也。”’又五行家有《務成子災異應》十四卷，房中家有《務成子陰道》三十六卷。”張舜徽《漢書藝文志通釋》：“務成子乃遠古傳説中之人物。《荀子·大略》篇以爲舜師，而《韓詩外傳五》又云：‘堯學於務成子。’是堯、舜之師，集於一人，蓋上世之有道術者。故言五行、房中者皆得爲書以依托之。此書十一篇，列在小説，蓋叢談雜論之類。”元趙道一《歷世真仙體道通鑑》卷二《務成子》：“務成子在唐堯時，降于姑射山，説《玄德經》，教以謙遜之道。一云，作《政事宣化經》四十卷。”

《宋子》十八篇。孫卿道宋子，其言黃老意[1]。

【集釋】

[1] 其書亡佚。清馬國翰有輯本，序曰：“宋鈃，《孟子》作宋牼，《韓非》作宋榮子，要皆是一人也。《漢志》小説家《宋子》十八篇，《隋》《唐志》不著目，佚已久。”（以上論著録源流）《荀子》云“宋子有見於少無見於多”，注：“宋鈃，宋人也，與孟子同時。”又云：“宋子蔽於欲而不知得。”又引“子宋子曰：明見侮之不辱，使人不鬥”，又云：“子宋子曰：‘人之情欲寡，而皆以己之情欲爲多，是過也。’”張舜徽《漢書藝文志通釋》：“《孟子·告子》篇：‘宋牼將之楚，孟子遇於石丘。’趙《注》云：‘宋牼，宋人，名鈃。’……殆後人所撰集而托名於宋子者，其言淺薄雜亂，不主一家，故歸諸小説家耳。使果如班《注》所云‘言黃、老意’而甚專深，則必入道家矣。此書

早佚，馬國翰有輯本。"（以上論學術大旨）

隋書經籍志

隋代群書，始開皇[1]三年，牛弘[2]表請搜訪，① 於是異書[3]間出。平陳後，經籍稍該[4]。召工書者於秘書[5]補續殘闕，爲正副本，一藏宮中，一入秘府[6]。煬帝[7]立，別錄副本，分三品：上軸紅琉璃、中紺琉璃、下用漆，東都[8]及觀文殿[9]藏焉。又聚魏以來古迹名繪於二閣，此爲奇矣。而唐舟沉於砥柱[10]，存不一二，爲之嗟惜。《隋志》之作，盡出瀛洲學士[11]之手，可謂極一時史筆[12]之妙。而《志》甚淆雜，乏詮彙之工，因爲輯之，難哉！

【集釋】

[1] 開皇：隋文帝楊堅的年號，即公元581—600年，歷時19年。

[2] 牛弘（545—610），字里仁，隋安定鶉觚（今甘肅靈台一帶）人。其先世本姓寮，父允仕西魏，賜姓牛。弘性寬和，好學博聞。入隋爲秘書監，嘗請開獻書之路。

[3] 異書：珍貴或罕見的書籍。《後漢書·王充傳》"著《論衡》八十五篇"李賢注引晋袁山松《後漢書》："充所作《論衡》，中土未有傳者，蔡邕入吳始得之，恒秘玩以爲談助。其後王朗爲會稽太守，又得其書，及還許下，時人稱其才進。或曰：'不見異人，當得異書。'"

[4] 該：具備，充足。《管子·小問》："凡牧民者，必知其疾，而

---

① "弘"，學津本、四部本、叢編本作"宏"。下同。

憂之以德，勿懼以罪，勿止以力……昔者天子中立，地方千里，四言者
該焉。"尹知章注："該，備也。謂四言足以備千里之化。"

[5] 秘書：即秘書省的省稱，爲古代國家藏書處。

[6] 秘府：古代稱禁中藏圖書秘記之所。《漢書·藝文志》："於是
建藏書之策，置寫書之官，下及諸子傳説，皆充秘府。"顔師古注引如
淳曰："外則有太常太史博士之藏，内則有延閣廣内秘室之府。"

[7] 煬帝：即隋煬帝楊廣（569—618），一名英，小字阿䴉，隋文
帝楊堅次子。開皇二年（582）封晋王，九年（589）統軍滅陣，二十
年（600）奪取太子位。仁壽四年（604）殺父即皇帝位。他在位期間
修建大運河，營造東都洛陽城，開拓疆土暢通絲綢之路，推動大建設，
開創科舉，三征高麗等。但因用民過重，急功近利，兼之暴虐多疑，終
致亡國。

[8] 東都：隋唐時指洛陽。時京都在長安。

[9] 觀文殿：隋煬帝殿名。

[10] 砥柱：山名。又稱底柱山、三門山。在今河南省三門峽市，
當黄河中流。以山在激流中矗立如柱，故名。

[11] 瀛洲學士：唐太宗爲網羅人才，設置文學館，任命杜如晦、
房玄齡等十八名文官爲學士，輪流宿於館中，暇日，訪以政事，討論典
籍。又命閻立本畫像，褚亮作贊，題名字爵裹，號"十八學士"。時人
慕之，謂"登瀛洲"。後來詩文中常用"登瀛洲""瀛洲"比喻士人獲
得殊榮，如入仙境。

[12] 史筆：史家記叙史實的筆法。唐岑參《佐郡思舊游》詩：
"史筆衆推直，諫書人莫窺。"

　　《晏子春秋》七卷，齊大夫晏嬰撰。

　　《曾子》二卷，《目》一卷，魯國曾參撰。

《子思子》七卷，魯穆公師孔伋撰。

《公孫尼子》一卷。尼，^① 似孔子弟子。

《孟子》十四卷，齊卿孟軻撰。趙岐注。鄭玄注七卷。劉熙注七卷。綦母邃注，亡。

《孫卿子》十二卷，楚蘭陵令荀況撰。梁有《王孫子》一卷，亡。

《董子》一卷，戰國時董無心撰。

《魯連子》五卷，《録》一卷。魯連，齊人，不仕，稱爲先生。

《賈子》一卷，漢梁太傅賈誼撰。十卷《録》。^②

《揚子法言》十五卷，揚雄撰。李軌注六卷。宋衷注十三卷。侯苞注，亡。

《揚子太玄經》十卷。^③ 揚雄自作章句，亡。宋衷注九卷。王肅注，亡。陸績、宋衷注十卷。虞翻注十三卷。蔡文邵注十四卷。陸凱注七卷。

《桓子新論》十七卷，後漢六安丞桓譚撰。

《魏子》三卷，後漢會稽人魏朗撰。

《牟子》二卷，後漢太尉牟融撰。

《典論》五卷，魏文帝撰。

《新語》二卷，陸賈撰。

---

① “尼”，學津本、四部本、叢編本、四明本作“尼”。
② 此條學津本、四部本、叢編本、四明本作“《賈子》十卷，《録》一卷。漢梁太傅賈誼撰”。
③ “十卷”，學津本、四部本、叢編本、四明本作“九卷”。

《新序》三十卷，劉向撰。

《潛夫論》十卷，王符撰。

《申鑒》五卷，荀悦撰。

《徐氏中論》六卷，魏太子文學徐幹撰。

《王子正論》十卷，王肅撰。

《杜恕體論》四卷，魏幽州刺史杜恕撰。

《顧子新語》十二卷，吳太常顧譚撰。

《譙子法訓》八卷，譙周撰。

《袁子正論》十九卷，袁準撰。

《新論》十卷，晋散騎常侍夏侯湛撰。

《志林新書》三十卷，虞喜撰。梁有《廣林》二十四卷，又《後林》十卷，虞喜撰。

《要覽》十卷，晋郡儒林祭酒呂竦撰。①

《鬻子》周文王師鬻熊撰，一卷。②

《老子》河上丈人注二卷。張嗣注二卷。蜀才注，亡。鍾會注二卷。

---

① 清姚振宗《隋書經籍志考證》卷二十四子部一：“‘晋’下似有敓文。案：兩《唐志》雜家並有陸士衡《要覽》三卷，《玉海·藝文》《中興書目》曰陸機《要覽》一卷，機自序云：‘直省之暇，乃集要術三篇，上曰連璧，集其嘉名，取其連類，中曰述聞，實述予之所聞，下曰析名，乃搜同辨異也。’其書至南宋猶傳。呂竦《要覽》，兩《唐志》止五卷，此十卷，疑有陸氏《要覽》在内，或呂氏集合諸家，通名之曰要覽，以勖郡文學諸生者。《宋志》類事家。”

② “一卷”二字，學津本、四部本、四明本在“周”字上。

羊祜注二卷。王尚述注二卷。邯鄲氏注二卷。劉仲融注二卷。① 巨生注二卷。袁真注二卷。張憑注二卷。釋慧琳注二卷。盧景裕注二卷。梁曠注二卷。嚴遵《指歸》十一卷。毋丘望之《指趣》三卷。顧歡《義綱》一卷。孟智周《義疏》五卷。韋處玄《義疏》四卷。梁武帝《講疏》六卷。戴詵《義疏》九卷。何晏《序訣》一卷。② 葛仙翁《雜論》一卷。何、王等《私記》十卷。梁簡文帝《玄示》一卷。韓壯《玄譜》一卷。③ 劉遺民《玄機》三卷。宗塞《幽易》五卷。山琮《志》一卷,並亡。孫登《音》一卷。李軌《音》一卷。戴逵《音》,亡。

《鶡冠子》三卷。楚之隱人。

《列子》八卷,鄭之隱人列圄寇撰,東晋光禄勛張湛注。

《莊子》李叔之《義疏》,亡。周弘正《講疏》八卷。郭象注三十卷。李頤注十八卷。梁簡文《講疏》十卷。嚴機《講疏》二卷。④ 戴詵《義疏》八卷。梁曠《南華論》二十五卷。李軌《音》一卷。徐邈《音》三卷。又徐邈《集音》三卷。⑤ 郭象《音》一卷。向秀《音》一卷。⑥ 梁曠《音》三卷。

《莊成子》十二卷,梁《蹇子》一卷,今亡。

《任子》十卷,魏河東太守任嘏撰。梁有《渾輿經》一卷,魏安成

---

① 清無名氏《唐書藝文志注》卷三:"《晋書·劉隗傳》:隗,彭城人。伯父訥,訥子疇,疇兄子劭,劭族子黃老,太元中注老子、慎子,行於世,此或其書。黃老亦非名,恐有脱字。"

② "訣",學津本、四部本、叢編本作"决",四明本作"次"。

③ "壯",學津本、四部本、叢編本、四明本作"莊"。

④ "嚴",學津本、四部本、叢編本、四明本作"張"。

⑤ 此條四部本、叢編本在"郭象《音》一卷"條下。

⑥ 此條四部本、叢編本在"郭象《音》一卷"條上。

令桓威撰，亡。

《唐子》十卷，吴唐滂撰。

《抱朴子》葛洪撰。《外》《内篇》共五十一卷。

《孫子》十二卷，孫綽撰。

《符子》二十卷，① 東晋員外郎符朗撰。

《廣成子》十三卷，商洛公撰。張太衡注，疑近人作。

《管子》十九卷，齊相管夷吾撰。

《商君書》五卷，秦相衛鞅撰。

《慎子》十卷，慎到撰。

《韓子》二十卷，韓非撰。

《墨子》十五卷，宋大夫墨翟撰。

《隨巢子》一卷。巢，似墨翟弟子。

《昌言》十二卷，仲長統撰。

《蔣子萬機論》八卷，蔣濟撰。

《胡非子》一卷。墨翟弟子。

《尸子》二十卷，尸佼撰。

《吕氏春秋》二十六卷，吕不韋撰。

《淮南子》二十一卷，王劉安撰。

《論衡》三十九卷，② 王充撰。

---

① "符"，學津本、四部本、叢編本、四明本作"苻"，下同。
② "三十九"，學津本、四部本、叢編本、四明本作"二十九"。

《風俗通義》三十一卷，應劭撰。

《傅子》一百二十卷，傅玄撰。

《鬼谷子》三卷。皇甫謐注。又有樂一注一卷。①

《金樓子》十卷，②梁元帝撰。

《子抄》三十卷，③庾仲容撰。沈約二十卷，亡。

《燕丹子》一卷。

《世說》八卷，宋劉義慶撰。梁劉孝標注。

《亢桑子》二卷。天寶元年，詔《莊子》爲《南華真經》，《列子》爲《沖虛真經》，《文子》爲《通玄真經》，然《亢桑子》求之不獲，襄陽處士王士元謂《莊子》作“庚桑子”，太史公、《列子》作“亢倉子”，其實一也。取諸子文義類者補其亡。④

《牟子》一卷，⑤牟融。⑥

《太公六韜》五卷。

《太公金匱》二卷。

《司馬兵法》齊將田穰苴，⑦三卷。

《孫子》二卷。

---

① “又有樂一注一卷”，百川本作“又有《樂注》三卷，《占氣》一卷”，學津本、四部本、叢編本作“又有□樂一注一卷”，四明本作“又有樂一注三卷”。
② “十”，學津本、四部本、叢編本、四明本作“二十”。
③ “抄”，學津本、四部本、叢編本、四明本作“鈔”。
④ 學津本、四部本、叢編本、四明本無此條。
⑤ “一”，四部本、叢編本、四明本作“二”。
⑥ 此條學津本、四部本、叢編本、四明本“融”下有“撰”字。
⑦ 學津本、四部本、叢編本、四明本“田穰苴”下有“撰”字。

《尉繚子》五卷。梁惠王游人。①

唐書藝文志

唐因漢《略》，類經、史、子、集爲四，至開元尤盛，凡五萬四千卷，唐學者自爲書二萬八千五百卷。初，隋嘉則殿[1]書卷三十七萬，太府卿[2]宋遵貴[3]運入京，覆于砥柱。正觀中，②魏徵[4]、虞世南[5]、顏師古[6]繼爲秘書監[7]，請購書，選五品以上子孫工書者書，藏于內，以宫人[8]掌之。宫人任籤帙之責，繆矣。玄宗[9]詔馬懷素[10]、褚無量[11]整比於乾元殿[12]東序，請相宋璟[13]、蘇頲[14]同署，如貞觀故事。後大明宫[15]、東都各創集賢書院，學士通籍[16]，支月給蜀郡[17]麻紙，季給上谷[18]墨，歲給河間[19]、景城[20]、清河[21]、博平[22]四郡兔千五百皮爲筆材。各聚四部，本有正副。軸帶帙籤亦異色。安祿山[23]反，尺簡不藏。元載[24]相奏以錢一千購一卷。文宗[25]時，侍講[26]鄭覃[27]言經籍未備，詔秘閣[28]搜訪，乃復完。黃巢[29]亂，又益少。昭宗[30]播遷，在京制置使[31]孫惟晟[32]斂書，寓教坊於秘閣，詔以書還。既徙洛，蕩無遺矣。今稽《藝志》，③殊虧詮叙，書之涉於瑣

---

① "游"，百川本、學津本、四部本、叢編本、四明本作"時"。
② "正觀"，學津本、四部本、叢編本、四明本作"貞觀"。
③ "藝志"，學津本、四部本、叢編本、四明本作"藝文志"。

瑣，有不可以入子類者，合分別録。若不可淆錯如此也，
裁之。

【集釋】

　　[1] 嘉則殿：隋代宮殿名。

　　[2] 太府卿：官名。南朝梁武帝置，掌金帛財帑。陳沿置。北魏
依南朝制度設置。從北齊經隋、唐至宋，均乙太府卿爲太府寺主官遼、
金、元改寺爲監，主官亦因而改稱太府監。

　　[3] 宋遵貴：唐司農少卿，京兆人。（見《元和姓纂》卷八）

　　[4] 魏徵（580—643），字玄成，唐魏郡内黄人。隋末爲武陽郡丞
元寶藏典書記，後歸李密，又隨李密降唐。太宗即位，拜諫議大夫。貞
觀二年，遷秘書監，參預朝政。奏引學者校定四部書。七年，代王珪爲
侍中。時令狐德棻等撰《周書》《隋書》，徵受詔總加撰定，多所損益，
時稱良史。史成，進左光禄大夫，封鄭國公。謚文貞。曾主編《群書
治要》《隋書》。

　　[5] 虞世南（558—638），字伯施，唐越州餘姚人。仕隋爲起居舍
人。太宗時爲弘文館學士，與房玄齡對掌文翰。遷秘書監，封永興縣
子。太宗重其博識，每機務之隙，引之談論，世南必存規諷，多所補
益。卒謚文懿。著有《北堂書鈔》及文集。

　　[6] 顏師古（581—645），唐京兆萬年人，祖籍琅邪臨沂，名籀，
以字顯。顏之推孫，傳家業。高祖武德中，累擢中書舍人、專典機密，
詔令一出其手。太宗立，拜中書舍人，旋坐事免。嘗受詔於秘書省考訂
五經文字，多所釐正。貞觀七年，遷秘書少監，專典刊正所有奇書難
字。官終弘文館學士。著有《匡謬正俗》《漢書注》《急就章注》。

　　[7] 秘書監：官名。東漢延熹二年（159）始置。屬太常寺，典司
圖籍。後省。魏文帝又置，掌世文圖籍，初屬少府。晋初併入中書。永
平（291）時又置，併統著作局，掌三閣圖書。宋與晋同。梁爲秘書省

長官，北朝亦置。隋煬帝時曾稱秘書省令。唐高宗時曾改稱太史，旋復舊。西夏、金秘書監爲官署秘書監長官。元、明不設，遂廢。

［8］宮人：負責帝王日常生活事務的人。

［9］玄宗：唐玄宗李隆基（685—762），亦稱唐明皇。在位四十四年。

［10］馬懷素：字惟白，唐潤州丹徒人。擢進士第，又登文學優贍科。累遷左臺監察御史。玄宗開元初爲户部侍郎，封常山縣公，三遷秘書監，兼昭文館學士。卒諡文。

［11］褚無量（646—720），字弘度，唐鹽官臨平（今余杭臨平）人。唐景龍三年（709），任國子司業，兼修文館學士。景雲元年（710），召拜國子司業，兼皇太子李隆基侍讀，旋授銀青光禄大夫。開元元年（713），升任左散騎常侍兼國子祭酒，封舒國公。上書請修繕録補内府舊書，得到玄宗應允，與盧僎等在東都（洛陽）乾元殿采天下遺書以補闕文，對内府舊書分部補漏校定，大有功於經籍。卒贈禮部尚書，諡曰文。著有《翼善記》《史記至言》《帝王要覽》等。

［12］乾元殿：唐宮殿名。

［13］宋璟（663—737），唐邢州南和人。高宗調露中，等進士第。武則天時，累除左臺御史中丞。睿宗復立，以禮部尚書同中書門下三品，力制外戚、公主干政，革除選舉流弊，選賢任才。忤太平公主，貶楚州刺史。玄宗開元初，拜刑部尚書。開元四年，繼姚崇爲相，寬賦役、省刑罰。與姚崇並稱姚、宋。後罷知政事，歷京兆留守，以左丞相致仕。卒諡文貞。

［14］蘇頲（670—727），字廷碩，唐京兆武功人。武則天時擢進士第。累遷中書舍人。襲封許國公，號“小許公”。玄宗開元間進同紫微黄門平章事，卒諡文憲。

［15］大明宮：唐宮殿名。

［16］通籍：謂記名於門籍，可以進出宮門。《漢書·元帝紀》：

"令從官給事宫司馬中者，得爲大父母父母兄弟通籍。"顏師古注引應
劭曰："籍者，爲二尺竹牒，記其年紀名字物色，縣之宫門，案省相
應，乃得入也。"

[17] 蜀郡：秦灭古蜀國，始置蜀郡。漢仍其旧，轄境包有今四川
省中部大部分，治所在成都。

[18] 上谷：唐時郡置，治所在今河北易縣。

[19] 河間：唐時郡置，治所在今河北河間市。

[20] 景城：唐時郡置，治所在今河北滄州市東南。

[21] 清河：唐時郡置，治所在今河北清河縣。

[22] 博平：唐時郡置，治所在今山東聊城市。

[23] 安禄山（？—757），唐營州柳城胡人，本姓康，初名軋犖
山，又名阿犖山。少孤，隨母嫁突厥安延偃，遂姓安，更名禄山。幽
州節度使張守珪異之，拔爲偏將，收爲養子。積戰功爲平路兵馬使、
營州都尉。入朝，爲玄宗、楊貴妃寵信，遷平盧、范陽、河東三鎮節
度使。官至尚書左僕射。玄宗天寶十四年冬於范陽起兵叛亂，先後攻
陷洛陽、長安。次年自稱雄武皇帝，國號燕，建元聖武。後爲其子慶
緒所殺。

[24] 元載（？—777），字公輔，唐鳳翔岐山人。玄宗天寶初舉明
《老子》《莊子》《列子》《文子》四子學，入高第，補邠州新平尉。肅
宗時，累遷户部侍郎，充度支、江淮轉運等使。附李輔國，拜同中書門
下平章事。代宗立，進拜中書侍郎，許昌縣子，判天下元帥行軍司馬。
大曆五年，與代宗密謀誅殺宦官魚朝恩。載擅權不法，排擠忠良，賄賂
公行。衆怒，上聞，帝賜自盡。

[25] 文宗：唐文宗李昂（809—840），穆宗次子，敬宗弟。敬宗
寶曆二年，爲宦官王守澄等擁立即位。後宦官撓權，乃用李訓、鄭注
等，發動甘露之變，謀盡誅宦官。事敗，訓、注等被殺，文宗亦被軟
禁。在位十四年，卒謚元聖昭獻皇帝。

　　［26］侍講：官名。唐開元十三年（725）置集賢院侍講學士與侍讀直學士，討論文史，整理經籍，備皇帝顧問。宋咸平二年（999）置翰林侍讀學士與侍講學士，後又置侍讀、侍講，天章閣亦有侍講，皆以他官中之文學之士兼充，掌讀經史，釋疑義，備顧問應對。宋神宗後，太子官亦有侍讀、侍講。宋後各代皆有翰林侍讀學士與侍講學士。明、清翰林院另有侍讀、侍講，合稱講讀。清並於內閣置侍讀學士與侍讀，掌典領奏章，勘對公文，不用翰林出身人擔任，與翰林官不同。

　　［27］鄭覃（？—842），唐鄭州滎澤人。少以父蔭補弘文校書郎。文宗召爲翰林侍講學士，累官至同中書門下平章事、門下侍郎、弘文館學士。以名儒領祭酒，時太學刻石經，與周墀等校定九經文字，武宗初授司空。

　　［28］秘閣：中國古代宮禁中藏書的地方。

　　［29］黃巢（？—884），唐曹州冤句人。僖宗乾符初王仙芝起事，黃巢聚衆回應。王仙芝戰死，黃巢遂爲全軍統帥，號沖天大將軍，建元王霸。轉戰中原及江南，衆至百萬。攻克洛陽、潼關，入長安，即位稱帝，國號大齊，年號金統。中和三年撤離長安，旋克蔡州，圍陳州不下。因腹背受敵，退至泰山狼虎谷，不屈自殺。

　　［30］昭宗：唐昭宗李曄（867—904），唐懿宗第七子，唐僖宗弟。唐朝第十九位皇帝，在位16年。

　　［31］制置使：官名。唐大中五年（851），始以大臣充詔討黨項行營都統制置等使。北宋不常置，掌籌畫沿邊軍事。南宋設置漸多，掌本路諸州軍事，多以安撫大使兼任，可便宜制置軍事，有四川、江淮、京湖等制置使。其秩高望重者稱制置大使。

　　［32］孫惟晟：唐時爲江陵尹、荊南節度使，並加特進同平章事。見《舊唐書》卷二十。

《晏子春秋》七卷，晏嬰。

《曾子》二卷，曾參。

《子思子》七卷，孔伋。

《公孫尼子》一卷。

《孟子》十四卷。趙岐注十四卷。鄭玄注七卷。劉熙注七卷。綦毋
邃注七卷。陸善經注七卷。張鎰《音義》三卷。

《荀卿子》十二卷。楊倞注二十卷。

《董子》一卷，董無心。

《魯連子》一卷，魯仲連。

陸賈《新語》一卷。①

賈誼《新書》一卷。②

桓寬《鹽鐵論》十卷。

劉向《新序》三十卷。

劉向《說苑》三十卷。

《揚子法言》六卷，揚雄。宋衷注十卷。李軌注十卷。柳宗元注十
三卷。

《揚子太玄經》十二卷。陸績注十二卷。虞翻注十四卷。范望注十
二卷。宋仲孚注十二卷。蔡文邵注十二卷。王涯注六卷。劉緝注十四卷。
員俶幽《贊》十卷。

《桓子新論》十七卷，桓譚。

---

① “一”，學津本、四部本、叢編本、四明本作“二十”。
② “一”，學津本、四部本、叢編本、四明本作“十”。

王符《潛夫論》十卷。

《仲長子昌言》十卷，仲長統。

荀悅《申鑒》五卷。

魏文帝《典論》五卷。

《徐氏中論》六卷，徐幹。

王肅《政論》十卷。

《杜氏體論》四卷，杜恕。

《顧子新論》五卷，顧譚。

《譙子法訓》八卷。①

王嬰《通論》三卷。

夏侯湛《新論》十卷。

楊泉《物理論》十六卷。

王通《中説》五卷。

華譚《新論》十卷。

虞喜《志林》三十卷，② 又《後書》十卷。

《顧子義訓》十卷，顧夷。

干寶《正言》十卷，又《立言》十卷。

王劭《讀書記》三十二卷。

盧辯《墳典》三十卷。

---

① 此條學津本、四部本、叢編本、四明本“卷”下有“譙周”二字。
② “三十”，學津本、四部本、叢編本、四明本作“二十”。

《魏子》三卷，魏朗。

《譙子》五卷，譙周。

《周生烈子》五卷。

《袁子正書》三十五卷，袁準。

《崔子至言》六卷，崔靈童。

杜信《元和子》二卷。

《鶡子》一卷。鶡熊。逢行珪注。

《老子》河上公注二卷。① 王弼注二卷，又《指例》二卷。② 蜀才注二卷。鍾會注二卷。羊祜注二卷。孫登注二卷。王尚注二卷。③ 袁真注二卷。張憑注二卷。劉仲熊注二卷。④ 陶弘景注四卷。樹鍾山注二卷。⑤ 李允愿注二卷。陳嗣古注二卷。僧慧琳注二卷。惠嚴注二卷。鳩摩羅什注二卷。義盈注二卷。傅奕注二卷。楊上善注二卷。辟閭仁諝注二卷。玄宗注二卷。盧藏用注二卷。刑南和注二卷。⑥ 馮朝隱注，白履忠注，李播注，尹知章注，並亡。吳善經注二卷。成玄英注二卷。孫思邈注二卷。任真子《集解》四卷。張道《集注》四卷。⑦ 盧景裕等注二卷。丘望之《章句》二卷。⑧ 王肅《玄言》二卷。梁曠《經品》四卷。嚴遵《指歸》十四卷。

---

① “二”，學津本、四部本、叢編本、四明本作“三”。
② 學津本、四部本、叢編本、四明本“例”下有“略”字。
③ “王尚”，學津本、四部本、叢編本、四明本作“王尚楚”。
④ “劉仲熊”，學津本、四部本、叢編本、四明本作“劉仲融”。
⑤ “樹鍾山”，學津本、四部本、叢編本、四明本作“鍾樹山”。
⑥ “刑”，百川本、學津本、四部本、叢編本、四明本作“邢”。
⑦ “張道”，學津本、四部本、叢編本、四明本作“張道相”。
⑧ “丘望之”，學津本作“母丘望之”，四部本、叢編本、四明本作“毋丘望之”。

何晏《講疏》四卷。梁武帝《講疏》十卷。^①顧歡《義疏》五卷。孟智周《義疏》五卷。戴詵《義疏》六卷。葛洪《序訣》二卷。韓莊《玄音》二卷。劉遺民《玄譜》一卷。馮廓《指歸》十三卷。賈大隱《違義》十卷。^②陳廷玉《疏》十五卷。陸希聲《經傳》四卷。成玄英《疏》七卷。李軌《音》一卷。

《鶡冠子》三卷。^③

《列子》八卷，列禦寇。張湛注。^④

《莊子》十卷。郭象注十卷。劉向注二十卷。崔譔注十卷。司馬彪注二十一卷，《音》一卷。楊上善注十卷。陸德明《文句義》十卷。李頤《集解》二十卷。王玄古《集解》二十卷。李充《釋論》二卷。梁簡文《講疏》三十卷。王穆《疏》十七卷，《音》一卷。成玄英《注疏》十四卷。張隱居《指要》三十三卷。元載《通微》十卷。孫思邈注，柳縱注，尹知章注，甘暉注，魏包注，李含光注，陳廷玉《疏》，並亡。

《廣成子》十二卷，商洛公撰。張太沖注。

《文子》十二卷。徐靈府注。

《唐子》十卷，唐滂。

《蘇子》七卷，蘇彥。

《宣子》二卷，宣聘。

《陸子》十卷，陸雲。

---

① "十"，四部本、叢編本、四明本作"七"。
② "違義"，學津本、四部本、叢編本、四明本作"述義"。
③ 此條學津本、四部本、叢編本"三卷"下有"張湛注"三字。
④ 此條學津本、四部本、叢編本作："《列子》八卷，列禦寇撰。"

《抱朴子》四十卷，葛洪。

《孫子》十二卷，① 孫綽。

《符子》三十卷，符朗。

《賀子》十卷，賀道養。

《亢倉子》二卷。天寶元年，詔號《莊子》爲《南華真經》，《列子》爲《沖虛真經》，《文子》爲《通玄真經》，《亢桑子》爲《洞靈真經》。然“亢桑子”太史公、②《列子》作“亢倉子”，其實一也。取諸子文義類者補其亡。

《牟子》一卷，牟融。

《尉繚子》六卷。

《吕氏春秋》二十六卷。

《淮南子》二十一卷。許慎注。

王充《論衡》三十卷。

應劭《風俗通義》三十卷。

王肅《政論》十卷。③

鍾會《蒭蕘論》五卷。

《傅子》百二十卷，傅玄。

《抱朴子》二十卷。④

---

① “十二”，百川本作“十三”。

② 學津本、四部本、叢編本、四明本此處有：“求之不獲，襄陽處士王士元謂《莊子》作《庚桑子》。”

③ 學津本、四部本、叢編本、四明本無此條。

④ 學津本、四部本、叢編本、四明本無此條。

《金樓子》梁元帝。

陸士衡《要覽》三卷。

崔豹《古今注》三卷。

孟儀《子林》二十卷。

薛克構《子林》三卷。①

沈約《子鈔》三十卷。

庾仲容《子鈔》十卷。

《范子計然》十五卷。

王方慶《世說》十卷。②

盧藏用《子書要略》一卷。

馬摁《意林》三卷。

《燕丹子》一卷。

《周書陰符》九卷。

《周呂書》一卷。

《司馬法》田穰苴，三卷。③

《孫子》三卷。魏文帝注。④

《唐志》有陸景《典訓》、譙子《法訓》、周捨《正覽》、劉徽《欹器圖》之類，非合登子錄。又《帝範》《臣軌》《政

---

① "三"，學津本、四部本、叢編本、四明本作"三十"。
② 學津本、四部本、叢編本、四明本"世"上有"續"字。
③ "三"，百川本、學津本、四部本、叢編本、四明本作"二"。
④ "魏文帝"，學津本、四部本、叢編本、四明本作"魏武帝"。

範》《諫苑》之書，尤非其類。如此者數十家，裁之。

子鈔

梁詻議參軍[1]庾仲容[2]，穎川[3]人。①

《子鈔》百十有七家，仲容所取，或數句，或一二百言，是有以契[4]其意、入其用而他人不可共享者也。馬捴[5]《意林》，一遵庾目，多者十餘句，少者一二言，比《子鈔》更爲取之嚴、録之精且約也。戴叔倫[6]序其書曰："上以防守教之失，中以補比事[7]之闕，下以佐屬文之緒。有疏通、廣博、潔淨、符信之要，無僻放、拘刻、譤蔽[8]、邪蕩之患。"[9]亦足以發其機、寫其志矣。孔子曰："雖小道，亦有可觀。"[10]是於諸子未嘗廢也。聖人既遠，承學易殊，義嚮之少純，言議之多詭，則百氏之爲家，不能盡叶[11]乎一，亦理之所必然也。當篇籍散闕、人所未見之時，而乃先識其名，又得其語，斯足以廣聞見、助發揮[12]，何止嘗鼎臠、唉雞跖[13]也。陸機[14]氏曰：②"傾群言之瀝液[15]，漱六藝之芳潤[16]。唐韋展[17]《日月如合璧賦》云："獵英華於百氏，漱芳潤於六籍。"語自此來。是庶幾焉。"[18]捴，唐貞元中任評事，字會

---

① "穎"，四部本、叢編本、四明本作"穎"。
② "氏"，《文獻通考》作"賦"。

元，扶風人。

【集釋】

[1] 諮議參軍：南北朝時期官名，負責參謀軍務。

[2] 庾仲容：字子仲，南朝梁穎川鄢陵人。初爲安西法曹行參軍，轉太子舍人。歷永康、錢塘、武康令。除安成王中記室，後爲尚書左丞。侯景亂，游會稽卒。

[3] 穎川：即穎川，郡名，秦王政 17 年（前 230）置。以穎水得名。治所在陽翟（今河南省禹州市）。轄境相當今河南登封市、寶豐以東，尉氏、鄢城以西，新密市以南，葉縣、舞陽以北地。

[4] 契：相合；投合。

[5] 馬揔（？—823），字會風，唐扶風人。德宗貞元中辟署滑州姚南仲幕府，貶泉州別駕。憲宗元和中自虔州刺史遷安南都護。後入刑部侍郎。元和十二年，兼御史大夫，副裴度宣慰淮西，尋擢淮西節度使。官至戶部尚書。卒諡懿。輯有《意林》。

[6] 戴叔倫（732—789），字幼公，一作次公，唐潤州金壇人。工詩，以文辭著。代宗大曆中，於鹽鐵轉運使府中任職。德宗建中中，曹王李皋領湖南觀察使、江西節度使，叔倫入其幕府。皋征李希烈，留叔倫領府事，試守撫州刺史。貞元四年，遷容州刺史，兼御史中丞、容管經略使。

[7] 比事：指連綴性質相同的事類以爲比擬。

[8] 譀蔽：詐僞蒙蔽。

[9] 語見《全唐書》卷五一〇《意林序》。

[10] 語見《論語·子張》："子夏曰：'雖小道必有可觀者焉，致遠恐泥，是以君子不爲也。'"小道：禮樂政教以外的學説、技藝。何晏《論語集解》："小道謂異端。"劉寶楠《論語正義》："《周官·大司樂》注：'道，多才藝。'此小道亦謂才藝。鄭注云：'小道，如今諸子書也。'鄭舉一端，故云'如'以例之。"

［11］叶：同“協”。

［12］發揮：把内在的性質或能力表現出來。

［13］雞跖：雞足踵。古人視爲美味。語本《吕氏春秋・用衆》：“善學者若齊王之食雞也，必食其跖數千而後足。”高誘注：“跖，雞足踵。”

［14］陸機（261—303），字士衡，西晋吴郡吴縣人。陸遜孫，陸抗子。少領父兵爲牙門將。吴亡，退居勤學，作《辯亡論》。晋武帝太康末，與弟陸雲入洛，文才傾動一時。趙王司馬倫輔政，引爲相國參軍。齊王司馬冏收付廷尉，賴成都王司馬穎救免，遂依之，爲平原内史。從討長沙王司馬乂，後爲將軍、河北大都督，兵敗被殺。著有《陸士衡集》。

［15］瀝液：水滴。《文選・陸機〈文賦〉》：“傾群言之瀝液。”李周翰注：“瀝液，涓滴也。”

［16］芳潤：芳香潤澤。亦用以喻文辭之精華。

［17］韋展：唐杜陵人，官少府監主簿。

［18］語見《陸士衡文集》卷一。

《鶡子》《藝文志》曰：“名熊，著《子》十二篇。”今一卷，有六篇。

《太公金匱》二卷。

《太公六韜》六卷。

《曾子》合十八卷。

《晏子》十四卷。

《子思子》七卷。

《孟子》十四卷。

《管子》十八卷。

《魯連子》五卷。

《文子》十二卷。同平王時人，[1] 師老子。

《鄧析子》二卷。

《范子》十二卷。

《墨子》十六卷。

《纏子》一卷。

《隨巢子》一卷。

《胡非子》一卷。

《尸子》二十卷。

《韓子》二十卷。

《列子》八卷。

《莊子》十卷。

《鶡冠子》三卷。

《王孫子》一卷。

《慎子》一卷。

《申子》三卷。

《燕丹子》三卷。

《鬼谷子》五卷。

《尹文子》二卷。

---

[1]　"同"，學津本、四部本、叢編本、四明本作"周"。

《公孫尼子》一卷。

陸賈《新語》二卷，十篇。

晁錯《新書》二卷。

賈誼《新書》九卷。

《吕氏春秋》三十六卷。

《淮南子》二十二卷。

亘寬《鹽鐵論》十卷。①

劉向《新序》三十卷。

劉向《説苑》二十卷。

《揚子法言》十五卷。

揚雄《太玄經》十五卷。

桓譚《新論》十七卷。

王充《論衡》三十卷。

崔元始《正論》五卷。

王符《潛夫論》十卷。

應劭《風俗通》

《商子》五卷。

《阮子》四卷。

姚信《士緯》十卷。

殷興《通論》八卷。

---

① "亘"，百川本、學津本、四部本、叢編本、四明本作"桓"。

《抱朴子》五十卷。

王叔師《正部》六卷。

《牟子論》一卷。

《周生烈子》

荀悅《申鑑》

仲長《昌言》十二卷。①

魏文帝《典論》五卷。

《魏子》十卷，魏朗。

劉邵《人物志》三卷。

《任子》十卷，任弈。

杜恕《篤論》四卷。

杜恕《體論》四卷。

《傅子》一百二十卷，傅咸。

《唐子》十卷，傍孚惠潤。

《秦子》二卷，菁。

《梅子新書》一卷。按其語，晋人也。

楊泉《物理論》十六卷。

楊泉《太玄經》。

《蔡氏化清經》一卷，蔡洪。

《鄒子》一卷。其書多論漢人，恐是閏甫。

---

① "仲長"，學津本、四部本、叢編本、四明本作"仲長統"。

孫敏《成敗志》三卷。字休明。

王嬰《通論》三卷。

徐幹《四論》八卷。

蔣濟《萬機論》八卷。

譙周《法論》八卷。

譙周《五教》五卷，並是《禮記》語。

顧譚《新言》二卷。字子默，吳太常。

鍾會《蒭蕘論》五卷。

陸景《典論》十卷。

張儼《默記》三卷。字子節，吳大鴻月卿。①

裴玄《新言》五卷。字彥黃，吳大夫。

袁準《正書》

袁準《正論》

蘇子八卷。自云魏人。

桓範《世要》十卷。字元則。

《陸子》十卷。陸雲。

夏侯湛《新論》十卷。

張顯《桁言》十卷。

虞喜《志林》二十四卷。

《顧子》十卷，顧夷。

---

① "月"，學津本、四部本、叢編本作"臚"。

《諸葛子》著略一卷。

《陳子要言》十四卷。

《符子》二十卷。符朗。

《神農本草經》六卷。

《本草經》華陀弟子吳普。六卷。

《相牛經》一卷。

《相馬經》二卷。

《相鶴經》一卷。

《周髀》三卷，趙裴，字君卿。

《司馬兵法》三卷。

《孫子兵法》三卷。

《黃石公記》三卷，上下中略。

《氾勝之書》二卷。

《夢書》十五卷。

《貝書》十卷。

《淮南萬畢術》一卷。

《九章算術》三卷。①

張華《博物志》十卷。

戴凱之《竹譜》一卷。

《筆墨法》

---

① "三"，學津本、四部本、叢編本、四明本作"二"。

通志藝文略

樞密院編修[1]官莆田鄭樵[2]漁仲譔

本朝藏書家最稱參政蘇公[3]、宣獻宋公[4]、文忠歐陽公[5]，又稱丞相蘇公[6]、丞相宋公兄弟[7]，而尤盛於邯鄲李氏[8]。李氏其目，足以與秘府敵。

中興以來，垂意[9]收拾[10]，篤且富無如鄭氏[11]。雖曰包括諸氏，囊括百家，厥功甚茂，然秩剪繁歸匯，① 亦欠理擇，是又失於患多者也。似孫嘗閱天祿、石渠書，無古書，一也。無異書，二也。雜以今人所作，蕪雜太甚，三也。而又考訂欠精，匯類欠確，一也。所合下□詔更加求訪，② 一也。其書無秘副，每出外輒易毀失，一也。當必有能任其事者，既采鄭氏目入予《子略》，爲之太息。

【集釋】

　[1] 樞密院編修：宋官署名。屬樞密院。隨事置編修官，無定員，如以本院官兼任，即無編修官官銜。熙寧三年（1070），編修《經武要略》，兼删定諸房例册，則樞密院都承旨與副承旨管幹。紹聖四年（1097），編修刑部、軍馬司事，命樞密院都承旨與副承旨兼領。

　[2] 鄭樵（1104—1162），字漁仲，宋興化軍莆田人。自號溪西逸

---

① "秩"，學津本、四部本、叢編本、四明本作"失"。
② □,學津本、四部本、叢編本、四明本此處無空缺。

民，學者稱夾漈先生。高宗紹興中以薦召對，授迪功郎、禮部、兵部架閣。爲御史劾，改監南嶽廟。給札歸鈔所著《通志》書成，入爲樞密院編修官。另有《夾漈遺稿》《爾雅注》等。

[3] 參政蘇公：即蘇易簡（959—997），字太簡，梓州銅山（今四川東江東南）人。少聰悟好學，風度奇秀，才思敏贍。太平興國五年，年逾弱冠，舉進士，太宗方留心儒術，貢士皆臨軒覆試，易簡所試，三千餘言立就，奏上，覽之稱賞，擢冠甲科。解褐，將作監丞，通判升州，遷左贊善大夫。八年，以右拾遺知制誥。雍熙初，以郊祀恩進秩祠部員外郎。二年，與賈黃中同知貢舉。三年充翰林學士。淳化元年丁外艱，二年同知京朝官考課，遷中書舍人。易簡續唐李肇《翰林志》二卷，以獻帝，賜詩以嘉之，帝嘗以輕綃飛白大書“玉堂之署”四字，令易簡榜於廳額。遷給事中，參知政事。時趙昌言亦參知政事，與易簡不恊，至忿爭上前，上皆優容之。未幾，昌言出使劍南中路，命改知鳳翔府。明年，易簡亦以禮部侍郎出知鄧州，移陳州。至道二年卒，年三十九，贈禮部尚書。易簡外雖坦率，中有城府。由知制誥入爲學士，年未滿三十。屬文初不達體要，及掌誥命，頗自刻勵。在翰林八年，眷遇夐絕倫等。李沆後入，在易簡下，先參知政事，故以易簡爲承旨錫賚均焉。太宗遵舊制，且欲稔其名望，而後正台輔。易簡以親老急於進用，因亟言時政闕失，遂參大政。易簡常居雅善筆札，尤善談笑，旁通釋典。所著《文房四譜》《續翰林志》及文集二十卷，藏於秘閣。三子曰宿，曰壽，曰耆，大中祥符間皆禄之以官云。事迹具《宋史》本傳。

[4] 宣獻宋公：宋綬（991—1040），字公垂，趙州平棘（今河北趙縣）人。父皋，尚書度支員外郎，直集賢院。綬幼聰警，額有奇骨，爲外祖楊徽之所器愛。徽之無子，家藏書悉與綬。綬母亦知書，每躬自訓教，以故博通經史百家，文章爲一時所尚。年十五，召試中書，真宗愛其文，遷大理評事，聽於秘閣讀書。大中祥符元年，復試學士院，爲集賢校理，與父皋同職，後賜同進士出身，遷大理寺丞。及祀汾陰，召

赴行在，與錢易、陳越、劉筠集所過地志、風物、故實，每舍止即以
奏。將祠亳州太清宮，以簽書亳州判官事入爲左正言、同判太常禮院，
久之判三司憑由司。擢知制誥、判吏部流内銓兼史館修撰。累遷户部郎
中、權直學士院，同修真宗實録，進左司郎中，遂爲翰林學士兼侍讀學
士，勾當三班院。同修國史，遷中書舍人。史成，遷尚書工部侍郎兼侍
讀學士。以尚書左丞資政殿學士留侍講筵，權判尚書都省，歲餘加資政
殿大學士，以禮部尚書知河南府。元昊反，劉平、石元孫敗没，帝以手
詔賜大臣居外者詢攻守之策，綬畫十事以獻，復召知樞密院事，遷兵部
尚書、參知政事。時綬母尚在，綬既得疾，不視事，猶起居自力，區處
後事，尋卒，贈司徒兼侍中，謚宣獻。綬性孝謹清介，言動有常，爲兒
童時手不執錢。家藏書萬餘卷，親自校讎，博通經史百家，其筆札尤精
妙，朝廷大議論多綬所裁定。楊億稱其文沈壯淳麗，曰吾殆不及也。及
卒，帝多取其書字藏禁中。事迹具《宋史》本傳。

[5] 文忠歐陽公：歐陽修（1007—1073），字永叔，號醉翁，又號
六一居士。吉安永豐（今屬江西）人。仁宗時，累擢知制誥、翰林學
士；英宗，官至樞密副使、參知政事；神宗朝，遷兵部尚書，以太子少
師致仕。卒謚文忠。曾與宋祁合修《新唐書》，並獨撰《新五代史》。
又喜收集金石文字，編爲《集古録》。另有《歐陽文忠公文集》。事迹
具《宋史》本傳。

[6] 丞相蘇公：蘇頌（1020—1101），字子容，泉州南安（今福建
廈门）人。父紳葬潤州丹陽，因徙居之。第進士，歷宿州觀察推官，
知江寧縣。時杜衍老，居睢陽，見頌，深器之曰：“如君真所謂不可得
而親疏者。”皇祐五年，召試館閣校勘，同知太常禮院。富弼常稱頌爲
古君子，及與韓琦爲相，同表其廉。鄧元孚謂頌子曰：“尊公高明以政
稱，豈可爲一婦所紿，但諭醫如法檢自不誣矣。”頌曰：“萬事付公議，
何容心焉，若言語輕重，則人有觀望，或致有悔。”既而婦死，元孚
慚，曰：“我輩狹小，豈可測公之用心也？”加集賢院學士，知應天府。

吕惠卿嘗語人曰："子容吾鄉里先進，苟一詣我，執政可得也。"頌聞之，笑而不應。及修兩朝正史，轉右諫議大夫，使契丹。元豐初，權知開封府。召判尚書吏部，兼詳定官制。遷翰林學士承旨，五年擢尚書左丞，嘗行樞密事。七年拜右僕射，兼中書門下侍郎。頌爲相，務在奉行故事，使百官守法遵職，量能授任。紹聖四年拜太子少師，致仕。方頌執政時，見哲宗年幼，諸臣太紛紜，常曰君長誰任其咎耶？每大臣奏事，但取決於宣仁后。哲宗有言，或無對者，惟頌奏宣仁后，必再稟哲宗，有宣諭必告諸臣，以聽聖語。及貶元祐故臣，御史周秩劾頌，哲宗曰："頌知君臣之義，無輕議此老。"徽宗立，進太子太保，爵累趙郡公。建中靖國元年夏至，自草遺表，明日卒，年八十二。詔輟視朝二日，贈司空。頌器局閎遠，不與人校短長，以禮法自持，雖貴，奉養如寒士。自書契以來，經史、九流百家之說，至於圖緯、律呂、星官、算法、山經、本草，無所不通，尤明典故。喜爲人言，亹亹不絕。朝廷有所制作，必就而正焉。事迹具《宋史》本傳。

[7] 丞相宋公兄弟：即宋庠、宋祁。宋庠（996—1066），字公序，安州安陸人，後徙開封之雍丘（今河南杞縣）。天聖初舉進士第一，擢大理評事、同判襄州。召試遷太子中允、直史館，歷三司戶部判官，同修起居注，再遷左正言。知制誥時，親策賢良茂才等科，兼史館修撰，知審刑院。改權判吏部流內銓，遷尚書刑部員外郎，詔爲翰林學士。帝遇庠厚，行且大用矣。庠初名郊，李淑恐其先已，以奇中之言曰：宋，受命之號；郊，交也。合姓名言之爲不祥。帝弗爲意。他日以諭之，因改名庠。寶元中，以右諫議大夫參知政事。庠爲相儒雅，練習故事，自執政遇事，輒分別是非。出知揚州，未幾，以資政殿學士徙鄆州，進給事中、參知政事。范仲淹去位，帝問宰相章得象誰可代仲淹者，得象薦宋祁，帝雅意在庠，復召爲參知政事。除尚書工部侍郎，充樞密使。皇祐中拜兵部侍郎同中書門下平章事、集賢殿大學士。以檢校太尉同平章事，充樞密使，封莒國公。以司空致仕，卒贈太尉兼侍中，諡元獻。帝

爲篆其墓碑曰忠規德範之碑。庠自應舉時，與祁俱以文學名擅天下，儉約不好聲色，讀書至老不倦，善正訛謬，嘗校定《國語》，撰《補音》三卷，又輯《紀年通譜》，區別正閏，爲十二卷，《掖垣叢志》三卷，《尊號録》一卷，別集四十卷。宋祁（998—1061），字子京，與兄庠同時舉進士，禮部奏祁第一，庠第三，章獻太后不欲以弟先兄，乃擢庠第一，而置祁第十人，呼曰二宋，以大小別之。釋褐復州軍事推官，孫奭薦之，改大理寺丞、國子監直講，召試授直史館，再遷太常博士、同知禮儀院。預修《廣業記》成，遷尚書工部員外郎、同修起居注、權三司度支判官。徙判鹽鐵勾院，同修禮書。次當知制誥，而庠方參知政事，乃以爲天章閣待制，判太常禮院，國子監，改判太常寺。庠罷，祁亦出知壽州，徙陳州，還知制誥、權同判流内銓。以龍圖閣直學士知杭州。留爲翰林學士。徙知審官院，兼侍讀學士。庠復知政事，罷祁翰林學士，改龍圖學士、史館修撰，修《唐書》，累遷右諫議大夫，充群牧使。庠爲樞密使，祁復爲翰林學士。出知許州，甫數月，復召爲侍讀學士、史館修撰。祀明堂，遷給事中，兼龍圖閣學士。坐其子從張彦方游，出知亳州，兼集賢殿修撰，歲餘徙知成德軍，遷尚書禮部侍郎。徙定州，加端明殿學士，特遷吏部侍郎，知益州，尋除三司使右司諫，《唐書》成，遷左丞進工部尚書，以羸疾請便醫藥入判尚書都省，逾月拜翰林學士承旨，詔遇入直，許一子主湯藥，復爲群牧使，尋卒，贈尚書。祁兄弟皆以文學顯，而祁尤能文善議論，然清約莊重不及庠，論者以祁不至公輔，亦由此云。修《唐書》十餘年，自守亳州出入内外，嘗以稿自隨，爲列傳百五十卷。預修《籍田記》《集韻》，又撰《大樂圖》二卷、文集百卷。祁所至治事明峻，好作條教，其子遵治戒，不請謚。久之，學士承旨張方平言祁法應得謚，謚曰景文。事迹具《宋史》本傳。

　　[8] 李氏：李淑（1002—1059），字獻臣，號邯鄲，徐州豐縣（今屬江蘇）人，李若谷子。年十二，真宗幸亳，獻文行在所，真宗奇之，

命賦詩，賜童子出身，試秘書省校書郎，寇準薦之，授校書郎館閣校勘。乾興初，遷大理評事，修真宗實錄，爲檢討官，書成改光祿寺丞、集賢校理，爲國史院編修官，召試賜進士及第，改秘書郎，進太常丞、直集賢院、同判太常寺。擢史館修撰。再遷尚書禮部員外郎。上時政十議，改知制誥、勾當三班院，爲翰林學士，進吏部員外郎。會若谷參知政事，改侍讀學士，加端明殿學士。若谷罷，進本曹郎中，典豫王府章奏，以右諫議大夫知許州。權知開封府，復爲翰林學士、中書舍人。改給事中，知鄭州，徙河陽，轉尚書禮部侍郎，復爲翰林學士，罷端明殿學士，判流內銓，復加端明殿學士。除龍圖閣學士，出知應天府，明年復端明侍讀二學士，判太常寺。復再爲翰林學士，諫官包拯、吳奎等言淑性奸邪，又嘗請侍養父而不及其母，罷翰林學士，以端明龍圖閣學士奉朝請，丁母憂，服除爲端明侍讀二學士，遷戶部侍郎，復爲翰林學士，而御史中丞張升等又論奏之，不拜，除兼龍圖閣學士，由是抑郁不得志，出知河中府，暴感風眩，卒。贈尚書右丞。淑警慧過人，博習諸書，詳練朝廷典故，凡有沿革，帝多諮訪。制作誥命，爲時所稱。其他文多裁取古語，務爲奇險，時人不許也。……其傾險陂類此……又獻《繫訓》三篇，所著別集百餘卷。事迹附《宋史》李若谷傳。

[9] 垂意：注意；留意。

[10] 收拾：收聚；收集。

[11] 鄭氏：鄭樵。

《晏子春秋》七卷，齊大夫晏嬰。

《曾子》二卷，魯國曾參。

《子思子》七卷。魯穆公師孔伋。

《漆雕子》十三篇。漆雕開後。

《宓子》十六篇。孔子弟子宓不齊。

《世子》名碩，① 陳人，七十子之弟子。二十一篇。

《公孫尼子》一卷。七十子弟子。②

《孟子》十四篇，齊卿孟軻。趙岐注。鄭玄注七卷。劉熙注七卷。綦毋邃注七卷。陸喜經注七卷。③ 張鎰《音》二卷。孫奭《音》二卷。

《續孟子》二卷，唐林慎思撰。

《删孟子》一卷，馮休撰。

《荀卿子》十二卷，楚蘭陵令荀況。楊倞注三卷。④

《芊子》十八篇。齊人芊嬰，七十子之後。

《王孫子》一卷。

《羊子》四篇，秦博士羊百章撰。

《徐子》四十二篇。宋外黃人。

《魯仲連子》五卷。齊人魯連，不仕，稱先生。

《賈子》十卷，漢梁太傅賈誼撰。

《秦子》三卷。

《何子》五卷。

《劉子》三卷，梁劉勰撰。

《揚子法言》《解》一卷，揚雄撰。李軌注十五卷。侯苞注六卷。

---

① "碩"，百川本作"預"。
② 學津本、四部本、叢編本、四明本"七十子"下有"之"字。
③ "喜"，學津本、四部本、叢編本、四明本作"善"。
④ "三"，學津本、四部本、叢編本、四明本作"二"。

宋衷注十卷。柳宗元注十三卷。司馬光集注十卷。

《元子新論》十七卷,① 後漢六安丞元譚撰。②

《魏子》二卷,③ 後漢會稽人魏明撰。④

《牟子》二卷,後漢太尉牟融撰。

《王子政論》十卷,王肅撰。

《顧子新語》十二卷,吳太常顧譚撰。

《譙子法訓》八卷,譙周撰。

《譙子五教志》五卷。

《周生烈子》五卷。

《袁子正論》二十卷,袁準撰。

《袁子正語》二十五卷。⑤

《顧子義訓》十卷,晋揚州主簿顧夷撰。

《崔子至言》六卷。

《賈子》一卷。⑥

《元子》十卷,元結撰。

《元和子》二卷,杜信撰。

《伸蒙子》三卷,唐林慎思撰。

---

① "元",學津本、四部本、叢編本、四明本作"桓"。
② "元",學津本、四部本、叢編本、四明本作"桓"。
③ "二",學津本、四部本、叢編本、四明本作"三"。
④ "明",學津本、四部本、四明本作"朗"。
⑤ "語",學津本、四部本、叢編本、四明本作"書"。
⑥ 此條學津本、四部本、叢編本、四明本"卷"下有"開元中藍天尉撰"。

《冀子》五卷。①

《傅子》五卷，晋司隸校尉傅玄撰。舊有百二十卷。

《鯫子》一卷，趙鄰機撰。

《素履子》一卷，張弧撰。

《東莞子》十卷。②

《商子新書》三卷，商孝逸撰。

《孫綽子》十卷。

《樊子》三十卷，樊宗師撰。

《老子》古本二卷。河上公注二卷。③ 河上丈人注二卷。毋丘望之注二卷。又《章句》二卷。嚴遵注二卷。《指趣》二卷，又《指歸》十一卷。鍾會注二卷，又《解釋》四卷。羊祜注二卷。蜀才注二卷。孫登注二卷。汪尚注二卷，④ 又《音》一卷。劉仲融注二卷。袁真注二卷。曹道沖注二卷。張憑注二卷。盧景裕注二卷。陶景注二卷。⑤ 鍾植山注二卷。⑥ 陳臯注二卷。李允愿注二卷。陳嗣古注二卷。僧惠嚴注二卷。僧慧琳注二卷。鳩摩羅什注二卷。僧義盈注二卷。偃松子注二卷。梁曠等注四卷。李納注四卷。道士李榮注三卷。唐明皇注二卷。辟閭仁諝注二卷。傅奕注二卷。吴善經注一卷。楊上善注二卷。成元英注一卷。盧藏用注二卷。李軌

---

① 此條學津本、四部本、叢編本、四明本"卷"下有"冀重"二字。

② "莞"，學津本、四部本、叢編本、四明本作"管"。

③ 此條叢編本在"河上丈人注二卷"條下。

④ "汪尚"，學津本、四部本、叢編本、四明本作"王尚"。"二"，學津本、四部本、叢編本、四明本作"一"。

⑤ "陶景"，學津本、叢編本作"陶宏景"，四部本、四明本作"陶弘景"。

⑥ "植"，百川本、學津本、四部本、叢編本、四明本作"樹"。

《疏》一卷。李若愚注一卷。戴逵《疏》一卷。孟智周《疏》一卷。① 戴詵《疏》一卷。② 韋處玄《疏》一卷。③ 趙至堅《疏》一卷。④ 江徵《疏》二卷。⑤ 王顧等《疏》二卷。⑥ 賈青夷《疏》四卷。梁武帝《疏》八卷。⑦ 何晏《疏》四卷，又《講疏》四卷。《政和御解》二卷。任貞子《集注》四卷。⑧ 程韶《集注》二卷。張道相《集注》四卷。顧歡《義疏》一卷，又《義綱》一卷，又《章門》一卷。⑨ 王弼《節解》二卷，《指例略》二卷。⑩ 韓莊《指略》二卷。⑪ 賈大隱《述義》十卷。又《元指》八卷。⑫ 元景先生《簡要義》五卷。賈善翊《傳》三卷。崔少元《心鑑》一卷。《呂氏昌言》二卷。王守《注心鑑》一卷。⑬ 李畋《音解》二卷。

《莊子》郭象注十卷。向秀注二十卷。崔譔注十卷。⑭ 司馬彪注十

---

① “一”，學津本、四部本、叢編本、四明本作“五”。
② “一”，學津本、四部本、叢編本、四明本作“九”。
③ “一”，學津本、四部本、叢編本、四明本作“四”。
④ “一”，學津本、四部本、叢編本、四明本作“四”。
⑤ “二”，學津本、四部本、叢編本、四明本作“十四”。
⑥ “二”，學津本、四部本、叢編本、四明本作“四”。
⑦ “八”，學津本、四部本、叢編本、四明本作“六”。
⑧ “貞”，學津本、四部本、叢編本、四明本作“真”。
⑨ 此條學津本、四部本在“王弼《節解》二卷”條下。
⑩ 此條學津本、四部本、叢編本爲“《指略例》二卷”，在“又《義綱》一卷”條下。四明本此條作“又《指略例》二卷”。
⑪ 此條學津本、四部本、叢編本、四明本作“何晏《指略論》二卷”。
⑫ 此條學津本、四部本、叢編本作“韓莊《元指》八卷”，四明本作“韓莊《玄指》八卷”。
⑬ “王守”，學津本、四部本、叢編本、四明本作“王守愚”。“鑑”，學津本、四部本、叢編本、四明本作“鏡”。
⑭ “十”，學津本、四部本、叢編本、四明本作“一”。

六卷，《音》一卷。① 晋李頤注三十卷。又《疏》三卷。② 孟氏注十八卷。楊上善注十卷。道士文如晦注十卷。③ 盧藏用注十二卷。道士成元英注三十卷，又《疏》十二卷。四家注十五卷。張昭《補注》十卷。徐邈《疏》三卷。王穆《疏》三卷。④ 戴詵八卷，⑤ 又《疏》十卷。周弘正《講疏》八卷。李叔之《義疏》三卷。梁簡文帝《講疏》三十卷。張機《疏》二卷，又《內音義》一卷，⑥ 《外音義》一卷。⑦ 陸德明《句義》三十八卷。⑧ 馮廓《正義》十卷，⑨ 又《句義》二十卷。張隱居《指要》三十六篇。⑩ 陳景朝《內要》一卷。⑪ 李充《論》二卷，又《餘事》一卷。賈參廖《統略》三卷，⑫ 又《通真論》三卷。⑬ 李頤《集解》二十卷，邈一卷。⑭ 王元《集解》二十卷。⑮ 賈善翔《直音》一卷。⑯

《鶡子》一卷，周文王師楚人鶡熊。唐鄭縣尉逢行珪注。王觀注三卷。

《列子》八卷，鄭穆公時隱者列禦寇。唐加"沖虛真經"，本朝加

---

① 學津本、四部本、叢編本、四明本"音"上有"又"字。
② 此條學津本、四部本、叢編本、四明本作"又郭象《音》三卷"。
③ "晦"，學津本、四部本、叢編本、四明本作"海"。
④ "三"，學津本、四部本、叢編本、四明本作"一"。
⑤ 此條學津本、四部本、叢編本、四明本作"戴詵《疏》八卷"。
⑥ "內音義"，學津本、四部本、叢編本、四明本作"內篇音義"。
⑦ "外音義"，學津本、四部本、叢編本、四明本作"外篇雜音"。
⑧ "三十八"，學津本、四部本、叢編本、四明本作"二十八"。
⑨ "廓"，學津本、四部本、叢編本、四明本作"廊"。
⑩ "三十六"，學津本、四部本、叢編本、四明本作"三十三"。
⑪ "陳景朝"，學津本、四部本、叢編本、四明本作"陳景先"。
⑫ "賈參廖"，學津本、四部本、叢編本、四明本作"張游朝"。
⑬ 此條學津本、四部本、叢編本、四明本作"賈參廖《通真論》三卷"。
⑭ 此條學津本、四部本、叢編本、四明本作"徐邈注三卷"。
⑮ "王元"，學津本、四部本、叢編本、四明本作"王元古"。
⑯ "翔"，學津本、四部本、叢編本、四明本作"翃"。

"至德"。晋張湛注八卷。孫鶚注八卷。盧重光注八卷。《政和御注》八卷。《統略》一卷。《指歸》一卷。《釋文》一卷。①《音義》一卷。

《文子》十二卷。老子弟子。李暹《訓法》十二卷。②朱弁注十二卷。徐靈府《注音》一卷。③《統略》一卷。《家語要言》一卷。

《鶡冠子》三卷。楚之隱人。

《莊成子》十二卷。

《蹇子》一卷。

《唐子》十卷，吴唐滂撰。

《蘇子》十卷，④晋北中郎參軍蘇彦撰。

《宣子》二卷，晋宜城令宣聘撰。

《陸子》十卷，陸雲撰。

《幽求子》二十卷，杜英撰。⑤

《抱朴子》葛洪撰，内篇二十卷，外篇三十卷。

《符子》二十卷，東晋員外郎符明撰。

《賀子》十卷，宋太學博士賀道養撰。

《少子》五卷，齊司徒左長史張融撰。

《無名子》一卷，張太衡撰。

《元子》五卷。

---

① "一"，學津本、四部本、叢編本、四明本作"二"。
② "法"，學津本、四部本、叢編本、四明本作"注"。
③ 此條學津本、四部本、叢編本、四明本作"徐靈府注十二卷"。
④ "十"，學津本、四部本、叢編本、四明本作"七"。
⑤ "杜英"，學津本、四部本、叢編本、四明本作"杜夷"。

《廣成子》十三卷，商洛撰。① 張太衡注。何璨注三卷。

《亢倉子》三卷，老聃之徒庚桑楚撰。王士元注。《音略》一卷。②

《無能子》三卷。唐光啓中隱者，不得名氏。③

《同光子》八卷，劉無待撰。

《元真子》三卷，張志和撰。

《達觀子》一卷。

《淨注子》二十卷，④ 蕭子良撰。

《天隱子》一卷。

《元中子》三卷，杜登暉撰。

《元筌子》一卷，珞琭子撰。

《素履子》一卷。

《任子道論》一卷，魏河東太守任嘏撰。

《赤松子》一卷，陳摶撰。

《管子》十八卷，齊相夷吾撰。漢劉向録校，唐尹知章注。舊有三十卷，今存十九卷。房玄齡注二十一卷。⑤

《慎子》二卷，⑥ 戰國時處士慎到撰。舊有十卷，漢有四十二篇，隋、唐分爲十卷，今亡九卷三十七篇。

---

① "商洛"，學津本、四部本、叢編本、四明本作"商洛公"。
② "《音略》一卷"，學津本、四部本、叢編本、四明本作"又《音略》三卷"。
③ "得"，學津本、四部本、叢編本、四明本作"著"。
④ "注"，學津本、四部本、叢編本、四明本作"住"。
⑤ "二十一"，學津本、四部本、叢編本、四明本作"二十四"。
⑥ "二"，學津本、四部本、叢編本、四明本作"一"。

《韓子》二十卷，韓非撰。唐有尹知章注，今亡。

《阮子政論》五卷，魏清凉太守阮武撰。①

《陳子要言》十四卷，吳豫章太守陳融撰。

《鄧析子》一卷，戰國時鄭大夫。

《尹文子》二卷。尹文，周之處士。

《公孫龍子》一卷，戰國時人。舊十四篇，今亡八篇。陳嗣古注一卷。賈大隱注一卷。

《隨巢子》一卷。墨翟弟子。

《胡非子》一卷。墨翟弟子。

《董子》一卷，戰國時董無心撰。其説本墨氏。

《鬼谷子》三卷。皇甫謐注。② 鬼谷先生，楚人也，生於周世，隱居鬼谷。樂臺注三卷。唐尹知章注三卷。梁陶景注三卷。③

《補闕子》十卷，梁元帝撰。

《尸子》二十卷，秦相衛鞅上客尸佼撰。

《淮南子》二十一卷，漢淮南王劉安撰。許慎注。又高諒注二十一卷。④

《金樓子》十卷，梁元帝撰。

《子鈔》三十卷，梁黟令庾仲容撰。云諮議參軍鈔序。

---

① "凉"，學津本、四部本、叢編本、四明本作"河"。
② "謐"，學津本、四部本、叢編本、四明本作"諡"。
③ "陶景"，學津本、叢編本作"陶宏景"，四部本、四明本作"陶弘景"。
④ "諒"，百川本、學津本、四部本、叢編本、四明本作"誘"。

《子鈔》三十卷，沈約撰。

《子林》三十卷，薛克撰。①

《子書要略》一卷，盧藏用撰。

《子談論》三卷。

《范子計然》十五卷。

《農子》一卷。

《燕丹子》一卷。丹，青王喜太子。②

《青史子》一卷。

《宋玉子》一卷，楚大夫宋玉撰。

《郭子》三卷，東晉中郎郭澄之撰。賈泉注。

《猗玕子》一卷，③元結撰。

《炙轂子》五卷，唐王睿撰。

《乾饌子》一卷，溫庭筠撰。

《太公六韜》五卷。

《太公金匱》二卷。

《司馬兵法》三卷。

《孫子》三卷。

《吳子》一卷。

《尉繚子》五卷。梁惠王時人。

---

① “薛克”，學津本、四部本、叢編本、四明本作“薛克構”。
② “青”，學津本、四部本、叢編本、四明本作“燕”。
③ “玕”，四部本作“玗”，學津本、叢編本、四明本作“玗”。

子略卷一

黄帝陰符經[1]

觀天之道，執天之行，盡矣[2]。故天有五賊[3]，見之者昌[4]。五賊在心，施行於天；宇宙在乎手，萬化生乎身[5]。天性，人也[6]。人心，機[7]也。立天之道，以定人也。天發殺機[8]，日月星辰。地發殺機[9]，龍蛇起陸[10]。人發殺機，天地反覆[11]。① 天人合發，萬變定基[12]。性[13]有巧拙，可以伏藏[14]。九竅[15]之耶，② 在乎三要，可以動靜[16]。火生於木，禍發必剋；奸生於國，時動必潰[17]。知之修練[18]，謂之聖人[19]。

天地，③ 萬物之盜；萬物，人之盜；人，萬物之盜。[20]三

---

① 宋朱子《陰符經考異》："附按唐褚遂良得太極丹真人所注本於長孫趙國公家，以其書爲非一人之言，如首二句注云'聖母岐伯言'，次四句注云'天皇真人言'，以下皆然。間有與諸本不同者，如云：'天發殺機，移星移宿；地發殺機，龍蛇起陸；人發殺機，天地反覆。'諸本逸'移星移宿、地發殺機'八字，當以褚氏本爲正。"

② "耶"，學津本、四庫本、四部本、叢編本作"邪"。

③ "天"字前，宋朱子《陰符經考異》尚有："天生天殺，道之理也。"

189

盜既宜，三才既安[21]，故曰食其時，百骸理[22]；動其機，萬
化安[23]。人知其神而神，不知不神所以神[24]。日月有數，大
小有定，聖功生焉，神明出焉[25]。其盜機也，天下莫不見，
莫能知。君子得之固窮，小人得之輕命[26]。

　瞽者善聽，聾者善視，絕利一源，用師十倍；三反晝夜，
用師萬倍[27]。心生於物，死於物，機在目[28]。天之無恩而大
恩生，迅雷烈風，莫不蠢然[29]。① 至樂性餘，至靜則廉[30]。
天之至私，用之至公[31]。禽之制在氣[32]。② 生者死之根，死
者生之根；恩生於害，害生於恩[33]。愚人以天地文理聖，我
以時物文理哲[34]。③ 自然之道靜，故天地萬物生[35]。天地之
道浸[36]，故陰陽勝，陰陽相推而變化順矣[37]。至靜之道，律
呂[38]所不能契。愛有奇器，④ 是生萬象。八卦甲子，神機鬼
藏[39]。陰陽相勝之術，昭昭乎進乎象矣[40]。

【集釋】

　[1] 清馬驌《繹史》卷五："《陰符》四百餘言，世傳黃帝遺書
也。義蘊無所不包，或謂兵法之鼻祖，或謂道德之權輿，諸子百氏悉在
環域之中矣。"唐李筌《黃帝陰符經疏序》："少室山達觀子李筌……至
嵩山虎口巖石巖中得《陰符》。本絹素書，朱漆軸，以絳繒緘之。封

---

　① 宋朱子《陰符經考異》："褚氏本此下有'制在氣'三字。"
　② 宋朱子《陰符經考異》："褚氏本無'禽之制在氣'五字。"
　③ 宋朱子《陰符經考異》："驪山老母注本與蔡氏本'我以時物文理哲'爲書
之末句，褚氏本與張氏注本其下有二十一句百一十四字，朱子所深取者政在此內，
今取褚氏本爲正。"
　④ "愛"，學津本、四庫本、四部本、叢編本作"爰"。

云：'魏真君二年七月七日，上清道士寇謙之藏諸名山，用傳同好。'其本糜爛，應手灰滅。筌略抄記，雖誦在口，竟不能曉其義理。因入秦，至驪山下，逢一老母……說《陰符》玄義，言竟，誡筌曰：'黃帝陰符三百餘言，百言演道，百言演法，百言演術。參演其三，混而爲一，聖賢智愚各量其分，得而學之矣。上有神仙抱一之道，中有富國安民之法，下有強兵戰勝之術。聖人學之得其道，賢人學之得其法；智人學之得其術，小人學之受其殃；識分不同也。皆內出於天機，外合於人事，若巨海之朝百谷，止水之涵萬象。其機張，包宇宙、括九夷，不足以爲大；其機弛，隱微塵、納芥子，不足以爲小。視其精微，黃庭八景不足以爲學；察其至要，經傳子史不足以爲文；任其智巧，孫、吳、韓、白不足以爲奇。是以動植之性，成敗之數，死生之理，無非機者，一名《黃帝天機之書》。……'……筌所注《陰符》，併依驪山母所說，非筌自能。後來同好，敬爾天機，無妄傳也。"唐張果《黃帝陰符經注序》："《陰符》自黃帝有之，蓋聖人體天用道之機也。……其文簡，其義玄。凡有先聖數家注解，互相隱顯，後學難精，雖有所主者，若登天無階耳。……偶於道經藏中得《陰符傳》，不知何代人制，詞理玄邈，如契自然。臣遂編之，附而入注，冀將來君子不失道旨。"宋黃瑞節曰："二家皆尊向是書，而其說自不能合。張後李出，一切以李爲非是，然張亦未爲得也。姑舉'陰符'二字之義，張果云筌以陰爲暗，以符爲合，昧之至也。而其自爲說曰：'觀自然之道，無所觀也。不觀之以目，而觀之以心，心深微而無所見，故能照自然之性，其斯之謂，陰執自然之行，無所執也，不執之以手，而執之以機，機變通而無所繫，故能契自然之理，其斯之謂符。'終篇大率如此。又有驪山老母注，往往後之人之托，語意殊淺，間引張解，則知其又出張後也。"（《陰符經考異序》附按）宋朱熹《陰符經考異序》："《陰符經》三百言，李筌得於石室中，云寇謙之所藏，出於黃帝。河南邵氏以爲戰國時

書,① 程子以爲非商末則周末，世數久遠，不得而詳知，以文字氣象言
之，必非古書，然非深于道者不能作也。② 大要以至無爲宗，以天地文
理爲數，謂天下之故皆自無而生有，人能自有以返無，則宇宙在手矣。
筌之言曰：'百言演道，百言演法，百言演術。' 道者，神仙抱一；法
者，富國安民；術者，強兵戰勝；而不知其不相離也。一句一義，三者
未嘗不備。道者得其道，法者得其法，術者得其術，三之則悖矣。或曰
此書即筌之所爲也，得於石室者，僞也。其詞支而晦，故人各得以其所
見爲説耳。筌本非深于道者也，是果然歟？吾不得而知也。吾恐人見其
支而不見其一也，見其晦而不見其明也，吾亦不得而知也。是果然也，
則此書爲郢書，吾説爲燕説矣。"

　　[2] 宋朱熹《陰符經考異》："道分而爲天地，天地分而爲萬物。
萬物之中，人爲最靈。本與天地同體，然人所受于天地有純雜不同，
故必觀天之道，執天之行，則道在我矣。言天而不言地者，地在其
中也。"

　　[3] 五賊：謂命、物、時、功、神爲五賊。《黄帝陰符經集注》引
太公曰："其一賊命，其次賊物，其次賊時，其次賊功，其次賊神。賊
命以一消，天下用之以昧；賊物以一急，天下用之以利；賊時以一信，
天下用之以反；賊功以一恩，天下用之以怨；賊神以一驗，天下用之以
小大。" 宋朱熹《陰符經考異》："五賊，五行也。天下之善，由此五者
而生，而惡亦由此五者而有，故即其反而言之曰五賊。" 宋黄瑞節又附
録朱子曰："《陰符》説那五個物事在這裏相生相克，曰五賊在心，施
行于天，用不好心去看他，便都是賊了，五賊乃言五性之德。施行于

────────────

　　① 邵子曰："《陰符經》，七國時書也。"
　　② 程子曰："《陰符經》何時書？非商末，則周末。若是先王之時，聖道既
明，人不敢爲異説。及周室下衰，道不明於天下，才智之士甚衆，既不知道所趨向，
故各自以私智窺測天地，盜竊天地之機。"又曰："老子甚雜，如《陰符經》卻不雜，
然皆窺天道之未至者也。"

天，言五行之氣。"

[4] 宋朱熹《陰符經考異》曰："五賊雖天下之所有，然造天地者，亦此五者也。降而在人，則此心是也。能识其所以然，則可以施行于天地，而造化在我矣。故曰：見之者昌。"

[5]《黄帝陰符經集注》引太公曰："聖人謂之五賊，天下謂之五德。人食五味而生，食五味而死，无有怨而棄之者也，心之所味也亦然。"萬化，萬事萬物，即大自然。

[6] 宋朱熹《陰符經考異》曰："天地之所以性者，寂然至無不可得而見也。人心之所禀，即天地之性，故曰：天性，人也。"《黄帝陰符經集注》引諸葛亮曰："以爲立天定人，其在於五賊。"

[7] 機：事物變化之所由。《禮記·大學》："一家仁，一國興仁；一家讓，一國興讓；一人貪戾，一國作亂；其機如此。"鄭玄注："機，發動所由也。"宋朱熹《陰符經考異》曰："人之心，自然而然，不知其所以然者，機也。"

[8]《黄帝陰符經集注》引范蠡曰："昔伊尹佐殷，發天殺之機，克夏之命。"宋朱熹《陰符經考異》曰："殺機者，機之過者也。"

[9]《黄帝陰符經集注》引太公曰："不耕，三年大旱，不鑿，十年地壞。"

[10] 龍蛇：喻傑出的人物。起陸：騰躍而上。形容平步青雲，大展鴻才。

[11]《黄帝陰符經集注》引太公曰："殺人過萬，往往大風暴起。"諸葛亮曰："按楚殺漢兵數萬，大風杳冥，晝晦有若天地反覆。"

[12]《黄帝陰符經集注》引李筌曰："大荒大亂、兵水旱蝗，是天殺機也。虞舜陶甄、夏禹拯骸、殷繫夏臺、周囚羑里、漢祖亭長、魏武乞丐，俱非王者之位，乘天殺之機也，起陸而帝。君子在野，小人在位，權臣擅威，百姓思亂，人殺機也。成湯放桀、周武伐紂、項籍斬嬴嬰、魏廢劉協，是乘人殺之機也。覆貴爲賤，反賤爲貴，有若天地反

覆。天人之機合發，成敗之理宜然。萬變千化，聖人因之而定基業也。"宋朱熹《陰符經考異》："天人合發者，道之所在，天意人情所同。"

[13] 性：人的本性。《易·繫辭上》："一陰一陽之謂道。繼之者善也，成之者性也。"孔穎達疏："若能成就此道者，是人之本性。"

[14]《黃帝陰符經集注》引張良曰："聖人見其巧拙，彼此不利者，其計在心；彼此利者，聖哲英雄道焉，況用兵之務哉？"宋朱熹《陰符經考異》曰："聖人之性，與天地參，而衆人不能者，以巧拙之不同也。惟知所以伏藏，則拙者可使巧也。"

[15] 九竅：指耳、目、口、鼻及尿道、肛門的九個孔道。《周禮·天官·疾醫》："兩之以九竅之變。"鄭玄注："陽竅七，陰竅二。"

[16]《黃帝陰符經集注》引太公曰："三要者，耳、目、口也。耳可鑿而塞，目可穿而眩，口可利而訥。興師動衆，萬夫莫議。其奇在三者，或可動，或可靜之。"宋朱熹《陰符經考異》曰："竅雖九，而要者三，耳、目、口，是也。知所以動靜，則三返而九竅可以無邪矣。目必視，耳必聽，口必言，是不可必靜。惟動而未嘗離靜，靜非不動者，可以言靜也。"

[17]《黃帝陰符經集注》引李筌曰："火生于木，火發而木焚。奸生于國，奸成而國滅。木中藏火，火始于无形。國中藏奸，奸始于无象。非至聖不能修身煉行，使奸火之不發夫國，有无軍之兵，无災之禍矣。"

[18] 修練：亦作"修煉"，依天人之道，而修身煉行。

[19] 宋朱熹《陰符經考異》："知之修煉，非聖人孰能之？修煉之法，動靜伏藏之説也。"

[20]《黃帝陰符經集注》引鬼谷子曰："三盜者，彼此不覺知，但謂之神。明此三者，況車馬金帛，棄之可以傾河填海，移山覆地，非命而動，然後應之。"李筌曰："天地與萬物生成，盜萬物以衰老。萬物

與人之服御，盜人以驕奢。人與萬物之工器，盜萬物以毀敗。皆自然而往，三盜各得其宜，三才各安其任。"宋陳直《壽親養老新書》卷一："經曰：'天地，萬物之盜。人，萬物之盜。'人所以盜萬物，爲資養之法。其水陸之物爲飲食者不啻千品，其五色五味冷熱補瀉之性亦皆稟於陰陽五行，與藥無殊。大體用藥之法，以冷治熱，以熱治冷，實則瀉之，虛則補之，此用藥之大要也。人若能知其食性，調而用之，則倍勝於藥也。緣老人之性，皆厭於藥而喜於食，以食治疾，勝於用藥，況是老人之疾慎於叶利，尤宜食以治之。凡老人有患，宜先以食治。食治未愈，然後命藥。此養老人之大法也。是以善治病者，不如善慎疾。善治藥者，不如善治食。"

［21］宋朱熹《陰符經考異》："天地生萬物，而亦殺萬物者也。萬物生人，而亦殺人者也。人生萬物，而亦殺萬物者也。以其生而爲殺者也，故反而言之，謂之盜，猶曰五賊云爾。然生殺各得其當，則三盜宜。三盜宜，則天地位，萬物育矣。"

［22］《黃帝陰符經集注》引鬼谷子曰："不欲令後代人君廣斂珍寶，委積金帛。若能棄之，雖傾河填海，未足難也。食者所以治百骸，失其時而生百病。動者所以安萬物，失其機而傷萬物。故曰：時之至間不容瞬息，先之則太過，後之則不及。是以賢者守時，不肖者守命也。"

［23］宋朱熹《陰符經考異》："天地萬物主于人，人能食天地之時，則百骸理矣。動天地之機，則萬化安矣。此爲盜之道也。時者，春秋早晚也。機者，生殺長養也。"宋劉辰翁曰："食其時，猶列子所謂盜天地之和。"

［24］《黃帝陰符經集注》引李筌曰："人皆有聖人之聖，不貴聖人之愚。既睹其聖，又察其愚，復睹其聖，故《書》曰：'專用聰明，則事不成；專用晦昧，則事皆悖。一明一晦，衆之所載。'伊尹酒保，太公屠牛，管仲作革，百里奚賣粥，當衰亂之時，人皆謂之不神。及乎逢成湯，遭文王，遇齊桓，值秦穆，道濟生靈，功格宇宙，人皆謂之至

神。"宋朱熹《陰符經考異》:"神者,靈怪不測也。不神者,天地日月山川動植之類也。人知靈怪之爲神,天地日月山川動植,耳目所接,不知其神也。"

[25]《黄帝陰符經集注》引李筌曰:"一歲三百六十五日,日之有數,月次十二,以積閏大小,餘分有定,皆禀精炁自有,不爲聖功神明而生。聖功神明亦禀精炁自有,不爲日月而生。是故成不貴乎天地,敗不怨乎陰陽。"聖功謂至聖之功。神明爲天地間一切神靈的總稱。

[26]《黄帝陰符經集注》引諸葛亮曰:"夫子、太公豈不賢于孫、吳、韓、白,所以君子小人異之。四子之勇,至于殺身,固不得其主而見殺矣。"又引李筌曰:"君子得其機,應天順人,乃固其窮;小人得其機,煩兵黷武,乃輕其性命。《易》曰:'君子見機而作,不俟終日。'又曰:'知機其神乎?'機者,易見而難知,見近知遠。"宋朱熹《陰符經考異》:"盜機者,即五賊流行天地之間,上文所謂日月之數也。見之知之,則三盜宜而三才安矣。然黄帝、堯、舜之所以得名得壽,蘇、張、申、韓之所以殺身赤族,均是道也。民可使由之,不可使知之,至哉言乎!"

[27]《黄帝陰符經集注》引太公曰:"目動而心應之,見可則行,見否則止。"宋朱熹《陰符經考異》:"瞽聽聾視,用志不分也,一可以當十。三返者,即耳、目、口也。返者,復其初也。晝夜者,陰陽之運。三者既返,則超乎陰陽之運,而通晝夜,一死生矣。一可以當萬,《易》所謂神武而不殺也。"宋黄瑞節於《陰符經考異》此條下附錄朱子曰:"瞽者善聽,聾者善視,則其專一可知。絕利一源者,絕利而止守一源。絕利者,絕其二三。一源者,一其本源。三返晝夜者,更加詳審,豈惟用兵,凡事莫不皆然。"又曰:"三返晝夜之說,如修養家子午行持,今日如此,明日如此,做得愈熟,愈有效驗。"宋劉辰翁曰:"人三返只是三省。"

[28]《黄帝陰符經集注》引李筌曰:"爲天下機者莫近乎心目,心

能發目，目能見機。"宋朱熹《陰符經考異》："心因物而見，是生于物也；逐物而喪，是死於物也。人之接於物者，其竅有九，而要有三，而目又要中之要者也。"

[29]《黃帝陰符經集注》引李筌曰："天心无恩，萬物有心，歸恩于天。老子曰：'天地不仁，以萬物爲芻狗。聖人不仁，以百姓爲芻狗。'是以施而不求其報。"宋朱熹《陰符經考異》："無恩之恩，天道也。惟無恩而後能有恩，惟無爲然後能有爲。此用師萬倍，必三返而後能也。"

[30]《黃帝陰符經集注》引李筌曰："樂則奢餘，靜則貞廉。性餘則神濁，性廉則神清。神者，智之泉，神清則智明。智者，心之府，智公則心平。人莫鑑于流水，而鑑于澄水，以其清且平。神清意平，乃能形物之情。夫聖人者，不淫于至樂，不安于至靜，能栖神靜樂之間，謂之守中。如此，勢利不能誘，聲色不能蕩，辯士不能説，智者不能動，勇者不能懼。見禍于重關之外，慮患于杳冥之内，天且不違，而況于兵之詭道者哉？"

[31]《黃帝陰符經集注》引李筌曰："天道曲成萬物而不遺，椿菌鵬鷃，巨細修短，各得其所，至私也。雲行雨施，雷電霜霓，生殺之均，至公也。聖人則天法地，養萬民，察勞苦，至私也。行正令，施法象，至公也。"宋朱熹《陰符經考異》："至樂者無事，故性餘裕，而能先天下之憂。至靜者無染，故性廉潔，而能同天下之患。此三返之道，無爲之至也。若不拔一毫者之所爲也。然天之道至私，而用之至公。是至樂至淨，乃所以有爲也。"

[32]宋朱熹《陰符經考異》："物之可取者謂之禽。萬物之相制伏，彼豈有爲於其間，蓋氣之自然也。虎豹之於麟，鷹隼之於鳳，非以其才之搏與鷙也。此三返晝夜，所以能至于一當萬也。"

[33]宋朱熹《陰符經考異》："生死恩害，道無不然，此霜雪之殘，所以有至恩；雨露之滋，所以有至忍也。極而論之，則有無動靜之

機，未嘗不相與爲往來，故正言若反也。"

[34]《黃帝陰符經集注》引李筌曰："景星見，黃龍下；翔鳳至，醴泉出；嘉穀生，河不滿溢，海不揚波。日月薄蝕，五星失行；四時相錯，晝冥宵光，山崩川涸，冬雷夏霜。愚人以此天地文理爲理亂之機。文思安安，光被四表，克明俊德，以親九族，六府三事，无相奪倫，百穀用成，兆民用康；昏主邪臣，法令不一，重賦苛政，上下相蒙，懿戚貴臣，驕奢淫縱，酗酒嗜音，峻宇雕牆，百姓流亡，思亂怨上。我以此時物文理爲理亂之機也。"宋朱熹《陰符經考異》："人見天有文，地有理，以爲聖也，不知其所以聖。我以時之文物之理，而知天地之所以聖。天文有時，地理有物。哲，知也。以天地之常言之，其道固如是。自變者言之，亦如是也。此觀天之道，執天之行，至於通乎晝夜，而與造化同體，動靜無違也。"

[35]《黃帝陰符經集注》引尹曰："靜之至，不知所以生。"

[36]《黃帝陰符經集注》引張良曰："天地之道浸微，而推勝之。"

[37]宋黃瑞節於《陰符經考異》此條下附錄朱子曰："四句極說得妙。靜能生動，便是漸漸恁地消去，又漸漸恁地長。天地之道，便是常恁地示人。"又曰："浸字最下得妙，天地間不陡頓恁他陰陽勝。"又曰："天地之道浸，這句極好，陰陽之道，無日不相勝。只管逐些子捱出，這個退一分，那個便進一分。"又曰："若不是極靜，則天地萬物不生。浸者，漸也，天地之道漸漸消長，故剛柔勝。此便是吉凶貞勝之理，《陰符經》此等處特然好。"

[38]律呂：古代校正樂律的器具。用竹管或金屬管制成，共十二管，管徑相等，以管的長短來確定音的不同高度。從低音管算起，成奇數的六個管叫作"律"；成偶數的六個管叫作"呂"，合稱"律呂"。後亦用以指樂律或音律。

[39]《黃帝陰符經集注》引諸葛亮曰："奇器者，聖智也。天垂象，聖人則之。推甲子，畫八卦，考蓍龜，稽律曆，則鬼神之情、陰陽

之理昭著乎象，无不盡矣。”又曰：“八卦，申而用之。六十甲子，轉
而用之。神出鬼入，萬明一矣。”

[40]《黄帝陰符經集注》引張良曰：“是生萬象者，心也。合藏
陰陽之術，日月之數，昭昭乎在人心矣。”宋黄瑞節於《陰符經考異》
此條下附録高似孫《緯略》曰：“蔡端明云：柳書《陰符經》，書之
最精者，善藏筆鋒。余觀此書，非唯柳氏筆法遒結，全不類他書，而
此序乃鄭澣之作，尤爲奇絶。其曰：‘雷雨在上，典彝旁達，浚其粹
精，流爲聰明。’四句精絶，不似唐人辭章。至曰：‘磻溪之遇合，金
匱之秘奥，留侯武侯，思索其極。’尤足以發陰符之用也。”附按：
“書末數語，引而不發，頗似深秘奇器，萬象不知何所指。八卦甲子，
神機鬼藏，殆所謂術也，在人默悟而善用之云。”又引宋魏了翁曰：
“李嘉猷博通經子百氏，而深於《易》。晚得專氣致柔之説，以《陰
符》《參同》博考精玩，篤信不懈。然則知道者，固合是二書，與
《易》同用云。”

陰符經

陰符經注

太公等注一卷，十一家[1]。①

七家注一卷。

李靖注一卷，李筌[2]。②

張杲注一卷。③

---

① “十一”，學津本、四庫本、四部本、叢編本、四明本作“十七”。
② 此條學津本、四部本、叢編本作“李筌注一卷”。
③ “杲”，學津本、四部本、叢編本作“果”，當以“果”爲是。

袁淑真注一卷。

蕭真宰注一卷。

黃居真注一卷。

沈亞夫注一卷。

任照一注一卷。

蹇昌辰注

杜光庭注一卷。

陸佃注一卷。

李靖《陰符機》一卷^[3]。

《陰符太無傳》一卷^[4]。張杲傳，① 得於《道藏》。

《陰符正義》一卷，唐韋洪。^[5]

《陰符要義》一卷。

李筌《妙義》驪山母傳，一卷。

《陰符辨命論》張杲，② 一卷。

《陰符玄談》玄解先生，一卷。

《陰符經》一卷，杜光庭。

《陰符十德經》一卷，葛洪。

《陰符經疏》一卷，③ 袁淑真。

---

① "杲"，學津本、四部本、叢編本作"果"，當以"果"爲是。
② "杲"，學津本、四部本、叢編本作"果"，當以"果"爲是。
③ "一"，學津本、四部本、叢編本作"三"。

《陰符經頌》一卷,①大玄子。②

《陰符經》一卷,無爲子撰。

《陰符頌》三卷,③張彬卿撰。

《陰符玄義》一卷,唐張魯。

《陰符丹經》一卷,防山長。④

《陰符丹經》一卷,驪山母注。

《陰符序》一卷,李筌。

《陰符經訣》一卷。

《陰符經序》一卷。

《陰符五賊義》一卷。

《陰符小解》一卷。[6]

《陰符天機經》一卷。

《陰符解題》一卷。

《陰符丹經解》一卷。

【集釋】

[1]《崇文總目》:自太公而下,注傳尤多。今集諸家之説合爲一書,若太公、范蠡、鬼谷子、諸葛亮、張良、[李淳風、]李筌、李合、李鑑、李鋭、楊晟凡十一家。自淳風以下皆唐人。又有"傳曰"者,不詳何代人。太公之書,世遠不傳。張良本傳不云著書二説,疑後人假

---

① "一",學津本、四部本、叢編本作"三"。
② "大",學津本、四部本、叢編本作"太"。
③ "頌",學津本、四部本、叢編本作"疏"。
④ "防",學津本、四部本、叢編本作"房"。

201

托云。又有《陰符經叙》一卷，不詳何代人叙集。太公以後爲《陰符經》注者凡六家，並以惠光嗣等傳附之。

[2] 晁公武《郡齋讀書志》卷三上："《陰符經》一卷，右唐少室山人布衣李筌序云：《陰符經》者，黄帝之書，或曰受之廣成子，或曰受之玄女，或曰黄帝與風后、玉女論陰陽六甲，退而自著其事。陰者，暗也；符者，合也。天機暗合於事機，故曰陰符。皇朝黄庭堅魯直嘗跋其後云：'《陰符》出於李筌，熟讀其文，知非黄帝書也。盖欲其文奇古，反詭譎不經，盖糅雜兵家語，又妄説太公、范蠡、鬼谷、張良、諸葛亮訓注，尤可笑，惜不經柳子厚一搭擊也。'"《朱子語類》卷一百二十五："閭丘主簿進《黄帝陰符經傳》，先生説：'《握奇經》等文字，恐非黄帝作，唐李筌爲之。聖賢言語自平正，都無許多嶢崎。'"

[3] 馬端臨《文獻通考·經籍考》："《陰符機》一卷，《崇文總目》：'唐李靖撰。以謂陰符者應機制變之書，破演其説爲陰符機，又有勢滋及論合三篇。'"

[4] 馬端臨《文獻通考·經籍考》："《陰符經太無傳》一卷，《陰符經辯合論》一卷，《崇文總目》：'唐張果傳。或曰果於《道藏》得此傳，不詳何代人所作，因編次而正之，今別爲古字，盖當時道書所得之本也。'"

[5] 馬端臨《文獻通考·經籍考》："《陰符經正義》一卷，《崇文總目》：'唐韋洪撰。'"

[6] 馬端臨《文獻通考·經籍考》："《陰符經要義》一卷，《陰符經小解》一卷，《崇文總目》題云：'元解先生撰，不詳何代人。'"

陸龜蒙[1]讀陰符經詩

清晨整冠坐，朗咏三百言。備識天地意，獻詞[2]犯乾坤。

何事不隱德，降靈生軒轅[3]。口銜造化[4]斧，鑿破機關門。五賊忽迸逸[5]，萬物爭崩奔[6]。虛施[7]神仙要，莫救華池[8]源。但學戰勝術，相高甲兵屯。龍蛇競起陸，鬥血浮中原。成湯[9]與周武[10]，反覆更爲尊。下及秦漢得，① 瀆[11]弄兵亦煩。奸強自休據，仁弱無枝蹲。狂喉[12]咨吞噬，② 逆翼爭飛翻。家家伺天發，不肯匡滛昏[13]。生民墜塗炭，此屋爲冤魂。③ 祇[14]爲謹此書，大樸[15]難久存。微臣與軒轅，亦是萬世孫。未能窮意義，豈敢求瑕痕。曾亦愛兩句，可與賢達論。生者死之根，死者生之根。方寸了十字，萬化皆胚渾[16]。身外更何事，眼前徒自喧。黃河但東注，不見歸昆侖。晝短苦夜永，勸若傾一樽。④

【集釋】

[1] 陸龜蒙（？—約881），字魯望，自號江湖散人、天隨子、甫裏先生。唐長洲人。舉進士不中，往從湖州刺史張摶游，摶歷湖、蘇二州，辟以自佐。著有《甫裏集》。

[2] 獻詞：獻上敬語。

[3] 軒轅：傳說中的古代帝王黃帝的名字。傳說姓公孫，居於軒轅之丘，故名曰軒轅。曾戰勝炎帝於阪泉，戰勝蚩尤于涿鹿，諸侯尊爲天子。

[4] 造化：自然界的創造者。亦指自然。

---

① “得”，學津本、四部本、叢編本作“代”。
② “咨”，學津本、四庫本、四部本、叢編本、四明本作“恣”。
③ “此”，學津本、四庫本、四部本、叢編本作“比”。
④ “若”，四庫本作“君”。

　　[5] 迸逸：猶逃竄。

　　[6] 崩奔：奔馳。

　　[7] 施：邪。《老子》：“使我介然有知，行於大道，唯施是畏。”清王念孫《讀書雜志餘編上·老子》：“施，讀爲‘迤’。迤，邪也。”

　　[8] 華池：神話傳說中的池名。在昆侖山上。

　　[9] 成湯：商開國之君。契的後代，子姓，名履，又稱天乙。夏桀無道，湯伐之，遂有天下，國號商，都於亳。

　　[10] 周武：即周武王姬發，周文王次子。因其兄伯邑考被商紂王所殺，故得以繼位。他繼承父親遺志，于公元前十一世紀消滅商朝，建立了西周王朝。死後謚號“武”，史稱周武王。

　　[11] 瀆：濫，過度。

　　[12] 狂喉：猶大口。

　　[13] 滔昏：極度昏庸，淫亂昏憒。

　　[14] 祇：同“祗”，恭敬。

　　[15] 大樸：謂原始質樸的大道。

　　[16] 胚渾：混沌。古代傳說中指宇宙形成以前的景象。

皮日休[1]讀陰符經詩

　　三百八十言，出自伊祁氏[2]。上以生神仙，次云立仁義。玄機一以發，五賊紛然起。結爲日月精，融作天地髓。不測似陰陽，難名若神鬼。得之升高天，失之沈厚地。具茨雲木老，大塊[3]烟霞委。似顓頊[4]以降，①賊[5]爲聖人軌[6]。堯[7]乃一庶人，得之賊帝摯[8]。摯見其德尊，脱身授其位。

---

　　① “似”，學津本、四庫本、四部本、叢編本、四明本作“自”。

舜[9]惟一鰥民[10]，冗[11]冗作什器[12]。得之賊帝堯，曰丁作天子。① 禹本刑人[13]後，以功繼其嗣[14]。得之賊帝舜，用以平降水。自禹[15]及文武[16]，天機憭然弛。姬公[17]樹其綱，賊之爲聖智。聲詩川競大，禮樂山爭峙。爰從幽厲[18]餘，宸極[19]若孩稚。九伯[20]真大堯，② 諸侯實虎兕[21]。五星[22]合其耀，白日下闕里[23]。由是生聖人，於焉當亂紀。黃帝之五賊，拾之若青紫[24]。高揮春秋筆[25]，不可刊[26]一字。賊子虐甚圻[27]，奸臣痛於棰[28]。至今千餘年，蚩蚩[29]受其賜。時代更復改，刑政崩且陊[30]。余將賊其道，所動多訕[31]毀。叔孫[32]與臧倉[33]，賢聖多如此。如何黃帝機，吾得多坎躓[34]。③

【集釋】

[1] 皮日休（約834—883後），字逸少，後改襲美。自號鹿門子，又號間氣布衣、醉吟先生，唐襄陽人。懿宗咸通八年擢進士第。十年，爲蘇州刺史從事，與陸龜蒙交游唱和，人稱皮陸。後入京爲太常博士。僖宗乾符五年，黃巢軍下江浙，日休爲巢所得，任爲翰林學士。巢敗，日休下落不明。著有《皮子文藪》《松陵集》。其《文藪》卷十《皮子世錄》云：“自有唐以來，或農竟陵，或隱鹿門，皆不拘冠冕，以至皮子。嗚呼，聖賢命世，世不賤不足以立志，地不卑不足以立名。是知老子產於厲鄉，仲尼生於闕里。苟使李乾早胎，老子豈

---

① “曰”，百川本、學津本、四庫本、四部本、叢編本、四明本作“白”。

② “大”，四庫本作“犬”。

③ 四庫本下有“縱失生前祿，亦多身後利。吾欲賊其名，垂之千萬祀”二十字。

205

降？叔梁早殞，仲尼不生。"

　　[2] 伊祁氏：古帝號。即神農，一説即帝堯。《禮記·郊特牲》："伊耆氏始爲蠟。"鄭玄注："伊耆氏，古天子號也。"孔穎達疏："《明堂》云：'土鼓、葦籥，伊耆氏之樂。'"

　　[3] 具茨、大塊（隗），語出《莊子·徐無鬼》："黄帝將見大隗乎具茨之山。"成玄英疏云："大隗，大道廣大而隗然空寂也。亦言古之至人也。具茨，山名也，在滎陽縣界，亦名泰隗山。黄帝聖人，久冥至理，方欲寄尋玄道，故托迹具茨。"

　　[4] 顓頊：上古帝王名。"五帝"之一，號高陽氏。相傳爲黄帝之孫、昌意之子，生於若水，居於帝丘。十歲佐少昊，十二歲而冠，二十登帝位。在位七十八年。

　　[5] 賊：《陰符經》張果注："五賊者，命、物、時、功、神也……故反經合道之謀其名有五，聖人禪之乃謂之賊，天下賴之則謂之德。故賊天之命，人知其天而不知其賊，黄帝所以代炎帝也。賊天之物，人知其天而不知其賊，帝堯所以代帝摯也。賊天之時，人知其天而不知其賊，帝舜所以代帝堯也。賊天之功，人知其天而不知其賊，大禹所以代帝舜也。賊天之神，人知其天而不知其賊，殷湯所以革夏命也，周武所以革殷命也。故見之者昌，自然而昌也。"

　　[6] 軌：遵循，依照。

　　[7] 堯：傳説中古帝陶唐氏之號。

　　[8] 摯：帝堯之異母兄，高辛（即帝嚳）與娵訾氏之子，曾治理天下九年，爲政不善，而禪讓於堯。

　　[9] 舜：五帝之一，姚姓，有虞氏，名重華，史稱虞舜或舜。相傳受堯禪讓，後禪位於禹，死在蒼梧。

　　[10] 鰥民：鰥夫。老而無妻曰鰥。

　　[11] 冗：忙。

　　[12] 什器：指各種生産用具或生活器物。《史記·五帝本紀》：

"舜作什器於壽丘。"司馬貞索隱："什器，什，數也。蓋人家常用之器非一，故以十爲數，猶今云'什物'也。"

[13] 刑人：受刑之人。此處指禹父鯀，因治水失敗，被處死。

[14] 嗣：繼承君位。

[15] 禹：古代部落聯盟的領袖。姒姓，名文命，鯀之子。又稱大禹、夏禹、戎禹。原爲夏後氏部落領袖，奉舜命治理洪水，領導人民疏通江河，興修溝渠，發展農業。據傳治水十三年中，三過家門不入。後被選爲舜的繼承人，舜死後即位，建立夏代。

[16] 文武：周文王和周武王。

[17] 姬公：指周公姬旦。

[18] 幽厲：周代昏亂之君幽王與厲王的並稱。

[19] 宸極：即北極星，借指帝王。

[20] 九伯：上古九州的方伯。方伯，諸侯之長。

[21] 虎兕：虎與犀牛。比喻凶惡殘暴的人。

[22] 五星：指水、木、金、火、土五大行星，即東方歲星（木星）、南方熒惑（火星）、中央鎮星（土星）、西方太白（金星）、北方辰星（水星）。

[23] 闕里：孔子故里，孔子曾在此講學。後建有孔廟，幾占曲阜全城之半。

[24] 青紫：本爲古時公卿綬帶之色，因借指高官顯爵。

[25] 春秋筆：相傳孔子據史實修《春秋》，筆則筆，削則削；字寓褒貶，不佞不諛，使亂臣賊子懼。後遂以"春秋筆"指據事直書的史筆。

[26] 刊：訂正，修訂。

[27] 㭬：即"析"字。劈，剖。

[28] 棰：鞭打。

[29] 蚩蚩：敦厚貌。一說，無知貌。

[30] 陊：敗壞。

[31] 訿：亦作"訾"，詆毀；指責。

[32] 叔孫：即叔孫通，西漢魯國薛人。秦末，爲博士。從項梁、項羽。後歸劉邦，任博士，號稷嗣君。劉邦稱帝，通説帝征魯諸生與弟子共立朝儀。高祖七年，長樂宮成，諸侯群臣朝賀如儀，莫不震恐肅敬。拜太常。高祖九年，徙太子太傅，諫止劉邦易太子。惠帝即位，復爲太常，定宗廟儀法。

[33] 臧倉：戰國時魯國人。魯平公嬖人。平公欲見孟子，倉誣孟子非賢者，阻平公之行。

[34] 躓：跌倒，絆倒。

陰符經[1]

似孫曰：軒轅氏鑿天之奧，泄神之謀，著書曰"陰符"，雖與八卦相表裏，而其辭其旨，涉乎幾[2]、入乎深。唯深也，故能通天下之志；唯幾也，故能通天下之蹟[3]。① 唯神也，故不疾而速，不行而至。軒轅氏皆有得於此者。堯、舜、禹以徠，皆精一危微[4]，行所無事之時。陰符之學，無所著見，豈非行之於心，仁於天下者乎？湯、武有《誓》[5]，《韜》[6]《匱》[7]有兵，八陣[8]有圖，遂皆用此以神其武，而況有《風后握奇》一書，又爲之經緯乎？此黄帝心法，而後世以爲兵法者，是以此書見之兵家[9]者流，殆未曾讀《陰符》矣。嗚呼，若符之學一乎兵，則黄帝之所以神其兵者，豈必皆出於

---

① "蹟"，四庫本作"蹟"。

此哉！古之聰明睿知，神武而不殺[10]，故通其變，使民不倦。神而化之，使民宜之。此爲《陰符》之機[11]矣。其曰："天有五賊，見之者昌。"此又出於羲[12]畫之表，人固有五賊，特莫之見耳。若能見之，何止乎昌耶？夫子曰："老而不死之謂賊。"[13]此之謂也。皮日休之言奇矣。皮日休和陸龜蒙《讀陰符詩》有曰："三百八十言，出自伊耆氏。"皮氏所見，亦今本耳。

【集釋】

[1] 陰符經：《四庫全書總目》卷一百四十六："《陰符經解》一卷，舊本題黃帝撰，太公、范蠡、鬼谷子、張良、諸葛亮、李筌六家注。《崇文總目》云：'《陰符經叙》一卷，不詳何代人叙集。太公以後爲《陰符經》注者凡六家，並以惠光嗣等傳附之。'蓋即此書，而佚其傳也。晁公武《讀書志》引黃庭堅跋，稱'《陰符》糅雜兵家語，又妄託子房、孔明諸賢訓注'。則是書之注，以此本爲最古矣。案：《隋書·經籍志》有太公《陰符鈐錄》一卷，又《周書陰符》九卷，皆不云黃帝。《集仙傳》始稱唐李筌於嵩山虎口巖石室得此書，題曰'大魏真君二年七月七日道士寇謙之，藏之名山，用傳同好。已糜爛，筌鈔讀數千遍，竟不曉其義。後於驪山逢老母，乃傳授微旨，爲之作注。'其說怪誕不足信。胡應麟《筆叢》乃謂蘇秦所讀即此書，故書非僞，而託於黃帝，則李筌之僞。考《戰國策》載蘇秦發篋，得太公《陰符》，具有明文。又歷代史志皆以《周書陰符》著錄兵家，而黃帝《陰符》入道家，亦足爲判然兩書之證。應麟假借牽合，殊爲未確。至所云唐永徽初，褚遂良嘗寫一百本者，考文徵明停雲館帖所刻遂良小字《陰符經》，卷末實有此文。然遂良此帖，自米芾《書史》《寶章待訪錄》《宣和書譜》即不著錄，諸家鑒藏亦從不及其名。明之中葉忽出於徵明之

家，石刻之真偽尚不可定，又烏可據以定書之真偽乎？特以書雖晚出，而深有理致，故文士多爲注釋，今亦録而存之耳。注中別有稱‘尹曰’者，不知何人。卷首有序一篇，不署名氏，亦不署年月，中有‘泄天機者沉三劫’語。蓋粗野道流之鄙談，無足深詰。惟晁公武《讀書志》中所引筌注，今不見於此本。或傳寫有所竄亂，又非筌之原本歟？”

又按：宋薛季宣《浪語集》卷三十《叙黄帝陰符經》：“《陰符經》三篇，李筌所傳本三百二十七言，凡三百六十三字。龍昌期注本，衍“自然之道靜”已下八十有九言，以相校讎，定從龍昌期本。孫光憲稱王蜀軍校黄承真得鄭山古本，與今不同者五六十言，然猶未聞衍字如此其多也。語云《陰符》三百字，則昌期本若可疑，其句法又少不同，而文意相通，未可删也，姑存其語，以俟後來者裁之。山谷先生以爲經出李筌，熟讀其文，知非黄帝書也。欲文奇古，反詭譎不經。其言糅雜兵家，妄托子房、孔明諸賢訓注，可笑！惜其不經柳子厚一掊擊也。其笑然矣，謂其糅雜兵家，似乎未詳經意所在。李筌序道驪山老母授經之事，大約依放《老子河上公序》張子房授書圯上之説，其亦誕矣。就令果爲寇謙之所藏之故，要非黄帝書也。康節先生謂與《素問》皆七國時書，爲近之矣。留侯、武侯注未之見，李筌又未嘗及，妄可知已。易奚氏善和墨，而煤多易；宣包氏工圖虎，而圖多包。黄帝治五氣，而方術者名之，此必無之理也。《陰符經》專明盜時修煉，在養生者不爲無取。其文大略效法古文《老子》語意，謬矣！或者乃疑老氏出，此不亦誕乎！使《陰符》果無可觀者，則何以爲道術祖？孔子曰：‘雖小道，必有可觀者焉。’泛覽兼通，無及泥焉可也。乾道二年半春中浣日書。”

[2] 幾：隱微。多指事物的迹象、先兆。

[3] 賾：當作“賾”。《易·繫辭上》：“聖人有以見天下之賾，而擬諸其形容，象其物宜，是故謂之象。”孔穎達疏：“賾，謂幽深難見。”

〔4〕精一危微：即危微精一。語本《古文尚書·大禹謨》：“人心惟危，道心惟微，惟精惟一，允執厥中。”明謝肇淛《五雜俎·事部一》：“唐虞三代君臣之相告語，莫非危微精一之訓，彼其人皆神聖也。”

〔5〕湯、武有《誓》：商湯伐桀，作《湯誓》。武王伐紂，作《泰誓》。

〔6〕《韜》：即呂尚所作兵書《六韜》。

〔7〕《匱》：即呂尚所作兵書《金匱》。

〔8〕八陣：古代作戰的陣法。銀雀山漢墓竹簡《孫臏兵法·八陣》：“用八陣戰者，因地之利，用八陣之宜。”八陣名目不一，常見有：（1）《文選·班固〈封燕然山銘〉》：“勒以八陣。”李善注引《雜兵書》：“八陣者，一曰方陣，二曰圓陣，三曰牝陣，四曰牡陣，五曰沖陣，六曰輪陣，七曰浮沮陣，八曰雁行陣。”（2）唐李筌《神機制敵太白陰經·陣圖》：“天陣居乾爲天門，地陣居坤爲地門，風陣居巽爲風門，雲陣居坎爲雲門，飛龍居震爲飛龍門，虎翼居兌爲虎翼門，鳥翔居離爲鳥翔門，蛇盤居艮爲蛇盤門；天、地、風、雲爲四正，龍、虎、鳥、蛇爲四奇，乾、坤、巽、坎爲闔門，震、兌、離、艮爲開門。”（3）宋王應麟《小學紺珠·制度·八陣》：“八陣：洞當、中黃、龍騰、鳥飛、折沖、虎翼、握機、連衡。”傳爲三國蜀諸葛亮所作。

〔9〕兵家：古代對軍事家或用兵者的通稱。亦指研究軍事的學派。《漢書·藝文志》：“兵家者，蓋出古司馬之職，王官之武備也。”

〔10〕古之聰明睿知，神武而不殺：語本《易·繫辭上》：“古之聰明睿知，神武而不殺者夫。”孔穎達疏曰：“夫《易》道深遠，以吉凶禍福威服萬物，故古之聰明睿知神武之君，謂伏羲等用此《易》道能感報天下，而不用刑殺而畏服之也。”

〔11〕機：事物的關鍵，樞紐。

〔12〕羲：伏羲，古代傳說中的三皇之一，風姓。相傳其始畫八

卦，又教民漁獵，取犧牲以供庖厨，因稱庖犧。亦作"伏戲""伏犧"。

　　[13] 語本《論語·憲問》："子曰：'幼而不孫弟，長而無述焉，老而不死，是爲賊！'"

風后握奇經[1]

　　馬隆本作"握機"。《叙》云："風后，軒轅臣也。幄者，①帳也，大將所居。言其事不可妄示人，故云握機。"人稱諸子，②總有三本：其一本三百六十字；一本三百八十字，蓋吕尚增字以發明之，其一行簡有公孫弘[2]等語，③或云武帝[3]令霍光[4]等習之於平樂館[5]，以輔少主，備天下之不虞。令本衍四字。④

　　八陣，四爲正，四爲奇，舊注："奇"，讀如字。後人説天、地、風、雲爲四正，龍、虎、鳥、蛇爲四奇。公孫弘曰："世有八卦陣法，其既不用奇正[6]，似非風后所傳，未可參用。"餘奇爲握奇，舊注："奇"，讀如奇耦之奇。解云：説奇正者多矣。而握奇云者，四爲正，四爲奇，餘奇爲握奇。⑤陣數有九，中心奇零[7]者，大將握之，以應赴八陣之急處。或總稱之。先出游軍定兩端，天有衝圜[8]，地有軸[9]，前後有衝[10]。一作"有風雲"。風附於天，雲附於地。衝有重列各四

---

　　①　"幄"，學津本、四部本作"握"。

　　②　"人"，百川本作"又"，宋薛季宣《浪語集》卷三十同。

　　③　"簡"，四庫本作"間"，宋薛季宣《浪語集》卷三十同。

　　④　"令"，百川本、學津本、四部本、叢編本、四明本作"今"，宋薛季宣《浪語集》卷三十同。

　　⑤　"餘奇"之"奇"疑爲衍文。

隊，前後之衝各三隊。風居四維^[11]故以圓。軸單列各三隊，
前後之衝各三隊。風居四角故以方，① 天居兩端，地居中間。
總爲八陣。陣訖，游軍從後躡^[12]敵，或驚其左，或驚其右，
驚，一作"警"。② 聽音望麾，以出四奇。③

天地之前衝爲虎翼^[13]，④ 風爲蛇蟠，圍繞之義也。⑤ 虎
居於中，張翼以進。蛇居兩端，向敵而蟠以應之。天地之後
衝爲飛龍，雲爲鳥翔，突擊之義也。龍居其中，張翼以進。
鳥披兩端，⑥ 向敵而翔以應之。虛實二壘^[14]，一作"三軍"。皆
逐天文氣候向背、⑦ 山川利害，隨時而行，⑧ 以正合，以奇
勝。⑨ 天地以下八重以列。⑩ 或曰：握機望敵，即引其後，以
掎角^[15]前列不動，⑪ 而前列先進以次之。公孫弘曰：傳項氏^[16]陣
法依此。今按"而前列"等八字，舊文在"依此"注下，誤也，故遷次以

---

① "風"，宋薛季宣《浪語集》卷三十作"雲"。
② 宋薛季宣《浪語集》卷三十："'驚'，一作'警'，而無'其'字。"
③ 宋薛季宣《浪語集》卷三十："'出'，一作'生'。"
④ 宋薛季宣《浪語集》卷三十："'之'字下一本有'間'字。"
⑤ 宋薛季宣《浪語集》卷三十："'圍繞'，一作'爲主'。"
⑥ 宋薛季宣《浪語集》卷三十："'鳥披兩端'，一作'鳥挾兩旁'。"
⑦ 宋薛季宣《浪語集》卷三十："一本下有'所'字。"
⑧ "行"，宋薛季宣《浪語集》卷三十："一作進。"
⑨ 宋薛季宣《浪語集》卷三十："以正合，以奇勝，一無二句。"
⑩ 宋薛季宣《浪語集》卷三十："天地以下八重，闕。"
⑪ "掎"，宋薛季宣《浪語集》卷三十作"犄"。

成文。① 或合而爲一，因離而爲八，各隨師之多少，觸類而長。②

天或圓而不動，一作"天或圓而不布"。前爲左，後爲右，③天地四望之屬是也。一本下有"風象"二字。天居兩端，其次風，其次雲，一作"其次天衝，其次地衝，其次風衝，其次雲衝"。左右相向是也。④ 地方布風雲，各在後衝之前，⑤ 天居兩端，其次地居中間，一作"其次地，其次天中間"。兩地爲比是也。公孫弘曰：比爲地，爲從天陣變爲地陣。或即張弁[17]布摯[18]，⑥ 破敵功圍，⑦ 不定其形，故爲動也。一本自"公孫弘曰動靜二義"，皆雜出經文中。縱布天一，一作"兩天"，一無"兩"字，而"縱"字上有"雲象龍"一句。一作"龍者象龍"。⑧ 天二次之。天二，一作"兩天"。縱布地四，次於天後。一作"縱布四地，四地次之"。一無下"四地"字。縱布四風，挾天地之左右。一無"地"字。天地前衝居其右，後衝居其左，一無二句。一無"天地"字。一無"居其右後衝"五字。雲居

---

① "文"，宋薛季宣《浪語集》卷三十作"之"。

② "或合而爲一，因離而爲八，各隨師之多少，觸類而長"，宋薛季宣《浪語集》卷三十："一無此章。或曰握機四字疑文之衍。"

③ 宋薛季宣《浪語集》卷三十："前爲左，後爲右，一本左右差玄。"

④ 宋薛季宣《浪語集》卷三十此句有小注："公孫弘曰此句爲靜。"

⑤ 宋薛季宣《浪語集》卷三十："風雲各在前後衝之前，一無上前字。"

⑥ "弁"，學津本、四部本、叢編本作"弛"，四庫本作"缺"，四明本作"翼"，宋薛季宣《浪語集》卷三十作"形"。

⑦ "功"，學津本、四庫本、四部本、叢編本、宋薛季宣《浪語集》卷三十均作"攻"。

⑧ "者"，四庫本作"缺"。

兩端，虛實二壘，則此是也。一本下有"比爲動也"四字。① 一無
"虛實"已下。公孫弘曰：人多傳韓信注釋"天或圓布"已下，與此微有
差異。而范蠡[19]、樂毅[20]之説相雜，② 今亦錯綜於其中，其部隊或三五，
或三十，或五十，變通之理，寄之明哲，不復備載。近古以來，其文不滿
尺，多憑口訣以相傳授，予今於難解之處，③ 增字發明之耳。一本"其部
隊"下上五十云陣圖。如此變通由人，以爲經文誤也。④ 按公孫氏稱與其
異者，⑤ "天或員布，⑥ 次游軍定兩端"下以爲正經，⑦ 而以"天有衝止，
觸類而長"列于《續圖》"雲爲翔鳥"之下，今馬本尚如此。

【集釋】

[1]《四庫全書總目》卷九十九《握奇經》提要云："《握奇經》
一卷，一作《握機經》，一作《幄機經》，舊本題風后撰，漢丞相公孫
弘解，晋西平太守馬隆述贊。案《漢書·藝文志·兵家陰陽》風后十
三篇。班固自注曰：'圖二卷，依托也。'並無《握奇經》之名。且十
三篇，《七略》著録，固尚以爲依托。則此經此解，《七略》不著録者，
其依托更不待辨矣。馬隆述贊，《隋志》亦不著録，則猶之公孫弘解
也。考唐獨孤及《毗陵集》有《八陣圖記》，曰'黄帝順煞氣以作兵
法，文昌以命將。風后握機制勝，作爲陣圖，故八其陣，所以定位也。
衡抗於外，軸布於内，風雲附其四維，所以備物也。虎張翼以進，蛇向

---

① "比"，學津本、四部本、叢編本、宋薛季宣《浪語集》卷三十均作"此"。
② "相雜"，宋薛季宣《浪語集》卷三十均作"訛雜"。
③ "之"，宋薛季宣《浪語集》卷三十無。
④ "爲"，宋薛季宣《浪語集》卷三十無。
⑤ "其"，宋薛季宣《浪語集》卷三十作"此"。
⑥ "員"，學津本、四庫本、四部本、叢編本、宋薛季宣《浪語集》卷三十均
作"圓"。
⑦ "游"，宋薛季宣《浪語集》卷三十作"由"。

敵而蟠，飛龍翔鳥，上下其旁，所以致用也。至若疑兵以固其餘地，游軍以案其後列，門具將發，然後合戰。弛張則二廣迭舉，犄角則四奇皆出'云云。所説乃一一與此經合。疑唐以來好事者因諸葛亮八陣之法，推演爲圖，托之風后。其後又因及此記，推衍以爲此經，並取記中'握機制勝'之語以爲之名。《宋史·藝文志》始著於録，其晚出之顯證矣。高似孫《子略》曰：'馬隆本作《幄機》。'序曰：'幄者，帳也，大將所居。言其事不可妄示人，故云《幄機》。'則因握、幄字近而附會其文。今本多題曰《握奇》，則又因經中有四爲正，四爲奇，餘奇爲握奇之語，改易其名也。似孫又云：'總有三本：一本三百六十字，一本三百八十字，蓋吕尚增字以發明之。其一行間有公孫弘等語。今本衍四字。'校驗此本，分爲三章，正得三百八十四字，蓋即似孫所謂衍四字本也。經後原附續圖，據《書録解題》亦稱馬隆所補。然有目而無圖，殆傳寫佚之歟？"

又按：宋薛季宣《浪語集》卷三十《叙握奇經》："《風后握奇經》三百八十四字，續圖三百十五字，合標題七百九字。以衆本《武經總要》陣法銓次傳著成章，而存異文於下，已繕寫可讀。始走游廣都、魚復，觀覽武侯八陣石圖，愛其文同先天《易》圖，每恨陣法未能詳究。聞成都唐棋盤市，雖章仇兼瓊經始，而多得武侯遺意。履其市道繩直，閭井交貫，百工類處，技别爲行，識者曉知，然乍人者，至於盡日迷不能去。方悟李衛公言，古八陣龍虎蛇鳥之爲旗，法前古服章之辨，爲並識之。得《握奇經》讀之，而八陣之勢判然矣。前聞遠隱君先生論六花陣法，明於八陣《握奇》，然後知其源本從來。六、八之陣不同，實方圓之數耳。觸類而長，奇正庸有窮乎？《握奇經》舊傳風后受之玄女，用佐黄帝殺蚩尤於涿鹿之野。荒唐之説，無所考信。《漢志》兵陰陽家書有《風后》，劉歆、班固已言依托，觀公孫丞相注釋則非。所謂書十三篇、圖二卷者，先秦典籍類皆口以傳授，反復其義，未易以晚出浮偽訾也。《七略》兵家四種，《軍禮》《司馬法》存者尚百五十五篇；《吳孫子》八十二篇，圖九卷；《齊孫子》八十九篇，圖四卷。自神農、黃帝、伊尹、太公、范蠡、大夫種、吳起、魏公子、廣武君、韓信、項羽諸家，其書具在，略皆亡矣。今獨《孫子》十三篇者爲兵權謀之祖。論形勢者，本《握奇經》。權謀在人，奇詭焉用？形勢紀綱軍政，爲天下者尚有取焉，又隱不章，可爲懊嘆。舊文奧密，尚多錯綜微辭，傳寫不倫，頗難誦習。李筌繪爲八陣，既爲不知而作。《武經》雖存寫本，不無訛以傳訛。唯武侯八陣石圖最爲有徵。走得馬隆贊述，多所發明，遂爲詮定其文，並繪陣圖於後。竊詳古人存諸口訣之意，不敢妄疏條章。合圖贊以窮經，可以自得之矣。”

[2] 公孫弘（前200—前121），字季，一字次卿，西漢淄川（郡治在壽光南紀台鄉）薛人。少時爲獄吏，年四十餘始學《春秋公羊傳》。武帝初，以賢良征爲博士。元光五年，復以賢良對策擢第一，拜博士。元朔五年，擢爲丞相，封平津侯。

[3] 武帝：漢武帝劉徹（前156—前87），七歲被册立爲太子，十六歲登基，在位五十四年（前141年—前87年），崩於五柞宮，葬於茂陵，諡號孝武，廟號世宗。

[4] 霍光（？—前68），字子孟，河東平陽（今山西临汾）人。霍去病異母弟。武帝時，爲奉車都尉。後元二年，爲大司馬大將軍。昭帝年幼即位，霍光與桑弘羊等同受武帝遺詔輔政，封博陸侯。昭帝即位，光與上官桀、桑弘羊等爭權有隙，後以結交燕王旦謀反罪名殺桀等，專朝政。昭帝死，迎立昌邑王劉賀，旋廢之而迎立宣帝。前後秉政達二十年。卒諡宣成。

[5] 平樂館：漢代宮觀名。

[6] 奇正：古時兵法術語。古代作戰以對陣交鋒爲正，設伏掩襲等爲奇。

[7] 奇零：亦作"畸零"，謂整數以外零餘之數。

[8] 衝圓：宋薛季宣《浪語集》卷三十薛氏詮定《風后握奇經》："衝，一本作衡。"按：天衡，陣名。唐段成式《酉陽雜俎·詭習》："筒中有蠅虎子數十，分行而出，爲二隊，如對陣勢。每擊鼓，或三或五，隨鼓音變陣，天衡地軸，魚麗鶴列，無不備也。"一說天象名。《吕氏春秋·明理》："其雲狀：有若犬、若馬……有其狀若人，蒼衣赤首，不動，其名曰天衡。"高誘注："雲氣形狀如物之形也。衡，物之氣。"

[9] 軸：古代傳説中大地的軸。晋張華《博物志》卷一："地有三千六百軸，犬牙相舉。"唐黄滔《融結爲河嶽賦》："黿負龍擎，文籍其陽九陰六；共觸愚移，傾缺其天樞地軸。"

[10] 有衝：宋薛季宣《浪語集》卷三十薛氏詮定《風后握奇經》："一作有風雲。"按：古軍陣名有"風""雲"等，後即以"風雲"泛稱軍陣。湯顯祖《牡丹亭·折寇》："接濟風雲陣勢，侵尋歲月邊陲。"徐朔方等注："《風后握奇經》以天、地、風、雲、飛龍、翔鳥、虎翼、蛇蟠爲八種陣勢。"參閱明龍正《八陣圖合變説叙》。

[11] 四維：指東南、西南、東北、西北四隅。

[12] 躡：追蹤，追擊。

[13] 虎翼：古戰陣名。下文之蛇蟠、飛龍、鳥翔，亦如是。

[14] 壘：軍壁，陣地上的防禦工事。

[15] 掎角：分兵牽制或夾擊敵人。語本《左傳·襄公十四年》："譬如捕鹿，晋人角之，諸戎掎之，與晋踣之。"孔穎達疏："角之謂執其角也；掎之言戾其足也。"

[16] 項氏：指項籍（前232—前202），字羽，名籍，戰國末年楚將項燕之後。陳勝起事，羽與叔父項梁起兵吴中響應。擁立楚懷王孫心爲楚懷王。秦將章邯圍趙，懷王任宋義爲上將軍，羽爲次將，率軍往

救。宋義至安陽逗留不前，羽殺義而進兵，擊破秦軍主力於鉅鹿。進軍關中，殺子嬰。秦亡後，自立爲西楚霸王，封諸侯王。繼與劉邦爭衡，後爲漢軍困於垓下，自刎於烏江。

　　[17] 張弁："張形"之訛。

　　[18] 布摯："布勢"之訛。

　　[19] 范蠡：即陶朱公，字少伯，春秋末楚國宛人。越國大夫。與宛令文種爲友，隨種入越事越王允常。勾踐即位，用爲謀臣。越爲吳所敗，文種守國，蠡乞成於吳，且隨勾踐爲臣僕於吳三年。既歸，與文種戮力圖強。勾踐十五年，破吳都。二十二年越圍吳，三年而滅吳。

　　[20] 樂毅：戰國時中山國靈壽人。魏將樂羊後裔。燕昭王招徠賢者，毅自魏入燕，任爲亞卿。燕昭王二十八年，拜上將軍，率趙、楚、韓、魏、燕五國兵攻齊，打破齊軍，以功封昌國君。

握奇經續圖[1]

角音[2]二：

　　初警衆[3]，末收衆。

革音[4]五：

　　一持兵，二結陣，① 三行，四趨走[5]，五急鬥。

金音[6]五：

---

　　① 宋薛季宣《浪語集》卷三十《薛氏詮定圖解》："一本'陣'上別有'虎翼'字，非。"

一緩鬥，二止鬥，三退，四背，五急背。背，一本作"趄"。

麾法五：

一玄，二黃，三白，四青，一作"赤"。五赤。一作"青"。

旗法八：

一天玄，二地黃，

三風赤，四雲白，

五天前：上玄下赤，

六天後：上玄下白，

七地前：上玄下青，一作"赤"。

八地後：上黃下赤。一作青。

陣勢八：

天　　地　　風　　雲

飛龍　翔鳥　虎翼　蛇蟠

二革二金爲天，三革三金爲地，

二革三金爲風，三革二金爲雲，

四革三金爲龍，三革四金爲虎，

四革五金爲鳥，五革四金爲蛇。舊注：此八陣名，用金鼓
之制。

其金、革之間加一角音者，在天爲兼風，在地爲兼雲，
在龍爲兼鳥，在虎爲兼蛇。加二角音者，全師進東。加三角
音者，全師進南。一作"西"。加四角音者，全師進西。一作

"南"。加五角音者，全師進北。鞁音[7]不止者，行伍不整。① 金革既息而角音不止者，② 師並旋。③

三十二隊天衝　　十六隊風

八隊天前衝　　十二隊地前衝

十二隊地軸合作二十四隊④　　八隊天後衝

十二軸地後衝　　十六隊雲

以天地前衝爲虎翼，天地後衝爲飛龍。風爲蛇蟠，雲爲翔鳥。⑤

【集釋】

[1]宋薛季宣《浪語集》卷三十《薛氏詮定圖解》："按《握奇經》別有《續圖》，記金革旗麾進退趨鬥之法，今其文相揉，蓋非末學所能離異，故並論而分別之。"

[2]角音：即畫角之聲，一般在黎明和黃昏之時吹奏，相當於出操和休息的信號。

[3]警衆：警醒衆人。

[4]革音：革鼓之声。古代表示結陣進軍。

[5]趨走：小步疾行，以示庄敬。

[6]金音：屬金之音。即商音。

---

① 宋薛季宣《浪語集》卷三十《薛氏詮定圖解》："'行伍'，一作'師'。"

② 宋薛季宣《浪語集》卷三十《薛氏詮定圖解》："'既'，一作'並'。"

③ 宋薛季宣《浪語集》卷三十《薛氏詮定圖解》有小注："闕。"

④ "合作二十四隊"，宋薛季宣《浪語集》卷三十《薛氏詮定圖解》作"當作'二十四隊'"。

⑤ 宋薛季宣《浪語集》卷三十《薛氏詮定圖解》有小注："一本次'縱布兩天'上。"又另起一行："右續圖。"小注："圖者，經之紀也，故列之。"

[7] 鞞音：鞞鼓之声。古代陣法作戰中用以整行伍。《风后握奇經》：“（鞞鼓）紅塵戰深，白刃相臨，勝負未決，人懷懼心。乍奔乍背，或縱或擒，行伍交戰，整在鞞音。”

馬隆[1]總述：①

治兵以信，求勝以奇。② 信不可易，戰無常規。可握則握，可施則施。[2]千變萬化，敵莫能知。

匹陳[3]贊

動則爲奇，靜則爲陳。陳者陳列，戰則不盡。分苦均勞，佚輪轍□。③ 有兵前守，④ 後隊勿進。

天陳[4]贊

天陳十六，内方外圓。四面風衝，其形象天。爲陳之主，爲兵之先。潛用三軍[5]，其形不偏。

地陳[6]贊

地陳十二，其形正方。雲生四角，衝軸相當。其體莫測，動用無疆。獨立不可，配之於陽。

風陳[7]贊

---

① “馬隆”，學津本、四部本、叢編本作“八陣”。學津本、四部本、叢編本此條下另起一段有“晋平虜護軍西平太守封奉高侯加授東羌校尉馬隆總述”。
② “勝”，學津本、四部本、叢编本作“聖”。
③ “佚輪轍□”，學津本、四部本、叢编本作“佚輪輙定”，宋薛季宣《浪語集》卷三十《薛氏詮定圖解》作“佚輪轅兵”。輪轅，指車輛，喻經世可用之材。
④ “有”，宋薛季宣《浪語集》卷三十《薛氏詮定圖解》缺此字。

風無正形，附之於天。變而爲蛇，其意漸玄。風能鼓動，① 萬物驚焉。蛇能圍繞，三軍懼焉。

雲陳[8] 贊 目太公、② 范蠡以來，風雲無正形，所以附天地。③

雲附於地，則知無形。變爲翔鳥，其狀乃成。鳥能突擊，雲能晦冥。千變萬化，金革之聲。④

飛龍[9]

天地後衝，龍變其中。有手有足，有背有胸。潛則不測，動則無窮。陳形亦然，象名其龍。

翔鳥[10]

鷙鳥[11]擊搏，必先翱翔。勢凌霄漢[12]，飛禽伏藏。審而下之，下必有傷。一夫突擊，三軍莫當。

蛇蟠[13]

風爲蛇蟠，蛇吞天真。勢欲圍繞，性能屈伸。四季之中，與虎爲鄰。後變常山[14]，首尾相因。

虎翼[15]

天地前衝，變爲虎翼。伏虎將搏，盛其威力。淮陰[16]用之，變化無極。垓下[17]之會，魯公[18]莫測。

---

① "鼓動"，宋薛季宣《浪語集》卷三十《薛氏詮定圖解》作"動物"。

② "目"，百川本、學津本、四庫本、四部本、叢編本、四明本、宋薛季宣《浪語集》卷三十《薛氏詮定圖解》均作"自"，於義爲長。

③ 學津本、四部本、叢編本"天地"下有"下"字。

④ 宋薛季宣《浪語集》卷三十《薛氏詮定圖解》小注云："《奇兵贊》舊在《正陳》下，移此以便乎讀。"

奇兵[19]贊

古之奇兵，兵在陳内。今人奇兵，兵在陳外。兵體[20]無形，形露必潰。審而爲之，百戰不昧。

合而爲一，離而爲八

合而爲一，平川如城。散而爲八，逐地之形。混混沌沌，如環無窮。紛紛紜紜，莫知所終。合則天居兩端，地居其中；散則一陰一陽，① 兩兩相衝。勿爲事先，動而輒從。

游軍[21]

游軍之形，乍動乍靜。避實擊虛，視羸[22]撓盛。結陳[23]趨地，斷繞四徑[24]。後賢審之，勢無常定。

金革[25]

金有五、革有五。退則聽金，進則聽鼓。鼓以增氣[26]，金以抑怒。握其機關，戰不失度。

靴鼓[27]

紅塵[28]戰深，白刃相臨。勝負未決，人懷懼心。乍奔乍背[29]，或縱或擒。行伍[30]交錯，整在靴音。

麾角[31]

麾法有五，光目條流[32]。角音有五，初驚末收。② 麾者指揮，角者驚覺。臨機變化，慎勿交錯。光目，一作“光自”。

---

① “則”，宋薛季宣《浪語集》卷三十《薛氏詮定圖解》作“之”。
② “驚”，宋薛季宣《浪語集》卷三十《薛氏詮定圖解》作“警”。

兵體[33]

上兵伐謀，其下用師。棄本逐末，聖人不爲。利物禁暴，
隨時禁衰。蓋不得已，聖人用之。英雄爲將，夕惕乾乾[34]。
□□□□，其形不偏。樂與身後，勞與身先。小人偏勝，君
子兩全。爭者逆德，不有破軍，必有亡國。握機爲陳，動則
爲賊[35]。後賢審之，勿以爲惑。夫樂殺人者，不得志於天
下。聖人之言，以戒來者。一作"天下"。

【集釋】

[1] 馬隆：字孝興，西晉東平平陸人。初署武猛從事。武帝泰始
中，將伐吳，以爲司馬督。咸寧四年，羌族樹機能部將陷涼州，自請募
勇士三千五百人，自選武器，任武威太守，率衆西征，次年平之。太康
初，遷西平太守，屯據西平，擊破成奚，太熙初封奉高縣侯，加授東羌
校尉。

[2] 可握則握，可施則施：意謂可把握戰機者，便出奇兵以制勝；
不宜出兵而應布列陣勢者，便布陣以防守。

[3] 匹陳：陣法名。

[4] 天陳：陣法名。

[5] 三軍：古代指步、車、騎三軍。

[6] 地陳：陣法名。

[7] 風陳：陣法名。

[8] 雲陳：陣法名。

[9] 飛龍：陣法名。

[10] 翔鳥：陣法名。

[11] 鷙鳥：凶猛的鳥。如鷹鸇之類。

[12] 霄漢：天河。亦借指天空。

[13] 蛇蟠：軍陣名。

[14] 常山：即常山蛇，古代傳説中一種能首尾互相救應的蛇。後因以喻首尾相顧的陣勢。《孫子·九地》：“故善用兵者，譬如率然。率然者，常山之蛇也。擊其首則尾至，擊其尾則首至，擊其中則首尾俱至。”

[15] 虎翼：古戰陣名。

[16] 淮陰：即淮陰侯韓信（約前231—前196），淮陰（今江蘇淮安）人，西漢開國功臣，先後爲齊王、楚王。韓信是中國軍事思想“謀戰”派代表人物，被後人奉爲“兵仙”“戰神”。《史記》卷九十二《考證》：“淮陰侯列傳楚數使奇兵渡河擊趙。”清張照按：“《風后握奇經》四正四奇，其餘握奇，説者曰握奇即下文所云游兵也，此奇兵亦是此類，猶言餘兵，非奇正之奇，乃奇偶之奇耳。”

[17] 垓下：古地名。在今安徽省靈璧縣東南。漢高祖劉邦圍困項羽於此。

[18] 魯公：指項羽。《史記·項羽本紀》：“項王已死，楚地皆降漢，獨魯不下。漢乃引天下兵欲屠之，爲其守禮義，爲主死節，乃持項王頭視魯，魯父兄乃降。始，楚懷王初封項籍爲魯公，及其死，魯最後下，故以魯公禮葬項王穀城。”《集解》：“駰案《皇覽》曰：‘項羽冢在東郡穀城東，去縣十五里。’”《正義》：“《括地志》云：‘項羽墓在濟州東阿縣東二十七里，穀城西三里。述征記項羽墓在穀城西北三里半許，毀壞，有碣石項王之墓。’”

[19] 奇兵：陣法名。

[20] 兵體：猶兵法。

[21] 游軍：陣法名。

[22] 羸：指瘦弱困憊的人。

[23] 結陳：亦作“結陣”，列成隊形，結成陣勢。

[24] 徑：步道，小路。《説文·彳部》：“徑，步道也。”段玉裁

注："此云步道，謂人及牛馬可步行而不容車也。"

[25] 金革：陣法名。

[26] 氣：特指勇氣、豪氣。《左傳·莊公十年》："夫戰，勇氣也。一鼓作氣，再而衰，三而竭。"

[27] 鞉鼓：陣法名。

[28] 紅塵：戰場上車馬揚起的染血飛塵。

[29] 奔：急走，奔跑。背：背部對着或後面靠着。

[30] 行伍：我國古代兵制，五人爲伍，五伍爲行，因以指軍隊。

[31] 麾角：陣法名。

[32] 麾法有五：用旌旗指揮之法有五種，即一玄、二黄、三白、四青、五赤。光目條流：編定一定的條例，以使旌旗耀眼醒目。

[33] 兵體：陣法名。

[34] 語出《周易·乾卦》九三："君子終日乾乾，夕惕若，厲，無咎。"

[35] 賊：殺戮，殺害。

似孫曰：《風后握奇經》三百八十四字，其妙本乎奇正相生，變化不測，蓋潛乎伏羲氏之畫，所謂天、地、風、雲、龍、鳥、蛇、虎，則其爲八卦之象明矣。蓋注"奇"讀如"奇耦"之"奇"，則尤可與《易》準[1]。諸儒多稱諸葛武侯八陣、唐李衛公[2]六花[3]皆出乎此。唐裴緒[4]之論，又以爲六十四陣之變，① 其出也無窮。若此，則所謂八陣者，特八

_____

① "陣"，學津本、四部本、叢編本作"卦"。

卦之統爾。焦氏[5]《易》學，卦變至乎四十九十有六。① 奇正相錯，變化無窮，是可以名數[6]該[7]之乎？然觀太公武韜[8]，且言牧野[9]之師有天陣、有地陣，此固出於《握奇》。而又有人陣焉，此又出於天、地陣之外者，非八陣、六花所能盡也。獨孤及[10]作《風后八陣圖記》，有曰："黃帝順煞氣以作兵法，文昌[11]以命將風后握機制勝，作爲陣圖。故八其陣，所以定位[12]。衡[13]抗於外，② 軸[14]布於內，風、雲負其四維，所次備物也。③ 虎張翼以進，蛇向敵而蟠，飛龍翔鳥，上下其勢，所以致用[15]也。至若疑兵以固其餘地，游軍以案其後列，門具將發，然後合戰，弛張則二廣迭舉，掎角則四奇皆出。圖成樽俎[16]，帝用經略[17]，北逐獯鬻[18]，南平蚩尤[19]，遺風冥冥，神機未昧。項籍得之霸西楚[20]，黥布[21]得之奄[22]九江[23]，孝武[24]得之攘匈奴[25]。唐天寶中，客有得其遺制於黃帝書之外篇，裂素而圖之。"[26]按魚復[27]之圖，全本於握機。賾[28]其妙、窮[29]其神者，武侯而已。獨孤乃以爲項、④ 黥、武帝得之，未之思歟？

【集釋】

[1] 準：衡量，比較。

---

① "四十九十有六"，學津本、四庫本、四部本、叢編本、四明本作"四千九十有六"，是也。

② "衡"，學津本、四庫本、四部本、叢編本、四明本作"衝"。

③ "次"，學津本、四庫本、四部本、叢編本、四明本作"以"，是也。

④ "乃"，四部本作"及"。

[2] 李衛公：即李靖（571—649），字藥師，雍州三原（今陝西三原縣）人。高祖時拜行軍總管，蕭銑平，招降嶺南四十九州，又曾鎮壓輔公祏軍。太宗即位，授刑部尚書、兼檢校中書令，轉兵部尚書。破突厥，封代國公，遷尚書右仆射。後改衛國公。卒謚景武。後人錄其論兵語，爲《李衛公兵法》。

[3] 六花：即六花陣，唐李靖本諸葛亮八陣法創制的陣法。《李衛公問對》卷中："'卿所制六花陣色，出何術乎？'（靖）曰：'臣所本諸葛亮八陣法也。大陣包小陣，大營包小營，隅落鈎連，曲折相對。古制如此，臣爲圖因之，故外畫之方，内環之圓，是成六花，俗所號爾。'"

[4] 裴緒：唐人。《宋史·藝文志》著録《新令》二卷。

[5] 焦氏：焦延壽，西漢梁人，字贛，一説名贛，字延壽。曾從孟喜學《易》，授《易》于京房。著有《易林》。

[6] 名數：名位禮數。語本《左傳·莊公十八年》："王命諸侯，名位不同，禮亦異數。"

[7] 該：包容，概括。

[8] 武韜：六韜之一。《六韜》，兵書名，舊題周吕望撰。分文韜、武韜、龍韜、虎韜、豹韜、犬韜六卷。

[9] 牧野：古代地名。在今河南省淇縣南。周武王與反殷諸侯會師，大敗紂軍於此。

[10] 獨孤及（725—777），字至之，唐河南洛陽人。玄宗天寶末舉洞曉玄經科，補華陰尉。代宗時以左拾遺召，改太常博士，遷禮部員外郎，歷濠、舒二州刺史，以治課加檢校司封郎中。卒謚憲。著有《毗陵集》。

[11] 文昌：即文昌帝君。

[12] 定位：確定事物的名位。《韓非子·揚權》："審名以定位，明分以辯類。"

［13］衡：天衝。

［14］軸：地軸。

［15］致用：盡其所用。

［16］樽俎：古代盛酒食的器皿。樽以盛酒，俎以置肉。

［17］經略：籌畫；謀劃。

［18］獯鬻：泛指北方少數民族。

［19］蚩尤：傳説中的古代九黎族首領。以金作兵器，與黄帝戰於涿鹿，失敗被殺。

［20］西楚：古國號。秦亡，項羽自立爲霸王，有西楚、東楚與梁地共九郡，因建都於西楚彭城，國號“西楚”

［21］黥布：又名英布（？—前 195），西漢六安人。坐法黥面。秦末率衆附番君，後依項梁、項羽。從羽入關，封九江王。曾奉項羽命擊殺義帝。楚漢相爭，漢遣何説布歸漢，封淮南王。又從劉邦擊滅項羽於垓下。後以韓信、彭越見誅，懼，舉兵反，兵敗被殺。

［22］奄：通“掩”，偷襲，乘人不備而進攻。

［23］九江：在今河南洛陽市東北漢、魏洛陽城西北隅。

［24］孝武：即漢武帝劉徹。

［25］匈奴：稱胡。我國古代北方民族之一。戰國時游牧於燕、趙、秦以北地區。其族隨世異名，因地殊號。戰國時始稱匈奴和胡。東漢光武建武二十四年（西元 48 年）分裂爲南北二部，北匈奴在西元一世紀末爲漢所敗，部分西遷。南匈奴附漢，西晉時曾建立漢國和前趙國。

［26］語本獨孤及《毗陵集》卷十七《風后八陣圖記》：“黄帝受之，始順煞氣以作兵法，文昌以命將。於是乎征不服、討不庭，其誰佐命？曰元老風后。蓋戎行之不修，則師律用爽；陰謀之不作，則凶氣何恃？故天命聖者以光（《英華》作‘廣’）戰術，俾懸衡於未然；察變於倚數（《英華》作‘奇獸’），握機制勝作爲陣圖。夫八宮之位，正則數不惉、神不惑（《文粹》作‘忒’），故八其陣，所以定位也。衡抗於外，軸布

於內，風雲負（《英華》作'附'）其四維，所以備物也。虎張翼以進，蛇向敵而蟠，飛龍翔鳥，上下其勢，所以致用也。至若疑兵以固其餘地，游軍以案其後列，門具將發，然後合戰，弛張則二廣迭舉，犄角則四奇皆出。必使陷堅陣、拔深壘，若星馳天旋，雷動山破。彼（《文粹》無'彼'字）魏之鶴列、鄭之魚麗、周（《文粹》有'成'字）之熊羆、昆陽之虎豹出，匪以律我，異於是。既而圖成樽俎，帝用經略，北逐獯鬻，南平蚩尤，戡黎於阪泉，省方於崆峒，底定萬國，旁羅七曜，鼎成龍至，去而上仙於是在（《英華》無'在'字）。遺風冥冥，時亡而圖存（《文粹》有'焉'字）。於戲！聖迹長往，神機未昧。酌其流者，猶足以決勝九（《英華》作'三'）軍、禦侮萬里，故項藉得之以霸西楚，黥布得之奄有九江，孝武得之攘匈奴、服甌越，東收獩貊，西拓大夏。然則聖圖幽贊，未始有涯。唐（《文粹》無'唐'字）天寶中，客有為韜鈐者得其遺制於黃帝書之外篇，裂素而圖之。"

[27] 魚復：秦置，治所即今四川奉節縣東白帝。

[28] 蹟：探測；探求。

武侯八陣圖_附

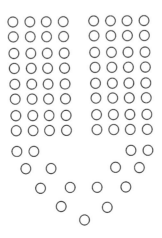

似孫曰：蜀漢丞相武鄉侯諸葛亮[1]八陣圖[2]，其一圖在
沔陽[3]高平故壘，酈道元[4]《水經》以爲傾而難識矣。其一
圖有新都[5]八陣鄉，① 峙土爲魁[6]，植[7]以江石，四門二首
六十四魁，八八成行，兩陣並峙，周凡四百七十二步，魁百
有三十。其一圖在魚復者，隨江布勢，填石爲規，前障壁
門[8]，後倚卻月。縱八橫八，魁容二丈，内面偃月，九六鱗
差[9]。江自岷[10]來，奔怒湍激，驚雷迅馬不足以敵其雄也，
徙華變滄不足窮其力也。磊磊斯石，載轟[11]載樁[12]，知幾何
年，曾不一仄[13]，是非天所愛、神所做者歟?② 昔者風后以
陣法佐黄帝戮蚩尤，若變與神，蓋出於《握奇經》者也。所
謂經者，本乎先天，賾乎八卦，錯以九疇[14]，非武侯窺其
幾、③ 泄其用。四頭八尾，脈落聯，④ 因隊相容，⑤ 隨形可
首，雖曰奇正迭變，未有不出於正者。故曰黄帝之師百戰百
勝者，此其得之。桓温[15]固嘗驚嘆，以爲常山蛇。杜甫[16]又
切感嗟，稱其石不轉。武侯之心，則二子所未深知也，惟王
通氏[17]以爲亮而無死，禮樂可興。吁，知武侯者，通乎！昔
者先王處民以井[18]，寄兵於民，熟[19]之以禮容[20]，用之以

---

① “有”，百川本、學津本、四庫本、四部本、叢編本、四明本作“在”。
② “做”，四庫本作“敬”。
③ “非”，四庫本作“也”。
④ “脈落聯”，學津本、四部本、叢編本作“脈落□聯”，四庫本作“脈落相
聯”。
⑤ “因”，四庫本作“仗”。

節制[21]，是誠不陣而可以服人兵者。使武侯昌[22]諸用、勒[23]諸功，《甘誓》《牧誓》[24]可也。天不壽[25]漢，圖石如泣，悲夫！武侯又有《將苑》一卷、《十六策》一卷。

【集釋】

[1] 諸葛亮（181—234），字孔明，三國徐州琅邪陽都人。東漢末避亂隆中，躬耕讀書。漢建安十二年，劉備屯新野，三顧茅廬，亮出而爲劉備軍師。曹操南爭荆州，諸葛亮奉命出使東吳，聯合孫吳抗曹，赤壁之戰大獲全勝。建安十九年，入蜀增援劉備，定成都，任軍事將軍，鎮守成都。劉備稱帝，任丞相。章武三年，受遺詔輔佐劉禪，封武鄉侯，領益州牧。政事無鉅細，咸決於亮。東和孫權，南平諸郡，北爭中原，多次出兵攻魏。與魏將司馬懿對峙於渭南，病卒於五丈原。謚忠武。

[2] 八陣圖：古代用兵的一種陣法。宋薛季宣《浪語集》卷三十《八陣圖贊並序》：八陣圖，蜀漢丞相武鄉侯諸葛亮之所作也。圖之可見者三：一在沔陽之高平舊壘，一在新都之八陣鄉，一在魚復永安宮南江灘水上。高平者，自酈道元已言傾褫難識。在新都者，隆土爲魁，基以江石，四門二首六十四魁，八八成行，兩陣俱立。陣周四百七十二步，其魁百有三十。在魚復者，因江爲勢，積石平（《儒藏精華編》本作"憑"）流，前蔽壁門，後依卻月，縱橫皆八魁，門二丈，偃月内面，九六鱗差。新都舊無聞焉，唯見於李膺《益州記》。其言魁行皆八，才（《儒藏精華編》本作"財"）舉其半。趙抃《成都記》稱耆老之説，以爲江石蓋兵數魁應六十四卦。則知兩陣二首之意，以體乾坤門户，法象之所由生也。然其陣居平地，束於門壁，營陣之法具，而奇正之道藴。魚復陣於江路，因水成形，七八以爲經，六九以爲緯，體方於八陣，形圓於卻月，壁門可以觀營陣之制，卻月可以識奇正之變，故雖長江東注，下流湍決，轟雷奔馬，不足以擬其勢，回山卷石，不足以言

其怒。峨峨八陣，實瀨其衝。子石卷於（《儒藏精華編》本作"如卷"），灘沙攸積，而歷年千數，未嘗回撓。隱若敵國，屹若長城。故桓溫以爲常山之蛇，杜甫偉其江流而石不轉也。若夫四頭八尾，隅落鉤連，像陣相容，觸處爲首，則新都、魚復之圖，其法皆八陣也。居則修諸營壘，出則備其行陣，雖有奇正之變，一生於正而已。李興不在孫吳之頌，端有以焉。先王寓兵於農，而居之以丘井，折沖樽俎，而舞之以行綴。經國有途軌之制，畫野有鄉遂之法。文事武備，未始判爲二途。民可使由之，不可使知之，故顯仁而藏用爾。在《易》先天之象，天圓而地方，八卦相重皆六十四，陰陽相錯，剛柔相交，而天地文理備焉。先天之文，愚於八陣見之矣。八陣之作，寧武侯私意自營之乎？風后《握奇》有天、地、風、雲、龍、鳥、蛇、虎之名，則八卦之象也。漢法：大司馬嘗以立秋日斬牲，祠白帝，肄孫吳六十四陣，則六十四之象也。中興，罷郡國都肄，而陣勢寖亡。非有王佐之才，明於天人之奧，則八卦之變化，其誰能嗣興之？愚以爲，八陣之施，非徒教戰而已。文中子曰："諸葛亮而無死，禮樂其有興乎？"非虛語也。至於洞當中，黃龍騰，鳥飛折沖禽翼，握機衡陣之法，本諸孫吳，方圓牝牡，衝方罘罝，車輪雁行之制，唐人裴緒之論，非無所起。六十四陣之變，其出也無窮。知此八名，特八陣之統爾。焦氏《易》學卦變至於四千九十有六，奇正相準，庸可盡名之乎？觀古懷人，敬爲之贊曰：堂堂八陣，法地之維。經緯縱橫，端如置棋。左右有行，後先有列。錯綜相成，鉤連互設。孰知其首？孰測其端？直道如繩，循如象環。八八相乘，陣間容陣。在翼斯張，在前斯奮。陣形雖八，天七攸存。四轅轉隊，虛實斯分。亦有握奇，列於陣後。羑閫乾坤，混融六九。風雲天地，體則陰陽。虎蟠蛇旐，龍旗鳥章。奇正相生，方圓遞出。混沌紛紜，杳冥恍惚。其闢無方，其闔有儀。幽若鬼神，夫誰知之？轅門之設，實司啓閟。無鍵而關，視之孔易。行而爲陣，居則爲營。堅重如山，能疾而輕。我則通途，平平坦坦。致敵天羅，莫知遄返。顯允武侯，經之營之。阿衡天漢，以作六師。君子所爲，衆人不識。曰易勝哉，七擒孟獲。先王體國，丘甲本兵。干戚之容，萬舞於庭。四頭八尾，文成井字。旁睞斜窺，孰知其自。《易》有八卦，《洪範》九章。天道昭昭，曰唯典常。在帝有熊，其臣風后。爰作《握奇》，蚩尤是討。六十四陣，演自孫吳。豈其妄作，文本河圖。三代往矣，漢隳都肆。誰不興之？天啓明智，惟此武侯，器宏管樂。龍隱隆中，雲蒸左蜀。先王遺法，尚克興之。漢家餘業，豈不成之？營頭下墜，蒼蒼叵測。心服奇才，漢興勍敵。新都之壘，雲守儲胥。匪石凌江，丘陵屹如。甘棠古木，尚云勿敗。此道之存，其何能壞。率然之蛇，無頭無尾。《易》象於天，於乎不已。

［3］沔陽：沔陽縣，西漢置，治所即今陝西勉縣東舊州鋪。

［4］酈道元（？—527），字善長，北魏范陽涿縣人。孝文帝太和中，爲治書侍郎御史。宣武帝時爲東荊州刺史，爲政嚴酷，以刻峻免官。後起爲河南尹，除安南將軍、御史中尉。道元好學，博覽奇書，著有《水經注》。

［5］新都：新都縣，西漢置，治所在今四川新都縣西。

［6］魁：小土丘。

［7］植：置，放置，設置。

［8］壁門：軍營的營門。

［9］鱗差：猶鱗次，如魚鱗般密密排列。

［10］岷：即岷山，在四川省北部，綿延四川、甘肅兩省邊境。爲長江、黃河分水嶺，岷江、嘉陵江支流白龍江發源地。

［11］轟：沖擊，轟擊。

［12］椿：撞擊。

［13］仄：傾斜，偏斜。

［14］九疇：疇，類。指傳說中天帝賜給禹治理天下的九類大法，即《洛書》。《尚書·洪範》："天乃錫禹洪範九疇，彝倫攸叙。初一曰

五行，次二曰敬用五事，次三曰農用八政，次四曰協用五紀，次五曰建用皇極，次六曰乂用三德，次七曰明用稽疑，次八曰念用庶徵，次九曰向用五福、威用六極。"

[15] 桓温（312—373），字元子，桓彝子，東晋譙國龍亢人。拜駙馬都尉，除琅邪太守。穆帝永和初任荆州刺史，都督荆、司等四州諸軍事。二年，率衆伐蜀。三年，滅成漢。十年，北伐關中。十二年，收復洛陽。

[16] 杜甫（721—770），字子美，自稱杜陵布衣，又稱少陵野老，唐河南鞏縣人，初舉進士不第，遂事漫游。後居困長安近十年，以獻《三大禮賦》，待制集賢院。安禄山亂起，杜甫走鳳翔，上謁肅宗，拜左拾遺。從還京師，尋出爲華州司功參軍。棄官客秦州、同谷，移家成都，營草堂於浣花溪。後依節度使嚴武，武表爲檢校工部員外郎。代宗大曆中，攜家出蜀，客居耒陽，病卒於湘江舟中。著有《杜工部集》。

[17] 王通氏（584—617），字仲淹，隋絳州龍門人。仕隋爲蜀郡司户書佐，文帝仁壽間至長安上太平十二策。後知所謀不被用，乃歸河汾間以教授爲業，受業者以千數，時稱"河汾門下"。著有《元經》《中説》。

[18] 處民以井：處，安頓、安排。井，井田。《周禮·考工記·匠人》："九夫爲井，井間廣四尺。"鄭玄注："此畿内埰地之制。九夫爲井，井者，方一裹，九夫所治之田也。"

[19] 熟：熟習。

[20] 禮容：禮制儀容。

[21] 節制：節度法制。亦指嚴整有規律。

[22] 昌：光大。

[23] 勒：指刻在金石上的文字。

[24]《甘誓》《牧誓》：皆《尚書》篇名。

[25] 壽：指使之長壽。

鬻子[1]

魏相[2]奏記[3]載霍光曰：文王[4]見鬻子，年九十餘，文王曰："噫，老矣。"鬻子曰："君若使臣捕武逐麕，① 臣已老矣。若使坐策國事，臣年尚少。"文王善之，遂以爲師。[5]今觀其書，則曰發政施仁謂之道，上下相親謂之和，不求而得謂之信，除天下之害謂之仁。其所以啓文王者決矣，其與太公之遇文王有相合者。太公之言曰："君有六守：仁、義、忠、信、勇、謀。"[6]又曰："鷙鳥將擊，卑飛翕翼。武狼將擊，② 弭耳俯伏。聖人將動，必有愚色。"[7]尤決於啓文王者矣。非二公之言殊相經緯，然其書辭意大略淆雜。若《大誥》《洛誥》[8]之所以爲《書》者，是亦漢儒之所綴輯者乎？太公又曰："天下，非一人之天下，天下之天下也。"[9]奇矣。《藝文志》[10]叙鬻子名熊，著書二十二篇。今一卷，六篇。唐貞元[11]間柳伯存[12]嘗言："子書起於鬻熊。"[13]此語亦佳，因錄之。永徽[14]中，逢行珪[15]爲之序曰："《漢志》所載六篇，此本凡十四篇。"[16]予家所傳，乃篇十有二。③

---

① "武"，學津本、四庫本、四部本、叢編本作"虎"。
② "武"，學津本、四庫本、四部本、叢編本作"虎"。
③ "乃篇十有二"，《文獻通考》卷二百十一作"乃十有二篇"。

【集釋】

[1] 鬻子，即鬻熊，羋姓，名熊。最早見於《左傳·僖公二十六年》，云夔子"不祀祝融與鬻熊"。按《隋書·經籍志》儒家類著錄《鬻子》一卷，題周文王師鬻熊撰。《舊唐書·經籍志》列入小説家類，《新唐書·藝文志》列入神仙家類，《崇文總目》列入道家類，《宋志》列入雜家類。《文獻通考·經籍考》引宋葉夢得曰："世傳《鬻子》一卷，出祖無擇家。《漢·藝文志》本二十二篇，載之道家。鬻熊，文王所師，不知何以名道家，而小説家亦別出十九卷，亦莫知孰是，又何以名小説？今一卷，止十四篇，本唐永徽中逢行珪所獻。其文大略，古人著書不應爾。庾仲容《子鈔》云六篇，馬總《意林》亦然。其所載辭略，與行珪先後差不倫，恐行珪書或有附益云。"又引宋李燾曰："《藝文志》二十六篇，今十四篇，《崇文總目》以爲其八篇亡，特存此十四篇耳。某謂劉向父子及班固所著録者或有他本，此蓋後世所依托也。熊既年九十始遇文王，胡乃尚説三監曲阜時，何邪？又文多殘闕，卷第與目篇皆錯亂，甚者幾不可曉，而注尤謬誤，然不敢以意删定，姑存之以俟考。"陳振孫《直齋書録解題》道家類"鬻子"條曰："鬻熊爲周文王師，封於楚，爲始祖。《漢志》云二十二篇，今書十五篇，陸佃農師所校。"又有"鬻子注"條，曰："唐鄭縣尉逢行珪撰，止十四篇，蓋中間以二章合而爲一，故視陸本又少一篇。此書甲乙篇次皆不可曉，二本前後亦不同，姑兩存之。"《四庫全書總目》卷一百十七雜家類"鬻子"條曰："《鬻子》一卷，舊本題周鬻熊撰。《崇文總目》作十四篇，高似孫《子略》作十二篇，陳振孫《書録解題》稱陸佃所校十五篇。此本題唐逢行珪注，凡十四篇，蓋即《崇文總目》所著録也。考《漢書·藝文志》道家《鬻子説》二十二篇，又小説家《鬻子説》十九篇，是當時本有二書。《列子》引《鬻子》凡三條，皆黄、老清靜之説，與今本不類，疑即道家二十二篇之文。今本所載，與賈誼《新書》所引六條文格略同，疑即小説家之《鬻子》説也。杜預《左傳注》稱鬻熊

爲祝融十二世孫。孔穎達疏謂不知出何書。《史記》載鬻熊子事文王早卒，其子曰熊麗，熊麗生熊狂，熊狂生熊繹。成王時舉文、武勤勞之後嗣，受封於楚。《漢書》載魏相奏記霍光稱文王見鬻子年九十餘。雖所説小異，然大約文、武時人。今其書乃有'昔者魯周公'語，又有'昔者魯周公使康叔往守於殷'語，而賈誼《新書》亦引其成王問答凡五條，時代殊不相及。劉勰《文心雕龍》云：'鬻熊知道，文王諮詢，遺文餘事，録爲《鬻子》。'則哀輯成編，不出熊手。流傳附益，或構虛詞，故《漢志》別入小説家歟？獨是僞《四八目》一書見北齊陽休之序録，凡古來帝王輔佐有數可紀者，靡不具載。而此書所列禹七大夫皋陶、杜子業、既子、施子黯、季子寧、然子堪、輕子玉，湯七大夫慶輔、伊尹、湟里且、東門蝡、南門蝡、西門疵、北門側，皆具有姓名，獨不見收。似乎六朝之末尚無此本。或唐以來好事之流，依仿賈誼所引，撰爲贋本，亦未可知。觀其標題甲、乙，故爲佚脱錯亂之狀，而誼書所引，則無一條之偶合，豈非有心相避，而巧匿其文，使讀者互相檢驗，生其信心歟？且其篇名冗贅，古無此體，又每篇寥寥數言，詞旨膚淺，決非三代舊文。"今按：關於鬻子之文，自唐代魏徵《群書治要》、馬總《意林》鈔録以來，明清以後皆有整理研究。今人嚴靈峰教授所編《周秦漢魏諸子知見書目》輯有鬻子歷代注疏達三十三種之多，鍾肇鵬教授撰《鬻子校理》，張京華教授撰《鬻子箋證》，可資參考。

[2] 魏相（？—前59），西漢濟陰定陶（今山東定陶西北）人，字翁弱。舉賢良，爲茂陵令。後遷河南太守，抑制豪強勢力。宣帝即位，任大司農，遷御史大夫，建議削弱霍光家屬的權力，得到宣帝贊同。後霍氏陰謀敗露，以功爲丞相，封高平侯。

[3] 奏記：漢時向公府等長官陳述意見的文書。

[4] 文王：即周文王姬昌，周季歷（周朝建立後，尊爲王季）之子，西周奠基人。季歷死後由他繼承西伯侯之位，在位50年。商紂時爲西伯侯，建國於岐山之下，積善行仁，政化大行，益行仁政，天下諸

侯多歸從，子武王有天下後，追尊爲文王。

［5］語見《全上古三代秦漢三國六朝文》卷九《鬻熊》："昔文王見鬻子年九十，文王曰：'嘻，老矣！'鬻子曰：'若使臣捕虎逐麋，則臣已老矣；使臣坐策國事，則臣年尚少。'因立爲師。"（《意林》一、《御覽》三百八十三）

［6］語本《太公六韜》卷一："文王問太公曰：'君國主民者，其所以失之者，何也？'太公曰：'不謹所與也，人君有六守、三寶。'文王曰：'六守者何也？'太公曰：'一曰仁，二曰義，三曰忠，四曰信，五曰勇，六曰謀，是謂六守。'"

［7］語本《太公六韜》卷二："鷙鳥將擊，卑飛斂翼。猛獸將搏，弭耳俯伏。聖人將動，必有愚色。"

［8］《大誥》《洛誥》：皆《尚書》篇名。

［9］語本《太公六韜》卷一："文王曰：'立斂何若而天下歸之？'太公曰：'天下，非一人之天下，乃天下之天下也。同天下之利者則得天下，擅天下之利者則失天下。天有時，地有財，能與人共之者，仁也。仁之所在，天下歸之。免人之死、解人之難、救人之患、濟人之急者，德也。德之所在，天下歸之。與人同憂、同樂、同好、同惡者，義也。義之所在，天下赴之。凡人惡死而樂生，好德而歸利，能生利者，道也。道之所在，天下歸之。"

［10］《藝文志》：即《漢書·藝文志》。

［11］貞元：是唐德宗李適的年號（785—805），共計21年。

［12］柳伯存：即柳並，字伯存，里居及生卒年均不詳，約唐代宗大曆末前後在世。師蕭穎士，兼好黃、老。大曆中，辟河東府掌書記。遷殿中侍御史。

［13］語本《全唐文》卷三百七十二《意林序》。

［14］永徽：唐高宗李治的第一個年號（650—655），共計六年。

［15］逢行珪：凌迪知《萬姓統譜》稱行珪爲隋時人，而晁、陳諸

家皆謂行珪官華州鄭縣尉，其書進於永徽四年，則已在唐高宗時矣。
（見《欽定天禄琳琅書目》卷九）

　　[16] 唐逄行珪《進鬻子表》：“臣行珪言：臣聞結繩以往，書疏蔑
然，文字之初，教義斯起。記言之史設，褒貶之迹聿興；書事之官置，
勸誡之門由啓。於是國版稠疊，謨訓昭彰，唱贊之道以弘，闡揚之理兹
暢。德業彌綜，英華日新，雕琢性情，振其徽烈。逮乎周文作聖，鬻子
稱賢，意合道同，實申師傅。鬻子以文王降己，大啓心期，明宣布政之
方，廣立輔成之策，足使萬機留想，一代咸休。稽古有宗，發明耳目，
尋其著述之旨，探其斥救之辭，莫不原道心以裁章，研神理而啓沃，彌
綸彝訓，經緯區中，不徒贊説微言，務於遺翰而已。鬻熊爲諸子之首，
文王則聖德之宗，熊既文王之師，書乃政教之體。雖篇軸殘缺，提舉猶
備紀綱，譬彼盤盂，發揚有愈。臣家傳儒素，積習忠良，睹明主奉師之
蹤，覽賢者盡義之道，循環徵究，妙極機神。敢率至愚，爲之注解。研
覃析理，以叙私情，剪截浮辭，用申狂瞽。伏惟陛下則天垂訓，越極宣
風，稽太上之至和，興帝王之炯誡。股肱諒直，獻替无疑，大舉賢良，
寧濟區宇，四海革面，八表宅心，務本修文，垂拱無事。臣以草萊卑
賤，識度庸淺。荷堯沐舜，擊壤詛歌，周施政教之端，屬聽太平之咏。
志存綴輯，以述矢言，簡牘難周，辭意斯拙。謹以繕寫，奉獻闕庭，庶
日月昭明，布餘暉於漏隙；時雨咸洎，灑餘潤於纖枯。望希塵露之資，
豈議沉舟之楫。天威咫尺，神魄震驚。謹上表以聞，伏聽慈旨。謹言。
永徽四年十一月二十六日，華州鄭縣尉臣逄行珪上。”逄行珪《鬻子
序》：“鬻子名熊，楚人。周文王之師也。年九十見文王，王曰：‘老
矣！’鬻子曰：‘使臣捕獸逐麋，已老矣，使臣坐策國事，尚少也。’文
王師之，著書二十二篇，名曰《鬻子》。子者，男子之美稱。賢不逮
聖，不以爲經，用題紀標‘子’，因據劉氏九流即道流也。遭秦暴亂，
書記略盡。《鬻子》雖不預焚燒，編秩由此殘缺。依《漢書·藝文志》
雖有六篇，今此本乃有十四篇，未詳孰是。篇或錯亂，文多遺闕。敷演

大道，銓撰明史，闡域中之教化，論刑德之是非，雖卷軸不全，而其門可見。然鄧林之枝，荆山之玉，君子餘文可得觀矣。鶡子博懷道德，善謀政事，故使周文屈節，大聖諮詢，情存帝王之道，辭多斥救之要。理致通遠，旨趣恢弘，實先達之奧言，爲諸子之首唱。織組仁義，經緯家邦，垂勸誡之風，陳弘濟之術，王者覽之可以理國，吏者遵之可以從政，足使賢者勵志，不肖者滌心。語曰：‘《詩》三百，一言以蔽之，曰思無邪。’言而不朽，可爲龜鏡。鶡子論道，無邪之謂歟？幸以休務之隙，披閱子史，而書籍實繁，不能精備。至於此子，頗復留心。尋其立迹之端，探其闡教之旨，豈如寓言迂恢馳術飛辯者矣？亦乃字重千金，辭高萬歲。聊爲注解，略起指歸，馳心於萬古之上，寄懷於千載之下，庶垂道見志，懸諸日月，將來君子，幸無忽焉。”

太公金匱六韜[1]

《詩》曰：“維師尚父，時維鷹揚，諒彼武王，肆伐大商，會朝清明。”[2]鄭康成[3]稱其“天期已至，兵甲之疆，師率之武，故今伐商，合兵以清明也”[4]。《牧誓》曰：“時甲子昧爽，武王朝至于商郊牧野。”[5]與《詩》合也。武王之問太公曰：“何以知人心？”[6]王時寢疾[7]，太公負而起之曰：“行迫矣，勉之。”武王乃駕鷖冥之車[8]，周旦[9]爲之御，至于孟津[10]。大黃[11]參連弩[12]，① 大才扶骨車戰具、飛鳧赤莖白羽，以銅爲首、電影青莖赤羽，以銅爲首，副也。晝則爲光，夜則爲

① “大”，四庫本作“太”。

星、方頭鐵鎚重六斤，一名鐵鉞、行馬廣二丈，二十具、渡溝飛橋廣五丈，轉關鹿盧、鷹爪方凶鐵把柄長七尺、天陣日月斗杓，杓一左一右，一仰一背，此爲天陣、地陣丘陵水泉，有左、右、前、後之利、人陣車馬文武、積楹臨衡攻具，① 雲梯[13]飛樓[14]視城中也，武衡大櫓三軍[15]所須，雲火萬炬火具，吹鳴筬[16]。[17]審此，則康成所曰"兵甲之疆，師率之武"爲可考歟？亦《詩》所謂"檀車煌煌，駟騵彭彭"[18]者也。又考諸武王曰："殷可伐乎？"太公曰："天與不取，反受其咎。"[19]武王又曰："諸侯已至，士民何如？"太公曰："大道無親，何急於元士。"[20]武王又曰："民吏未安，賢者未親，何如？"太公曰："無故無新，②如天如地。"[21]其言若有合於《書》者。《詩》之上章曰"保右命爾，燮伐大商""上帝臨汝，無貳爾心"[22]。此之謂歟？③

【集釋】

[1]《文獻通考》引《周氏涉筆》曰："謂太公爲兵家之祖，自漢人已然。本無所稽，僅以陰符有托而云爾。太公遇文王事，尚未足信，況談兵哉？周詩'鷹揚'外無他語。……《六韜》不知出何時，其屑屑共議，以家取國，以國取天下，殆似丹徒布衣太原宮監所經營者。"又引宋葉適曰："自《龍韜》以後四十三篇，條畫變故，預設方禦，皆爲兵者所當講習。孫子之論至深不可測，而此四十三篇，繁悉備舉，似

---

① "衡"，學津本、四庫本、四部本、叢編本作"衝"。
② "新"，《文獻通考》卷二百二十一作"親"。
③ "歟"，《文獻通考》卷二百二十一作"也"。

爲孫子義疏也。其書言避正殿，乃戰國後事，固當後於孫子。……至莊周亦稱九徵，則真以爲太公所言矣。然周嫚侮爲方術者，而不悟《六韜》之非僞，何也？蓋當時學術無統，諸子或妄相詆訾，或偶相崇，出於率爾，豈足據哉？"宋陳振孫《直齋書録解題》兵書類曰："《六韜》六卷，武王太公問答。其辭鄙俚，世俗依托也。"宋趙希弁《郡齋讀書後志》卷二兵家類著録《六韜》六卷，曰："《漢藝文志》無此書，梁、隋、唐始著録。分文、武、龍、虎、豹、犬六目，兵家權謀之書也。"宋王應麟《漢藝文志考證》卷五："今《六韜》六卷六十篇，《尚書正義》以爲後人所作，非實事也。《館閣書目》謂《周史六弢》恐別是一書。（《通鑑外紀》云：'志在儒家，非兵書也。今《六韜》文王武王問太公兵戰之事，其言鄙里煩雜，不類太公之語，蓋後人依托爲之。'）唐氏曰：春秋以前中國未有騎戰，計必起於戰國之時。今《六韜》言其戰最詳，決非太公所作，當出於孫、吳之後，謀臣策士之所托也。"《四庫全書總目》卷九十九兵家類云："《六韜》六卷。舊本題周吕望撰。考《莊子·徐無鬼》篇，稱《金版六弢》。《經典釋文》曰：'司馬彪、崔譔云，金版六弢皆《周書》篇名，本又作《六韜》，謂太公六韜：文、武、虎、豹、龍、犬也。'案：今本以文、武、龍、虎、豹、犬爲次，與陸德明所注不同。未詳孰是，謹附識於此。則戰國之初，原有是名。然即以爲《太公六韜》，未知所據。《漢書·藝文志》兵家不著録，惟儒家有《周史六弢》六篇。班固自注曰：'惠、襄之間，或曰顯王時，或曰孔子問焉。'則《六韜》别爲一書。顏師古注以今之《六韜》當之，毋亦因陸德明之説而牽合附會歟？《三國志·先主傳注》始稱'閒暇歷觀諸子及《六韜》《商君書》，益人志意'。《隋志》始載《太公六韜》五卷，注曰：'梁六卷，周文王師姜望撰。'唐、宋諸志皆因之。今考其文，大抵詞意淺近，不類古書。中間如避正殿，乃戰國以後之事。'將軍'二字，始見《左傳》，周初亦無此名。案：《路史》有'虞舜時伯益爲百蟲將軍'之語。雜説依托，不足爲據。其依托之迹，灼然可驗。又《龍韜》中有《陰符》篇云：'主與將有陰符，凡八等，克敵之符長一尺，破軍之符長九寸，至失利之符長三寸而止。'蓋偽撰者不知陰符之義，誤以爲符節之符，遂粉飾以爲此言，尤爲鄙陋，殆未必漢時舊本。故《周氏涉筆》謂'其書並緣吴起，漁獵其詞，而綴輯以近代軍政之浮談，淺駁無可施用'。胡應麟《筆叢》亦謂'其《文代》《陰書》等篇爲孫、吴、尉繚所不屑道'。然晁公武《讀書志》稱'元豐中，以《六韜》《孫子》《吴子》《司馬法》《黃石公三略》《尉繚子》《李衛公問對》頒行武學，號曰七書'。則其來已久，談兵之家，恒相稱述。"《四庫全書簡明目録》卷九兵家類亦云："《六韜》六卷，舊本題周吕望撰。其文義不類三代，蓋因《莊子》'金版六弢'之語而附會成書，然陸德明《莊子釋文》謂太公六韜文、武、虎、豹、龍、犬也，則其偽在陳、隋以前矣。"今按：《文選注》引《七略》曰："《太公金版玉匱》，雖近世之文，然多善者。"是其書本名《金版》，亦名《金版玉匱》；本是周書，亦言太公，後人還稱《太公金匱》。《太公金匱》一書今已不存，清儒洪頤煊、嚴可均皆有輯佚本。

[2] 語本《詩經·大雅·大明》。

[3] 鄭康成：即鄭玄（127—200），字康成，東漢北海高密（今山東）人。曾入太學學今文《易》和公羊學，又從張恭祖學《古文尚書》《周禮》《左傳》等，最後從馬融學古文經。游學歸里後，聚徒講學，弟子衆至數百千人。因黨錮事被禁，潛心著述，以古文經説爲主，兼采今文經説，融會貫通，遍注群經，成爲漢代經學的集大成者，稱鄭學。今通行本《十三經注疏》中的《毛詩》《三禮》注，即采用鄭注。

[4] 語本《詩經·大雅·大明》，鄭玄箋："以天期已至，兵甲之疆，師率之武，故今伐殷，合兵以清明。"

[5] 語本《尚書·牧誓》："時甲子昧爽，王朝至於商郊牧野，乃誓。"

[6] 《六韜》卷四《壘虚》第四十二："武王問太公曰：'何以知

敵壘之虛實自來自去?'太公曰:'將必上知天道,下知地理,中知人事。登高下望,以觀敵之變動。望其壘則知其虛實,望其士卒則知其來去。'武王曰:'何以知之?'太公曰:'聽其鼓無音、鐸無聲,望其壘上多飛鳥而不驚,上無氛氣,必知敵詐而爲偶人也。敵人卒去不遠未定而復反者,彼用其士卒太疾也。太疾則前後不相次,不相次則行陣必亂。如此者,急出兵擊之,以少擊衆,則必敗矣。'"

[7] 寢疾:臥病。

[8] 鶩冥之車:指急速奔馳、冥行不息之馬車。"之車",清嚴可均《全上古三代秦漢三國六朝文》全上古三代文卷六引《北堂書鈔》十三作"之乘"。

[9] 周旦:即周公姬旦。

[10] 孟津:古黃河津渡名。在今河南省孟津縣東北、孟縣西南。相傳周武王在此盟會諸侯並渡河,故一名盟津。一説本作盟津,後訛作孟津。爲歷代兵家爭戰要地。

[11] 大黃:弓名。

[12] 連弩:裝有機栝,可以同發數矢或連發數矢之弓。

[13] 雲梯:古代攻城時攀登城牆的長梯。

[14] 飛樓:攻城用的一種樓車。

[15] 三軍:周制,諸侯大國三軍。中軍最尊,上軍次之,下軍又次之。一軍一萬二千五百人,三軍合三萬七千五百人。

[16] 筑:樂器名,即筑。《説文·竹部》:"筑,吹鞭也。"清桂馥《説文義證》引《漢舊注》:"筑,號曰吹鞭,筑即筩也。"

[17] 從"王時寢疾"至"吹鳴筑",語見《全上古三代秦漢三國六朝文》卷六《犬韜》:"武王寢疾十日,太公負王,乃駕鶩冥之車(《北堂書鈔》十三作'之乘'),周旦爲禦,至於孟津。大黃參連弩,大才扶胥車(並,戰具也),飛鳧(赤莖白羽,以鐵爲首)電影(青莖赤羽,以銅爲首副也。晝則爲光,夜則爲星),方頭鐵槌(重八斤,亦

軍備也），大柯斧（重八斤，一名鐵鉞，軍備也），行馬（廣二丈，二十具），渡溝飛橋（廣五丈，轉關鹿盧，八具），天船（一名天潢，以濟大水也），鷹爪方胸鐵杷（柄長七尺），天陣（日月斗柄，杓一左一右，一仰一背，此爲天陣），地陣（丘陵水泉，有左右前後之利），人陣（車馬文武），積楯臨沖（攻城、國邑），雲梯飛樓（視城中也），武衛大櫓（三軍所須），雲火萬炬（以防火也），吹鳴箛（作威，萬具也。《御覽》三百六十七案此所陳器具，《軍用篇》有其半）。”

[18] 語本《詩經·大雅·大明》。

[19] 語見《意林》卷一：“武王問太公曰：‘殷已亡其三人，今可伐乎？’太公曰：‘臣聞之，知天者不怨天，知己者不怨人，先謀後事者昌，先事後謀者亡；且天與不取，反受其咎。時至不行，反受其殃。’”

[20] 語見《太平御覽》卷三百二十九：“武王伐紂，諸侯已至，未知士民何如？太公曰：‘天道無親，今海內陸沉於殷久矣，百姓可與樂成，難與慮始。’”

[21] 語見《意林》卷一：“武王平殷，還問太公曰：‘今民吏未安，賢者未定，如何？’太公曰：‘無故無新，如天如地。得殷之財，與殷之民共之，則商得其賈，農得其田也。一目視則不明，一耳聽則不聰，一足步則不行，選賢自代，上下各得其所。’”

[22] 以上二語皆本《詩經·大雅·大明》。

孔叢子[1]

《漢藝文志》無《孔叢子》，而《孔甲盤盂》二十六篇出于雜家[2]，而又益以《連叢》，其《獨治篇》稱孔鮒[3]一名甲，世因曰“孔叢子”。《盤盂》者，其事雜也。《漢書注》[4]

又以孔甲爲黄帝之史，或夏帝時人，篇第又不同，若非今《孔叢子》也。《記問篇》載子思[5]與孔子問答，如此，則孔子時子思其已長矣，然《孔子家語》[6]後叙及《孔子世家》皆言子思年止六十二，① 孟子以子思在魯穆公[7]時，固常師之，是爲的然[8]矣。按孔子没於哀公[9]十六年，後十六年哀公卒，又悼公[10]立三十七年，元公[11]立二十一年。穆公既立，距孔子之没七十年矣。當是時，子思猶未生，則問答之事，安得有之耶？② 此又出於後人綴集之言，何其無所據若此！好古之癖，每有悦乎異帙奇篇，及觀其辭、考其事，則往往差謬而同異[12]。嗚呼！夫子没而微言[13]絶，異端起而大義[14]乖，皆苟簡[15]於一時，而增疑於來世一，③ 故爲學者舍六經何師焉？

【集釋】

[1]《朱子語録》曰："《家語》雜記得不純，卻是當時書。《孔叢子》是後來自撰出。"又曰："漢卿問孔子順許多話，卻好，曰出於《孔叢子》，不知是否。只《孔叢子》説話多類東漢人，其文氣軟弱，全不似西漢文字，兼西漢初若有此等話，何故略不見於賈誼、董仲舒所述，恰限到東漢方突出來，皆不可曉。"明王禕《大事記續編》卷三："《孔叢子》僞書也，不足據。"《四庫全書總目》卷九十一："《孔叢子》三卷，舊本題曰孔鮒撰。所載仲尼而下子上、子高、子順之言行

----

① "叙"，《文獻通考》卷二百九作"序"。
② "耶"，《文獻通考》卷二百九作"邪"。
③ "一"，學津本、四庫本、四部本、叢編本、四明本作"也"。

凡二十一篇，又以孔臧所著賦與書上下二篇附綴於末，別名曰《連
叢》。鮒字子魚，孔子八世孫。仕陳涉爲博士。臧，高祖功臣孔聚之
子，嗣爵蓼侯。武帝時官太常。其書《文獻通考》作七卷。今本三卷，
不知何人所並。晁公武《讀書志》云：'《漢志》無《孔叢子》，儒家
有《孔臧》十篇，雜家有孔甲《盤盂書》二十六篇，其《獨治篇》，鮒
或稱孔甲。意者孔叢子即孔甲，《盤盂》《連叢》即《孔臧書》。'案
《漢書·藝文志》顏師古注謂孔甲黃帝之史，或云夏後孔甲，似皆非。
則《孔叢》非《盤盂》。又《志》於儒家《孔臧》十篇外，詩賦家別
出《孔臧賦》二十篇，今《連叢》有賦，則亦非儒家之孔臧。公武未
免附會。《朱子語類》謂：'《孔叢子》文氣軟弱，不似西漢文字，蓋其
後人集先世遺文而成之者。'陳振孫《書錄解題》亦謂：'案孔光傳，
孔子八世孫鮒，魏相順之子，爲陳涉博士，死陳下，則固不得爲漢人。
而其書記鮒之沒，則又安得以爲鮒撰？'其說當矣。《隋書·經籍志》
論語家有《孔叢》七卷，注曰：'陳勝博士孔鮒撰。'其序錄稱《孔叢
家語》，並孔氏所傳仲尼之旨，則其書出於唐以前。然《家語》出王肅
依托，《隋志》既誤以爲真，則所云《孔叢》出孔氏所傳者，亦未爲確
證。朱子所疑，蓋非無見。即如：'《舜典》"禋於六宗"，何謂也？子
曰："所宗者六，皆潔祀之也，埋少牢於泰昭，所以祭時也；祖迎於坎
壇，所以祭寒暑也；主於郊宮，所以祭日也；夜明，所以祭月也；幽
禜，所以祭星也；雩禜，所以祭水旱也。禋於六宗，此之謂也。"'其
說與僞《孔傳》、僞《家語》並同，是亦晚出之明證也。其中第十一篇
即世所傳《小爾雅》，注疏家往往引之。然皆在晉、宋以後，惟《公羊
傳·疏》所引賈逵之說，謂'俗儒以六兩爲鋝'，正出此書，然謂之
'俗儒'，則非《漢·藝文志》之《小爾雅》矣。"今按：關於《孔叢
子》一書的真僞問題，詳參孫少華之博士論文《孔叢子研究》（中國社
科出版社 2011 年版）。

　　[2] 雜家：戰國末至漢初折衷和糅合各派學説的學派，爲九流之

一。亦指此派學者。代表著作有《吕氏春秋》和《淮南子》。《漢書·藝文志》：“雜家者流，蓋出於議官，兼儒、墨，合名、法，知國體之有此，見王治之無不貫，此其所長也。”

[3] 孔鮒（約前264—前208），字甲，秦末人，孔子後裔，居於魏國。陳勝領導農民起義，他也從軍反秦，爲博士。後與陳勝俱死於陳。

[4]《漢書注》：唐顔師古注解《漢書》的著作，該書吸取了漢魏以來二十三家注的成果，校勘文字，考訂史實，糾正舊説，訓釋疑難，在文字、音韻、訓話以及其他學科方面都有很高的價值。

[5] 子思（前483—前402），名孔伋，字子思，孔子嫡孫，爲春秋戰國時期著名的思想家。子思受教于孔子的高足曾參，孔子的思想學説由曾參傳子思，子思的門人再傳孟子。後人把子思、孟子並稱爲思孟學派，因而子思上承曾參，下啓孟子，在孔孟“道統”的傳承中有重要地位。

[6]《孔子家語》一書，最早著録於《漢書·藝文志》，凡二十七卷，孔子門人所撰。《孔子家語》其書早佚。唐顔師古注《漢書》時，曾指出二十七卷本“非今所有家語”。顔師古所云今本《孔子家語》，乃三國時魏王肅收集並撰寫的十卷本。

[7] 魯穆公（？—前376），戰國初魯國國君，是魯國第二十九任君主。他爲魯元公兒子，在位33年。

[8] 的然：明顯貌。

[9] 哀公：即魯哀公（？—前468），爲春秋諸侯國魯國君主之一，是魯國第二十六任君主。他爲魯定公兒子，承襲魯定公擔任魯國君主，在位27年。

[10] 悼公：即魯悼公（前467—前437），春秋諸侯國魯國君主之一，是魯國第二十七任君主。他爲魯哀公兒子，承襲魯哀公擔任該國君主，在位31年。

[11] 元公：即魯元公（前436—前416），東周諸侯國魯國君主之一，是魯國第二十八任君主。他是魯悼公兒子，承襲魯悼公擔任該國君主，在位21年。

[12] 同異：謂差異，不同。

[13] 微言：精深微妙的言辭。

[14] 大義：正道，大道理。

[15] 苟簡：草率而簡略。

曾子[1]

《曾子》者，曾參[2]與其弟子公明儀[3]、樂正子春[4]、單居離[5]、曾元[6]、曾華[7]之徒講論孝行之道、天地事物之原，凡十篇。自《修身》至于《天圓》，已見於《大戴禮》[8]，篇爲四十九、爲五十八。它又雜見於《小戴禮》[9]，①略無少異，是固後人掇拾以爲之者歟？劉中壘父子[10]秦、漢《七略》已不能致辨於斯，況他人乎？然董仲舒[11]對策已引其言，有曰："尊其所問則高明，② 行其所知則光大。"[12]則書固在董氏之先乎？又其言曰："君子愛日，及時而成，難者不避，易者不從。且就業[13]，③ 夕自省，可謂守業。年三十、四十無藝[14]，則無藝矣。五十不以善聞，則無聞矣。質[15]者

---

① "它"，學津本、四庫本、四部本、叢編本、四明本作"他"。
② "問"，學津本、四庫本、四部本、叢編本、四明本作"聞"。
③ "且"，學津本、四庫本、四部本、叢編本、四明本作"旦"。

吾自三省吾身,① 何其辭費耶?"[16]予續先太史[17]《史記注·七十二弟子傳》"參,字子輿",② 晉灼[18]讀音如"宋昌[19]驂乘[20]"之"參",因併及之。

【集釋】

[1] 晁公武《郡齋讀書志》曰:"曾子者,魯曾參也。舊稱曾參所撰。其《大孝篇》中乃有樂正子春事,當是其門人所纂爾。《漢·藝文志》:《曾子》十八篇;《隋志》:《曾子》二卷、目一卷;《唐志》:《曾子》二卷。今此書亦二卷,凡十篇,蓋唐本也。視漢亡八篇,視隋亡目一篇。考其書俱已見於《大戴禮》,世人久不讀之,文字謬誤爲甚,乃以《大戴禮》參校之,其所是正者至於千有餘字云。"《文獻通考》引《周氏涉筆》曰:"《曾子》一書,議道褊迫,又過於荀卿,蓋戰國時爲其學者所論也。孔子言七十而從心所欲,不逾矩,正指聖境妙處。此書遽謂七十而未壞,雖有後過,亦可以免。七十而壞與否,已不置論,而何以爲過,何以爲免。聖門家法無此語也。"《四庫全書總目》卷九十五云:"《曾子全書》三卷,明曾承業編。承業爲曾子六十二代孫,序稱博士,蓋襲職之宗子也。案:宋汪晫嘗輯《曾子》一卷,分十二篇,割裂補綴,已非唐以來之舊本。是編又分《主言》一篇爲卷一,《修身》《事父母》《制言》上、中、下、《疾病》《天圓》七篇爲卷二,《本孝》《立孝》《大事》三篇爲卷三。與王應麟《玉海》所云今十篇,自《修身》至《天圓》皆見於《大戴禮》者,又多出《主言》一篇,而分合迥異,不知其何所依據?殆亦以意爲之也。"

[2] 曾參:即曾子(前505—前435),姓曾,名參,字子輿,春秋末年魯國南武城(今山東嘉祥縣)人。十六歲拜孔子爲師,勤奮好

---

① "者",四庫本作"諸"。
② "續",學津本、四庫本、四部本、叢編本、四明本作"讀"。

學，頗得孔子真傳。積極推行儒家主張，傳播儒家思想。孔子的孫子孔
伋（字子思）師從曾參，又傳授給孟子。因之，曾參上承孔子之道，
下啓思孟學派，對孔子的儒學學派思想既有繼承，又有發展和建樹。曾
參是孔子學説的主要繼承人和傳播者，在儒家文化中具有承上啓下的重
要地位。

[3] 公明儀：戰國時魯國商武城人，孔子弟子子張之門人。曾問
孝於曾子。子張死，按師禮送喪。

[4] 樂正子春：春秋時魯國人，曾參弟子。

[5] 單居離：曾參弟子。

[6] 曾元：戰國時魯國人，曾參子。

[7] 曾華：戰國時魯國人，曾參子。

[8]《大戴禮》：西漢經學家戴德闡釋《禮》的著作，共85篇，現
存35篇。

[9]《小戴禮》：西漢經學家戴聖闡釋《禮》的著作，共49篇。該
書原爲解説《儀禮》的資料匯編，後經鄭玄作注，使它擺脱從屬於
《儀禮》的地位而獨立成書，成爲今本《禮記》。

[10] 劉中壘父子：即漢代文獻學家劉向、劉歆父子。劉向（約前
77—前6），原名更生，字子政，沛縣（今屬江蘇）人。後改名爲向，
官至中壘校尉。曾奉命領校秘書，所撰《別録》，爲我國目録學之祖。

[11] 董仲舒（前179—前104），西漢廣川郡（今河北省景縣）
人。專治《春秋公羊傳》。曾任博士、江都相和膠西王相。著有《春秋
繁露》及《董子文集》。

[12] 見《漢書》卷五十六《董仲舒傳》："曾子曰：'尊其所聞，
則高明矣；行其所知，則光大矣。高明光大，不在於它，在乎加之意
而已。'"

[13] 就業：求學。

[14] 藝：技藝，才能。

［15］質：誠信，真實。

［16］從“君子愛日”至“何其辭費耶”，語本《大戴禮記·曾子本事》：“曾子曰：‘君子愛日以學，及時以行。難者弗辟，易者弗從，唯義所在。日旦就業，夕而自省思，以殁其身，亦可謂守業矣。’”

［17］先太史：西漢史學家司馬遷。

［18］晉灼：西晉河南人，爲尚書郎。集《漢書》諸家注爲一部，以意增益，辯其當否，成《漢書集注》。

［19］宋昌：西漢人。以家吏從劉邦起于山東，爲代王中尉。吕后八年，周勃、陳平等誅諸吕，使人迎立代王。後拜爲衛將軍，封壯武侯。

［20］驂乘：陪乘或陪乘的人。

魯仲連子

仲連[1]生戰國間，可謂大不幸者矣。有其材即無其時，有其時無其事業[2]，此志士之所共嗟也。若其辭氣雋放，倜儻[3]磊落，琅琅乎誓、誥之風。遺燕將一書，有曰：“智者不背時[4]而棄利，勇士不怯死以滅名，忠臣不先身而後君。”[5]辭旨激亮，隱然出乎戰國之表，其義高矣。《□記》傳仲連，① 言其莫肯干[6]仕。嗚呼！當是時，士掉三寸□，② 得意天下，一言捭闔[7]，取富貴如拾芥，往往挾詐尚□，③ 揉轢

---

① “□”，百川本、學津本、四庫本、四部本、叢編本、四明本作“史”。
② “□”，百川本、學津本、四庫本、四部本、叢編本、四明本作“舌”。
③ “□”，百川本、學津本、四庫本、四部本、叢編本、四明本作“謀”。

於名利之場，① 如恐不及。仲連智謀辯勇，非儀[8]、□[9]、②
髡[10]、衍[11]輩可伍，因事抗議[12]，切中事機，排難解紛，
迎刃□破，③ 心畏爵賞，如逝鴻避弋，連之意沉冥斯世久矣。
□連可縻[13]，④ 不過相齊耳。天下諸侯方仄足[14]惴惴，將一
□秦，⑤ 亦豈一齊所可亡秦者？逃歸海上，瞭焉蓍龜，茲□
所以大過人歟？⑥ 戰國以來，一人而已。

【集釋】

[1] 仲連（約前305—前245），戰國末期齊國人，又叫作魯仲連
子、魯連子和魯連。高節不仕，喜排難解紛。趙孝成王七年，游趙，適
秦圍邯鄲急。魏使新垣衍請尊秦昭王爲帝，仲連與之辯析利害，堅不帝
秦，會魏援軍至，秦軍退。其後，齊將田單復齊地攻聊城不克。仲連爲
燕守將陳説利害，不戰而下之。單言於齊王，欲賞以爵，仲連逃隱海上
以終。

[2] 事業：所營謂之事，事成謂之業。

[3] 倜儻：卓異，不同尋常。

[4] 背時：違背時勢，不合時宜。

[5] 語本《史記》卷八十三《魯仲連鄒陽列傳》："遺燕將書曰：
'吾聞之，智者不倍時而棄利，勇士不怯死而滅名，忠臣不先身而
後君。'"

---

① "揉轆"，學津本、四庫本、叢編本作"踩轆"，四部本作"踩躝"。
② "□"，百川本、學津本、四庫本、四部本、叢編本、四明本作"秦"。
③ "□"，百川本、學津本、四庫本、四部本、叢編本、四明本作"而"。
④ "□"，百川本作"仲"，學津本、四庫本、四部本、叢編本、四明本作"使"。
⑤ "□"，百川本、學津本、四庫本、四部本、叢編本、四明本作"于"。
⑥ "□"，百川本、學津本、四庫本、四部本、叢編本、四明本作"其"。

[6] 干：求，請求。

[7] 捭闔：猶開合。本爲戰國時縱橫家分化、拉攏的游説之術。後亦泛指分化、拉攏。

[8] 儀：即張儀（？—前309），魏國大梁（今河南開封市）人，魏國貴族後裔，曾隨鬼谷子學習縱橫之術。其主要活動應在蘇秦之前，是戰國時期著名的政治家、外交家和謀略家。

[9] □（秦）：即蘇秦（？—前284），字季子，戰國時東周洛陽人。師鬼谷子，習縱橫家言。早年游説諸侯，後爲燕昭王謀劃，使齊、趙交惡，並使齊疲於外戰。齊湣王末年又爲齊相，秦昭王約齊湣王並稱東西帝，蘇秦勸齊王取消帝號。與趙相李兑約燕、齊、韓、趙、魏合縱攻秦，趙封其爲武安君，迫秦廢帝號。後燕將樂毅大舉破齊，蘇秦以反間罪，被車裂而死。

[10] 髡：淳于髡，戰國時期齊國人，齊威王用爲客卿。他學無所主，博聞強記，能言善辯。

[11] 衍：鄒衍，齊國人。生卒年不詳，他活動的時代後於孟子，與公孫龍、魯仲連是同時代人。齊宣王時，鄒衍就學於稷下學宮，始學儒術，繼攻陰陽五行學說，終以儒術爲其旨歸。

[12] 抗議：進言，獻議。

[13] 縻：拴縛，束縛，牽制。

[14] 仄足：側足。

晏子春秋[1]

孔子删《詩》而《魯頌》居《周》《商》之中，孔子定《書》而《費誓》《秦誓》在《周書》之後，下僭上，臣逼

君，禮義銷微，制度掃地，聖人無所施其正救，而猶惓惓於
《詩》《書》。至於世日益亂，分日益陵[2]，三綱五常[3]，斫
喪乖紊，天地之變，有不可勝言者，而《春秋》作矣。《春
秋》所書，莫大於齊、晉之霸。齊、晉之霸，莫雄於管仲[4]
之謀。周室法度，爲之蕩然。其爲術至慘也、至無道也，其
遺患天下後世者，仲也。三歸、反坫，① 仲於禮也何有？以
此謀國，國安得正？而況背義違禮，桓公[5]唯甚。君臣之際，
不亦陋乎？不特是也。自太公疆于齊，至于宣公[6]，蓋二十
三傳矣，而弑死十有一。嗚呼，何其甚亂也！獻公[7]殺其兄，
襄公[8]滛其妹，懿公[9]、宣公皆以滛惡而見弑。當是時，禮
亡義隳，豈復知有君臣上下之分哉？在景公[10]時，齊之爲
齊，趨於弱、入於危矣。公燕[11]群臣，請無爲禮，是何其言
之謬、法之蕩也！晏子[12]蹴然[13]進曰：“君言過矣，群臣固
欲君之棄禮也。力強足以勝其長，勇多足以殺其君，而禮不
使也。”戰國之污，有臣如此，亦庶幾焉。然而田氏之宗，世
世齊政，賣恩斂惠，以懷其民，民亦忘齊而歸田氏。禮之素
蕩、義之素隳，魚爛冰銷[14]，有不可禦。誦晏子之語，究晏

---

　　① “坫”，學津本、四庫本、四部本、叢編本、四明本作“坫”。今按：坫，土築
的平臺。互相敬酒後，把空酒杯放還在坫上，爲周代諸侯宴會時的一種禮節。《論
語・八佾》：“邦君爲兩君之好，有反坫。”何晏集解引鄭玄注：“反坫，反爵之坫，在
兩楹之間。”

子之心，豈不哀哉？《孟子》曰：“一齊人傅之，衆楚人
咻之。”[15]①

【集釋】

[1]《隋志》儒家類著録《晏子春秋》七卷，《新》《舊唐志》同，
《宋志》作十二卷。《四庫全書總目》卷五十七云：“《晏子春秋》八
卷，舊本題齊晏嬰撰。晁公武《讀書志》，嬰相景公，此書著其行事及
諫諍之言。《崇文總目》謂後人采嬰行事爲之，非嬰所撰。然則是書所
記，乃唐人《魏徵諫録》《李絳論事集》之流，特失其編次者之姓名
耳。題爲嬰者，依托也。其中如王士禎《池北偶談》所摘齊景公圉人
一事，鄙倍荒唐，殆同戲劇，則妄人又有所竄入，非原本矣。劉向、班
固俱列之儒家中。惟柳宗元以爲墨子之徒有齊人者爲之，其旨多尚兼
愛，非厚葬久喪者，又往往言墨子聞其道而稱之。薛季宣《浪語集》
又以爲《孔叢子·詰墨》諸條今皆見《晏子》書中，則嬰之學實出於
墨。蓋嬰雖略在墨翟前，而史角止魯，實在惠公之時，見《呂氏春
秋·仲春記·當染》篇，故嬰能先宗其説也。其書自《史記·管晏列
傳》已稱爲《晏子春秋》，故劉知幾《史通》稱晏子、虞卿、呂氏、陸
賈，其書篇第本無年月，而亦謂之《春秋》。然《漢志》惟作《晏子》，
《隋志》乃名《春秋》，蓋二名兼行也。《漢志》《隋志》皆作八篇，至
陳氏、晁氏書目乃皆作十二卷，蓋篇帙已多有更改矣。此爲明李氏綿眇
閣刻本。内篇分《諫上》《諫下》《問上》《問下》《雜上》《雜下》六
篇，外篇分上、下二篇，與《漢志》八篇之數相合。若世所傳烏程閔
氏刻本，以一事而内篇、外篇複見。所記大同小異者，悉移而夾注内篇
下，殊爲變亂無緒。今故仍從此本著録，庶幾猶略近古焉。”

[2]陵：同“凌”，凌亂。

---

① 四庫本下有“此之謂也”四字。

[3] 三綱五常：君爲臣綱、父爲子綱、夫爲妻綱，合稱三綱。班固《白虎通·三綱六紀》："三綱者，何謂也？君臣、父子、夫婦也。"五常即五典，謂父義、母慈、兄友、弟恭、子孝，五者人之常行。

[4] 管仲（約前723或前716—前645），姬姓，管氏，名夷吾，謚曰"敬仲"，齊國潁上（今安徽潁上）人，史稱管子。

[5] 桓公：即魯桓公（？—前694）姬允，一名軌，魯惠公之子，魯隱公之弟。春秋時期魯國第十五代國君。

[6] 宣公：即魯宣公姬餒，魯文公之子，春秋時期諸侯國魯國第二十任君主。

[7] 獻公：即魯獻公姬具，魯厲公之子，西周時期諸侯國魯國第七任君主。

[8] 襄公：即魯襄公（前575—前542）姬午，魯成公之子，春秋時期諸侯國魯國的第二十二代君主。

[9] 懿公：即魯懿公姬戲，魯武公之子，西周時期諸侯國魯國第十任君主。

[10] 景公：即魯景公姬匽，魯康公之子，戰國時期諸侯國魯國第三十二任君主。

[11] 燕：通"宴"，宴請。

[12] 晏子：晏嬰（前578—前500），字平仲，春秋時齊國夷維（今山東萊州）人。晏嬰是春秋後期一位重要的政治家，歷任齊靈公、齊莊公、齊景公三朝的卿相。

[13] 蹴然：恭敬貌。

[14] 魚爛：魚腐爛。比喻自内部糜爛腐敗。冰銷：比喻事物消釋涣解。

[15] 語本《孟子·滕文公下》。咻：喧嚷，擾亂。

子略卷二

老子注

河上丈人戰國時人。

河上公漢文帝時人。

毋丘望之漢長陵三老。又《章句》二卷。

嚴遵漢處士。又《指歸》十一卷。

王弼又《老子指例略》二卷。

鍾會

羊祜又有《解釋》。

蜀才

孫登晉尚書郎。

汪尚晉江州刺史。①

劉仲融

袁真晉中郎將。

---

① "汪尚"，學津本、四部本、叢編本作"王尚楚"。

張馮①

曹道沖

盧景裕

陶弘景

陳皋

鍾植

李允愿

陳嗣古

惠琳僧

惠嚴僧

鳩摩羅什

義盈僧

程韶《集注》。

任真子《集注》。

張道相道士，集三十家注。②

梁曠又《道經經品》四卷。

偓松子

李納

李榮道士。

_____

① "馮"，學津本、四部本、叢編本作"憑"。
② "三十"，學津本、四部本、叢編本作"二十"。

辟閭仁諝

傅奕

楊上善

吳善經又《小解》二卷。

李若愚

顧歡《義疏》一卷，又《義綱》一卷。

孟智周《義疏》五卷。

韋處元《義疏》四卷。

戴詵《義疏》九卷。

趙志堅《義疏》四卷。

王顧《義疏》四卷。

江徵《義疏》十四卷。

賈青夷《義疏》四卷。

梁武帝《講疏》四卷，又六卷。

何晏《講疏》四卷，又《道德問》二卷。

王肅《妙言道德新記》二卷。①

葛洪《序訣》二卷。②

李玄英《義疏》七卷。③

韓莊《玄旨》二卷。

---

① "妙"，學津本、四部本、叢編本作"元"。
② "二"，百川本作"一"。
③ "李"，學津本、四部本、叢編本、四明本作"成"。"七"，百川本作"十"。

劉遺民《玄譜》一卷。

扶少明道士,《道德經譜》二卷。

陸希聲《道德經傳》四卷。

杜光庭《廣聖義》三十卷。

賈大隱《老子述義》十卷。

元景先生《簡要義》五卷。

陸修靜《道德經新説》一卷。①

陳景先道士,《以微》二卷。②

崔少元《老子心鑑》一卷。

賈善翊《傳》三卷。

何晏道德二論晏又有《講疏》四卷。

何平叔[1]晏注《老子》始成,詣[2]王輔嗣[3],見王注精
奇,乃神伏曰:"若斯人,可與論天人之際矣。"[4]因以所注
爲《道德二論》。又,晏注《老子》未畢,見弼自説注《老
子》旨,何意多所短,不復得作聲,但應喏喏,遂不復注,
因作《二論》。《文章叙録》[5]曰:"自儒者論以老子非聖人,
絶禮棄學,晏説與聖人同,著論行於世。"[6]《魏氏春秋》[7]
曰:"弼論道約美,不如晏自然,出拔過之。"[8]又曰:"晏少

---

① "新",學津本、四部本、叢編本作"雜"。
② "以",學津本、四部本、叢編本作"纂",四庫本作"發"。

有異才，善談《易》《老》。"[9]

【集釋】

[1] 何平叔：即何晏（？—249），字平叔，南陽宛（今河南南陽）人。正始年間黨附曹爽，累官侍中、吏部尚書，典選舉，爵列侯。著有《論語集解》《道德論》。

[2] 詣：前往，往見。

[3] 王輔嗣：即王弼（226—249），字輔嗣，三國魏山陽人。少負盛名，拜尚書郎。正始末，司馬氏專權，廢曹爽，弼以公事免。好論儒道，與何晏、夏侯玄等開玄學清談之風。其說以貴無、主靜、聖人體無、言不盡意爲宗，力倡名教出於自然。著有《周易注》《老子注》等。

[4] 語本《世説新語·文學第四》。

[5] 《文章叙録》：晋人荀勗著。

[6] 語本《世説新語·文學第四》。

[7] 《魏氏春秋》：東晋史學家孫盛著。

[8] 語本《世説新語·文學第四》。

[9] 語本《世説新語·文學第四》。

裴徽論老子

王輔嗣弱冠[1]詣裴徽[2]，徽問曰："夫無者，誠萬物之所資[3]，聖人莫肯致言，而《老子》申之無已，何耶？"弼曰："聖人體無，無又不可以訓[4]，故言必及有，《老》《莊》未免於有，恒訓其所不足。"[5]《永嘉流人名》曰：徽，字文季，河東聞喜人，太常[6]潛[7]少弟也，仕至冀州刺史。[8]《王弼別傳》曰：弼父爲尚書郎，裴徽爲吏部郎，徽見異之，故問。[9]

【集釋】

[1] 弱冠：古時以男子二十歲爲成人，初加冠，因體猶未壯，故稱弱冠。

[2] 裴徽：字文季，三國魏河東聞喜人。歷任吏部郎、冀州刺史。才理清明，善言玄理。

[3] 資：憑藉，依靠。

[4] 訓：解説。

[5] 從“王輔嗣弱冠”至“訓其所不足”，語本《世説新語·文學第四》。

[6] 太常：官名。秦置奉常，漢景帝六年更名太常，掌宗廟禮儀，兼掌選試博士。歷代因之，則爲專掌祭祀禮樂之官。北魏稱太常卿，北齊稱太常寺卿，北周稱大宗伯，隋至清皆稱太常寺卿。

[7] 潛：即裴潛（？—244），三國魏河東聞喜人，字文行。官至光禄大夫。卒謚貞。

[8] 語本《世説新語·文學第四》。

[9] 語本《世説新語·文學第四》。

老子①

卦始於犧，重於文王，成於孔子，天人之道極矣。究人事之始終，合天地之運動，吉凶悔吝，禍福興衰，與陰陽之妙，迭爲銷復，有無相乘[1]，盈虚相蕩[2]，此天地之用、聖人之功也。《易》有憂患，此之云乎？《書》紀事，《詩》考

---

① “老子”，四庫本作“老子總論”。

俗,《春秋》以明道,《禮》《樂》以稽[3]政,往往因其行事,書以記之者也。《易》之作,極聖人之蘊奧[4],而天下無遺思矣。《老子》之學,於道深矣。反覆其辭,鈎研[5]其旨,其造辭立用,特欲出於天地範圍之表,而道前古聖人之所未道者,然而不出於有無相乘、盈虛相蕩之中。所謂道者,蓋犧皇之所鑿,周、孔之所貫,豈復有所增損哉?六經之學,立經垂訓,綱紀[6]萬世。老氏用心,又將有得於六經之外,非不欲返世真淳、挈[7]民清淨。然善用之者,蓋可爲黃、昊[8],爲唐、虞;其不善用之,則兩晉、齊、梁之弊有不可勝言者,此非言者之過也。世之言老氏者,往往以爲其道出於虛無恬漠[9],非道之實而病之,其又偏矣。太史公所謂"尊孔氏者,則黜老子;尊老子者,則黜孔氏"。柳宗元[10]獨曰:"老子,孔子之異流也,不得以相抗。"[11]何斯言之審且安也!楊雄氏《太玄》則曰:"孔子,文足者也。老君,玄足者也。"[12]淵乎斯言!

【集釋】

[1] 乘:利用,憑藉。

[2] 蕩:推移。《周易·繫辭》"八卦相蕩",韓康伯注曰:"相推蕩也,言運化之推移。"孔穎達疏曰:"雖諸卦遞相推移,本從八卦而来,故云'八卦相蕩也'。"

[3] 稽:治理。

[4] 蘊奧:精深的涵義。

[5] 鈎研:鈎沉探研,深入研究。

［6］綱紀：治理，管理。

［7］挈：攜帶，率領。

［8］黄、昊：黄帝與太皞的並稱。昊，通"皞"。

［9］恬漠：寧靜淡泊。

［10］柳宗元（773—819），字子厚，唐河東（今山西永濟）人，世稱柳河東。貞元九年擢進士第，十四年登博學宏詞科。授集賢殿正字，調藍田尉，拜監察御史里行。元和十年徙柳州刺史，故又稱柳柳州。與韓愈並稱"韓柳"，共倡古文運動。其文峭拔矯健。著有《柳河東集》。

［11］語見《柳河東集》卷二十五："太史公嘗言：'世之學孔氏者則黜老子，學老子者則黜孔氏。'道不同，不相爲謀。余觀老子亦孔氏之異流也，不得以相抗。"

［12］《意林》卷三引《太玄》："孔子文足，老君玄足。"

莊子注

向秀二十卷。

司馬彪十六卷。

郭象十卷。

李頤晋，三十卷。①

崔譔十卷。

楊上善十卷。

---

① 此條學津本、四部本、叢編本作"李頤三十卷"，四明本作"李頤晋三十卷"。

盧藏用十二卷。

文如海道士，十卷。

成玄英道士，三十卷。又《義疏》十二卷。

張昭十卷。

李頤①《集解》二十卷。②

王元古《集解》二十卷。

梁簡文帝《講疏》三十卷。

張機《講疏》二卷。

李叔之《義疏》三卷。宋處士。

戴詵《義疏》八卷。

王穆《義疏》十卷。

周宏正《講疏》八卷。

陸德明《文義句》二十卷。

馬廓《古本正義》十卷。

梁曠《南華論》二十五卷。③

李充《論》二卷。

張隱居《指要》三十三篇。

張游朝《南華罔象説》十卷。

賈參寥《通真論》三卷。唐人。

---

① "頤"，學津本、四部本、叢編本、四明本作"頤"。
② 四庫本無小字注文。
③ "二十五"，四庫本作"三十五"。

碧虚子《南華揔章》二卷，又《章句》七卷。

元載《南華通微》十卷。

向秀莊子解義

初注《莊子》者數十家，莫能究其旨要。向秀[1]於舊注
外爲解義，妙析奇致[2]，大暢玄風。《秀別傳》曰：秀與嵇康[3]、
呂安[4]爲友，趣舍[5]不同。嵇康傲世不羈，安放逸邁俗，向秀稚好讀書，①
二子頗以此嗤之。後秀將注《莊子》，先以告康、安，康、安咸曰："此書
詎[6]復須注，徒棄人[7]作樂事耳。"及成，以示二子，康曰："爾故復勝
不？"安乃驚曰："莊周不死矣！"後注《周易》，大義可觀，而與漢世諸儒
互有彼此，未若隱莊之絕倫也。②《秀本傳》或言秀游托數賢，蕭屑[8]卒
歲，都無注述，唯好《莊子》，聊隱崔譔[9]所注，以備遺忘云。《竹林七賢
論》云：秀爲此義，讀之者無不超然若已出塵埃而窺絕冥[10]，始了視聽之
表，有神德[11]玄哲[12]，能遺天下、外[13]萬物，雖復使動競[14]之人，顧觀
所徇[15]，皆悵然自有振拔[16]之情矣。③ 唯《秋水》《至樂》二篇未
竟而秀卒。秀子幼，義遂零落，然猶有別本。郭象[17]者，爲
人薄行，有雋才，《文士傳》曰：象，字子玄，河南人，少有才理，慕
道好學，托志《老》《莊》，④ 時人咸以爲王弼之亞。辟司空[18]掾[19]、太

---

① "稚"，學津本、四庫本、四部本、叢編本、四明本作"雅"。今按：秀雅，秀
麗文雅，秀麗雅致。

② "隱"，四庫本作"注"。

③ "悵"，學津本、四部本、叢編本作"怡"，四庫本作"恨"。

④ "託"，學津本、四庫本、四部本、叢編本作"篤"。

傳[20]主簿[21]。見秀義不傳於世，遂竊以爲己注，乃自注《秋水》《至樂》二篇，又易《馬蹄》一篇，其餘衆篇，或定點文字而已。《文士傳》曰："象作《莊子注》，最有清辭道旨。"後秀義別本出，故今有向、郭二《莊》，其義一也。

【集釋】

[1] 向秀：字子期，西晉河内懷人，竹林七賢之一。清悟有遠識，雅好老莊之學。仕黃門郎、散騎常侍。爲《莊子》作注，於舊注外，發明奇趣，振起玄風。

[2] 奇致：新奇的意趣或情致。

[3] 嵇康（223—262?），字叔夜，三國魏譙郡銍人。正始間，遷郎中，拜中散大夫，史稱嵇中散。後隱居不仕，與阮籍等交游，爲竹林七賢之一。崇尚老莊，聲言"非湯武而薄周禮"，主張"越名教而任自然"。友人呂安被誣，康爲之辯，遭鍾會構陷，爲司馬昭所殺。

[4] 呂安（? —262），字仲悌，三國魏東平人。與嵇康爲好友。爲鍾會構陷，與嵇康同爲司馬昭所殺。

[5] 趣舍：取舍。趣，通"取"。

[6] 詎：副詞。表示否定。相當於"無""非""不"。

[7] 棄人：被遺棄的人，廢人。

[8] 蕭屑：淒涼。

[9] 崔譔：清河人，晉議郎。（見《經典釋文》）

[10] 絶冥：指極幽深之處。

[11] 神德：高潔的品德。

[12] 玄哲：深悟妙理的聖哲。

[13] 外：越出，超出。

[14] 勍競：猶奔競，謂追逐名利。

[15] 徇：誇示。

[16] 振拔：超群出衆。

[17] 郭象（約252—312），字子玄，西晉河南人。少有才理，好老莊之學，能清言，常閒居。辟司徒掾，稍遷黃門侍郎。東海王司馬越引爲太傅主簿。任職專權，爲時論所輕。嘗以向秀《莊子注》攘爲己有，述而廣之。力倡“獨化論”，主張名教即自然。

[18] 司空：官名。相傳少昊時所置，周爲六卿之一，即冬官大司空，掌管工程。漢改御史大夫爲大司空，與大司馬、大司徒並列爲三公，後去大字爲司空，歷代因之，明廢。清時別稱工部尚書爲大司空，侍郎爲少司空。

[19] 掾：官府中佐助官吏的通稱。

[20] 太傅：輔導太子的官，西漢時稱爲太子太傅。

[21] 主簿：官名。漢代中央及郡縣官署多置之。其職責爲主管文書，辦理事務。至魏晉時漸爲將帥重臣的主要僚屬，參與機要，總領府事。此後各中央官署及州縣雖仍置主簿，但任職漸輕。唐宋時皆以主簿爲初事之官。明清時各寺卿也有設主簿的，或稱典簿。外官則設於知縣以下，爲佐官之一。後省並。

支道林莊子逍遙義

《莊子·逍遥》篇舊是難處[1]，諸名賢所可鑽味[2]，而不能拔理於郭、向之外。支道林[3]在白馬寺[4]中，將[5]馮太常共語，《馮氏譜》曰：馮懷，字祖思，長樂人，歷太常、護軍將軍[6]。因及《逍遥》，支卓然標新理於二家之表，立異義於衆賢之外，皆是諸名賢尋味[7]之所不得，後遂用支理。向子期、郭子玄《逍遥義》曰：夫大鵬[8]之上九萬尺，鷃[9]之起榆枋[10]，小大雖差，各任其性，苟當其分，逍遥[11]一也。然物之芸芸，同資有待，得其所待，然後逍遙耳。唯聖人與物冥，而循大變[12]，爲能無待而常通，豈獨自通而已？又從有待者，不失其所待，不失則同於大通[13]矣。支氏《逍遙論》曰：夫逍遙者，明至人[14]之心也。莊生建言[15]大道，而寄指鵬、鷃：鵬以營生之路曠，故失適於體外；鷃以在近而笑遠，有矜伐[16]於心内。① 至人乘天正而高興，游無窮於放浪[17]。物物[18]而不物於物，則遙然不我得；玄感不爲，不疾而速，則逍然靡不適。此所以爲逍遙也。若夫有欲，當其所足，足於所足，快然有似天真[19]。猶飢者一飽，渴者一盈，豈忘烝嘗[20]於糗糧[21]、絶觴爵[22]於醪醴[23]哉？苟非至足[24]，豈所以逍遥乎！此向、郭之注所未盡。

【集釋】

[1] 處：決斷，定奪。

[2] 鑽味：鑽研體味。

[3] 支道林：即支遁（314—366），東晋僧，字道林，河東林慮人，或曰陳留人。世稱"林公""支公"。少任心獨往，嘗於餘杭山沉思道行，二十五出家。游京師，爲當時名士所激賞。後隱剡，與王羲之、謝安等游。晋哀帝曾請其赴京都講《道行般若經》。善談玄理，注《莊子·逍遥游》，有見解。著《即色游玄論》。

[4] 白馬寺：佛寺名。在河南省洛陽市東郊。東漢明帝永平十一年建，爲佛教在中國最早的寺院。

[5] 將：共，與。

[6] 護軍將軍：官名，始設於漢武帝元光二年（前133）馬邑之謀時。韓安國以護軍將軍，護諸將軍，既爲領兵長官，又有監督諸將之權。

---

① "有"，四庫本作"者"。

［7］尋味：探求體會。

［8］大鵬：傳説中的大鳥。《莊子·逍遥游》：“北冥有魚，其名爲鯤。鯤之大，不知其幾千里也。化而爲鳥，其名爲鵬。鵬之背，不知其幾千里也。怒而飛，其翼若垂天之雲。”

［9］鷃：鷃雀，鶉的一種。

［10］榆枋：榆樹與枋樹。比喻狹小的天地。

［11］逍遥：優游自得，安閒自在。

［12］大變：自然的變化。

［13］大通：猶大道。

［14］至人：道家指超凡脱俗、達到無我境界的人。

［15］建言：陳述。

［16］矜伐：恃才誇功，誇耀。

［17］放浪：放縱不受拘束。

［18］物物：指人對於萬物的役使、支配。

［19］天真：語本《莊子·漁父》：“禮者，世俗之所爲也；真者，所以受於天也，自然不可易也。故聖人法天貴真，不拘於俗。”後因以“天真”指不受禮俗拘束的品性。

［20］烝嘗：本指秋冬二祭。後亦泛稱祭祀。

［21］糇糧：乾糧。

［22］觴爵：酒器。

［23］醪醴：醪酒，甜酒。

［24］至足：極其充實。道德内充，無所求待於外者。

晋人好言老莊

魏阮籍[1]《達莊論》曰：天道貴順，地道貴靜，聖人修之以建其名。吉凶有分，是非有經[2]，務利高勢，惡死重生，故天下安而大功成也。今莊子周[3]乃齊禍福而一死生，以天地爲一物，以萬類爲一指，無乃[4]繳惑以失真，而自以爲誠[5]者也。

殷仲堪[6]精核玄論，人謂莫不研究。殷乃嘆曰："使我解四本[7]，談不翅[8]爾。"《周祗隆安記》曰："仲堪好學而有理思也。"

殷仲堪云："三日不讀《道德經》，便覺舌本[9]間強。"《晋安帝紀》曰：仲堪有思理[10]，能清言[11]。

庾子嵩[12]讀《莊子》，開卷一尺許便放去，曰："了不[13]異人意。"《晋陽秋》曰：庾敳，字子嵩，潁川人，侍中[14]峻[15]第三子。恢閡有度量，自謂是老莊之徒。曰："昔□讀此書,① 嘗謂至理如此，今見之，正與人意暗同。"仕至豫州[16]刺史[17]。

支道林、許[18]、謝[19]盛德共集王[20]家，許詢，謝安，王濛。② 謝顧謂諸人："今日可謂彥會[21]，時既不可留，此集固亦難常，當共言咏，以寫其懷。"許便問主人有《莊子》不，正得《漁父》一篇。《莊子》曰：孔子游乎緇帷[22]之林，休坐乎杏壇[23]之上，孔子弦歌鼓琴，奏曲未半，有漁者下船而來。③ 須眉交白，被髮揄袂[24],④ 行原以上，距陸而止，左手據膝、右手持頤以聽。曲終而招

---

① □,底本漫漶不清，百川本、學津本、四庫本、四部本、叢編本、四明本作"未"。

② "濛"，學津本、四庫本、四部本、叢編本作"公"。

③ "下"，四庫本作"叩"。

④ "揄"，四庫本、四部本作"揄"，百川本、叢編本、四明本作"褕"。今按：當作"揄"。

子貢[25]、子路[26]，語曰："彼何爲者也？"曰："孔氏。"曰："孔子何治[27]？"子貢曰："服[28]忠信，行仁義，飾[29]禮樂，選人倫[30]，孔氏之所治也。"曰："有上之君歟？"①曰："非也。"漁人曰："仁則仁矣，恐不免其身。"孔子聞而求問之，遂言八疵四病以誡孔子。②謝看題便各使四坐，通支道林先通[31]，③作七百許語，叙致精麗[32]，才藻奇拔[33]，衆咸稱善。於是四坐各言懷畢，謝問曰："卿等盡不？"皆曰："今日之言，少不自竭。"謝後粗難[34]，因自叙其意，作萬餘語，才峰秀逸[35]。《文字志》曰："安神情秀悟[36]，善談玄遠。"既自難干[37]，加意氣擬托[38]，蕭然[39]自得。四坐莫不厭心[40]，支謂謝曰："君一往奔詣[41]，故復自佳耳。"

阮宣子[42]有令聞，太尉[43]王夷甫[44]見而問曰："《老》《莊》與聖教[45]同異？"對曰："將無同[46]。"太尉善其言，辟[47]之爲掾，世謂三語掾。《名士傳》曰："阮修，字宣子，陳留人，好《老》《易》，能言理。"

郭子玄有雋才，能言《老》《莊》，庾敳嘗稱之，每曰："郭子玄何必減庾子嵩？"《名士傳》曰：郭象，字子玄，自黄門郎[48]爲太傅主簿，任事用勢，傾動一府。敳謂象曰："象自是當世大才，我疇昔之意，都已盡矣。"其伏理推心，皆此類也。

————————

① "上"，學津本、四庫本、四部本、叢編本作"土"。
② "疵"，四庫本作"症"。"誠"，學津本、四庫本、四部本、叢編本、四明本作"誠"，于義爲長。
③ "通"，學津本、四庫本、四部本、叢編本作"適"。

【集釋】

[1] 阮籍（210—263），字嗣宗，阮瑀子，三國魏陳留尉氏人。齊王芳時任尚書郎，以疾歸。大將軍曹爽被誅後，任散騎常侍、步兵校尉，封關内侯。世稱阮步兵。好《老》《莊》，蔑視禮教。與嵇康齊名，爲"竹林七賢"之一。後人輯有《阮步兵集》。

[2] 經：劃分界限。

[3] 莊子周：即莊子，又名莊周，戰國時宋國蒙人。嘗爲蒙漆園吏，後居家講學、著書。家貧，嘗貸粟於監河侯。楚威王聞其賢，兩次遣使厚幣往聘。周以寓言作譬，願逍遥物外，卻楚王之聘。多次與惠施辯論。學祖老子，發"道法自然"之精微，以爲"道"乃"自本自根"，"先天地生"，看到一切均處"無動而不變，無時而不移"之中。

[4] 無乃：相當於"莫非""恐怕是"，表示委婉測度的語氣。

[5] 誠：真實。

[6] 殷仲堪（？—399），東晋陳郡長平人。初補佐著作郎。謝玄鎮京口，請爲參軍。孝武帝召爲太子中庶子，授都督荆益寧三州軍事、荆州刺史。鎮江陵。爲政綱目不舉，好行小惠。安帝隆安元年，與王恭共起兵討王國寶等，國寶被殺，次年與王恭再起兵，討譙王司馬尚之等。用桓玄、楊佺期統兵，進逼京師。恭敗，仲堪被黜爲廣州刺史，尋復本位。隆安三年，朝廷離間殷仲堪、楊佺期與桓玄，加玄都督荆州四郡，玄襲取江陵，仲堪戰敗，被逼自殺。

[7] 四本：即"四本論"，討論才性之同、異、離、合。

[8] 不翅：不啻，不僅，不止。翅，通"啻"。

[9] 舌本：舌根，舌頭。

[10] 思理：猶思致。才思情致。

[11] 清言：即清談，指魏晋時期何晏、王衍等崇尚《老》《莊》，擯棄世務，競談玄理的風氣。

［12］庾子嵩：庾敳（262—311），字子嵩，西晉潁川鄢陵人，庾峻子。爲陳留相，未嘗以事攖心。讀《老》《莊》，爲王衍所重。遷吏部郎，參太傅東海王司馬越軍事，轉軍咨祭酒。與王衍同死於石勒之亂。

［13］了不：絶不，全不。

［14］侍中：古代職官名。秦始置，兩漢沿置，爲正規官職外的加官之一。因侍從皇帝左右，出入宫廷，與聞朝政，逐漸變爲親信貴重之職。晋以後，曾相當於宰相。隋因避諱改稱納言，又稱侍内。唐復稱，爲門下省長官，乃宰相之職。北宋猶存其名，南宋廢。

［15］峻：庾峻（？—288），字山甫，西晉潁川鄢陵人。初仕魏郡功曹。鄭袤舉爲博士。高貴鄉公幸太學，問《尚書》義，峻對答詳悉，遷秘書丞。魏、晋禪代之際，與荀顗、羊祜等撰定晋禮。入晋，武帝賜爵關中侯，拜侍中。

［16］豫州：漢以來所設置的州名。初爲漢武帝所置十三刺史部之一。轄境約當今淮河以北、伏牛山以東豫東、皖北地。東漢治所在譙（今安徽省亳州市），三國魏以後屢有移徙，轄境亦伸縮不常。東晋、南朝時治所最北在懸瓠城（今河南汝南），最南在邾城（今湖北黄岡西北）。轄境最大時相當今江蘇、安徽長江以西，安徽省望江縣以北的淮河南北地區。經常轄有今安徽淮河以南部分地區。北魏治所在懸瓠城。隋大業初因改洛州爲豫州（後即改河南郡），乃先後改此爲溱州、蔡州。地處中原沖要，爲東晋、南北朝時戰爭重地。

［17］刺史：古代官名。原爲朝廷所派督察地方之官，後沿爲地方官職名稱。漢武帝時，分全國爲十三部（州），部置刺史。成帝改稱州牧，哀帝時復稱刺史。魏晋於要州置都督兼領刺史，職權益重。隋煬帝、唐玄宗兩度改州爲郡，改稱刺史爲太守。後又改郡爲州，稱刺史，此後太守與刺史互名。宋於州置知州，而無刺史職任，刺史之名僅爲武

臣升遷之階。元明廢名，清僅用爲知州之別稱。

[18] 許：許詢，字玄度，東晉高陽人。好黃、老，尚虛談，善屬文，作玄言詩與孫綽齊名。征辟不就，與謝安、支遁游處。晉簡文帝稱其五言詩妙絶時人。

[19] 謝：謝安（320—385），字安石，東晉陳郡陽夏人。初無處世意，累辟不就。與王羲之、許詢、支遁等放情丘壑。年四十餘始出仕。爲桓温司馬。晉孝武時，進中書監，録尚書事。時前秦強盛，晉軍屢敗。太元八年，前秦大軍南下，次淝水，江東震動，安任征討大都督，使弟謝石與侄謝玄加強防禦，指揮作戰，終獲大勝。封建昌縣公。繼又使石等北征，收復洛陽及青、兖等州，進都督揚、江、荆等十五州軍事。

[20] 王：王濛（約309—約347），字仲祖，東晉太原晉陽人。少放縱不羈，晚節克己屬行，以清約見稱，善隸書。司徒王導辟爲掾，補長山令，徙中書郎。長於清談，穆帝永和二年司馬昱爲會稽王輔政，貴幸之，與談客劉惔號爲入室之賓。轉司徒左長史。

[21] 彦會：即俊彦集會。

[22] 緇帷：喻林木繁茂之處。

[23] 杏壇：相傳爲孔子聚徒授業講學處。後人因莊子寓言，在山東省曲阜市孔廟大成殿前，爲之築壇、建亭、書碑、植杏。北宋時，孔子四十五代孫道輔監修曲阜祖廟，將大殿北移，於其舊基築壇，環植杏樹，即以“杏壇”名之。壇上有石碑，碑篆“杏壇”二字爲金翰林學士黨懷英所書。明隆慶間重修，並築方亭。清乾隆於其中立《杏壇贊》御碑。

[24] 揄袂：揮動衣袖。

[25] 子貢：即端木賜（前520—?），名賜，字子貢，春秋時衛國人。孔子弟子，善辭令，列言語科。經商曹、魯之間，家累千金。歷仕

魯、衞，出使各諸侯國，分庭抗禮。曾爲魯游説齊、吳、晉、越等國，促使吳伐齊救魯。卒於齊。

[26] 子路：即仲由（前 542—前 480），春秋時魯國卞人，仲氏，字子路，一字季路。孔子弟子。性直好勇。孔子任魯司寇時，使爲季孫氏家臣。後仕衞，爲衞大夫孔悝邑宰，因不願從孔悝迎立蒯聵爲衞公，被殺。

[27] 治：作，爲。

[28] 服：從事，致力。

[29] 飾：修習。

[30] 人倫：人才。

[31] 通：叙説，陳述。

[32] 精麗：精美華麗。

[33] 奇拔：奇特出衆。

[34] 粗難：大致提出一些疑問。難，責難、詰問。

[35] 秀逸：秀美灑脱，不同凡俗。

[36] 秀悟：秀美聰慧。

[37] 難干：難以企及。干：觸犯，這裏指趕上。

[38] 意氣：志向氣概。擬托：比擬寄托。

[39] 蕭然：蕭灑，悠閒。

[40] 厭心：心服。

[41] 一往奔詣：一向抓緊鑽研。

[42] 阮宣子：即阮修（270—311），字宣子，西晉陳留尉氏人。好三玄，善清言。王衍嘗問《易》於修，深爲嘆服。與王敦、謝鯤、庾敳同爲王衍四友。性簡任，不修人事。王敦以爲鴻臚丞，轉太傅行參軍、太子洗馬。

[43] 太尉：官名。秦至西漢設置，爲全國軍政首腦，與丞相、御

史大夫並稱三公。漢武帝時改稱大司馬。東漢時太尉與司徒、司空並稱三公。歷代亦多曾沿置，但漸變爲加官，無實權。至宋徽宗時，定爲武官官階的最高一級，但本身並不表示任何職務。一般常用作武官的尊稱。元以後廢。

〔44〕王夷甫：即王衍（256—311），字夷甫，西晉琅邪臨沂人。初爲太子舍人，累遷黃門侍郎。妙善玄言，唯談《老》《莊》，義理不安，隨即更改，時人稱爲"口中雌黃"。"八王之亂"中累居顯職，官至尚書令、司空、太尉。

〔45〕聖教：舊稱堯、舜、文、武、周公、孔子的教導。

〔46〕將無同：將，豈、難道，表反問語氣。意爲：難道有不同嗎？或以爲"將無"爲當時熟語，表揣測語氣，恐怕、大概。意爲：恐怕沒什麼不同吧，大概相同吧！

〔47〕辟：徵召，薦舉。

〔48〕黃門郎：官名。秦置，漢沿設，即給事於宮門之內的郎官。宮禁之門黃闥，故稱黃門郎或黃門侍郎。秦、漢另有給事黃門，職司相同，東漢並爲一官，或稱給事黃門侍郎。秩六百石，掌侍從皇帝，傳達詔命。魏、晉、南朝官名前均有"給事"二字。南朝以下因掌管機密文字，職位日漸重要。南朝梁提高品級至十班（班多者貴，最高十八班，下至一班）。北朝亦置，北齊屬北下省，秩第四品。隋去"給事"二字。唐曾稱東台侍郎、鸞台侍郎。玄宗天寶元年（742）改稱門下侍郎。

莊子[1]①

《道德》三千言，辭絜[2]旨謐[3]，澹然六經之外，其用

---

① "莊子"，四庫本作"莊子總論"。

則《易》也。莊周則不然，浚滌沉潛，若老於玄[4]者，而泓崢蕭瑟，乃欲超遥於老氏之表。① 是以其説意空一塵，② 佩儻峻拔[5]，無一毫蹈襲沿仍之陋，極天之荒[6]，窮人之僞[7]。放肆迤演[8]，如長江長河，③ 袞袞灌注，泛濫乎天下，又如萬籟[9]怒號，澎湃汹涌，聲沉影滅，不可控摶。率以荒怪詭誕，狂肆虛眇，不近人情之説，瞽亂而自呼。④ 至於法度森嚴，文辭雋健，自作瓌新，亦一代之奇才乎！戰國多奇士，荀卿之學有志斯世者也，魯連之辯獨善其身者也。寓言[10]一書，非深乎道者未易造此，顧獨以滑稽發之。士至於無所用其才，而猶區區於矯拂[11]世俗之弊者，不亦悉悉[12]乎！方是時，天下大壞，蕩不可支，攘奪爭凌，斬然[13]一律，其意思[14]有以激之回之，矯之夷[15]之。肆意無忌，以放乎辭；矯世之私，曾不一二。而亂天下之過，特不可免於中。⑤ 若其言托孔子以自致其過者，二十有九章。又言堯、禹、文王、太公之事，皆非《詩》《書》所見，而竊快其無稽之論，狎聖侮道，兹爲亦甚矣。⑥ 學者知之乎？

---

① "遥"，四庫本作"逸"。
② "一"，四庫本作"世"。
③ "長"，四庫本作"大"。
④ "瞽"，四庫本作"瞀"。今按：瞽亂，昏亂。
⑤ "特"，四庫本作"將"。
⑥ "亦"，四庫本作"已"。

【集釋】

〔1〕郭象《莊子注序》："夫莊子者可謂知本矣，故未始藏其狂言，言雖無會而獨應者也。與夫寂然不動不得已而後起者固有間矣。斯可謂知無心者也。此其所以不經而爲百家之冠也。然莊生雖未體之，言則至矣。通天地之統，序萬物之性，達死生之變，而明內聖外王之道，上知造化無物，下知有物之自造也。其言宏綽，其旨玄妙。其書超然，自以爲己當經昆侖，涉太虛，而游惚恍之庭矣。雖復貪婪之人、進躁之士，暫而攬其餘芳，味其溢流，仿佛其音影，猶足曠然有忘形自得之懷，況探其遠情而玩永年者乎？"

〔2〕絜：通"潔"。簡潔，簡約。

〔3〕謐：寂靜。《説文》："謐，靜語也，一曰無聲也。"

〔4〕玄：《老子》書中稱"道"爲"玄之又玄"，後因以指道家學説。《文選·孔稚珪〈北山移文〉》："既文且博，亦玄亦史。"張銑注："玄，謂老莊之道也。"

〔5〕峻拔：超然不凡，智慧出衆。

〔6〕荒：高遠。

〔7〕僞：人爲也，非天真也。慮積焉、能習焉而後成謂之僞。

〔8〕迆演：即"演迆"，綿延不絶貌。

〔9〕萬籟：各種聲響。籟，從孔穴中發出的聲音。

〔10〕寓言：借代《莊子》。《莊子·寓言》："寓言十九，藉外論之。"《史記·老莊申韓列傳》："其著書十餘萬言，大抵率寓言也。"

〔11〕矯拂：糾正。

〔12〕恝：忽略，淡然。

〔13〕斬然：整肅貌，整齊貌。

〔14〕其意：莊子之意。思：想，欲。

〔15〕夷：使平，拉平。

列子[1]

劉向論《列子》書穆王[2]、湯問之事，迂誕[3]恢詭[4]，非君子之言。又觀穆王與化人[5]游，若清都、紫微、鈞天、廣樂[6]，帝之所居，夏革[7]所言，四海之外，天地之表，無極無盡。傳記所書，固有是事也，人見其荒唐幻異，固以爲誕。① 然觀太史公《史》，殊不傳列子，如《莊周》所載許由[8]、務光[9]之事。漢去古未遠也，許由、務光往往可稽，遷猶疑之。所謂禦寇[10]之説，獨見於寓言耳，遷於此詎得不致疑耶？周之末篇[11]，叙墨翟[12]、禽滑釐[13]、慎到[14]、田駢[15]、關尹[16]之徒，以及於周，而禦寇獨不在其列，豈禦寇者其亦所謂鴻蒙[17]列缺[18]者歟？然則是書與《莊子》合者十七章，其間尤有淺近迂僻[19]者，特出於後人會稡而成之耳。至於“西方之人有聖者焉，不言而自信，不化而自行”[20]，此固有及於佛，② 而世尤疑之。夫天毒之國，紀於《山海》。竺乾[21]之師，間[22]于柱史[23]，此楊文公[24]之文也。佛之爲教，已見於是，何待於此時乎？然其可疑可怪者不在此也。

---

① “固”，四庫本作“因”。
② “固”，《文獻通考》卷二百十一作“故”。

【集釋】

[1]《四庫全書總目》卷一百四十七云："《列子》八卷。舊本題周列禦寇撰。前有劉向校上奏，以禦寇爲鄭穆公時人。唐柳宗元集有《辨列子》一篇，曰'穆公在孔子前幾百歲，《列子》書言鄭國，皆言子産、鄧析，不知向何以言之如此。《史記》鄭繻公二十四年、楚悼王四年，圍鄭，殺其相駟子陽。子陽正與列子同時。是歲魯穆公十年，不知向言魯穆公時，遂誤爲鄭耶？其後張湛徒知怪《列子》書言穆公後事，每不能推知其時，然其書亦多增竄，非其實，其言魏牟、孔穿皆出《列子》後，不可信'云云。其後高似孫《緯略》遂疑列子爲鴻濛雲將之流，並無其人。今考第五卷《湯問》篇中，並有鄒衍吹律事，不止魏牟、孔穿。其不出禦寇之手，更無疑義。然考《爾雅》疏引《尸子・廣澤》篇曰'墨子貴兼，孔子貴公，皇子貴衷，田子貴均，列子貴虛，料子貴別囿，其學之相非也數世矣。而已皆弇於私也。天、帝、皇、后、辟、公、弘、廓、宏、溥、介、純、夏、幠、冢、晊、昄，皆大也，十有餘名，而實一也。若使兼、公、虛、均、衷、平、易、別囿一實也，則無相非也'云云。是當時實有列子，非莊周之寓名。又《穆天子傳》出於晉太康中，爲漢、魏人之所未睹。而此書第三卷《周穆王》篇所敘駕八駿、造父爲御至巨蒐、登昆侖，見西王母於瑶池事，一一與傳相合。此非劉向之時所能僞造，可信確爲秦以前書。考《公羊傳・隱公十一年》'子沈子曰'，何休注曰：'子沈子，後師。沈子稱子冠氏上，著其爲師也。'然則凡稱'子某子'者，乃弟子之稱師，非所自稱。此書皆稱'子列子'，則決爲傳其學者所追記，非禦寇自著。其雜記列子後事，正如《莊子》記莊子死，《管子》稱吳王、西施，《商子》稱秦孝公耳，不足爲怪。晉光祿勛張湛作是書注，於《天瑞》篇首所稱子列子字，知爲追記師言，而他篇復以載及後事爲疑，未免不充其類矣。書凡八篇，與《漢志》所

載相合。趙希弁《讀書附志》載'政和中，宜春彭瑜爲積石軍倅，聞高麗國《列子》十卷，得其第九篇曰《玄瑞》於青唐卜者'云云。今所行本，皆無此卷，殆宋人知其妄而不傳歟？其注自張湛以外，又有唐當塗丞殷敬順《釋文》二卷，此本亦散附各句下。然音注頗爲淆亂，有灼然知爲殷説者，亦有不辨孰張、孰殷者。明人刊本往往如是，不足訝也。據湛自序，其母爲王弼從姊妹，湛往來外家，故亦善談名理，其注亦弼注《老子》之亞。葉夢得《避暑録話》乃議其雖知《列子》近佛經，而逐事爲解，反多迷失。是以唐後五宗之禪繩晉人，失其旨矣。"

[2] 穆王：即周穆王，姬姓，名滿，昭王之子，周王朝第五位帝王。他是我國古代歷史上最富於傳奇色彩的帝王之一，世稱"穆天子"。

[3] 迂誕：迂闊荒誕，不合事理。

[4] 恢詭：荒誕怪異。

[5] 化人：指有道術的人。

[6] 清都、紫微、鈞天、廣樂：神話傳説中天帝居住的宮闕。

[7] 夏革：即夏棘，字子棘，爲湯大夫。

[8] 許由：亦作"許繇"。上古隱士。相傳堯讓以天下，不受，避居於潁水之陽，箕山之下。堯又召爲九州長，許由不願聞，洗耳於潁水之濱。

[9] 務光：上古隱士。相傳湯讓位給他，他不肯接受，負石沉水而死。《莊子·外物》："堯與許由天下，許由逃之。湯與務光，務光怒之。"

[10] 禦寇：即列子，亦作列圄寇、列圉寇。戰國時鄭國人。相傳與鄭穆公同時，或以爲先於莊子。主張清靜無爲，尚玄虛，被道家尊爲前輩。

［11］周之末篇：即《莊子·天下》篇。

［12］墨翟：即墨子（約前468—前376），戰國初魯國人，一説宋國人。墨家創始人。

［13］禽滑釐：亦作滑釐、骨釐、屈釐，戰國初人。初受業於子夏，後爲墨子弟子，盡傳其學。

［14］慎到（約前395—約前315），戰國時趙國人。學黄、老之術，而主張法治，提倡"民一於君，事斷於法，是國之大道"。齊宣王、泯王時，與鄒衍、淳於髡、接予、環淵等爲上大夫，曾在齊國稷下學宮講學，負有盛名。有《慎子》，今存七篇。

［15］田駢：戰國時齊國人，習黄、老之學。齊宣王時至稷下講學，長於論辯，有"天口駢"之稱。

［16］關尹：姓尹，名喜，字公度，春秋末人。爲函谷關吏，故稱關尹。隱德行仁，時人莫知。老子西游至關，授《道德經》五千餘言。後隨老子西去，不知所終。

［17］鴻蒙：元氣，宇宙形成前的混沌状态。

［18］列缺：閃電。

［19］迂僻：迂誕怪僻，不近情理。

［20］語本《列子》卷四："西方之人有聖者焉，不治而不亂，不言而自信，不化而自行，蕩蕩乎民無能名焉。"

［21］竺乾：天竺。古印度的別稱。

［22］間：阻隔，間隔。

［23］柱史："柱下史"的省稱。代指老子。

［24］楊文公：楊億（974—1020），字大年，宋建州浦城人。年十一，太宗召試詩賦，授秘書省正字。淳化中，獻《二京賦》，賜進士及第。真宗即位，超拜左正言，預修《太宗實録》。又與王欽若同總修《册府元龜》。曾兩爲翰林學士，官終工部侍郎，兼史館修撰。嫻熟典

章制度，喜獎掖後進。詩學李商隱，詞藻華麗，號“西昆體”。卒諡
文，編《西昆酬唱集》，有《楊文公談苑》《武夷新集》等。

文子[1]

柳子厚以《文子》徐靈府[2]注十二卷、李（白進）
[暹][3]訓注十二卷，① 天寶[4]中，以《文子》爲《通玄真
經》。子爲老子弟子，② 其辭指皆本之《老子》。其傳曰老子
弟子。雖其辭指，柳子厚以爲時有若可取，蓋駁書也。凡
《孟子》數家，皆入剽竊，文詞义牙相抵而不合，③ 人其損益
之歟？或聚斂以成其書歟？乃爲刊去謬亂，頗發[5]其意。子
厚所刊之書，世不可見矣。今觀其言，曰：“神者，智之淵，
神清則智明；智者，心之府，智公則心平。”[6]又曰：“上學
以神聽之，中學以心聽之，下學以耳聽之。”[7]又曰：“貴則
觀其所舉，④ 富則觀其所欲，貧則觀其所愛。”[8]⑤ 又曰：“人
性欲平，嗜欲害之。”[9]此亦文子之一臠也。⑥

---

① “李白進”，爲“李暹”之訛，誤將“暹”字離爲“白進”二字。
② “子爲老子弟子”，學津本、四部本、叢編本作“文子爲老子弟子”。
③ “义牙”，學津本、叢編本作“又牙”，四庫本、四部本作“又互”。
④ “舉”，《文獻通考》卷二百十一作“齊”。
⑤ “愛”，四庫本作“受”。
⑥ “文子”，宋本作“孝”（即“學”之俗字），《文獻通考》卷二百十一作“學”，
底本誤將一字分爲兩字。

【集釋】

[1]《四庫全書總目》卷一百四十六云："《文子》二卷。案：《漢志》道家，《文子》九篇，注曰：'老子弟子，與孔子並時。而稱周平王問，似依托者也。'（案：此班固之原注，《讀書志》以爲顏師古注，誤也。）《隋志》載《文子》十二篇，注曰：'老子弟子。《七略》有九篇，梁十卷亡。'二《志》所載，不過篇數有多寡耳，無異説也。因《史記·貨殖傳》有'范蠡師計然'語，又因裴駰《集解》有'計然姓辛，字文子，其先晋國公子'語，北魏李暹作《文子》注，遂以計然、文子合爲一人。文子乃有姓、有名，謂之辛鈃（案：暹注今已不傳，此據《讀書志》所引）。案：馬總《意林》列《文子》十二卷，注曰：'周平王時人，師老君。'又列《范子》十三卷，注曰：'並是陰陽、曆數也。'又曰：'計然者，葵丘濮上人，姓辛，名文子。其先晋國公子也。其書皆范蠡問而計然答。'是截然兩人、兩書，更無疑義。暹移甲爲乙，謬之甚矣。柳宗元集有《辨文子》一篇，稱'其旨意皆本《老子》，然考其書，蓋駁書也，其渾而類者少，竊取他書以合之者多。凡《孟子》輩數家，皆見剿竊，嶢然而出其類，其意緒文詞，又互相抵而不合。不知人之增益之歟？或者衆爲聚斂以成其書歟？今刊去謬惡滥雜者，取其似是者，又頗爲發其意，藏於家'。是其書不出一手，唐人固已言之。然宗元所刊之本，高似孫《子略》已稱不可見。今所行者，仍十二篇之本。別本或題曰《通玄真經》，蓋唐天寶中嘗加是號，事見《唐書·藝文志》云。"

[2]徐靈府：唐杭州錢塘人，號默希子。隱居天臺山，以修煉自樂。武宗征辟，力辭不就。曾注《文子》。

[3]李暹（701—762），北魏人，作《文子注》，今已不傳。

[4]天寶：唐玄宗李隆基的年號（742—756），共計15年。

[5]發：闡發。《論語·爲政》："吾與回言終日，不違，如愚。退

而省其私，亦足以發。回也不愚。"邢昺疏："亦足以發明大體。"

〔6〕語本《文子·守清》："神者智之淵也，神清則智明；智者心之府也，智公則心平。"

〔7〕語本《文子·道德》："上學以神聽，中學以心聽，下學以耳聽。"上學，最好的學習方法。中學，中等的學習方法。下學，最差的學習方法。

〔8〕語本《文子·上義》："論人之道，貴即觀其所舉，富即觀其所施，窮即觀其所受，賤即觀其所爲、視其所患，難以知其所勇，動以喜樂以觀其守，委以貨財以觀其仁，振以恐懼以觀其節，如此，則人情可得矣。"

〔9〕語本《文子·上德》《文子·下德》。

子略卷三

戰國策[1]

班固[2]稱太史公取《戰國策》《楚漢春秋》[3]、陸賈[4]《新語》作《史記》，三書者，一經太史公采擇，後之人遂以爲天下奇書。予惑焉。每讀此書，見其叢脞[5]少倫[6]，同異錯出，事或著於秦、齊，又復見於楚、趙，言辭謀議如出一人之口。雖劉向校定，卒不可正其淆駁，會其統歸。故是書之泪[7]，有不可［得］而辨者。① 況於《楚漢春秋》、陸賈《新語》乎？二書紀載殊無奇耳，然則太史公獨何有取於此？夫載戰國、楚、漢之事，舍三書，他無可考者，太史公所以加之采擇者在此乎？柳子厚嘗謂左氏《國語》[8]，其閎深[9]傑異[10]，固世之耽嗜[11]而不已也，而其説多誣濫[12]，不概[13]於聖。余懼世之學者惑其文采而淪[14]其是非，作《非國語》。[15]昔讀是書，殊以子厚言之或過矣；反覆[16]《戰國

---

① "得"，底本無，據《文獻通考》卷二百十二引文補。

策》，而後三嘆《非國語》之作其用意切、用功深也。① 予遂
效此，盡取《戰國策》與《史記》同異，又與《説苑》[17]
《新序》[18]雜見者，各匯正之，名曰《戰國策考》。

【集釋】

[1]《四庫全書總目》卷五十一雜史類云："《戰國策注》三十三
卷，舊本題漢高誘注。今考其書，實宋姚宏校本也。《文獻通考》引
《崇文總目》曰：'《戰國策》篇卷亡闕，第二至第十、第三十一至第三
十三闕。又有後漢高誘《注》二十一卷，今闕第一、第五、第十一至
二十，止存八卷。'曾鞏校定序曰：'此書有高誘注者二十一篇，或曰
三十二篇。《崇文總目》存者八篇，今存者十篇。'此爲毛晉汲古閣影
宋鈔本。雖三十三卷皆題曰'高誘注'，而有誘注者僅二卷至四卷、六
卷至十卷，與《崇文總目》八篇數合，又最末三十二、三十三兩卷合
前八卷，與曾鞏序十篇數合。而其餘二十三卷則但有考異而無注。其有
注者多冠以'續'字。其偶遺'續'字者，如《趙策一》郗疵注、雒
陽注，皆引唐林寶《元和姓纂》；《趙策二》甌越注，引魏孔衍《春秋
後語》；《魏策三》芒卯注，引《淮南子注》。衍與寶在誘後，而《淮南
子注》即誘所自作，其非誘注，可無庸置辨。蓋鞏校書之時，官本所
少之十二篇，誘書適有其十，惟闕第五、第三十一；誘書所闕，則官書
悉有之，亦惟闕第五、第三十一。意必以誘書足官書，而又於他家書内
摭二卷補之，此官書、誘書合爲一本之由。然鞏不言校誘《注》，則所
取惟正文也。迨姚宏重校之時，乃並所存誘注入之。故其自序稱'不
題校人並題續注者，皆餘所益'，知爲先載誘注，故以續爲別。且凡有
誘注復加校正者，並於夾行之中又爲夾行，與無注之卷不同，知校正之
時，注已與正文並列矣。卷端曾鞏、李格、王覺、孫朴諸序、跋，皆前

列標題，各題其字，而宏序獨空一行列於末，前無標題，序中所言體例，又一一與書合，其爲宏校本無疑。其卷卷題高誘名者，殆傳寫所增以贗古書耳。書中校正稱曾者，曾鞏本也；稱錢者，錢藻本也；稱劉者，劉敞本也；稱集者，集賢院本也；無姓名者，即宏序所謂不題校人爲所加入者也。其點勘頗爲精密，吳師道作《戰國策鮑注補正》，亦稱爲善本。是元時猶知注出於宏。不知毛氏宋本，何以全題高誘？考周密《癸辛雜識》稱賈似道嘗刊是書，豈其門客廖瑩中等皆媟褻下流，昧於檢校，一時誤題，毛氏適從其本影抄歟？近時揚州所刊，即從此本録出，而仍題誘名，殊爲沿誤。今於原有注之卷題高誘注，姚宏校正續注、原注已佚之卷則惟題姚宏校正續注，而不列誘名，庶幾各存其真。宏字令聲，一曰伯聲，剡川人。嘗爲刪定官，以忤直忤秦檜，瘐死大理獄中。蓋亦志節之士，不但其書足重也。"又加案："漢《藝文志》，《戰國策》與《史記》爲一類，歷代史志因之。晁公武《讀書志》始改入子部縱橫家，《文獻通考》因之。按班固稱司馬遷作《史記》，據《左氏》《國語》，采《世本》《戰國策》，述《楚漢春秋》，接其後事，迄於天漢。則《戰國策》當爲史類，更無疑義。且'子'之爲名，本以稱人，因以稱其所著，必爲一家之言，乃當此目。《戰國策》乃劉向裒合諸記並爲一編，作者既非一人，又均不得其主名，所謂'子'者安指乎？公武改隸子部，是以記事之書爲立言之書，以雜編之書爲一家之書，殊爲未允。今仍歸之史部中。"

[2] 班固（32—92），字孟堅，扶風安陵人（今陝西咸陽東北）。史學家班彪之子。其《漢書》開正史斷代之先河。

[3]《楚漢春秋》：西漢陸賈撰，九卷。所記從劉邦、項羽起事起，至漢文帝初期止，爲一部雜史。

[4] 陸賈（前240—前170），西漢政治家、文學家、思想家。以客從劉邦定天下，有辯才。奉命使南越，説南越王趙倫稱臣。歸拜太中大夫。著有《新語》。

［5］叢脞：瑣碎，雜亂。

［6］倫：條理，順序。

［7］汨：亂。

［8］《國語》：是中國最早的一部國別史著作，相傳爲左丘明所作。記録了周朝王室和魯國、齊國、晋國、鄭國、楚國、吳國、越國等諸侯國的歷史。又被稱爲《春秋外傳》。

［9］閎深：廣博深遠，博大精深。

［10］傑異：卓越不凡。

［11］耽嗜：深切愛好。

［12］誣滔：荒誕虛浮。

［13］概：謂超越，壓倒。

［14］淪：陷入，沉淪。

［15］語本柳宗元《柳河東集》卷四十四《非國語序》："左氏《國語》，其文深閎傑異，固世之所耽嗜而不已也，而其説多誣滔，不概於聖。余懼世之學者溺其文采而淪於是非，是不得由《中庸》以入堯、舜之道。本諸理，作《非國語》。"

［16］反覆：再三考慮，再三研究。

［17］《説苑》：西漢劉向撰，本書爲劉向校書時根據皇家藏書和民間圖籍，按類編輯的先秦至西漢的一些歷史故事和傳説，並夾有作者的議論，借題發揮儒家的政治思想和道德觀念，帶有一定的哲理性。

［18］《新序》：西漢劉向編撰的一部以諷諫爲政治目的的歷史故事類編，是現存劉向所編撰的最早的一部作品。

管子[1] 尹知章[2]注，三十卷，杜佑[3]《管氏指略》二卷。

古者盛衰之變，甚可畏也。先王之制，其盛極於周。后稷[4]、公劉[5]、大王[6]、王季[7]、文、武、成[8]、康[9]、周公之所以制周者，非一人之力，一日之勤，經營之難，積累之素[10]，況又有出於唐、虞、夏、商之舊者。及其衰也，一夫之謀，一時之利，足以銷靡破鑿，變徙剗[11]蝕，而迄無餘脈。吁，一何易耶？九合[12]之力，一霸之圖，於齊何有也？使天下一於兵而忘其爲農，天下一於利而忘其爲義。孰非利也，而乃攻之以貪，驅之以詐。孰非兵也，而乃趨之以便，行之以。① 一切先王之所以經制天下者，烟散風靡，無一可傳。嗚呼，仲其不仁也哉！而況井田[13]既壞，概量[14]既立，而商鞅[15]之毒益滋矣。封建[16]既隳，《詩》《書》既燎，而李斯[17]之禍益慘矣。繄[18]誰之咎耶？漢、唐之君，貪功苟利[19]，兵窮而用之無法，民削而誅之無度，又有出於管仲、鞅、斯之所不爲者，豈無一士之智、一議之精？區區有心於復古者，而卒不復可行。② 蓋三代之法其壞而掃地久矣。③ 壞三代之法，其一出於管仲乎？劉邵[20]之志人物也，④ 曰管仲，曰商鞅，皆以隷之法家[21]。李德裕[22]以邵之索隱[23]精微，研幾[24]玄妙，實天下奇才。至以管仲與商鞅俱人物之品，往

---

① 學津本、四部本、叢編本"以"下有"險"字，《文獻通考》卷二百十二作"巧"字。今按：二者皆通。

② "不復可行"，《文獻通考》卷二百十二"不可復行"。

③ "其"，《文獻通考》卷二百十二作"甚"。

④ "邵"，四庫本作"劭"，下同。余嘉錫認爲應作"邵"。

往不倫。德裕顧未嘗熟讀其書耳，邵所謂皆出於法者，其至
論歟？孔子曰："齊一變至於魯，魯一變至於道。"[25] 使齊盡
變其功利之習，僅庶幾於魯耳，然則安得而變哉？聖人非有
志於變齊也，古之不可復也，爲可嘆耳。

【集釋】

[1] 晁公武《郡齋讀書志》曰："劉向所定，凡九十六篇，今亡十
篇。世稱齊管仲撰。杜佑《指略序》云唐房玄齡注。其書載管
仲將没對桓公之語，疑後人續之，而注頗淺陋，恐非玄齡，或云尹知章也。管
仲九合諸侯，以尊王室，而三歸反坫，僭擬邦君，是以孔子許其仁，而
陋其不知禮義者，以故謂仲但知治人，而不知治己。予讀仲書，見其謹
政令，通商賈，均力役，盡地利，既爲富強，又頗以禮義廉恥化其國
俗，如《心術》《白心》之篇，亦嘗側聞正心誠意之道，其能一正天
下，致君爲五伯之盛，宜矣。其以泰侈聞者，蓋非不知之，罪在於志意
易滿，不能躬行而已。孔子云爾者，大抵古人多以不行禮爲不知禮，陳
司敗譏昭公之言亦如此，然則其爲書固無不善也。後之欲治者庶幾之，
猶可以制四夷而安中國，學者何可忽哉！因爲是正其文字，而辯其音訓
云。"《四庫全書總目》卷一百零一云："《管子》二十四卷，舊本題管
仲撰。劉恕《通鑑外紀》引《傅子》曰：'管仲之書，過半便是後之好
事所加，乃説管仲死後事，《輕重》篇尤復鄙俗。'葉適《水心集》亦
曰：'《管子》非一人之筆，亦非一時之書，以其言毛嬙、西施、吳王
好劍推之，當是春秋末年。'今考其文，大抵後人附會多於仲之本書。
其他姑無論，即仲卒於桓公之前，而篇中處處稱桓公。其不出仲手，已
無疑義矣。書中稱《經言》者九篇，稱《外言》者八篇，稱《內言》
者九篇，稱《短語》者十九篇，稱《區言》者五篇，稱《雜篇》者十
一篇，稱《管子解》者五篇，稱《管子輕重》者十九篇。意其中孰爲
手撰，孰爲記其緒言如語録之類，孰爲述其逸事如家傳之類，孰爲推其

義旨如箋疏之類，當時必有分別。觀其五篇明題《管子解》者，可以類推。必由後人混而一之，致滋疑竇耳。晁公武《讀書志》曰：'劉向所校本八十六篇，今亡十篇。'考李善注陸機《猛虎行》曰：'江邃《文釋》引《管子》云："夫士懷耿介之心，不蔭惡木之枝，惡木尚能恥之，況與惡人同處。"今檢《管子》近亡數篇，恐是亡篇之內而邃見之。'則唐初已非完本矣。明梅士享所刊，又復顛倒其篇次。如以《牧民解》附《牧民》篇下，《形勢解》附《形勢》篇下之類，不一而足。彌爲竄亂失真。此本爲萬曆壬午趙用賢所刊，稱由宋本翻雕。前有紹興己未張嶸後跋云：'舛脫甚衆，頗爲是正。'用賢序又云：'正其脫誤者逾三萬言。'則屢經點竄，已非劉向所校之舊。然終逾於他氏所妄更者，在近代猶善本也。舊有房玄齡注，晁公武以爲尹知章所托，然考《唐書·藝文志》，玄齡注《管子》不著錄，而所載有尹知章注《管子》三十卷。則知章本未托名，殆後人以知章人微，玄齡名重，改題之以炫俗耳。案：《舊唐書》，知章，絳州翼城人，神龍初，官太常博士。睿宗即位，拜禮部員外郎，轉國子博士。有《孝經注》《老子注》，今並不傳，惟此注藉玄齡之名以存。其文淺陋，頗不足采。然蔡絛《鐵圍山叢談》，載蘇軾、蘇轍同入省試，有一題，軾不得其出處，轍以筆一卓而口吹之，軾因悟出《管子注》。則宋時亦采以命題試士矣。且古來無他注本，明劉績所補注，亦僅小有糾正，未足相代，故仍舊本錄之焉。"

[2] 尹知章（？—718），絳州翼城（今山西翼城）人，唐前期大臣。從小勤學，精通六經，遂以儒學稱著。所注《孝經》《老子》《莊子》《韓子》《管子》《鬼谷子》，頗行於時。

[3] 杜佑（735—812），字君卿，京兆萬年（今陝西西安附近）人。生於世宦之家，父杜希望，官至鄜州都督、隴右節度留後。佑以門資入仕，歷任江淮青苗使、容管經略使、水陸轉運使、度支郎中兼和糴使等，又以户部侍郎判度支。後出爲嶺南、淮南節度使。著有《通典》。

［4］后稷：古代周族的始祖。傳説有邰氏之女姜原踏巨人脚迹，懷孕而生，因一度被棄，故又名棄。

［5］公劉：古代周族的領袖。傳爲后稷的曾孫。

［6］大王：古公亶父，周文王的祖父。

［7］王季：名季曆，周太王古公亶父少子，文王姬昌之父。

［8］成：周成王姬誦，周武王之子。西周王朝第二代君主。

［9］康：周康王姬釗，成王子。

［10］素：廣博。

［11］劋：滅除，廢除。

［12］九合：管仲曾佐齊桓公"九合諸侯，一匡天下"。

［13］井田：相傳古代的一種土地制度。以方九百畝爲一里，劃爲九區，形如"井"字，故名。其中爲公田，外八區爲私田，八家均私百畝，同養公田。公事畢，然後治私事。

［14］概量：概稱斗斛等量器。

［15］商鞅（約前395—前338），衛國國君的後裔，公孫氏，故稱爲衛鞅，又稱公孫鞅，後封於商，後人稱之商鞅。戰國時期政治家，思想家，著名法家代表人物。應秦孝公求賢令入秦，説服秦孝公變法圖强。孝公死後，被車裂而死。在位執政十九年，秦國大治，史稱商鞅變法。

［16］封建：封邦建國。古代帝王把爵位、土地分賜親戚或功臣，使之在各該區域内建立邦國。相傳黄帝爲封建之始，至周制度始備。

［17］李斯（約前281—前208），字通古。戰國末年楚國上蔡（今河南上蔡西南）人。協助秦始皇統一天下。後爲秦朝丞相，參與制定了法律，統一車軌、文字、度量衡制度。

［18］緊：是。

［19］苟利：貪求不正當的利益。

［20］劉邵（？—242），三國時文學家。字孔才，邯鄲人。建安年

間開始做官，早期曾爲管理地方户賦的計吏，因學識淵博而升任秘書
郎。入曹魏後任尚書郎、散騎侍郎、陳留太守，賜爵關内侯。編撰有
《皇覽》《新律》，著《律略論》。

　　[21]　法家：古代的思想流派之一。起源於春秋時的管仲、子産，
發展於戰國時的李悝、商鞅、申不害、慎到等人，戰國末韓非集法家學
説的大成。主張以法治代替禮治，反對貴族特權。《史記·太史公自
序》："法家不别親疏，不殊貴賤，一斷於法，則親親尊尊之恩絶矣。"
《漢書·藝文志》："法家者流，蓋出於理官，信賞必罰，以輔禮制。"

　　[22]　李德裕（787—850），唐趙郡人，字文饒，李棲筠孫、李吉
甫子。穆宗即位，召入翰林充學士，禁中書詔，尋轉考功郎中、知制
誥、中書舍人。敬宗時出爲浙西觀察使。文宗即位，加檢校禮部尚書，
召爲兵部侍郎。武宗時由淮南節度使入相。德裕爲李黨首領，後爲牛黨
所構，貶崖州司户。卒，追贈尚書左僕射、太子少保、衛國公。著有
《次柳氏舊聞》《會昌一品集》。

　　[23]　索隱：探求隱微奥秘的道理。

　　[24]　研幾：窮究精微之理。

　　[25]　語本《论語·雍也》。

尹文子[1]

　　班固《藝文志》名家[2]者流録《尹文子》。其書言大道，
又言名分，又言仁義禮樂，又言法術[3]權勢，大略則學老氏
而雜申[4]、韓[5]也。其曰："民不畏死，由過於刑罰者也。
刑罰中則民畏死，畏死則知生之可樂。知生之可樂，故可以
死懼之。"[6]此有希[7]於老氏者也。又有不變之法、齊等之

法、理衆之法、平準之法，此有合於申、韓，然則其學雜矣，其學淆矣，① 非純乎道者也。② 仲長統[8]爲之序，以子學於公孫龍[9]。按龍客于平原君[10]，趙惠文王[11]時人也。齊宣王[12]死，下距趙王之立四十餘矣，③ 則子之先於公孫龍爲甚明，非學乎此者也。晁氏[13]嘗稱其宗六藝，數稱仲尼。熟考其書，未見所以稱仲尼、宗六藝者，僅稱誅少正卯[14]一事耳。嗚呼，士之生於春秋、戰國之間，其所以熏炙[15]染習、變幻捭闔、求騁於一時而圖其所大欲者，往往一律而同歸，其能屹立中流，一掃群異。學必孔氏、言必六經者，孟子一人而已。

【集釋】

[1]《四庫全書總目》卷一百十七云："《尹文子》一卷，周尹文撰。前有魏黄初末山陽仲長氏序，稱條次撰定爲上、下篇。《文獻通考》著録作二卷。此本亦題《大道上篇》《大道下篇》，與序文相符，而通爲一卷。蓋後人所合併也。《莊子·天下》篇以尹文、田駢並稱，顔師古注《漢書》謂齊宣王時人。考劉向《説苑》載文與宣王問答，顔蓋據此。然《吕氏春秋》又載其與湣王問答事，殆宣王時稷下舊人，至湣王時猶在歟？其書本名家者流。大旨指陳治道，欲自處於虛靜，而萬事萬物則一一綜核其實，故其言出入於黄、老、申、韓之間。《周氏涉筆》謂其'自道以至名，自名以至法'，蓋得其真。晁公武《讀書志》以爲誦法仲尼，其言誠過，宜爲高似孫《緯略》所譏。

---

① "學"，《文獻通考》卷二百十二作"識"。
② "純"，四庫本作"統"。
③ 學津本、四庫本、四部本、叢編本、四明本"餘"下有"年"字。

然似孫以儒理繩之，謂其淆雜，亦爲未允。百氏爭鳴，九流並列，各
尊所聞，各行所知，自老、莊以下，均自爲一家之言。讀其文者，取
其博辨閎肆足矣，安能限以一格哉！序中所稱熙伯，蓋繆襲之字。其
‘山陽仲長氏’不知爲誰？李淑《邯鄲書目》以爲仲長統，然統卒於
建安之末，與所云‘黄初末’者不合。晁公武因此而疑史誤，未免附
會矣。”

　　[2] 名家：戰國時諸子百家之一。以正名辨義爲主，主要代表爲
鄧析、惠施、公孫龍等。

　　[3] 法術：“法”與“術”的合稱。韓非認爲商鞅言“法”，申不
害言“術”，兩人所言皆有所偏，因而主張兩者兼用。後因以“法術”
指法家之學。

　　[4] 申：即申不害（約前385—前337），亦稱申子，鄭國京邑
（今河南新鄭）人。他在韓爲相19年，使韓國走向國治兵强。作爲法
家人物，以“術”者稱，是三晋時期法家中的著名代表人物。

　　[5] 韓：即韓非（約前280—前233），戰國晚期韓國人（今河南
新鄭），王室諸公子之一，戰國法家思想的集大成者。《史記》記載，
韓非精於“刑名法術之學”，與秦相李斯都是荀子的學生。

　　[6] 語本《尹文子·大道下》：“老子曰：‘民不畏死，如何以死懼
之？’凡民之不畏死，由刑罰過；刑罰過則民不賴其生；生無所賴，視
君之威末如也；刑罰中則民畏死，畏死由生之可樂也，知生之可樂，故
可以死懼之。”

　　[7] 希：迎合。

　　[8] 仲長統（179—220），字公理，山陽高平（今山東金鄉西北）
人。著有《昌言》。

　　[9] 公孫龍（前320—前250），戰國時期趙國人，曾經做過平原
君的門客，名家的代表人物，主要著作爲《公孫龍子》。

　　[10] 平原君（？—前253），嬴姓，趙氏，名勝。東周戰國時期趙

國宗室大臣，趙武靈王之子，封於東武（今山東武城），號平原君。以善於養士而聞名，與齊國孟嘗君田文、魏國信陵君魏無忌、楚國春申君黃歇合稱"戰國四公子"。

[11] 趙惠文王（約前 307—前 266），原名趙何，趙武靈王次子，戰國時期趙國君主。

[12] 齊宣王：田辟疆（？—前 301），戰國時齊國國君，齊威王之子，媯姓，西元前 320 年繼齊威王爲田氏齊國第五代國君。

[13] 晁氏：晁公武，字子止，澶州清豐（今山東鉅野縣）人。紹興二年進士，初爲四川總領財賦司。紹興時，爲榮州守。乾道中，以敷文閣直學士爲臨安府少尹，官累禮部侍郎。存世著作有《郡齋讀書志》。

[14] 少正卯（？—前 496），春秋時期魯國的大夫，他和孔子都曾經在魯國講學。

[15] 熏烝：比喻時代思潮。

韓非子[1]

士生戰國，才不一伸，抱智懷謀，其求售殊切切，亦可憐也。商鞅以法治秦，李斯又以法治秦。秦之立國，一出於刑罰法律，而士以求合者，非此不可。始皇一見韓非之書，喟然嘆曰："寡人得見斯人，與之游，死不恨矣。"[2] 始皇所以惓惓[3]於非者，必有所契者。① 今讀其書，往往尚法以神

---

① "必"，四庫本作"其"。"者"，學津本、四部本、叢編本作"焉"，四庫本作"乎"。

其用，薄仁義，屬[4]刑名[5]，背《詩》《書》，課[6]名實，心術辭旨，皆商鞅、李斯治秦之法，而非又欲凌跨之。此始皇之所投合，而李斯之所忌者，非迄坐是[7]爲斯所殺，而秦即以亡，固不待始皇之用其言也。《説難》一篇，殊爲切於事情者，① 惟其切之於求售，② 是以先爲之説，而後説於人，亦庶幾萬一焉耳。太史公以其説之難也，③ 固嘗悲之。太史公之所以悲之者，抑亦有所感慨焉而後發歟？嗚呼，士生不遇，④ 視時以趨，使其盡遇，固無足道，而況《説難》《孤憤》之作，有如非之不遇者乎！楊雄氏曰：⑤ “秦之士賤而拘。”[8]信哉！

【集釋】

[1]《四庫全書總目》卷一百一云：“《韓子》二十卷，周韓非撰。《漢書·藝文志》載《韓子》五十五篇，張守節《史記正義》引阮孝緒《七録》載《韓子》二十卷，篇數、卷數皆與今本相符。惟王應麟《漢藝文志考》作五十六篇，殆傳寫字誤也。其注不知何人作。考元至元三年何犿本，稱‘舊有李瓚注，鄙陋無取，盡爲削去’云云。則注者當爲李瓚。然瓚爲何代人，犿未之言。王應麟《玉海》已稱《韓子注》不知誰作，諸書亦別無李瓚注《韓子》之文，不知犿何所據也。犿本僅五十三篇，其序稱‘内佚《奸劫》一篇、《説林下》一篇及《内儲説

---

① “殊”，四庫本作“蓋”。
② “切之”，《文獻通考》卷二百十二作“切切”。
③ “也”，四庫本小字注文作“闕”。
④ 《文獻通考》卷二百十二無“生”字。
⑤ “楊”，學津本、四庫本、四部本、叢編本、四明本作“揚”。

下》，《六微》內似煩以下數章'。明萬曆十年趙用賢購得宋槧，與狋本相校，始知舊本《六微篇》之末尚有二十八條，不止狋所云數章。《說林下》篇之首尚有《伯樂教二人相踶馬》等十六章，諸本佚脫其文，以《說林上篇》田伯鼎好士章徑接此篇。《蟲有蚘章·和氏》篇之末自'和雖獻璞而未美，未爲王之害也'以下脫三百九十六字。《奸劫》篇之首，'自我以清廉事上'以上脫四百六十字。其脫葉適在兩篇之間，故其次篇標題與文俱佚。傳寫者各誤以下篇之半連於上篇，遂求其下篇而不得，其實未嘗全佚也。今世所傳又有明周孔教所刊大字本，極爲清楷。其序不著年月，未知在用賢本前後。考孔教舉進士在用賢後十年，疑所見亦宋槧本。故其文均與用賢本同，無所佚闕。今即據以繕錄，而校以用賢之本。考《史記》非本傳，稱'非見韓削弱，數以書諫韓王，韓王不能用。悲廉直不容於邪枉之臣，觀往者得失之變，故作《孤憤》《五蠹》《內外儲說》《說林》《說難》十餘萬言'。又云'人或傳其書至秦，秦王見其《孤憤》《五蠹》之書'。則非著書，當在未入秦前。《史記·自叙》所謂韓非囚秦，《說難》《孤憤》者，乃史家駁文，不足爲據。今書冠以《初見秦》，次以《存韓》，皆入秦後事，雖似與《史記》自叙相符，然《傳》稱'韓王遣非使秦，秦王悅之，未信用。李斯、姚賈害之，下吏治非。李斯使人遺之藥，使自殺'，計其間未必有暇著書。且《存韓》一篇，終以李斯駁非之議，及斯上韓王書。其事與文，皆爲未畢。疑非所著書本各自爲篇，非歿之後，其徒收拾編次，以成一帙。故在韓、在秦之作，均爲收錄，並其私記未完之稿，亦收入書中。名爲非撰，實非非所手定也。以其本出於非，故仍題非名，以著於錄焉。"

[2] 語本《史記·老子韓非列傳》："秦王見《孤憤》《五蠹》之書，曰：'嗟乎，寡人得見此人，與之游，死不恨矣！'"

[3] 惓惓：深切思念，念念不忘。

[4] 厲：揣摩，鑽研。

[5] 刑名：戰國時以申不害爲代表的學派。主張循名責實，慎賞明罰。後人稱爲"刑名之學"。

[6] 課：考核。

[7] 坐是：因此獲罪。

[8] 語本揚雄《揚子法言·五百》篇："周之人多行，秦之人多病；行有之也，病曼之也；周之士也貴，秦之士也賤；周之士也肆，秦之士也拘。"

墨子[1]

《韓非子》謂：墨子死，有相里氏[2]之墨、相芬氏[3]之墨、鄧陵氏[4]之墨。孔、墨之後，儒分爲八，墨離爲三[5]，其爲説異矣。《墨子》稱堯曰："采椽不斫，茅茨不剪。"[6]稱周曰："嚴父配天，宗祀文王。"[7]又引"若保赤子"[8]"發罪惟均"[9]，出於《康誥》《泰誓》[10]篇，固若依於經、據於禮者。孟子方排之不遺一力，① 蓋聞之夫子曰："惡似而非者。惡莠[11]，恐其亂苗[12]也。惡鄭聲[13]，恐其亂雅[14]也。惡紫，恐其亂朱[15]也。惡鄉原[16]，恐其亂德也。"[17]墨之爲書，一切如莊周，如申、商，如韓非、惠施[18]之徒，雖不闢可也。唯其言近乎訛，② 行近乎誣，使天下後世人盡信其説，

---

① "一"，四庫本作"餘"。

② "訛"，《文獻通考》卷二百十二作"僞"。

其害有不可勝言者，是不可不加闢也。嗚呼，《孟子》之學，一於羽翼群經、推尊聖人者歟？異時有纏子[19]者，修《墨子》之業，唯曰："勸善兼愛，墨子重之。"[20]嗚呼，學《墨子》者豈學此乎！

【集釋】

[1]《四庫全書總目》卷一百十七云："《墨子》十五卷，舊本題宋墨翟撰。考《漢書·藝文志》，《墨子》七十一篇，注曰：'名翟，宋大夫。'《隋書·經籍志》亦曰：'宋大夫墨翟撰。'然其書中多稱'子墨子'，則門人之言，非所自著。又諸書多稱墨子名翟，周亮工《書影》則曰：'墨子姓翟，母夢烏而生，因名之曰烏，以墨爲道。今以姓爲名，以墨爲姓，是老子當姓老耶？'其説不著所出，未足爲據也。宋《館閣書目》稱《墨子》十五卷，六十一篇。此本篇數與《漢志》合，卷數與《館閣書目》合。惟七十一篇之中，僅佚《節用下》第二十二、《節葬上》第二十三、《節葬中》第二十四、《明鬼上》第二十九、《明鬼下》第三十、《非樂中》第三十三、《非樂下》第三十四、《非儒上》第三十八，凡八篇。尚存六十三篇，與《館閣書目》不合。陳振孫《書録解題》又稱有一本止存十三篇者，今不可見。或後人以兩本相校，互有存亡，增入二篇歟？抑傳寫者訛以六十三爲六十一也？墨家者流，史罕著録，蓋以孟子所辟，無人肯居其名。然佛氏之教，其清淨取諸老，其慈悲則取諸墨。韓愈《送浮屠文暢序》稱'儒名墨行，墨名儒行，以佛爲墨，蓋得其真'，而《讀墨子》一篇乃稱'墨必用孔，孔必用墨'，開後人三教歸一之説，未爲篤論。特在彼法之中，能自嗇其身，而時時利濟於物，亦有足以自立者。故其教得列於九流，而其書亦至今不泯耳。第五十二篇以下皆兵家言，其文古奧，或不可句讀，與全書爲不類。疑因五十一篇言公輸般九攻、墨子九拒之事，其徒因采摭其術，附記於末。觀其稱'弟子禽滑釐等三百人已持守固之器在宋城

上’，是能傳其術之證矣。”

[2] 相里氏：咎繇之後，爲理氏。商末理徵孫仲師遭難去王爲里。至晋大夫里克爲惠公所戮，克妻司城氏攜少子季連逃居相城，因爲相里氏。季連元孫勤見莊子。韓子云：“相里子，古賢人也，著書七篇。”

[3] 相芬氏：或作“相夫氏”。

[4] 鄧陵氏：芈姓，楚公子食邑，鄧陵因氏焉。鄧陵氏著書見《韓子》。

[5] 從“墨子死”至“墨離爲三”，語本《韓非子·顯學》：“自墨子之死也，有相里氏之墨，有相夫氏之墨，有鄧陵氏之墨。故孔、墨之後，儒分爲八，墨離爲三。”

[6] 語見《墨子間詁·墨子後語下》：“墨者亦尚堯舜道，言其德行，曰：‘堂高三尺，土階三等，茅茨不翦，采椽不刮；食土簋，啜土刑，粝粱之食，藜藿之羹；夏日葛衣，冬日鹿裘。’”又見《韓非子·五蠹》：“堯之王天下也，茅茨不翦，采椽不斫，糲粢之食，藜藿之羹，冬日麑裘，夏日葛衣，雖監門之服養，不虧於此矣。”

[7] 語見《孝經·圣治章第九》：“天地之性，人爲貴。人之行，莫大於孝。孝莫大于嚴父，嚴父莫大于配天，則周公其人也。昔者周公郊祀后稷以配天，宗祀文王於明堂，以配上帝。”

[8] 語本《尚書·康誥》。

[9] 語本《尚書·泰誓》：“厥罪惟鈞。”又見《墨子》卷三：“小人見奸巧乃聞，不言也，發罪鈞。”

[10]《康誥》《泰誓》：皆《尚書》篇名。

[11] 莠：狗尾草，一種田間常見野草。

[12] 苗：尚未開花結實的禾類植物。

[13] 鄭聲：原指春秋戰國時鄭國的音樂，多淫聲，爲靡靡之音。因與孔子等提倡的雅樂不同，故受儒家排斥。此後，凡與雅樂相背的音樂，甚至一般的民間音樂，均爲崇“雅”黜“俗”者斥爲“鄭聲”。

[14] 雅：即雅樂，古代帝王祭祀天地、祖先及朝賀、宴享時所用的舞樂。周代用爲宗廟之樂的六舞，儒家認爲其音樂"中正和平"，歌詞"典雅純正"，奉之爲雅樂的典範。歷代帝王都循例製作雅樂，以歌頌本朝功德。

[15] 朱：大紅色，古代視爲五色中紅的正色。

[16] 鄉原：指鄉里中貌似謹厚，而實與流俗合污的僞善者。原，同"願"，謹厚貌。

[17] 語本《孟子·盡心下》："孔子曰：'惡似而非者。惡莠，恐其亂苗也；惡佞，恐其亂義也；惡利口，恐其亂信也；惡鄭聲，恐其亂樂也；惡紫，恐其亂朱也；惡鄉原，恐其亂德也。'"又見《論語·陽貨》："子曰：'惡紫之奪朱也，惡鄭聲之亂雅樂也，惡利口之覆邦家者。'"

[18] 惠施（約前370—約前310），戰國時宋國人。嘗爲魏襄王相，主張聯合齊楚消弭戰亂，爲"合縱"策略之組織者。後受張儀排斥，一度游於楚、宋。善辯，與莊周友善。莊周稱"惠施多方，其書五車"。爲名辯學派"合同異"論之代表人物，持論有"大同而與小同異，此之謂小同異；萬物畢同畢異，此之謂大同異""至大無外，謂之大一，至小無内，謂之小一""泛愛萬物，天地一體"等。

[19] 纏子：戰國時墨子之徒，修墨子之業，以教於世。與董無心同時。（《意林》）

[20] 語見《意林》卷一："纏子曰：'文言華世，不中利民。傾危繳繞之辭者，並不爲墨子所修；勸善兼愛，則墨子重之。'"

鄧析子[1]

劉向曰：非子產[2]殺鄧析。推《春秋》驗之，按《左

氏·魯定公八年》,鄭駟歂[3]嗣子太叔爲政,明年殺鄧析而用
其竹刑[4],君子謂歂嗣於是爲不忠。① 考其行事,固莫能詳。
觀其立言,其曰:"天於人無厚[5],君於民無厚。"[6]又曰:
"勢者君之輿,威者君之策。"[7]其意義蓋有出於申、韓之學
者矣。班固《藝文志》乃列之名家,《列子》固嘗言其操兩
奇之説,② 設無窮之辭,數難子産之治,③ 而子産誅之,蓋則
與《左氏》異矣。④《荀子》又言其不法先王,不是[8]禮義,
察而不惠,辯而無用,則亦流於申、韓矣。夫傳者乃曰,歂
殺鄧析,是爲不忠,鄭以衰弱。夫鄭之所以爲國者,有若裨
諶[9]草創[10]之,世叔[11]討論[12]之,東里子産潤色之,庶幾
於古矣。子産之告太叔曰:"有德者能以寬服人,其次莫如
猛。"[13]子産,惠人也,固已不純乎德,他何足論哉?不止竹
刑之施,而民懼且駭也。嗚呼,春秋以來,列國棋錯[14],不
以利勝,則以威行,與其民揉輴於爭抗侵凌之域,⑤ 豈復知
所謂仁漸義摩[24]者?其民苦矣。固有惠而不知爲政[15]者,⑥
豈不賢於以薄[16]爲度[17]、以威爲神[18]乎?析之見殺,雖歂

---

① "歂嗣",學津本、四庫本、四部本、叢編本作"駟歂",四明本作"歂"。
② "奇",學津本、四部本、叢編本作"歧"。按:《列子》"兩奇"應爲"兩可"。
③ "治",《文獻通考》卷二百十二作"法"。
④ "則",學津本、四部本、叢編本作"列",四庫本作"又",《文獻通考》卷二百十二作"既"。
⑤ "揉輴",學津本、《文獻通考》卷二百十二均作"蹂輴",四庫本、四部本、叢編本均作"蹂躪"。
⑥ "固",四庫本作"因"。

之過，亦鄭之福也。

【集釋】

[1]《四庫全書總目》卷一百零一云："《鄧析子》一卷，周鄧析撰。析，鄭人。《列子·力命》篇曰：'鄧析操兩可之説，設無窮之詞。子產執政，作竹刑，鄭國用之，數難子產之治。子產屈之。子產執而戮之，俄而誅之。'劉歆奏上其書（案：高似孫《子略》誤以此奏爲劉向，今據《書録解題》改正），則曰於《春秋左氏傳》昭公二十年而子產卒，子太叔嗣爲政。定公八年，太叔卒，駟歂嗣爲政。明年乃殺鄧析，而用其竹刑。然則《列子》爲誤矣。其書《漢志》作二篇，今本仍分《無厚》《轉辭》二篇，而並爲一卷。然其文節次不相屬，似亦掇拾之本也。其言如'天於人無厚，君於民無厚，父於子無厚，兄於弟無厚''勢者君之輿，威者君之策'，則其旨同於申、韓。如令煩則民詐，政擾則民不定，心欲安靜，慮欲深遠，則其旨同於黃、老。然其大旨主於勢統於尊，事核於實，於法家爲近。故竹刑爲鄭所用也。至於'聖人不死，大盜不止'一條，其文與《莊子》同。析遠在莊子以前，不應預有剿説，而《莊子》所載又不云鄧析之言。或篇章殘闕，後人摭《莊子》以足之歟？"孫德謙《諸子通考》卷四："《墨子·小取》篇曰：'夫辯者，將以明是非之分，審治亂之紀，明同異之處，察名實之理，處利害，決嫌疑。'《墨子》此篇皆言名理，凡是非、治亂、同異、名實、利害，可見事皆對舉，所以明之、審之、察之、處之者。名家之善辯，亦從對舉者辨之而已。惟能善辯，故苟有嫌疑，亦可以決斷也。鄧析子曰：'異同之不可別，是非之不可定，白黑之不可分，清濁之不可理，久矣！'析之爲名，蓋以人于異同是非之間每不能分別，故特主正名之學，爲名家之冠。魯勝云：'是有不是，可有不可，是名兩可。'嘗謂析之'操兩可'，非模棱兩可之謂，以勝之言推之，蓋異同也，是非也，白黑也，清濁也，即是兩可也。天下之萬事萬物，未有異而無同，是而無非也，白而無黑，清而無濁，於斯兩者，如不能分別，

則名實淆矣。"

〔2〕子産：即公孫僑（約前580—前522），字子産，一字子美。春秋時鄭國人。鄭簡公十二年爲卿，二十三年爲正卿，執政。實行政治、經濟改革，整頓田地疆界及灌溉系統，訂立丘賦制度；不毀鄉校，聽取國人議論政治得失；鑄刑書於鼎而公布之。開展小國外交，周旋於晉、楚兩強國之間。又提出"天道遠，人道邇"的觀點。卒謚成子。

〔3〕駟歂：鄭桓公的後裔子孫，姓姬，春秋後期著名的鄭國上卿，是繼子産、子大叔之後的執政大夫。

〔4〕竹刑：古代刑書，因寫在竹簡上，故名。

〔5〕無厚：薄待，没有厚施。

〔6〕語本《鄧析子·無厚》篇："天於人無厚也，君於民無厚也，父於子無厚也，兄於弟無厚也。"

〔7〕語本《鄧析子·無厚》篇："勢者君之輿，威者君之策，臣者君之馬，民者君之輪。勢固則輿安，威定則策勁，臣順則馬良，民和則輪利。爲國失此，必有覆車、奔馬、折策、敗載之患，安得不危？"

〔8〕是：正確，與"非"相對。

〔9〕裨諶：春秋時鄭國人。大夫。善於謀劃。子産執政，有關文辭，常由裨諶擬稿。有關國家大事，子産常與裨諶先謀劃。

〔10〕草創：起草文稿。

〔11〕世叔：游吉。鄭大夫。《春秋傳》作子大叔。

〔12〕討論：講究，謂探討研究並加以評論。

〔13〕語見《春秋左氏傳注疏》卷四十九："鄭子産有疾，謂子太叔曰：'我死，子必爲政，唯有德者能以寬服民，其次莫如猛。夫火烈，民望而畏之，故鮮死焉。水懦弱，民狎而玩之，則多死焉。故寬難。'"

〔14〕棋錯：如棋子交錯分佈。

〔15〕爲政：治理國家，執掌國政。

[16] 薄：虛假刻薄，不誠樸寬厚。

[17] 度：法度，規範。

[18] 神：猶治。

亢桑子[1]

孔子曰："上有好者，下有甚焉。"[2]《亢桑子》之謂歟？開元、天寶間，天子方鄉[3]道家者流之説，尊老氏，表莊、列，皇皇乎清虛沖澹之風矣。又以《亢桑子》號"洞靈真經"，上既不知其人之仙否，又不識其書之可經，一旦表而出之，固未始有此書也。襄陽處士王褒[4]來獻其書。書，褒所作也。按《漢略》《隋志》皆無其書，褒之作也，亦思所以趨世好、迎上意耶？今讀此編，往往采諸《列子》《文子》，又采諸《吕氏春秋》《新序》《説苑》，又時采諸《戴氏禮》。源流不一，往往論殊而辭異，可謂雜而不純、濫而不實者矣。太史公作《莊周列傳》，固嘗言其語空而無實，而柳宗元又以爲空言之尤，皆足知其人、決其書。然柳氏所見，必是王褒所作者。

【集釋】

[1] 唐王士源《孟浩然集序》："士源幼好名山，行年十八，首事陵山恒嶽，咨求通玄丈人。過蘇門，問道隱者左知運，太白習隱訣，終南修《亢倉》九篇。"唐韋滔天寶九載《孟浩然集序》："宜城王士源者，藻思清遠，深鑑文理，常游山水，不在人間，著《亢倉子》數篇，

傳之於代。"唐柳宗元《柳河東集》卷四《辯亢倉子》:"太史公爲
《莊周列傳》,稱其爲書畏累、亢桑子皆空言無事實。今世有《亢桑子》
書,其首篇出《莊子》,而益以庸言,蓋周所云者尚不能有事實,又況
取其語而益之者,其爲空言尤也。劉向、班固録書無《亢倉子》,而今
之爲術者乃始爲之傳注,以教於世,不亦惑乎!"宋吕南公《灌園集》
卷十七《讀亢倉子》:"治平四年,余見此書於今集賢鄧校理家,怪其
詣致不倫,不及文、莊、列、老遠甚,其辭又最鄙陋,令人懶讀,常疑
有好事者詭冒爲之。……後二年,在淮南始見《唐史》新書,乃知開
元時王士源者造此。又四年,於汴京見李肇《國史補》,其説與新書
同,蓋新書據肇所記而言之耳。……柳先生嘗論《亢倉》不宜傳解,
而不慮爲唐人詐造,其辯蓋猶未盡。余方自憐不惑之早,故爲之志,以
佐柳於盡焉。"明宋濂《文憲集》卷二十七《諸子辨》:"《亢倉子》五
卷,凡九篇,相傳周庚桑楚撰。予初苦求之不得,及得之,終夜疾讀,
讀畢,嘆曰:是僞書也。剿老、莊、文、列及諸家言而成之也。其言
曰:危代以文章取士,則剪巧綺繢益至,而正雅典實益藏。夫文章取
士,近代之制,戰國之時無有也。其中又以人易民,以代易世,世民,
太宗諱也,僞之者其唐士乎? 予猶存疑而未決也。後讀他書,果謂天寶
初詔號亢桑子爲《洞靈真經》,求之不獲,襄陽處士王士元采諸子文義
類者撰而獻之。其説頗與予所見合,復取讀之,益見其言詞不類,因棄
去。"明王世貞《讀書後》卷五《讀亢倉子》:"亢倉子,其文辭東京之
後,迂於儒者耳,其議則無嘉焉。余讀《公孫龍》,雖其謬悠鄙舛,而
要之縱放強辨,儼然戰國之習也,僞者多援少倍,多拘少劇。《亢倉
子》,僞書也。《列子》載亢倉子,遂有《亢倉子》;《家語》記子華
子,遂有《子華子》;賈誼稱鶡冠子,遂有《鶡冠子》。嗚呼! 士之托
空名以求傳其言者,意亦可悲哉!"《四庫全書總目》卷一百四十六云:
"《亢倉子》一卷,舊本題庚桑楚撰,唐柳宗元嘗辨其僞。晁公武《讀
書志》曰:案唐天寶元年詔號亢桑子爲《洞靈真經》,然求之不獲。襄

陽處士王士元謂莊子作庚桑子，太史公、列子作《亢倉子》，其實一也。取諸子文義類者補其亡。今此書乃士元補亡者。宗元不知其故而遽詆之，可見其銳於譏議也。今考《新唐書・藝文志》載王士元《亢倉子》二卷，所注與公武所言同，則公武之説有據。又考《孟浩然集》首有宜城王士元序，自稱修《亢倉子》九篇。又有天寶九載韋滔序，亦稱宣城王士元藻思清遠，深鑒文理，常游山水，不在人間，著《亢倉子》數篇，傳之於代云云，與《新唐書》所言合。則《新唐書》之説亦爲有據。宋濂作《諸子辨》，乃仍摘其以‘人’易‘民’，以‘代’易‘世’，斷爲唐人所偽，亦未之考矣。惟是庚桑楚居於畏壘，僅見《莊子》，而《史記・莊周列傳》則云周爲書如《畏壘》《亢倉子》，皆空言無事實。則其人亦鴻蒙雲將之流，有無蓋未可定。其書《漢志》《隋志》皆不著錄。至於唐代，何以無所依據，憑虛漫求？毋亦士元先有此本，而出入禁中之方士如葉法善、羅公遠者轉相煽惑，預爲之地，因而詔求歟？觀士元自序，稱天寶四載，徵謁京邑，適在書成之後，是亦明證也。劉恕《通鑑外紀》引封演之言曰：王巨源采《莊子・庚桑楚》篇義補茸，分爲九篇。云其先人於山中得古本，奏上之。敕付學士詳議。疑不實，竟不施行。今《亢桑子》三卷是也。（案：此條《封氏聞見記》不載，蓋今本乃殘闕之餘，其以王士元爲王巨源，以《亢倉子》爲《亢桑子》，以二卷爲三卷，則傳聞異詞也。）然則士元此書，始猶僞稱古本。後經勘驗，知其不可以售欺，乃自承爲補亡矣。然士元本亦文士，故其書雖雜剽《莊子》《老子》《列子》《文子》《商君書》《呂氏春秋》、劉向《説苑》《新序》之詞，而聯絡貫通，亦殊亹亹有理致，非他僞書之比。其多作古文奇字，與衛元嵩《玄包》相類。晁公武謂内不足者必假外飾，頗中其病。《宋史・藝文志》別有《亢倉子音》一卷，殆即釋其奇字歟？《崇文總目》作九篇，晁、陳諸家皆同。《宋志》作二卷，宋濂《諸子辨》則作五卷。此本僅有一卷，而篇數與《崇文總目》合，蓋又明人所並云。”

〔2〕語見《孟子·滕文公上》:"孟子曰:'然。不可以他求者也。
孔子曰:"君薨,聽於冢宰。歠粥,面深墨。即位而哭,百官有司,莫
敢不哀,先之也。"上有好者,下必有甚焉者矣。"君子之德,風也;
小人之德,草也。草尚之風必偃。"是在世子。'"

〔3〕鄉:偏向,偏愛。

〔4〕王褒:應爲王士元。《亢倉子》爲王士元所補。士元作《孟浩
然集》序,自言其始末最明。清吳玉搢《別雅》卷二:"《莊子》有庚
桑楚,《史記·莊子傳》作亢桑子,《大唐新語》云:道家有庚桑子者,
世無其書,開元末處士王源撰《亢倉子》兩卷以補之。序云庚桑。亢
桑、亢倉,一也。《唐藝文志》以爲襄陽王士元著。"《新唐書·藝文
志》:"王士元《亢倉子》二卷。天寶元年詔,號《莊子》爲《南華真
經》,《列子》爲《沖虛真經》,《文子》爲《通玄真經》,《亢桑子》爲
《洞靈真經》。然《亢桑子》求之不獲。襄陽處士王士元謂莊子作《庚
桑子》,太史公列子作《亢倉子》,其實一也。取諸子文義類者補
其亡。"

鶡冠子[1]

春秋、戰國間,人才之偉且多,有不可勝者,① 不得其
時,不得其位,不得其志,退而藏之山谷林莽之間,無所泄
其謀慮智勇,大抵見之論著。然其經營馳騁天下之志未始一
日忘,而其志亦可窺見其萬一者矣。是以功名之念有以怵[2]
其心,利害之機有以蕩[3]其慮,而特立獨行之操不足以盡洗

---

① 學津本、四部本、叢編本"勝"下有"數"字。

見聞之陋也。是其爲書不出於黃、老，則雜於刑名，是蓋非一《鶡冠子》而已也。柳子厚讀賈誼[4]《鵩賦》，嘉其詞，而學者以爲盡出《鶡冠子》。得其書讀之，殊爲鄙淺，唯誼所引用者爲甚美，餘無可言者。《列仙傳》[5]曰：“鶡冠子，楚人，隱居，衣弊履穿，以鶡[6]爲冠，莫測其名。著書言道家事，則蓋出於黃、老矣。”[7]①其書有曰：“小人事其君，務蔽其明，塞其聰，乘其威，以灼熱大下。天高而難追，有福不可請，有禍不可違。”[8]其言如此，是蓋未能忘情於斯世者。至曰：“鳳鳥陽之精，麒麟陰之精，萬民者德之精。”[9]嗚呼，亦神矣！

【集釋】

[1]《四庫全書總目》卷一百十七云：“《鶡冠子》三卷。案：《漢書·藝文志》載《鶡冠子》一篇，注曰：楚人，居深山，以鶡爲冠。劉勰《文心雕龍》稱：‘鶡冠綿綿，亟發深言。’《韓愈集》有《讀鶡冠子》一首，稱其《博選》篇四稽、五至之説，《學問》篇一壺千金之語，且謂其施於國家，功德豈少。《柳宗元集》有《鶡冠子辨》一首，乃詆爲言盡鄙淺，謂其《世兵》篇多同《鵩賦》，據司馬遷所引賈生二語，以決其僞。然古人著書往往偶用舊文，古人引證亦往往偶隨所見。如‘穀神不死’四語，今見《老子》中，而《列子》乃稱爲黃帝書。‘克己復禮’一語，今在《論語》中，《左傳》乃謂仲尼稱《志》有之。‘元者善之長也’八句，今在《文言傳》中，《左傳》乃記爲穆姜語。司馬遷惟稱賈生，蓋亦此類，未可以單文孤證遽斷其僞。惟《漢

---

① “蓋”，《文獻通考》卷二百十一作“盡”。

志》作一篇，而《隋志》以下皆作三卷，或後來有所附益，則未可知耳。其說雖雜刑名，而大旨本原於道德，其文亦博辨宏肆。自六朝至唐，劉勰最號知文，而韓愈最號知道，二子稱之，宗元乃以爲鄙淺，過矣。此本爲陸佃所注，凡十九篇。佃序謂愈但稱十六篇，未睹其全。佃，北宋人，其時古本韓文初出，當得其真。今本韓文乃亦作十九篇，殆後來反據此書以改韓集，猶劉禹錫《河東集》序稱編爲三十二通，而今本柳集亦反據穆修本改爲四十五通也。佃所作《埤雅》，盛傳於世，已別著録，此注則當日已不甚顯，惟陳振孫《書録解題》載其名。晁公武《讀書志》則但稱有八卷一本，前三卷全同《墨子》，後兩卷多引漢以後事。公武削去前後五卷，得十九篇。殆由未見佃注，故不知所注之本先爲十九篇歟？"

[2] 怵：誘導，誘惑。

[3] 蕩：誘惑，迷惑。

[4] 賈誼（前200—前168），西漢河南洛陽人。年二十餘，文帝召爲博士，遷太中大夫。數上疏，言時弊，爲大臣周勃、灌嬰等所毀，貶爲長沙王太傅，遷梁懷王太傅。曾多次上書，主張重農抑商，建議削弱諸侯王勢力。以懷才不遇，憂鬱而死。所著政論《陳政事疏》《過秦論》等，爲西漢鴻文。世稱賈太傅，又稱賈長沙、賈生。有《新書》《賈長沙集》。

[5] 《列仙傳》：宣揚道教神仙信仰著作之一，舊題爲西漢劉向撰。

[6] 鶡：鶡之尾羽。

[7] 《太平御覽》卷五百十引袁淑真《隱士傳》："鶡冠子，或曰楚人，隱居幽山，衣弊履穿，以鶡爲冠，莫測其名，因服成號，著書言道家事。馮煖常師事之。煖後顯於趙，鶡冠子懼其薦己也，乃與煖絶。"

[8] 語本《鶡冠子·道端》："夫小人之事其君也，務蔽其明、塞其聽、乘其威，以灼熱人，天下惡之；其崇日凶，故卒必敗，禍及族人。此君臣之變、治亂之分，興壞之關梁，國家之閱也。逆順利害，由

此出生。"

　　[9] 語本《鶡冠子·度萬》："鳳凰者鶉火之禽，陽之精也；麒麟者玄枵之獸，陰之精也；萬民者德之精也，德能致之。"

孫子[1]

　　昭文章[2]，明貴賤，辨等列，順少長，魯兵也。不重傷[3]，不禽二毛[4]，不以阻隘[5]，明恥教戰，宋兵也。少長有禮，八節[6]和睦，晋兵也。制國作政，以寄軍令，齊兵也。僕三千人，有紀有綱，秦兵也。伐晋之舉，喪乃止焉，楚兵也。周衰，制墮法蕩，政不克[7]綱，強弱相凌，一趨於武，佻兵圖霸，干戈相尋[8]，甚可畏也。其間謀帥行師，命意立制，猶知篤禮信、尚訓齊[9]，庶幾三代仁義之萬一焉耳，殊未至於毒也。兵流於毒，始於孫武[10]乎？武稱雄於言兵，往往舍正而鑿奇，背義而依詐。凡其言議反覆，奇變無常，智術相高，氣驅力奮，故《詩》《書》所述，《韜》《匱》所傳，至此皆索然[11]無餘澤[12]矣。先儒曰："無以學術殺天下後世。"[13]是猶言學者也。吳、越交兵，勝負未決，武居其間，豈無所以爲強吳勝越者？二十年間，闔廬[14]既以戰死，夫差[15]旋喪其國。方是時，武之術不行於他國，特見信於吳，而武之言兵亦知爲吳計[16]而已。成敗興亡，易如反掌，固毋待於殺天下後世，兵其可以智用歟？

子略校釋

【集釋】

[1] 明方孝孺《遜志齋集》卷四《讀孫子》："戰非聖人之得已也。聖人之所爲戰者，不城而人莫敢逾，不池而人莫敢近，無戈矛劍戟弓矢之器，而奸謀邪慮消沮於萬里之外，是之謂道德之師。其次，導之以禮樂，申之以政令，誅暴而伐罪，救民而不求利，不戰而服人，不殺一卒而勝國，是之謂仁義之師。下此則以材相用，以詐相欺而已矣。若孫武子者，亦其一也。然其十三篇之所論，先計謀而後攻戰，先知而後料敵，用兵之事周備明白，雖不足與於仁義之師，苟以之戰，則豈非良將乎？視彼恃力之徒，驅赤子而陷之死地者，猶狼殘虎噬耳。嗚呼，武亦安可得哉？"《四庫全書總目》卷九十九云："《孫子》一卷，周孫武撰。考《史記·孫子列傳》載武之書十三篇，而《漢書·藝文志》乃載《孫子兵法》八十二篇，圖九卷。故張守節《正義》以十三篇爲上卷，又有中、下二卷。杜牧亦謂武書本數十萬言，皆曹操削其繁剩，筆其精粹，以成此書。然《史記》稱十三篇在《漢志》之前，不得以後來附益者爲本書，牧之言固未可以爲據也。此書注本極夥。《隋書·經籍志》所載，自曹操外，有王淩、張子尚、賈詡、孟氏、沈友諸家。《唐志》益以李筌、杜牧、陳皞、賈林、孫鎬諸家。馬端臨《經籍考》又有紀燮、梅堯臣、王晳、何氏諸家。歐陽修謂兵以不窮爲奇，宜其説者之多，其言最爲有理。然至今傳者寥寥。應武舉者所誦習，惟坊刻講章，鄙俚淺陋，無一可取。故今但存其本文著之於録。武書爲百代談兵之祖，葉適以其人不見於《左傳》，疑其書乃春秋末戰國初山林處士之所爲。然《史記》載闔閭謂武曰：'子之十三篇，吾盡觀之矣。'則確爲武所自著，非後人嫁名於武也。"

[2] 文章：錯雜的花紋。暗指衣服上的等級區別。

[3] 重傷：再次傷害已經受傷的人。

[4] 二毛：斑白的頭髮。常用以指老年人。

[5] 阻隘：險要之處。

318

[6] 八節：當作"八卿"。"八卿和睦"，文見《左傳·襄公八年》。"八卿"，指當時晉四軍將佐。

[7] 克：能够。

[8] 尋：用。《爾雅》："尋，用也。"

[9] 訓齊：教化。

[10] 孫武：春秋時齊國樂安人。田完後裔，其先賜姓孫氏。以兵法求見吳王闔盧，吳王用爲將，西破強楚，五戰五勝，入楚都，北威齊、晉，顯名諸侯。有《孫子兵法》傳世，爲"百代談兵之祖"。

[11] 索然：空乏貌。

[12] 餘澤：指遺留給後人的德澤。

[13] 語見《崔清獻全録·言行録中》。

[14] 闔盧（？—前496），一作闔閭，名光，春秋時吳國國君，吳王諸樊之子。吳王僚繼父餘昧即位，光不滿，用楚流亡之臣伍員爲行人，孫武爲將軍，國力富強，削弱楚國。九年，伐楚，大敗楚，乘勝攻入楚都郢。因秦師來救、國内有内亂而退。後與越王勾踐戰，敗於檇李，傷指死。

[15] 夫差（？—473），春秋末吳國國君，闔盧子。闔盧爲越王勾踐所傷而死，夫差嗣立，誓報父仇，大敗越軍，勾踐求和。後不聽伍子胥勸告，從海上攻齊，未能勝，又北會諸侯於黄池，與晉爭霸。越王勾踐乘虛襲吳，吳請和。後越又大舉攻吳，吳亡，夫差自殺。

[16] 計：計慮，考慮。

吳子[1]

自有春秋而天下日窮於兵，孫武以言兵進於吳，吳起[2]以言兵售於魏，各以書名家[3]。然讀《吳子》，其説盖與孫武截然其不相侔也。起之書幾乎正，武之書一乎奇。吳之書尚禮義、① 明教訓[4]，或有得於《司馬法》[5]者。武則一切戰國馳騁戰爭、奪謀逞詐之術耳。② 武侯浮[6]西河[7]，下中流，喟然嘆曰："美哉！山河之固，魏之寶也。"③ 起言之曰："在德不在險。德之不修，舟中之人盡敵國也。"[8]斯言之善，質於經，求之古，奚慚焉?④ 反覆此編，⑤ 則所教在禮，所貴在禮。⑥ 夫以湯、武仁義律[9]之,⑦ 起誠有間[10]，求之於齊、魯、晉、衛、⑧ 秦、楚之論兵者，起庶幾乎？武侯賢矣，聽起者篤矣，君臣之遇，不爲不厚矣，讒間[11]一生，棄如敝屣。勳名[12]志業，迄不一就[13]，士之思古，安得不嘆息於斯？若其當新難之國，⑨ 輔未壯之君，馭不附之大臣，臨未信之百姓，而乃明法審令，廢疏遠之公族[14],⑩ 捐[15]不急之庶官[16]，持意太過，操制太嚴，是所以速禍耳，起乃疏於此耶？

---

① "吳"，學津本、四庫本、四部本、叢編本、四明本作"起"。
② "術"，四庫本作"行"。
③ "魏"，四庫本作"國"。
④ "慚"，四庫本作"愧"。
⑤ "編"，四庫本作"意"。
⑥ "禮"，四庫本作"義"。
⑦ "仁義律之"，四庫本作"之仁相比"。
⑧ "衛"，四庫本作"宋"。
⑨ "難"，四庫本作"造"。
⑩ "廢"，四庫本作"斥"。

【集釋】

[1] 明方孝孺《遜志齋集》卷四《讀吳子》："衛人吳起書六篇，兵書也。起嘗受學於曾子，故其書間談仁義，然起烏足以知仁義哉！起嘗殺婦而求將，嚙臂與母盟。其天資固刻忍之人，是以見棄於曾子之門，而卒以兵顯。觀其論兵，則孫武之亞也，而武之説爲明備矣。起嘗與魏武侯言，在德不在險，信戰國時之名言。特以無行見少於世，亦可以見聖人之教入人者深，而是非之公，終不可泯也。於乎！豈不足爲喜功者之戒哉？"《四庫全書總目》卷九十九云："《吳子》一卷，周吳起撰。起事迹見《史記·列傳》。司馬遷稱起兵法世多有，而不言篇數。《漢·藝文志》載《吳起》四十八篇。然《隋志》作一卷，賈詡注。《唐志》並同。鄭樵《通志略》又有孫鎬注一卷。均無所謂四十八篇者。蓋亦如孫武之八十二篇出於附益，非其本書世不傳也。晁公武《讀書志》則作三卷，稱唐陸希聲類次爲之，凡《説國》《料敵》《治兵》《論將》《變化》《勵士》六篇。今所行本雖仍並爲一卷，然篇目並與《讀書志》合，惟變化作應變，則未知孰誤耳。起殺妻求將，嚙臂盟母，其行事殊不足道。然嘗受學於曾子，耳濡目染，終有典型，故持論頗不詭於正。如對魏武侯則曰'在德不在險'；論制國治軍則曰'教之以禮，勵之以義'；論爲將之道則曰'所慎者五，一曰理，二曰備，三曰果，四曰戒，五曰約'；大抵皆尚有先王節制之遺。高似孫《子略》謂其尚禮義，明教訓，或有得於《司馬法》者，斯言允矣。"

[2] 吳起（？—前381），戰國時衛國左氏人。曾學於曾子，善用兵。初仕魯，後入衛爲將，屢建戰功，任爲西河守，以抗秦、韓。魏文侯死，遭大臣陷害，逃奔楚。楚悼王素慕起才，至即任爲相。南平百越，北並陳、蔡，卻三晉，西伐秦，國勢日強。悼王死，爲宗室大臣殺害。兵法與孫武、孫臏齊名。

[3] 名家：謂有專長而自成一家。

[4] 教訓：教化。

[5]《司馬法》：是我國古代重要兵書之一，大約成書於戰國初期。

[6] 浮：水上航行。

[7] 西河：河名。古稱黃河南北流向的部分爲西河。

[8] 語見《史記·孫子吳起列傳》：“武侯浮西河而下中流，顧而謂吳起曰：‘美哉乎山河之固！此魏國之寶也。’起對曰：‘在德不在險。昔三苗氏左洞庭，右彭蠡，德義不修，禹滅之。夏桀之居左河濟，右泰華，伊闕在其南，羊腸在其北。修政不仁，湯放之。殷紂之國，左孟門，右太行，常山在其北，大河經其南。修政不德，武王殺之。由此觀之，在德不在險。若君不修德，舟中之人盡爲敵國也。’”

[9] 律：要求。

[10] 間：間隔，距離。

[11] 讒間：用讒言離間他人。

[12] 勳名：功名。勳，同“勛”。

[13] 就：成，成功，完成。

[14] 公族：諸侯或君王的同族。

[15] 捐：捨棄。

[16] 庶官：各種官職。

范子

范子[1]之事，不亦奇乎！蠡相越王勾踐[2]，深謀隱策者一十二年，迄亡吳，① 大雪越恥。勾踐霸，拜蠡上將軍[3]，蠡即日上書勾踐，扁舟五湖，閩[4]無然聲，又浮海入齊，變

---

① “亡吳”，學津本、四庫本、四部本、叢編本作“吳亡”。

姓名鴟夷子皮[5]，父子治貲[6]數十萬。齊聞之，延爲相。有頃，上相印，書散其所有,① 獨懷重寶行，次乎陶[7]，天下稱陶朱公。嗚呼，智哉！唐王績[8]詩："范蠡何智哉，單舟戒輕裝。"[9]與吾言合節。蠡方居齊，以書徧大夫種[10]曰："鷙鳥盡，良弓藏。狡兔死，走狗烹。王長頸，可共患難，不可共樂。合[11]亟[12]圖之。"[13]嗚呼，此非蠡之言，計然[14]之言也。初，有計然者，遨游海澤，自稱漁父。蠡有請曰："先生有陰德，願令越社稷長保血食[15]。"計然曰："越王鳥喙[16]，不可以同利。"[17]蠡之智其有決於此乎？此編卷十有二，往往極陰陽之變，窮曆數[18]之微。其言之妙者，有曰："聖人之變，如水隨形。"[19]蠡之所以俟時而功,② 以見幾而作者,③ 其亦有得乎此。計然，濮上人，姓章名文子,④ 其先晉國公子[20]也。

【集釋】

[1] 范子：即陶朱公，字少伯，春秋末楚國宛人。越國大夫。與宛令文種爲友，隨種入越，事越王允常。勾踐即位，用爲謀臣。越爲吳所敗，文種守國，蠡乞成於吳，且隨勾踐爲臣僕於吳三年。既歸，與文種戮力圖強。勾踐十五年，破吳都。二十二年越圍吳，三年而滅吳。著有《范蠡》，已佚。

---

① "書"，學津本、四庫本、四部本、叢編本、四明本作"盡"，于義爲長。
② "功"，學津本、四庫本、四部本、叢編本、四明本作"動"。
③ 學津本、四庫本、四部本、叢編本、四明本無"以"字。
④ "章"，《文獻通考》卷二百十三作"辛"。

[2] 勾踐：即句踐（？—前465），春秋末越國國君。其父允常爲吳王闔閭所敗。勾踐元年與吳戰，敗吳師於檇李，吳王闔閭受傷，旋死。吳王夫差報仇，敗越於夫椒。勾踐以餘部五千屯會稽，使文種因吳太宰伯嚭求和。後二年，使文種守國，與范蠡臣於吳。返國後卧薪嘗膽，用范蠡、文種等策，十年生聚，轉弱爲強。勾踐十五年，乘吳王夫差北上黄池與晋爭霸，攻入吳都，迫吳求和。後終滅吳。繼又北渡淮，會諸侯於徐州，貢於周，受方伯之命，成霸主。

[3] 上將軍：行軍作戰時軍中的主帥。

[4] 闃：寂靜。“闃”，“闃”之訛字。

[5] 鴟夷子皮：所謂“鴟夷”者，盛酒之壺狀器具也，乃一種皮製口袋，用時“盡日盛酒”，不用時，可收起叠好，隨身攜帶。是古代民間普遍使用的一種韌性很大的酒囊。“子皮”者，“皮子”也。鴟夷子皮，即酒囊皮子也，寓用舍行藏、包羅萬象、吞吐天地之意。

[6] 貲：通“資”。貨物，錢財。

[7] 陶：陶邑，在今山東定陶縣西北，春秋時曹地，後並於宋。范蠡居此貿易，致三千金，號陶朱公。

[8] 王績（約590—644），字無功，唐初絳州龍門人。隋煬帝大業中舉孝悌廉潔，授秘書省正字，不樂在朝，辭疾，復授六合縣丞。性簡放，嗜酒不任事，以世亂還鄉里，著書東皋，自號“東皋子”。唐高祖武德中，以前朝原官待詔門下省。太宗貞觀初以疾罷歸。

[9] 語見《東皋子集》卷中《贈梁公》。

[10] 大夫種：字少禽，一作子禽，春秋時楚國郢人。事越王勾踐爲大夫。越被吳擊敗，困守會稽，種獻計賄賂吳太宰伯嚭，得免亡國。勾踐回國後，授以國政，上下刻苦圖強，終於滅吳。後勾踐聽信讒言，賜劍令自殺。

[11] 合：應該，應當。

[12] 亟：及早。《爾雅》：“亟，急也。”

[13] 語見《史記·越王勾踐世家》：“范蠡遂去，自齊遺大夫種書曰：‘蜚鳥盡，良弓藏；狡兔死，走狗烹。越王爲人長頸鳥喙，可與共患難，不可與共樂，子何不去？’”

[14] 計然：春秋末葵丘濮上人，名研。一説姓辛，字文子。其先人乃晋之公子。博學，尤善計算。南游於越，范蠡師事之。爲勾踐謀，提出“知斗則修備，時用則知物”“農末俱利，平粜齊物，關市不乏”“財幣欲其行如流水”等策，修之十年，富國强兵，遂報强吴。

[15] 血食：謂受享祭品。古代殺牲取血以祭，故稱。古人有血液崇拜。

[16] 鳥喙：鳥嘴。常用來形容尖凸的人嘴。

[17] 見《文獻通考》卷二百十三引高氏《子略》。

[18] 曆數：天道、天運，指形象運行的軌道及周期，古人以此觀盛衰興亡的氣數。

[19] 語見《意林》卷一。

[20] 公子：古代稱諸侯之庶子，以別於世子，亦泛稱諸侯之子。

鬼谷子[1] 《隋志》有樂注一卷，① 又有鬼谷先生《占氣》一卷。

戰國之事危矣，士有挾雋異豪偉[2]之氣求騁乎用，其應對酬酢[3]、變詐激昂，以自放[4]於文章，見於頓挾險怪、②

---

① “樂注一卷”，百川本作“樂注三卷”，學津本、四庫本、四部本、叢編本作“樂法一卷”。
② “頓挾”，四庫本作“頓趺”。

離合[5]揣摩[6]者，其辭又極矣。《鬼谷子》書，其智謀、其數術[7]、其變譎、其辭談，蓋出於戰國諸人之表。夫一闔一闢，《易》之神也。一翕一張，老氏之幾也。鬼谷之術，往往有得於闔闢翕張之外，神而明之，益至於自放潰裂而不可禦。予嘗觀諸《陰符》[8]矣，窮天之用[9]，賊人之私[10]，而陰謀詭秘，有《金匱》《韜略》之所不可該者，而鬼谷盡得而泄之，其亦一代之雄乎！按劉向、班固《錄》《書》無《鬼谷子》，《隋志》始有之，列於縱橫家[11]，《唐志》以爲蘇秦之書。然蘇秦所記，以爲周時有豪士[12]隱者，居鬼谷[13]，自號鬼谷先生，無鄉里[14]族姓名字。今考其言，有曰：“世無常貴，① 事無常師。”[15]又曰：“人動我靜，人言我聽。知性則寡累，知命則不憂。”[16]凡此之類，其爲辭亦卓然矣。至若《盛神》《養志》諸篇，所謂中稽道德之祖[17]，散入神明之賾者，不亦幾乎！郭璞[18]《登樓賦》有曰：“揖首陽[19]之二老，招鬼谷之隱士。”[20]又《游仙詩》曰：“青溪千餘仞，中有一道士。借問此何誰？云是鬼谷子。”[21]可謂慨想其人矣。徐廣[22]曰：穎川[23]陽城[24]有鬼谷。注其書者，樂臺[25]、皇甫謐[26]、陶弘景[27]、尹知章。知章，唐人。

---

① “貴”，四庫本作“貴”。《繹史》卷一百十四、《鬼谷子》均作“貴”，唐馬總《意林》卷二引作“責”。

【集釋】

[1] 唐長孫無忌《鬼谷子序》："《隋書・經籍志》：《鬼谷子》三卷，皇甫謐注。鬼谷子，楚人也，周世隱於鬼谷。梁有陶弘景注三卷，又有樂壹注三卷。從橫者，所以明辯說，善辭令，以通上下之志者也。漢世以爲本出行人之官，受命出疆，臨事而制，故曰：'誦《詩》三百，使於四方，不能專對，雖多亦奚以爲。'《周官・掌交》'以節與幣，巡邦國之諸侯，及萬姓之聚，導王之德意志慮，使辟行之，而和諸侯之好，達萬民之說，諭以九稅之利、九儀之親、九牧之維、九禁之難、九戎之威'，是也。佞人爲之，則便辭利口，傾危變詐，至於賊害忠信，覆亂邦家。監修國史趙國公長孫無忌等上。"《四庫全書總目》卷一百十七云："《鬼谷子》一卷。案《鬼谷子》，《漢志》不著録。《隋志》縱橫家有《鬼谷子》三卷，注曰周世隱於鬼谷。《玉海》引《中興書目》曰，周時高士，無鄉里族姓名字，以其所隱，自號鬼谷先生。蘇秦、張儀事之，授以《捭闔》至《符言》等十有二篇，及《轉丸本經》《持樞中經》等篇。因《隋志》之說也。《唐志》卷數相同，而注曰蘇秦。張守節《史記正義》曰，鬼谷在雒州陽城縣北五里。《七録》有蘇秦書，樂壹注云，秦欲神秘其道，故假名鬼谷。此又《唐志》之所本也。胡應麟《筆叢》則謂《隋志》有《蘇秦》三十一篇，《張儀》十篇，必東漢人本二書之言，薈萃爲此，而托於鬼谷，若子虛、亡是之屬。其言頗爲近理，然亦終無確證。《隋志》稱皇甫謐注，則爲魏、晋以來書，固無疑耳。《説苑》引《鬼谷子》有人之不善而能矯之者難矣一語，今本不載；又惠洪《冷齋夜話》引《鬼谷子》曰，崖蜜，櫻桃也，今本亦不載；疑非其舊。然今本已佚其《轉丸》《胠亂》二篇，惟存《捭闔》至《符言》十二篇，劉向所引或在佚篇之内。至惠洪所引，據王直方詩話，乃《金樓子》之文，惠洪誤以爲《鬼谷子》耳。（案：王直方《詩話》今無全本，此條見朱翌《猗覺寮雜記》所

引。）均不足以致疑也。高似孫《子略》稱其一闔一闢，爲《易》之
神。一翕一張，爲老氏之術。出於戰國諸人之表，誠爲過當。宋濂
《潛溪集》詆爲蛇鼠之智，又謂其文淺近，不類戰國時人，又抑之太
甚。柳宗元辨《鬼谷子》，以爲言益奇而道益隘，差得其真。蓋其術雖
不足道，其文之奇變詭偉，要非後世所能爲也。”

［2］豪偉：氣魄宏大。

［3］酬酢：應酬交往。

［4］自放：自騁其才氣。

［5］離合：指合縱連橫。

［6］揣摩：指縱橫家之書。

［7］數術：指权術、策略、治國方略等。

［8］《陰符》：即今《鬼谷子》書中的《本經陰符七術》。陶弘景
曰：“陰符者，私志於内，物應於外，若合符契，故曰陰符。”《本經陰
符七術》是關於計謀的七篇專論，“計謀者，存亡之樞機”，而要計謀
能成，必須要“慮深遠”，所謂“慮深遠則計謀成”。而“慮深遠”，必
須要求“心安靜”。心如何安靜？需“養志”“養神”，心與氣合，歸之
於道。

［9］窮天之用：深入研究天道在人事上的應用。窮：徹底推求，
深入鑽研。

［10］賊人之私：克制人欲之私。賊：克，制約。

［11］縱橫家：戰國時期一批從事政治活動的謀士，以審察時勢、
陳明利害的方法，以“合縱”“連橫”的主張，游説列國君主，對當時
形勢有一定影響，其代表人物爲蘇秦、張儀。

［12］豪士：豪傑之士。

［13］鬼谷：今河南登封縣東南，相傳爲戰國鬼谷先生所居。

［14］鄉里：周制，王及諸侯國都郊内置鄉，民衆聚居之處曰里。

因以"鄉里"泛指鄉民聚居的基層單位。

[15] 語本《鬼谷子·忤合》。

[16] 語見《意林》卷二:"人動我靜,人言我聽,能固能去,在我而問。知性則寡累,知命則不憂。憂累去則心平,心平而仁義著矣。"

[17] 祖:初,開始。

[18] 郭璞(276—324),字景純,東晉河東聞喜人。博學,好古文奇字,精天文、曆算、卜筮,擅長詩賦。西晉末過江,爲宣城太守殷佑參軍,爲王導所重。晉元帝拜著作佐郎,與王隱公撰《晋史》,遷尚書郎。後爲王敦記室參軍。爲《爾雅》《方言》《山海經》《穆天子》作注,傳於世。有輯本《郭弘農集》。

[19] 首陽:即首陽山,在今河南偃師縣西北,一名首山。

[20] 語見《漢魏六朝一百三家集》卷五十六《登百尺樓賦》。

[21] 語見《漢魏六朝一百三家集》卷五十七《游仙詩十四首》:"青溪千餘仞,中有一道士。雲生梁棟間,風出窗戶裏。借問此何誰?云是鬼谷子。翹迹企潁陽,臨河思洗耳。閶闔西南來,潛波渙鱗起。靈妃顧我笑,粲然啓玉齒。蹇修時不存,要之將誰使?"

[22] 徐廣(352—425),字野民,東晉東莞姑幕人。性好學,百家數術,無不研覽。謝玄辟爲從事,累遷秘書監,封樂成侯。以十二年之功,撰成《晋紀》。

[23] 潁川:郡名,秦王政17年(前230)置。以潁水得名。治所在陽翟(今河南省禹州市)。轄境相當今河南登封市、寶豐以東,尉氏、鄢城以西,新密市以南,葉縣、舞陽以北地。

[24] 陽城:今河南登封縣東南。

[25] 樂臺:唐人,有《鬼谷子》注。

[26] 皇甫謐(215—282),字士安,幼名靜,自號玄晏先生。西晉安定朝那人。少游蕩無度,年二十餘,始勤學不怠,博綜典籍百家之

言。武帝時，累征不就。自表借書，武帝賜書一車。著有《武王世紀》
《高士傳》《列女傳》及《針灸甲乙經》等。

[27] 陶弘景（452 或 456—536），字通明，南朝梁丹陽秣陵人。
讀書萬卷，善琴棋，工草隸，博通曆算、地理、醫藥等。蕭道成爲相
時，引爲諸王侍讀，除奉朝請。齊武帝永明十年，隱居句容居曲山。梁
武帝禮聘不出，然朝廷大事，每以諮詢，時稱"山中宰相"。晚號華陽
真逸。主張儒、佛、道合流。有《本草經集注》《肘后百一方》等。謚
貞白先生。

子略卷四

吕氏春秋[1]

淮南王[2]尚奇謀，幕奇士，① 廬館一開，天下雋絶[3]馳
騁之流，無不雷奮雲集[4]，蜂議橫起[5]，瓌詭作新[6]，可謂
一時傑出之作矣。及觀《吕氏春秋》，則淮南王書殆出於此
者乎？不韋[7]相秦，蓋始皇之政也。始皇不好士，不韋則
徠[8]英茂[9]、聚畯豪[10]，簪履[11]充庭，至以千計。始皇甚
惡書也，不韋乃極簡册、攻筆墨，采精録異，成一家言。吁，
不韋何爲若此者也，不亦異乎！《春秋》之言曰："十里之
間，耳不能聞。帷牆之外，目不能見。三畝之間，心不能知。
而欲東至開悟[12]，南撫[13]多鷃[14]，西服[15]壽靡[16]，北
懷[17]靡耳[18]，何以得哉？"[19]此所以譏始皇也，始皇顧[20]不
察哉！韋以此書暴之咸陽門，② 曰："有能損益一字者，與千

---

① "幕"，《文獻通考》卷二百十三作"募"。
② "韋"，學津本、四庫本、四部本、叢編本、四明本均作"不韋"。

金。"[21] 人卒無一敢易者，是亦愚黔[22] 之甚矣。秦之士其賤若此，可不哀哉？雖然，是不特人可愚也，雖始皇亦爲之愚矣。異時[23] 亡秦者，又能屠沽[24] 負販[25]，① 不一知書之人。② 嗚呼！

【集釋】

[1]《四庫全書總目》卷一百十七云："《呂氏春秋》二十六卷，舊本題秦呂不韋撰。考《史記·文信侯列傳》，實其賓客之所集也。《太史公自序》又稱'不韋遷蜀，世傳《呂覽》'。考《序意》篇稱'維秦八年，歲在涒灘'，是時不韋未遷蜀，故自高誘以下皆不用後説，蓋史駁文耳。《漢書·藝文志》載《呂氏春秋》二十六篇。今本凡十二紀、八覽、六論。紀所統子目六十一，覽所統子目六十三，論所統子目三十六，實一百六十篇。《漢志》蓋舉其綱也。其十二紀，即《禮記》之《月令》。顧以十二月割爲十二篇，每篇之後，各間他文四篇。惟夏令多言樂，秋令多言兵，似乎有義，其餘則絶不可曉，先儒無説，莫之詳矣。又每紀皆附四篇，而《季冬紀》獨五篇。末一篇標識年月，題曰《序意》，爲十二紀之總論。殆所謂紀者猶内篇，而覽與論者爲外篇、雜篇歟？唐劉知幾作《史通》内外篇，而《自序》一篇亦在内篇之末，外篇之前，蓋其例也。不韋固小人，而是書較諸子之言獨爲醇正大。大抵以儒爲主，而參以道家、墨家，故多引六籍之文與孔子、曾子之言。其他如論音則引《樂記》，論鑄劍則引《考工記》，雖不著篇名，而其文可案。所引莊、列之言，皆不取其放誕恣肆者；墨翟之言，不取其非儒、明鬼；而縱橫之術，刑名之説，一無及焉。其持論頗爲不苟。論者鄙其爲人，因不甚重其書，非公論也。"

---

① "能"，學津本、四部本、叢編本作"皆"，四庫本作"在"。
② "不"，《文獻通考》卷二百十三作"無"，于義爲長。

〔2〕淮南王：劉安（前179—前122），西漢宗室，高祖孫，淮南王劉長子。文帝十六年襲父爵爲淮南王。善爲文辭，才思敏捷。吳楚七國反，曾謀響應，因國相反對而未遂。武帝即位，安暗整武備。元狩元年事敗，舉兵未成，旋自殺。曾招致賓客方術之士作《鴻烈》，後稱《淮南鴻烈》，亦稱《淮南子》。

〔3〕雋絕：卓異絕倫。

〔4〕雷奮雲集：形容從四面八方迅速集合在一起。雷奮，謂雷鳴。《周易·豫卦》："雷出地奮。"

〔5〕横起：猶四起，到處發生。

〔6〕瓌詭：奇異。

〔7〕不韋：吕不韋（？—前235），戰國末衛國濮陽人。原爲陽翟大商人，偶遇爲質于趙之秦公子異人，視爲奇貨，設策使歸嗣位，爲秦莊襄王。任秦相，封文信侯。攻滅東周，建三川郡，又占領韓、魏上黨郡，北略趙地，建太原郡。秦王政立，繼任相國，尊爲仲父。又攻韓、魏，建置東郡。門下食客三千，家童萬人。秦王政十年親政後，被免職徙蜀，憂懼自殺，曾令賓客編撰《吕氏春秋》。

〔8〕徠：招來，使之來。

〔9〕英茂：才智特出的人。

〔10〕畯豪：即俊豪，才智傑出的人。

〔11〕簪履：簪笄和鞋子。常以喻卑微舊臣。

〔12〕開悟：東極之國。

〔13〕撫：抵臨，巡。

〔14〕多鷃：南極之國。

〔15〕服：平服，平息。

〔16〕壽靡：我國古籍中所記的極遠的西方古國。

〔17〕懷：安，安撫。

〔18〕靡耳：北極之國。

[19] 語本《呂氏春秋·審分覽·任數》：“十里之間而耳不能聞，帷牆之外而目不能見，三畝之宮而心不能知，其以東至開梧，南撫多鷃，西服壽靡，北懷儋耳，若之何哉？故君人者不可不察。”原注：“四極國名。”

[20] 顧：卻，反而。

[21] 語見《史記·呂不韋列傳》：“呂不韋乃使其客人人著所聞，集論以爲八覽、六論、十二紀，二十餘萬言，以爲備天地萬物古今之事，號曰‘呂氏春秋’。布咸陽市門，懸千金其上，延諸侯、游士、賓客有能增損一字者，予千金。”

[22] 黔：平民百姓。

[23] 異時：以後，他日。

[24] 屠沽：亦作“屠酤”，宰牲和賣酒。亦泛指職業微賤的人。

[25] 負販：擔貨販賣。

黃石公素書[1]

梁肅[2]《圮橋石表》曰：“黃帝氏方平蚩尤時，乃玄女[3]啓符[4]，風后行誅[5]。漢祖方征秦、項時，乃黃石[6]授《兵》[7]，留侯[8]演成[9]。《易》稱‘人謀鬼謀[10]，百姓與能[11]。’又曰：‘神道設教而天下服。’”[12]蓋謂是矣。東坡[13]以爲子房（授）[受]書於圮上老人[14]，其事甚怪，安知非秦之世有隱君子[15]者，出而試之，世不察，以爲鬼物，亦已過矣。子房以蓋世之才，不爲伊尹、太公之謀，而特出於荊軻[16]、聶政[17]之計，以僥倖於不死，此圮上老人之所深惜。老人者，以爲子房才有餘，而憂其度量之不足，故深折[18]其少年剛鋭之氣，使之忍小忿而就大謀。高祖之所以勝，項籍之所以敗，在能忍與不能忍之間耳。項籍惟不能忍，是以百戰百勝而輕用其鋒。高祖忍之，養其全鋒而待其弊，豈出於張良者乎？按黃石公又有《三略》三卷、《兵書》三卷、《三奇法》一卷、《陰謀軍秘》一卷、《五壘圖》一卷、《内記敵法》一卷、《秘經》一卷、《記》一卷。又有《張良經》一卷，其出於《三略》《素書》者乎？

【集釋】

[1]《四庫全書總目》卷九十九："《素書》一卷，舊本題黃石公撰，宋張商英注。分爲六篇，一曰《原始》，二曰《正道》，三曰《求人之志》，四曰《本德宗道》，五曰《遵義》，六曰《安禮》。黃震《日鈔》謂其説以道、德、仁、義、禮五者爲一體，雖於指要無取，而多主於卑謙損節，背理者寡。張商英妄爲訓釋，取老子'先道而後德，先德而後仁，先仁而後義，先義而後禮'之説以言之，遂與本書説正相反。其意蓋以商英之注爲非，而不甚斥本書之僞。然觀其後序所稱'圯上老人以授張子房，晋亂，有盜發子房冢，於玉枕中得之，始傳人間'，又稱'上有秘戒，不許傳於不道、不仁、不聖、不賢之人，若非其人，必受其殃；得人不傳，亦受其殃'，尤爲道家鄙誕之談。故晁公武謂商英之言世未有信之者。至明都穆《聽雨紀談》，以爲自晋迄宋，學者未嘗一言及之，不應獨出於商英，而斷其有三僞。胡應麟《筆叢》亦謂其書中'悲莫悲於精散，病莫病於無常'，皆仙經、佛典之絶淺近者。蓋商英嘗學浮屠法於從悦，喜講禪理，此數語皆近其所爲，前後注文與本文亦多如出一手。以是核之，其即爲商英所僞撰明矣。以其言頗切理，又宋以來相傳舊本，姑録存之，備參考焉。"

[2] 梁肅（753—793），字敬之，一字寬中，唐安定人，世居陸渾。梁毗五世孫。德宗建中元年，登文辭清麗科。授太子校書郎。復受薦爲右拾遺，以母老不赴。貞元中，召爲監察御史，轉右補闕、翰林學士、太子諸王侍讀、史館修撰。師事獨孤及，爲文尚古樸。獎掖後進，曾薦韓愈、歐陽詹等登第。

[3] 玄女：傳説中的天上神女，曾授黄帝兵法，以制服蚩尤。亦稱九天玄女，爲道教所奉之神。

[4] 符：一種預言未來的神秘文書，如符命、符兆等。

[5] 行誅：討伐。

[6] 黄石：指黄石公，秦漢時齊國人（今山東淄博）。黄公石，又名夏黄公，姓崔名廣，字少通，因避秦時苛政暴虐，曾隱居湖北穀城黄石山，世稱黄石公。

[7]《兵》：指《太公兵法》。

[8] 留侯：張良（？—前186），字子房，西漢沛郡城父人，祖與父相繼爲韓相。秦滅韓，良圖復韓，募力士於博浪沙狙擊始皇未中，遂更姓名。秦二世元年，聚衆響應陳勝。後從劉邦，爲主要謀士。劉邦率軍攻入咸陽，良與樊噲力勸劉邦閉宫室府庫，還軍灞上。於鴻門宴上爲劉邦解除危難。楚漢戰爭時，提出不立六國後代，聯結英布、彭越，重用韓信等策。又主張追擊項羽，殲滅楚軍，皆爲劉邦所采納。高帝六年，封留侯。晚好黄老，學辟穀之術，卒謚文成。

[9] 演成：猶促成。

[10] 人謀：謂與衆人商議謀劃。鬼謀：指占卜吉凶。

[11] 與能：推薦有才干的人。與，通"舉"。

[12] 語本《周易·上經泰傳》。神道設教：原指聖人順應自然之勢，利用神聖的道德建立教化，以感化萬物，教誨衆人。後指以鬼神禍福相因之理，教化他人。

[13] 東坡：蘇軾（1037—1101），字子瞻，號東坡居士。宋眉州

眉山人。仁宗嘉祐二年進士。以端明殿翰林侍讀兩學士出知定州，後貶惠州。紹圣中累貶瓊州別駕，居昌化。元符三年敕還，提舉玉局觀，復朝奉郎。尋病逝常州，謚文忠。著有《東坡七集》《論語説》等書。

［14］圯上老人：指秦末授張良《太公兵法》於圯上的老父。

［15］隱君子：猶隱士。

［16］荆軻：戰國末著名刺客。齊人。徙衛，人稱慶卿。至燕，人稱荆卿。燕太子丹奉爲上客，銜命入秦刺秦王嬴政，事敗被殺。事見《史記·刺客列傳》。

［17］聶政（？—前397），戰國時韓國軹人。嘗殺人，避仇至齊，隱於屠。韓卿嚴遂與相韓傀有隙，出奔。聞政勇武，奉多金求爲報仇。政以母在不許。及母死，爲嚴遂刺殺韓傀。已，自殺。

［18］折：挫敗。

淮南子[1]

少愛讀《楚辭》淮南小山篇，聱峻瓅磊[2]，① 他人制作不可企攀者。又慕其《離騷》有傳[3]，窈窕[4]多思致。每曰："淮南，天下奇才也！"又讀其書二十篇，篇中文章，無所不有，如與《莊》《列》《吕氏春秋》《韓非子》諸篇相經緯表裏，何其意之雜出、文之沇複也！淮南之奇，出於《離騷》。淮南之放，得於《莊》《列》。淮南之議論，錯於不韋之流。其精好者，又如《玉杯》《繁露》[5]之書，是又非獨出

---

① "聱"，學津本、四部本、叢編本作"聳"。

於淮南。所謂蘇飛、李尚、左吳、田由、① 雷被、毛被、伍
被[6]、大山、小山[7]諸人，各以才智辯謀，出奇馳雋，所以
其書駁然不壹。雖然，淮南一時所延[8]，蓋又非止蘇飛之流
也。當是時，孝武皇帝雋銳好奇，蓋又有甚於淮南。內篇一
陳，與帝心合，內少君[9]，下王母[10]，聘方士[11]，搜蓬
萊[12]，神仙譎怪，日日作新，其有感於淮南所謂昆侖[13]、增
城[14]、璇室[15]、懸圃[16]、弱水[17]、流沙[18]者乎？武雖不
仙，② 猶饗多壽，王何爲者，卒不克終。士之誤人，一至於
此！然其文字殊多新特，士之厭常玩俗[19]者，往往愛其書，
況其推測物理[20]、探索陰陽，大有卓然出人意表者。唯揚雄
氏曰：“淮南説之用，不如太史公之用。太史公之用，聖人將
有取焉，淮南鮮取焉耳。悲夫！”[21]

【集釋】

[1]《四庫全書總目》卷一百十七：“《淮南子》二十一卷，漢淮
南王劉安撰，高誘注。安事迹具《漢書》本傳。《漢書·藝文志·雜
家》，《淮南》內二十一篇，外三十三篇。顏師古注曰：‘內篇論道，外
篇雜説。’今所存者二十一篇，蓋內篇也。高誘序言此書大較歸之於
道，號曰鴻烈。故《舊唐志》有何誘《淮南鴻烈音》一卷，言《鴻烈》
之音也。《宋志》有《淮南鴻烈解》二十一卷，亦《鴻烈》之解也。而
注其下曰淮南王安撰，似乎解亦安撰者。諸書引用，遂並《淮南子》
之本文亦題曰《淮南鴻烈解》，誤之甚矣。晁公武《讀書志》稱，《崇

① “由”，《文獻通考》卷二百十三作“申”。
② “武”，學津本、四庫本、四部本、叢編本、四明本作“武帝”。

文總目》亡三篇，李淑《邯鄲圖書志》亡二篇。其家本惟存《原道》
《俶真》《天文》《墜形》《時則》《覽冥》《精神》《本經》《主術》《繆
稱》《齊俗》《道應》《泛論》《詮言》《兵略》《説林》《説山》十七
篇，亡其四篇。高似孫《子略》稱，讀《淮南》二十篇。是在宋已鮮
完本。惟洪邁《容齋隨筆》稱，今所存者二十一卷，與今本同。然白
居易《六帖》引烏鵲填河事，云出《淮南子》，而今本無之，則尚有脱
文也。公武謂許慎注稱記上，陳振孫謂今本題許慎注，而詳序文即是高
誘，殆不可曉。蘆泉劉績又謂記上猶言標題進呈，並非慎爲之注。然
《隋志》《唐志》《宋志》皆許氏、高氏二注並列。陸德明《莊子釋文》
引《淮南子》注稱許慎。李善《文選注》、殷敬順《列子釋文》引
《淮南子》注或稱高誘，或稱許慎，是原有二注之明證。後慎注散佚，
傳刻者誤以誘注題慎名也。觀書中稱景古影字，而慎《説文》無影字，
其不出於慎審矣。誘，涿郡人，盧植之弟子。建安中辟司空掾，歷官東
郡濮陽令，遷河東監。並見於自序中，慎則和帝永元中人，遠在其前，
何由記上誘注？劉績之説，蓋徒附會其文而未詳考時代也。”

[2] 聳峻：當作“聳峻”，即高峻也。瓅磊：即瓅磊，形容卓越，
特出。

[3] 宋洪興祖《楚辭補注》卷一：“始漢武帝命淮南王安爲《離騷
傳》，其書今亡。按《屈原傳》云：‘《國風》好色而不淫，《小雅》怨
誹而不亂，若《離騷》者，可謂兼之矣。’又曰：‘蟬蜕於濁穢以浮游
塵埃之外，不獲世之滋垢，皭然泥而不滓，推此志，雖與日月爭光可
也。’班孟堅、劉勰皆以爲淮南王語。豈太史公取其語以作傳乎？”

[4] 窈窕：深邃、深遠的樣子。

[5] 《玉杯》《繁露》：即《春秋繁露》，十七卷，漢董仲舒撰。

[6] 蘇飛、李尚、左吳、田由、雷被、毛被、伍被諸人，皆仕淮
南王劉安郎中。《容齋隨筆》曰：“壽春有八公山，正安所延致客之所，
傳記不見姓名，而高誘序以爲蘇飛、李尚、左吳、田申、雷被、毛被、

339

伍被、晉昌等八人，然惟左吳、雷被、伍被見於史，雷被者，蓋爲安所斥而亡之長安，上書者疑不得爲賓客之賢者也。"

[7] 大山、小山：淮南王劉安召集文人從事著述，各選辭賦，以類相從，分別稱爲"大山""小山"。王逸《楚辭章句·招隱士》序曰："昔淮南王安，博雅好古，招懷天下俊偉之士。自八公之徒，咸慕其德，而歸其仁，各竭才智，著作篇章，分造辭賦，以類相從，故或稱'小山'，或稱'大山'。其義猶《詩》有'小雅''大雅'也。"此處當解爲此兩類著述賓客的共稱。

[8] 延：聘請，邀請，招攬。

[9] 少君：漢武帝時齊方士名。姓李，以祠灶、辟穀、卻老之方往見武帝。謂祠灶，丹砂可化爲黃金，黃金成以爲飲食器則益壽，可以不死。

[10] 王母：神話傳說中一個地位崇高的女神。

[11] 方士：方術之士。古代自稱能訪仙煉丹以求長生不老的人。

[12] 蓬萊：蓬萊山。古代傳說中的神山名。亦常泛指仙境。

[13] 昆侖：是中國古代神話中的西方仙山。

[14] 增城：古代神話傳說中的地名。

[15] 璇室：傳說中仙人的居所。

[16] 懸圃：傳說在昆侖山頂。有金臺、玉樓，爲神仙所居。也稱玄圃。語出《楚辭·天問》："昆侖懸圃，其凥安在？"王逸注："昆侖，山名也，其巔曰縣圃，乃上通於天也。"

[17] 弱水：古代神話傳說中稱險惡難渡的河海。

[18] 流沙：指西域地區。

[19] 厭常玩俗：嫌棄平常，輕視習俗。

[20] 物理：事物的道理、規律。

[21] 語本《揚子法言》卷九："淮南說之用，不如太史公之用也。太史公，聖人將有取焉，淮南鮮取焉爾。"

賈誼新書[1]

養氣[2]之學，孟子一人而已。士之有所激而奮者，極天地古今之變動，山川草木之情狀，人物智愚賢否、是非邪正之銷長[3]。有觸於吾心，有奸[4]於吾氣，慮遠而志善，事切而憂深，其言往往出於危激哀傷之餘。而其氣有不可遏者，舉天地、今古、山川、草木、人物盛衰之變，皆不足以敵之。嗚呼，此屈原[5]、賈誼[6]之所爲者乎？

皮日休讀賈誼《新書》，嘆其心切，其憤深，其辭隱而麗，其藻傷而雅。唯蘇公軾以爲"非才之難，所以自用者實難。惜乎！賈生王者之佐，而不能自用其才"，論亦奇矣。以余觀之，雖東坡亦不能自用其才，況賈生乎？又曰："觀其過湘作賦以弔屈原，紆鬱[7]憤悶[8]，趯然[9]有遠舉[10]之志。其後卒以自傷哭泣，至于夭絕[11]，是亦不善處窮者。夫謀之一不見用，安知終不復用。"[12]嗚呼，此東坡以志量、才識論誼者，非誼之所及也。是蓋《孟子》之所謂"持其志，無暴其氣"[13]者耳，蘇公有之。

【集釋】

[1]《四庫全書總目》卷九十一："《新書》十卷，漢賈誼撰。《漢書·藝文志·儒家》：《賈誼》五十八篇。《崇文總目》云：本七十二篇。劉向刪定爲五十八篇。《隋》《唐志》皆九卷，別本或爲十卷。考

今《隋》《唐志》皆作十卷，無九卷之説。蓋校刊《隋書》《唐書》者未見《崇文總目》，反據今本追改之。明人傳刻古書，往往如是，不足怪也。然今本僅五十六篇，又《問孝》一篇有録無書，實五十五篇，已非北宋本之舊。又陳振孫《書録解題》稱，首載《過秦論》，末爲《弔湘賦》，且略節誼本傳於第十一卷中。今本雖首載《過秦論》，而末無《弔湘賦》，亦無附録之第十一卷，且並非南宋時本矣。其書多取誼本傳所載之文，割裂其章段，顛倒其次序，而加以標題，殊瞀亂無條理。《朱子語録》曰：'賈誼《新書》除了《漢書》中所載，餘亦難得粹者，看來只是賈誼一雜記稿耳。中間事事有些個。'陳振孫亦謂'其非《漢書》所有者，輒淺駁不足觀，決非誼本書'。今考《漢書》誼本傳贊，稱凡所著述五十八篇，掇其切於世事者著於傳。應劭《漢書注》亦於《過秦論》下注曰：'賈誼書第一篇名也。'則本傳所載皆五十八篇所有，足爲顯證。贊又稱三表五餌以系單于。顏師古注所引賈誼書，與今本同。又《文帝本紀》注引賈誼書衛侯朝於周，周行人問其名，亦與今本同。則今本即唐人所見，亦足爲顯證。然決無摘録一段立一篇名之理，亦決無連綴十數篇合爲奏疏一篇上之朝廷之理。疑誼《過秦論》《治安策》等本皆爲五十八篇之一，後原本散佚，好事者因取本傳所有諸篇，離析其文，各爲標目，以足五十八篇之數，故餖飣至此。其書不全真，亦不全僞，朱子以爲雜記之稿，固未核其實，陳氏以爲決非誼書，尤非篤論也。且其中爲《漢書》所不載者，雖往往類《説苑》《新序》《韓詩外傳》，然如《青史氏之記》，具載胎教之古禮。《修政語》上下兩篇，多帝王之遺訓。《保傅篇》《容經篇》並敷陳古典，具有源本。其解《詩》之騶虞、《易》之潛龍、亢龍，亦深得經義。又安可盡以淺駁不粹目之哉！雖殘闕失次，要不能以斷爛棄之矣。"

[2] 養氣：語本《孟子·公孫丑上》："我善養吾浩然之氣。"

[3] 銷長：即消長。

[4] 奸：干犯，擾亂。

［5］屈原（約前339—約前278），字靈均，名平，又自云名正則，戰國時楚國人。楚公族。事楚懷王，曾任作徒，三閭大夫等職。學問博，見識廣，彰明法度，舉賢授能，爲懷王所信用。主張聯齊抗秦。子蘭（懷王幼子）、上官大夫等害其能，短於王。王乃疏原。曾諫懷王不可入秦，懷王不聽，信子蘭，入秦被拘，死於秦。頃襄王時再次受讒，被流放於沅、湘一帶。原既痛國之危亡，又感理想無法實現，乃投汨羅江而死。著有《離騷》《九章》《九歌》等。

［6］賈誼（前200—前168），世稱賈太傅，又稱賈長沙、賈生。西漢河南洛陽人。年二十餘，文帝召爲博士，遷太中大夫。數上疏，言時弊，爲大臣周勃、灌嬰等所毀，貶爲長沙王太傅，遷梁懷王太傅。曾多次上書，主張重農抑商，建議削弱諸侯王勢力。以懷才不遇，憂鬱而死。有《新書》《賈長沙集》。

［7］紆鬱：抑鬱，鬱積。

［8］憤悶：即憤懣，抑鬱不平，愁苦煩悶。

［9］趯然：猶超然。高超出俗貌。

［10］遠舉：猶高飛，遠揚意。

［11］夭絕：猶夭折。

［12］語見《東坡全集·賈誼論》：“觀其過湘爲賦以弔屈原，紆鬱憤悶，趯然有遠舉之志。其後卒以自傷哭泣，至於夭絕，是亦不善處窮者也。夫謀之一不見用，安知終不復用也。”

［13］語本《孟子·公孫丑上》。

桓寬鹽鐵論[1]

《鹽鐵論》者，漢始元六年公卿、賢良文學[2]所與共議者也。漢制近古，莫古乎議。國有大事，詔公卿、列侯[3]、二千石[4]、博士[5]、議郎[6]雜議[7]，是以廟祀[8]議、伐匈奴議、捐朱厓[9]而石渠論經亦有議，皆所謂詢謀僉同[10]者也。初，武帝以師旅之餘，國用不足，縣官悉自賣鹽鐵、酤酒[11]，海内虛耗，户口[12]減半。帝務本抑末[13]，不與天下爭利，乃詔有司[14]問郡國[15]所舉賢良文學民所疾苦[16]，議罷之。班氏[17]一贊[18]，專美乎此。顏師古[19]曰：《元帝紀贊》，班彪所作。然觀一時論議，其所問對，非不伸[20]異見、騁[21]異辭，亦無有犖然[22]大過人者。其曰："行遠者因於車，濟海者因於舟[23]，成名者因於資。"則一時趣尚可孚[24]矣。又曰："九層之臺傾，公輸子[25]不能正。大朝一邪，伊、望不能復。"[26]則一時事體[27]可知矣。夫上有樂聞，上無隱義，①得失明者其言達，利害決者其慮輕，不決一言，何取群議？審此，亦足以占士氣、觀國勢矣。然元帝詔書乃曰'公卿、大夫好惡不同，雅説[28]空進而事亡成功'。此誠言也。天下後世，同此患也。吁！

【集釋】

[1]《四庫全書總目》卷九十一云："《鹽鐵論》十二卷，漢桓寬撰。寬字次公，汝南人。宣帝時舉爲郎，官至廬江太守丞。昭帝始元六年，詔郡國舉賢良文學之士，問以民所疾苦。皆請罷鹽鐵、榷酤，與御史大夫桑弘羊等建議相詰難。寬集其所論，爲書凡六十篇，篇各標目。

---

① "上"，百川本、學津本、四庫本、四部本、叢編本、四明本作"下"。今按：據上下文義推斷，當作"下"。

實則反覆問答，諸篇皆首尾相屬。後罷榷酤，而鹽鐵則如舊，故寬作是書，惟以鹽鐵爲名，蓋惜其議不盡行也。書末《雜論》一篇，述汝南朱子伯之言，記賢良茂陵唐生、文學魯萬生等六十餘人，而最推中山劉子雍、九江祝生，於桑弘羊、車千秋深著微詞。蓋其著書之大旨，所論皆食貨之事，而言皆述先王，稱六經，故諸史皆列之儒家。"

［2］賢良文學：漢代選拔官吏的科目之一。始於武帝時，簡稱賢良或文學。

［3］列侯：漢代異姓功臣受封爲侯者稱爲列侯，或稱爲通侯、徹侯。

［4］二千石：漢制，郡守俸祿爲二千石，即月俸百二十斛。世因稱郡守爲"二千石"。

［5］博士：古代學官名。六國時有博士，秦因之，諸子、詩賦、術數、方技皆立博士。漢文帝置一經博士，武帝時置"五經"博士，職責是教授、課試，或奉使、議政。

［6］議郎：官名。漢代設置；爲光禄勛所屬郎官之一，掌顧問應對，無常事。漢秩比六百石。多征賢良方正之士任之。晋以後廢。

［7］雜議：集議，共同評議。

［8］廟祀：立廟奉祀。

［9］朱崖：即珠崖，又作"珠崖"，地名，在海南省瓊山縣東南。漢武帝元鼎六年定越地，以爲南海、蒼梧、鬱林、合浦、交趾、九真、日南、珠崖、儋耳郡。後珠崖等郡數反叛，賈捐之上疏請棄珠崖，以恤關東，元帝從之，乃罷珠崖郡。後以"珠崖"泛指邊疆地區。

［10］詢謀僉同：指咨詢和商議的意見都一致。

［11］酤酒：賣酒。

［12］户口：住户與人口。

［13］務本抑末：即重農抑商。

［14］有司：官吏。古代設官分職，各有專司，故稱。

[15] 郡國：郡和國的並稱。漢初，兼采封建及郡縣之制，分天下爲郡與國。郡直屬中央，國分封諸王、侯，封王之國稱王國，封侯之國稱侯國。南北朝仍沿郡、國並置之制，至隋始廢國存郡。後亦以"郡國"泛指地方行政區劃。

[16] 疾苦：憎惡，厭恨。

[17] 班氏：班彪（3—54），字叔皮，東漢扶風安陵人。性好古。初依隗囂，著《王命論》。東漢初舉茂才，拜徐令，以病免。後爲望都長。彪才高，專心史籍，作《史記後傳》數十篇。

[18] 贊：文體名。用於贊頌人物等，多爲韻語。

[19] 顏師古（581—645），唐京兆萬年人，祖籍琅邪臨沂，名籀，以字顯。顏之推孫。傳家業，博覽群書，精訓詁，善屬文。高祖武德中，累擢中書舍人、專典機密，詔令一出其手。太宗立，拜中書舍人，旋坐事免。嘗受詔於秘書省考訂五經文字，多所釐正。貞觀七年，遷秘書少監，專典刊正所有奇書難字。官終秘書監、弘文館學士。著有《匡謬正俗》《漢書注》等書。

[20] 伸：申述，陳述，表白。

[21] 騁：施展，顯示。

[22] 犖然：卓絶貌，明顯貌。

[23] 語本《鹽鐵論·貧富》："行遠者假於車，濟江海者因於舟。"

[24] 孚：信服，信從。

[25] 公輸子：即魯班，春秋末魯國人。工匠。自魯至楚，造鉤距（舟戰之具）。爲楚制云梯以攻宋，墨子由齊赴楚止之。相傳發明木作工具，建築匠師尊爲師祖。

[26] 語本《鹽鐵論·救匱》："九層之臺一傾，公輸子不能正。本朝一邪，伊、望不能復。"

[27] 事體：體制，體統。

[28] 雅説：雅正的學説。

王充論衡[1]

《論衡》者，後漢治中[2]王充[3]所論著也，書八十五篇，二十餘萬言。其爲言皆叙天證，敷人事，析物類，道古今，大略如仲舒《玉杯》《繁露》。而其文詳，詳則理義莫能核而精[4]，① 辭莫能肅而括[5]，幾於蕪且雜矣。漢承滅學[6]之後，文、景、武、宣[7]以來，所以崇厲表章[8]者，非一日之力矣。故學者向風承意[9]，② 日趨於大雅[10]多聞之習，凡所譔録，日益而歲有加，至後漢盛矣。往往規度[11]如一律，體裁[12]如一家，是足以雋美於一時，而不足以準的[13]於來世。何則？事之鮮純，言之少擇也。劉向《新序》《説苑》奇矣，亦復少探索之工，闕詮定之密，其叙事有與史背者不一二。《書》尚爾[14]，況他書乎？袁崧[15]《後漢書》云："充作《論衡》，中土未有傳者。蔡邕[16]入吳始見之，以爲談助[17]。"談助之言可以了此書矣。客有難充書繁重者，曰："石多玉寡，寡者爲珍。龍少魚衆，少者爲神乎？"充曰："文衆可以勝寡矣，人無一引吾百篇，人無一字吾萬言，爲可貴矣。"[18]予所謂乏精核而少肅括者，正此謂歟？

---

① "理"，《文獻通考》卷二百十四作"禮"。
② "意"，學津本、四庫本、四部本、叢編本、四明本作"宣"。

【集釋】

[1]《四庫全書總目》卷一百二十:"《論衡》三十卷,漢王充撰。充字仲任,上虞人。《自紀》謂在縣爲掾功曹,在都尉府位亦掾功曹,在太守爲列掾五官功曹行事。又稱永和三年徙家辟詣揚州部丹陽、九江、廬江,後入爲治中。章和二年罷州家居。其書凡八十五篇,而第四十四《招致》篇有録無書,實八十四篇。考其《自紀》曰:'書雖文重,所論百種。案古太公望,近董仲舒,傳作書篇百有餘,吾書亦才出百而云太多。'然則原書實百餘篇。此本目録八十五篇,已非其舊矣。充書大旨詳於《自紀》一篇,蓋内傷時命之坎坷,外疾世俗之虚僞,故發憤著書,其言多激。《刺孟》《問孔》二篇,至於奮其筆端,以與聖賢相軋,可謂悖矣。又露才揚己,好爲物先。至於述其祖父頑狠,以自表所長,愼亦甚焉。其他論辨,如日月不圓諸説,雖爲葛洪所駁,載在《晋志》。然大抵訂訛砭俗,中理者多,亦殊有裨於風教。儲泳《袪疑説》、謝應芳《辨惑編》不是過也。至其文反覆詰難,頗傷詞費。則充所謂宅舍多,土地不得小;户口衆,簿籍不得少;失實之事多,虚華之語衆;指實定宜,辨爭之言安得約徑者,固已自言之矣。充所作别有《譏俗書》《政務書》,晚年又作《養性書》,今皆不傳,惟此書存。儒者頗病其蕪雜,然終不能廢也。高似孫《子略》曰:'袁崧《後漢書》載充作《論衡》,中土未有傳者。蔡邕入吳,始見之,以爲談助。談助之言,可以了此書矣。'其論可云允愜。此所以攻之者衆,而好之者終不絶歟?"

[2]治中:治理政事的文書檔案。

[3]王充(27—約97),字仲任,東漢會稽上虞人。早年受業太學,師事班彪。好博覽而不守章句。刺史辟爲從事,轉治中。章帝特詔公車征,病不行。生活窮困,勤於著述,以爲世俗儒生拘守經義,乃閉户潛思,著《論衡》八十五篇。

[4]核而精:詳審而精妙。

［5］肅而括：恭敬而有法度。

［6］滅學：指秦始皇焚書坑儒。

［7］宣：即漢宣帝劉詢（前91—前49），西漢第十位皇帝，漢武帝劉徹的曾孫。

［8］表章：同"表彰"。

［9］向風承意：承意順旨，趨從教化。

［10］大雅：高尚雅正。

［11］規度：規則法度。

［12］體裁：指詩文的結構及文風詞藻。

［13］準的：作爲準則；以爲標準。

［14］爾：通"邇"，近。

［15］袁崧（？—401），一作袁山松，東晉陳郡陽夏人。少有才名，博學能文，善音樂。舊歌有行路難，曲辭頗疏。崧乃文其辭名，婉其節拍，每因酣醉縱歌之，聽者莫不掉淚。每出游，好令左右作挽歌。人謂之"崧道上行殯"。歷顯位爲吳郡太守。孫恩作亂，崧守扈瀆，城陷被害。

［16］蔡邕（132—192），字伯喈，東漢陳留圉人。少博學，好辭章、數術、天文，妙操音律。靈帝時辟司徒橋玄府。任郎中，校書東觀，遷議郎。熹平四年與堂溪典等奏定六經文字，自書於碑，使工鎸刻，立太學門外，世稱"熹平石經"。後以上書論政闕失，爲中常侍程璜陷害，流放朔方。遇赦後，復遭宦官迫害，亡命江海十餘年。董卓專權，召爲祭酒，遷尚書郎，封高陽鄉侯。卓誅，爲司徒王允所捕，自請黥首刖足，續成漢史，不許，死獄中。有《蔡中郎集》。

［17］談助：談話的資料。

［18］唐馬總《意林》卷三引《論衡》。

太玄經注

宋衷

陸績

蔡文邵

虞翻

范望

章察《講疏》四十六卷,《發隱》三卷。

王涯又有《説文》一卷。

宋惟幹

林瑀又有《説文》一卷。

杜元穎

郭元亨

陳漸

范諤昌

林共《圖》一卷。

王長文晋。《通玄》一卷。

太玄經[1]

《易》可準[2]乎?曰:難矣。何爲其難也?曰:天、地、人之理,混淪[3]於未畫之前,二三聖人察天之微,窺地之奥，以神[4]明夫人之用，文王因伏羲，孔子因羲、文，而《易》道極矣。文王非舍伏羲，孔子非舍羲、文而自爲之書也。《易》經三聖[5]以經天、地、人之道。是道也，吉凶悔吝、消息盈虚，雖天地鬼神無所藏其藴，而匹夫匹婦[6]可與知者也。楊雄氏欲以一人之力而規[7]三聖所成之功，① 是爲難乎？子雲豈不知此者？然則子雲亦有得於《易》之學而欲自神其用，其曰：“天以不見爲玄，地以不形爲玄，人以腹心爲玄。”[8]此子雲之所以神者也。子雲之意，其疾莽而作者乎？哀[9]、平[10]失道，莽[11]輒亂常[12]，子雲酌天時行運[13]、盈縮消長之數[14]，推人事進退、存亡成敗之端[15]，存之於玄。三方象三公[16]，九州象九卿[17]，二十七家象大夫[18]，八十一部象元士[19]。而玄者，君象也，揔而治之，起牛宿[20]之一度，終牛宿之二十二度，而成八十一首、七百二十九贊、二萬六千二百四十四策。明天人終始逆順之理，正君臣上下去就之分，順之者吉，逆之者凶，以爲違天咈[21]人、賊君臣[22]盜國之戒，② 子雲之意也。子雲敢以此準《易》言者，蓋以卦氣[23]起于中孚[24]，震、離、兌、坎分配四方，六十四卦，各主六日七分，以周一歲三百六十五日四分日之一。据此言之，窒矣。桓譚[25]曰：“玄與大《易》

---

① “楊”，學津本、四庫本、四部本、叢編本、四明本作“揚”。
② “君臣”，學津本、四部本、叢編本作“□臣”，四庫本、四明本作“臣”。

準。"班固曰:"經莫大乎《易》,故作《太玄》。"是知子雲者乎?不知子雲者乎?

【集釋】

　　[1]《太玄經》爲擬《周易》而作,《周易》的卦畫有奇(—)、偶(— —);《太玄》則模仿之,其卦畫則有奇(—)、偶(— —)、和(— — —)。《周易》有六位,《太玄》則有四重,最上爲方、次爲州、次爲部、最下爲家。《周易》以八卦相重,共爲六十四卦;《太玄》則以—、— —、— — —錯布於方、州、部、家四重之中,共爲八十一首,首以擬卦。《周易》每卦六爻,六十四卦共爲三百八十四爻;《太玄》每首九贊,八十一首共爲七百二十九贊,贊有贊辭,贊以擬爻。《周易》的世界圖式是從陰陽的觀念出發,采用二分法展開:"《易》有太極,是生兩儀,兩儀生四象,四象生八卦。"《太玄》的世界圖式則從天、地、人三才的觀念出發,采用三分發,又列爲四重(方、州、部、家)構成。《太玄圖》說:"一玄都覆三方,方同九州,枝載庶部,分正群家。"即是說。一玄分而爲三,名之爲方,有一方、二方、三方。一方爲天玄,二方爲地玄,三方爲人玄。三方又各分爲三,名之爲州,每方有一州、二州、三州,共爲九州。每州又各分爲三,名之爲部,每部有一部、二部、三部,共爲二十七部。每部又各分爲三,名之爲家,每部有一家、二家、三家,共爲八十一家。《四庫全書總目》卷一百零八云:"《太玄經》十卷,漢揚雄撰,晋范望注。《漢書·藝文志》稱揚雄所序三十八篇,《太玄》十九。其本傳則稱《太玄》三方、九州、二十七部、八十一家、二百四十三表、七百二十九贊,分爲三卷,曰一、二、三與《太初曆》相應。又稱有首、衝、錯、測、攡、瑩、數、文、棿、圖、告十一篇,皆以解剝玄體,離散其文,章句尚不存焉。與《藝文志》十九篇之說已相違異。桓譚《新論》則稱《太玄經》三篇,傳十二篇,合之乃十五篇,較本傳又多一篇。案:阮孝緒稱《太玄經》

九卷，雄自作《章句》，《隋志》亦載雄《太玄經章句》九卷，疑《漢志》所云十九篇，乃合其章句言之。今章句已佚，故篇數有異。至桓譚《新論》則世無傳本，惟諸書遞相援引，或訛十一爲十二耳。以今本校之，其篇名、篇數一一與本傳皆合，固未嘗有脫佚也。注其書者，自漢以來，惟宋衷、陸績最著。至晋范望，乃因二家之注，勒爲一編。雄書本擬《易》而作，以家准卦，以首准象；以贊准爻，以測准象，以文准《文言》，以攡、瑩、數、文、梡、圖、告准《繫詞》，以數准《説卦》，以衝准《序卦》，以錯准《雜卦》，全仿《周易》。古本經傳各自爲篇，望作注時，析《玄首》一篇分冠八十一家之前，析《玄測》一篇分系七百二十九贊之下，始變其舊，至今仍之。其書《唐·藝文志》作十二卷，《文獻通考》則作十卷，均名曰《太玄經注》。此本十卷，與《通考》合，而卷端標題則稱晋范望字叔明解贊。考《玄測》第一條下有附注曰：此是宋、陸二家所注，即非范望注也。蓋范望采此注意，自經解贊，儒有近習，罔知本末，妄將此注升於測曰之上，以雜范注，混亂義訓。今依范望正本，移於測曰之下，免誤學者。以下七百二十九測注並同云云。考望自序，亦稱因陸君爲本，錄宋所長，捐其所短，並首一卷本經之上，散測一卷注文之中，訓理其義，以測爲據。然則望所自注，特其贊詞。其他文則酌取二家之舊，故獨以解贊爲文。今概稱望注，要其終而目之耳。"

[2] 準：仿照，效法。

[3] 混淪：混沌。渾然未分貌。

[4] 神：猶治。

[5] 三聖：指伏羲、文王、孔子。《漢書·藝文志》："人更三聖，世歷三古。"顏師古注引韋昭曰："伏羲、文王、孔子。"

[6] 匹夫匹婦：泛指平民百姓、普通男女。

[7] 規：效法，模擬。

[8] 語本《太玄經·玄告》："天以不見爲玄，地以不形爲玄，人

以心腹爲玄。"

[9] 哀：漢哀帝劉欣（前26—前1），西漢皇帝，元帝孫。在位七年。

[10] 平：漢平帝劉衎（前9—5），西漢皇帝，元帝孫。哀帝死，立爲帝。在位六年。

[11] 莽：王莽（前45—23），字巨君，西漢末濟南東平陵人，新朝的建立者。西漢末，以伯父王鳳推薦，拜黄門郎，遷射聲校尉。成帝永始元年，封新都侯，遷騎都尉、光禄大夫、侍中。綏和元年，代王根爲大司馬。哀帝立，免官就國。平帝立，元后以太皇太后臨朝，召莽復任大司馬，總攬朝政，進太傅，號安漢公，後加稱宰衡。初始元年，稱帝，改國號爲新。在位期間，托古改制。推王田，易税法，改官制，造成社會混亂。天鳳四年，全國各地爆發農民起義。地皇四年，綠林軍攻入長安，莽出逃，爲商人杜吴所殺。新朝遂亡，在位十五年。

[12] 亂常：破杯綱常，違反人倫。

[13] 天時行運：天道運行的規律。

[14] 數：規律。

[15] 端：發端，開端。

[16] 三公：古代中央三種最高官銜的合稱。周以太師、太傅、太保爲三公。一説以司馬、司徒、司空爲三公。

[17] 九卿：古代中央政府的九個高級官職。《周禮·考工記·匠人》："外有九室，九卿居焉。"鄭玄注："六卿三孤爲九卿，三孤佐三公論道，六卿治六官之屬。"歷代多設九卿。周以少師、少傅、少保、冢宰、司徒、宗伯、司馬、司寇、司空爲九卿。秦以奉常、郎中令、衛尉、太僕、廷尉、典客、宗正、治粟内史、少府爲九卿。漢以太常、光禄勛、衛尉、太僕、廷尉、大鴻臚、宗正、司農、少府爲九寺大卿（即九卿）。以後各朝的名稱、司職略有不同。

[18] 大夫：古職官名。周代在國君之下有卿、大夫、士三等；各

等中又分上、中、下三級。後因以大夫爲任官職者之稱。秦、漢以後，中央要職有御史大夫，備顧問者有諫大夫、中大夫、光禄大夫等。唐、宋尚存御史大夫及諫議大夫，明、清全廢。

[19] 元士：周代稱天子之士爲元士。

[20] 牛宿：星宿名。二十八宿之一，玄武七宿的第二宿，有星六顆。又稱牽牛。

[21] 咈：違背，違逆。

[22] 賊君臣：當作賊君，即害君，與後之盗國相應。

[23] 卦氣：以《易》六十四卦與四時、月令、氣候等相配之法。相傳文王序《易》，以《坎》《離》《震》《兑》爲四時卦，其二十四爻分主二十四節氣。以《復》《臨》《泰》《大壯》《夬》《乾》《姤》《遯》《否》《觀》《剥》《坤》配十二地支，爲十二月消息卦，其七十二爻分主七十二候。其餘四十八卦，分布十二月，每月加消息卦共五卦，分配君臣等位，其三十爻，以配一月日數。凡此，統稱之爲卦氣。其說出自漢孟喜、京房等。

[24] 中孚：卦名。卦形爲兑下巽上。《易·中孚》：“中孚，豚魚吉。利涉大川，利貞。”孔穎達疏：“信發於中，謂之中孚。”後因以“中孚”指誠信。

[25] 桓譚（約前23—56），字君山，东漢初沛國相人。好音律，善鼓琴，博學多才，遍習五經，能文章，尤好古學。數從劉歆、揚雄辨析疑異，喜抨擊俗儒。王莽時任掌樂大夫。劉玄時，拜太中大夫。光武帝征爲议郎给事中。出爲六安郡丞，道病卒。著《新論》。

新序[1]·説苑[2]

河間王[3]大雅文獻[4]，蔚然風流[5]，崇經尚文，殫極禮樂，而所尚醇正，言議彬彬，何其雍容不群如此也。三代以下，一人而已，抑其時所遭者然歟？磐石之宗[6]，莫可及之者。向以區區宗臣[7]，老於文學[8]，窮經之苦，崛出諸儒，炯炯丹心，在漢社稷，奏篇每上，無言不危[9]。吁，亦非以其遭時遇主者如是歟？先秦古書，甫[10]脱爐劫，一入向筆，采擷不遺。至其正紀綱、迪[11]教化、辨邪正、黜異端，以爲漢規監者，①盡在此書，兹《説苑》《新序》之旨也。嗚呼，向誠忠矣，向之書誠切切矣。漢之政日益萎苶[12]而不振，迄終於大亂而後已。一杯水不足以救輿薪[13]之火，此之謂歟？觀此，則向之抱忠懷誼，固有可憐者焉。視河間之雅正不迫，亦一時歟？

【集釋】

[1]《四庫全書總目》卷九十一："《新序》十卷，漢劉向撰。向字子政，初名更生。以父任爲輦郎，歷官中壘校尉。事迹具《漢書》本傳。案：班固《漢書·藝文志》稱向所序六十七篇，《新序》《説苑》《世説》《列女傳》《頌圖》也。《隋書·經籍志》，《新序》三十卷，《録》一卷。《唐書·藝文志》其目亦同。曾鞏《校書序》則云今可見者十篇。鞏與歐陽修同時，而其所言卷帙懸殊。蓋《藝文志》所載據唐時全本爲言，鞏所校録則宋初殘闕之本也。晁公武謂曾子固綴輯散逸，《新序》始復全者，誤矣。此本《雜事》五卷，《刺奢》一卷，《節士》二卷，《善謀》二卷，即曾鞏校定之舊。《崇文總目》云所載皆戰國、秦、漢間事。以今考之，春秋時事尤多，漢事不過數條。大抵采

---

① "監"，《文獻通考》卷二百九作"鑑"。今按：規鑑，謂規箴之言可作鑑戒。

百家傳記，以類相從，故頗與《春秋内》《外》《戰國策》《太史公書》互相出入。高似孫《子略》謂'先秦古書，甫脱爐劫，一人向筆，采擷不遺。至其正紀綱，迪教化，辨邪正，黜異端，以爲漢規監者，盡在此書'，固未免推崇已甚。要其推明古訓，以衷之於道德仁義，在諸子中猶不失爲儒者之言也。葉大慶《考古質疑》摘其昭奚恤對秦使者一條，所稱司馬子反在奚恤前二百二十年，葉公子高、令尹子西在奚恤前一百三十年，均非同時之人。又摘其誤以孟子論好色好勇爲對梁惠王，皆切中其失。至大慶謂《黍離》乃周詩，《新序》誤云衛宣公之子壽，閔其兄且見害而作，則殊不然。向本學《魯詩》，而大慶以《毛詩》繩之，其不合也固宜。是則未考漢儒專門授受之學矣。"

[2]《四庫全書總目》卷九十一："《説苑》二十卷，漢劉向撰。是書凡二十篇。《隋》《唐志》皆同。《崇文總目》云今存者五篇，餘皆亡。曾鞏《校書序》云：'得十五篇於士大夫家，與舊爲二十篇。'晁公武《讀書志》云：'劉向《説苑》以《君道》《臣術》《建本》《立節》《貴德》《復恩》《政理》《尊賢》《正諫》《法誡》《善説》《奉使》《權謀》《至公》《指武》《談叢》《雜言》《辨物》《修文》爲目，陽嘉四年上之，闕第二十卷。曾子固所得之二十篇，正是析十九卷作《修文》上下篇耳。'今本第十《法誡》篇作'敬慎'，而《修文》篇後有《反質》篇。陸游《渭南集》記李德芻之言，謂得高麗所進本補成完書。則宋時已有此本，晁公武偶未見也。其書皆録遺聞佚事，足爲法戒之資者，其例略如《詩外傳》。葉大慶《考古質疑》摘其'趙襄子賞晉陽之功孔子稱之'一條，'諸禦已諫楚莊王築台引伍子胥'一條，'晏子使吳見夫差'一條，'晉太史屠餘與周桓公論晉平公'一條，'晉勝智氏後闔閭襲郢'一條，'楚左史倚相論越破吳'一條，'晏子送曾子'一條，'晉昭公時戰郯'一條，'孔子對趙襄子'一條，皆時代先後，邈不相及。又介子推、舟之僑並載其龍蛇之歌，而之僑事尤舛。黃朝英《緗素雜記》亦摘其'固桑對晉平公論養士'一條，《新序》作'舟人

古乘對趙簡子'。又'楚文王爵管饒'一條，《新序》作'楚共王爵管蘇'。二書同出向手，而自相矛盾。殆捃拾衆説，各據本文，偶爾失於參校也。然古籍散佚，多賴此以存。如《漢志》：《河間獻王》八篇，《隋志》已不著録，而此書所載四條，尚足見其議論醇正，不愧儒宗。其他亦多可采擇。雖間有傳聞異詞，固不以微瑕累全璧矣。"

[3] 河間王：劉德（？—前130），西漢宗室，景帝第三子。景帝前二年立爲河間王。修學好古，從民間得善書，必爲好寫與之，留其真，加賜金帛。由是四方有先祖舊書多奉德。藏書與漢朝等，皆古文先秦舊書。修禮樂，好儒術，山東諸儒多從之游。卒謚獻。

[4] 文獻：原指有關典章制度的文字資料和多聞熟悉掌故的人。

[5] 風流：灑脱放逸，風雅瀟灑。

[6] 磐石之宗：喻分封的宗室。

[7] 宗臣：與君主同宗之臣。

[8] 文學：官名。漢代於州郡及王國置文學，或稱文學掾，或稱文學史，爲後世教官所由來。

[9] 危：正直，端正。

[10] 甫：方才，剛剛。

[11] 迪：開導，引導。

[12] 萎苶：衰落，萎靡。

[13] 輿薪：滿車子的柴。

抱朴子[1]

自《陰符》一鑿[2]，而天地之幾盡泄；《玄經》一吐[3]，而陰陽之妙益空[4]。所謂道者，非他，只天地之奥、陰陽之

神而已。神而明之，可以贊化育[5]、經範圍[6]，可以治國、
平天下，可以修身養性而致長年[7]，可以清淨輕虛而與之俱
化[8]。予自少惑於方外[9]之説，凡丹經[10]卦義、秘笈幽篇，
以至吐納[11]之香、餐煉[12]之粹，沉潛啓策，幾數百家，靡不
竭其精而賾其隱，破其鋌而造乎中[13]。猶未以爲得也，於是
棄去，日攻《易》，日讀《繫辭》，所謂天地之幾、陰陽之
妙，相與櫜籥[14]之、甄治[15]之，① 而吾之道盡在是矣。所謂
吾之道者，非他道也，吾自得之道矣。及閒觀稚川[16]、弘景
諸人所録及内、外篇，則往往皆糟粕而筌蹄[17]矣。今輒書此
以斷内、外篇，則吾之道亦幾於鑿且吐矣。後之悟者，必有
會於吾言。

【集釋】

[1]《四庫全書總目》卷一百四十六云："《抱朴子内外篇》八卷，
晉葛洪撰。是編乃其乞爲句漏令後，退居羅浮山時所作。抱朴子者，洪
所自號，因以名書也。《自序》謂内篇二十卷，外篇五十卷。《隋志》
載内篇二十一卷，音一卷，入道家；外篇三十卷，入雜家。外篇下注曰
梁有，五十一卷。《舊唐志》亦載内篇二十卷，入道家；外篇五十一
卷，入雜家。卷數已小不同。《新唐志·道家》載内篇十卷，雜家載外
篇二十卷。乃多寡迥殊。《宋志》則均入雜家，内篇作二十卷，與《舊
唐書》同；外篇作五十卷，較《舊唐書》又少一卷。晁公武《讀書志》
作内篇二十卷，外篇十卷，内、外篇之卷數與《新唐書》互異。陳振
孫《書録解題》但載内篇二十卷，而云《館閣書目》有外篇五十卷，

---

① "治"，學津本、四部本、叢編本作"冶"。

未見。其紛紜錯互，有若亂絲。此本爲明烏程盧舜治以宋本及王府道藏二本參校，視他本較爲完整。所列篇數，與洪《自序》卷數相符。知洪當時蓋以一篇爲一卷。以《永樂大典》所載互校，尚多丹砂法以下八篇，知爲足本矣。其書內篇論神仙吐納、符籙克治之術，純爲道家之言；外篇則論時政得失，人事臧否，詞旨辨博，饒有名理。而究其大旨，亦以黃、老爲宗。故今併入之道家，不復區分焉。"

[2] 鑿：即鑿破混沌，謂道破天機。

[3] 吐：謂吐露天地之奧秘。

[4] 空：鑿盡。

[5] 贊：引導。化育：教化培育。

[6] 經：治理、管理。範圍：界限。

[7] 長年：長壽。

[8] 化：生長，化育。

[9] 方外：世俗之外。

[10] 丹經：講述煉丹術的專書。

[11] 吐納：吐故納新。道家養生之術。

[12] 餐煉：服食修煉。

[13] 破其鋌而造乎中：謂去其糟粕，得其精華。鋌：銅鐵之坯料。

[14] 橐籥：亦作"橐龠"。古代冶煉時用以鼓風吹火的裝置，猶今之風箱。

[15] 甄治：燒製陶器或熔煉金屬，此處作動詞用。

[16] 稚川：即葛洪（284—364 或 343），字稚川，自號抱朴子，晋丹陽郡句容（今江蘇句容縣）人。曾受封爲關內侯，後隱居羅浮山煉丹。著有《神仙傳》《抱朴子》《肘後備急方》《西京雜記》等。

[17] 筌蹄：語本《莊子·外物》："筌者所以在魚，得魚而忘筌；蹄者所以在兔，得兔而忘蹄。"筌，捕魚竹器；蹄，捕兔網。後以"筌蹄"比喻達到目的的手段或工具。

文中子[1]

道始於伏羲，終於孔子，孔子以來二千餘年矣，孟軻氏、楊雄氏、王通氏、韓愈氏，皆祖述孔子而師尊之，若通拳拳[2]於六經之學，自孟子而下未有也。續《書》以考漢、晉之事，續《詩》以觀六代[3]之俗，修《元經》以斷南北之疑，《易》止於贊[4]，禮樂止於論[5]。嗚呼，通之用心，足以知聖人矣。世率以是疵[6]王氏，是殆未知其所以知聖人者乎？善乎日休皮氏之言曰："《禮》之篇二十有五，《詩》之篇三百六十，《元經》之篇三十一，《易》之篇七十。[7]孟子能踵[8]孔子而贊其道，夐[9]乎千世可繼孟子者，通也。"按：杜執禮[10]所作《文中子世家》，又有《樂論》三十篇、《讀書》一百五十篇、《元經》凡五十篇。蓋受《書》於東海[11]李育[12]，學《詩》於會稽[13]夏琠[14]，問禮於河東[15]關子明[16]，正樂於北平[17]霍汲[18]，考樂於族父[19]仲華，聖人之大旨，天下之能事，至是畢[20]矣。陸龜蒙序之，謂之"王氏六經"。嗚呼，蓋自孟子歷兩漢數百年而僅稱楊雄，歷六朝數百年而僅稱王通，歷唐三百年而唯一韓愈。六經之學，其著於世者若此，已是匪[21]難乎？異時[22]房[23]、衛[24]諸公，共恢[25]文武[26]，以濟[27]貞觀之盛，亦天命[28]也。此蓋出於司空表聖[29]之言，其尚知道乎？

【集釋】

[1]《四庫全書總目》卷九十一云:"《中説》十卷,舊本題隋王通撰。《唐志》文中子《中説》五卷,《通考》及《玉海》則作十卷,與今本合。凡十篇。末附序文一篇及杜淹所撰《文中子世家》一篇,通子福畤録唐太宗與房、魏論禮樂事一篇,通弟績與陳叔達書一篇。又録關子明事一篇。卷末有阮逸序,又有福畤貞觀二十三年序。晁公武《郡齋讀書志》嘗辨通以開皇四年生,李德林以開皇十一年卒,通方八歲。而有德林請見,歸援琴鼓蕩之什,門人皆沾襟事。關朗以太和丁巳見魏孝文帝,至開皇四年通生已相隔一百七年,而有問禮於朗事。薛道衡以仁壽二年出爲襄州總管,至煬帝即位始召還。又《隋書》載道衡子收,初生即出繼族父儒,及長不識本生,而有仁壽四年通在長安見道衡,道衡語其子收事。洪邁《容齋隨筆》又辨《唐書》載薛收以大業十三年歸唐,而世家有江都難作,通有疾,召薛收共語事。王應麟《困學紀聞》亦辨《唐會要》載武德元年五月始改隋太興殿爲太極殿,而書中有隋文帝召見太極殿事。皆證以史傳,抵牾顯然。今考通以仁壽四年自長安東歸河汾,即不復出,故《世家》亦云大業元年一徵又不至。而《周公篇》內乃云:'子游太樂,聞龍舟五更之曲。'阮逸注曰:'太樂之署,煬帝將游江都,作此曲。'《隋書·職官志》曰:'太常寺有太樂署。'是通於大業末年復至長安矣。其依托謬妄,亦一明證。考《楊炯集》有《王勃集序》,稱祖父通,隋秀才高第,蜀郡司户書佐,蜀王侍讀。大業末,退,講藝於龍門。其卒也,門人謚之曰文中子。炯爲其孫作序,則記其祖事必不誤。杜牧《樊川集》首有其甥裴延翰序,亦引《文中子》曰'言文而不及理,王道何從而興乎'二語,亦與今本相合。知所謂文中子者實有其人。所謂《中説》者,其子福郊、福畤等纂述遺言,虛相誇飾,亦實有其書。第當有唐開國之初,明君碩輔不可以虛名動。又陸德明、孔穎達、賈公彥諸人老師宿儒,布列館閣,亦不可以空談惑。故其人、其書皆不著於當時,而當時亦無斥其妄者。

至中唐以後，漸遠無徵，乃稍稍得售其欺耳。宋咸必以爲實無其人，洪邁必以爲其書出阮逸所撰，誠爲過當。講學家或竟以爲接孔、顏之傳，則愼之甚矣。據其僞迹炳然，誠不足采，然大旨要不甚悖於理。且摹擬聖人之語言自揚雄始，猶未敢冒其名。摹擬聖人之事迹則自通始，乃併其名而僭之。後來聚徒講學，釀爲朋黨，以至禍延宗社者，通實爲之先驅。《坤》之初六，履霜堅冰。《姤》之初六，系於金柅。録而存之，亦足見儒風變古，其所由來者漸也。"

[2] 拳拳：誠摯貌。

[3] 六代：指黄帝、唐、虞、夏、殷、周。

[4] 贊：解釋，闡明。

[5] 論：議論，評論。

[6] 疵：非議。

[7] 語本《皮子文藪·文中子碑》。

[8] 踵：繼承，因襲。

[9] 复：遠。

[10] 杜執禮：杜淹（？—628），字執禮，京兆杜陵（今陝西長安）人。隋時隱太山，文帝惡之，謫戍江表。入唐爲天策府曹參軍，文學館學士。太宗召拜御史大夫，檢校吏部尚書，參預朝政。

[11] 東海：郡名，秦置，楚漢之際也稱郯郡，治所在郯（今山東郯城北）。

[12] 李育：生平事迹不詳。

[13] 會稽：郡名。秦置，今江蘇省東部及浙江省西部地。

[14] 夏琠：生平事迹不詳。

[15] 河東：黄河流經山西省境，自北而南，故稱山西省境内黄河以東的地區爲"河東"。

[16] 關子明：關朗，字子明，河東解人。據説爲東漢末年名將關羽玄孫，有經世才，不求宦達。北魏孝文帝太和末，王虬封晋陽公，關

363

朗爲其公府記室，與談《易》，以爲奇才，薦於帝。詔見，問《老子》《易經》，朗陳王道，祈以慈儉爲本，飾以刑政禮樂。帝卒，遂不仕。案：關朗與王通曾祖交游，與王通不同世代，疑其問禮者當爲關子明後人，或爲"關生"之誤，即《中説·魏相》篇"吾聞禮於關生，見負樵者幾矣"之"關生"。

[17] 北平：北平郡，西晉改右北平郡置，治所在徐無縣（今河北遵化縣東）。

[18] 霍汲：晉人，隱於漁，雅精樂律。文中子嘗曰："吾正樂於霍生，見持竿者幾焉。"（《中説·魏相》篇）

[19] 族父：同族兄弟之父。亦泛指同族伯叔父。

[20] 畢：齊備，統括。

[21] 匪：同"非"。不，不是。

[22] 異時：往時，從前。

[23] 房：房玄齡（579—648），字喬，房彥謙子，唐齊州臨淄人。隋開皇時舉進士，爲隰城尉。唐兵入關中，歸李世民，任秦王府記室。唐高祖武德中，與長孫無忌等策劃玄武門之變。太宗貞觀元年爲中書令，封邢國公。後任尚書右仆射，改魏國公。監修國史。十一年，徙梁國公。居相位十五年，與杜如晦共掌朝政，世稱"房謀杜斷"。進司空，累表固辭。卒謚文昭。

[24] 衛：李靖（571—649），字藥師，雍州三原（今陝西三原縣）人。高祖時拜行軍總管，蕭銑平，招降嶺南四十九州，又曾鎮壓輔公祐軍。太宗即位，授刑部尚書、兼檢校中書令，轉兵部尚書。破突厥，封代國公，遷尚書右仆射。後改衛國公。卒謚景武。後人録其論兵語，爲《李衛公兵法》。

[25] 恢：擴大，弘揚。

[26] 文武：文德與武功，文治與武事。

[27] 濟：成功，成就。

[28] 天命：上天之意旨，由天主宰的命運。

[29] 司空表聖：司空圖（837—908），字表聖，晚自號耐辱居士，河中虞鄉人。於唐僖宗時知制誥，爲中書舍人，旋解職去。朱全忠召之，力拒不出。及全忠僭位，遂不食而死。《唐書》列之《卓行傳》。著有《司空表聖文集》。

元子

元子[1]曰：人之毒[2]於鄉，毒於國，毒於鳥獸草木，不如毒其形[3]，毒其命[4]。[5]人之媚於時，媚於君，媚於朋友[6]郡縣[7]，不如媚於厠[8]，媚於室[9]。[10]人之貪於權，貪於位，貪於取求聚積，不如貪於道，貪於閒靜。[11]人之忍於毒，忍於媚，忍於詐惑貪溺，不如忍於貧苦，忍於棄廢。[12]英哉斯言！次山平生辭章奇古峻絕，不蹈襲古今，其觀柳柳州[13]，① 抑文[14]英崛，唐代文人，惟二公而已[15]。猶有一説。頌者，所以美盛德之形容[16]也，如《江漢》諸詩所以寫宣王中興[17]之美者，皆系之雅。唐既中興，而磨崖[18]一碑，乃以頌稱，漫郎[19]豈不能致思乎此耶？初，結居商餘山[20]著書，其序謂“天寶九年庚寅至十二年癸巳，一萬六千五百九十五言，分十卷”，是蓋有意存焉。卷首有《元氏家録》，紀其世次[21]。

---

① “其”，四庫本作“某”。

【集釋】

[1] 元子：元結（719—772），字次山，自稱浪士，亦號猗玗子、漫郎、漫叟、聱叟。唐河南魯山人。玄宗天寶進士，由國子司業蘇源明薦於肅宗，爲右金吾兵曹參軍，歷仕山南西道節度參謀、水部員外郎、道州刺史、容管經略使。結有吏才，卓有政聲。文章戛戛自異，變排偶綺靡之習。有集，又編沈千運、王季友等七人詩爲《篋中集》。

[2] 毒：毒害，殘害。

[3] 其：自己。形：形體，身體。

[4] 命：天命，命運。

[5] 語見《元次山集》卷五：“元子以爲人之毒也，毒於鄉，毒於國，毒於鳥獸，毒於草木，不如毒其形，毒其命，毒其姻戚，毒其家族者爾。於戲，毒可頌也乎哉？毒有甚焉何如？”

[6] 朋友：同門爲朋，同志爲友；後泛指交誼深厚的人。

[7] 郡縣：即郡縣之人，泛指陌生之衆。

[8] 厩：馬房，泛指牲口棚。此處指家養牲畜。

[9] 室：家，此處指親人。

[10] 語見《元次山集》卷五：“元子以爲人之媚也，媚於時，媚於君，媚於朋友，媚於鄉縣，不如媚於厩，媚於室，媚於市肆，媚於道路者爾。於戲，媚可頌也乎哉？媚有甚焉何如？”

[11] 語見《元次山集》卷五：“元子以爲人之貪也，貪於權，貪於位，貪於取求，貪於聚積，不如貪於德，貪於道，貪於閒和，貪於靜順者爾。於戲！貪可頌也乎哉？貪有甚焉何如？”

[12] 語見《元次山集》卷五：“元子以爲人之忍也，忍於毒，忍於媚，忍於詐惑，忍於貪溺，不如忍於貧，忍於苦，忍於棄污，忍於病廢者爾。於戲，忍可頌也乎哉？忍有甚焉何如？”

[13] 柳柳州：即柳宗元（773—819），字子厚，唐河東解人，世稱柳河東。

　　[14] 抑文：當作抑又，抑猶又也，"抑又"同義復合，爲習見短語。

　　[15] 明胡應麟《少室山房集》卷一百五《題元次山集》：元次山文故爲艱深險澀，而無大發明，蓋樊宗師、皇甫湜之前驅耳。高似孫至謂視柳河東英崛過之，唐之文惟二公，豈不省昌黎何代人耶？甚矣高之無目且無耳也。余讀元子文，佳者僅世所共傳《中興頌》，乃其文體典雅渾雄，非艱澀比，而諸艱澀之作無一傳。彼藉口《盤庚》者，戒之哉！

　　[16] 形容：指盛德的表現、體現。

　　[17] 宣王中興：周宣王即位後，任用召穆公、周定公、尹吉甫等大臣，整頓朝政，使已衰落的周朝一時復興。

　　[18] 磨崖：山崖石壁上鐫刻的文字。

　　[19] 漫郎：指唐朝元結。

　　[20] 商餘山：今河南魯山縣東南。

　　[21] 世次：世系相承的先後。

皮子隱書[1]

　　皮日休《隱書》六十篇，有曰："古之用賢也爲國，今之用賢也爲家。"[2] 又曰："古之官人[3]也，以天下爲己累，故己憂之。今之官人也，以己爲天下累，故人憂之。"[4] 又曰："古之隱也志在其中，今之隱也爵在其中。"[5] 又曰："古之決獄[6]，得民情[7]也哀；今之決獄，得民情也喜。"[8] "古之殺人也怒，今之殺人也笑。"[9] 嗚呼，斯言也痛快哉！

【集釋】

　　[1] 又稱《鹿門隱書》。

　　[2] 語見《皮日休文集》卷九。

　　[3] 官人：做官的人，官吏。

　　[4] 語見《皮日休文集》卷九。

　　[5] 語見《皮日休文集》卷九。

　　[6] 決獄：判決獄訟。

　　[7] 民情：《論語·子張》："上失其道，民散久矣。如得其情，則哀矜而勿喜。"民情，即"其情"；情，實也。當解作"百姓犯案之實情"。

　　[8] 語見《皮日休文集》卷九。

　　[9] 語見《皮日休文集》卷九。

附録：有關《子略》研究資料

宋樓鑰《攻媿集》卷三十一《除給事中舉高似孫自代狀》：

右臣伏見文林郎紹興府會稽縣主簿高似孫，夙有俊聲，能傳家學，詞章敏贍，吏道通明，臣今舉以自代。

宋陳振孫《直齋書録解題》卷二十：

《疏寮集》三卷，四明高似孫續古撰。少有俊聲，登甲辰科，不自愛重，爲館職，上韓侂胄生日詩九首，皆暗用"錫"字，爲時清議所不齒。晚知處州，貪酷尤甚。其讀書以隱僻爲博，其作文以怪澀爲奇，至有甚可笑者。就中詩猶可觀也。

元盛如梓《庶齋老學叢談》卷中之上：

《宋史》載：韓侂胄用事時，其誕日，高似孫獻詩九章，每章用一"錫"字；辛棄疾以詞贊其用兵，則用司馬昭假黃鉞異姓真王故事。是誠何心哉！士大夫所守必正，可仕則仕，

369

可止則止，一以孔孟爲法，斯不失爲君子。如疏寮、稼軒，負大文名，而有此作穢名史册。悲夫！

清汪琬《堯峰文鈔》卷三十九《跋高似孫子略》：

高氏疑《孔叢子》僞書，歷引《孟子》及《家語後叙》證孔子、子思無問答事，最悉。然予以爲非是。《漢書·孔光傳》首載孔氏譜牒，孔子生伯魚鯉，鯉生子思伋，伋生子尚高，則伯魚爲子思父，審矣。《孔子家語》：“孔子年二十娶亓官氏，明年生伯魚。伯魚年五十，先孔子卒。”孔子後三年始卒。使子思猶未生，則孔氏譜不足據邪？《史記·魯世家》：“穆公之立也，距孔子已七十年。”子思壽止六十二，使穆公時猶在，則與孔子相隔絕久矣。其去伯魚當益遠，不得爲其子。然遍考諸書，又不言孔子有佗支庶，何也？予以爲宜從《孔叢子》。蓋《孔叢子》與譜牒皆出孔氏子孫之手，其説必有證左，非他書臆度者比也。嗚呼！盡信書則不如無書。後世迂儒小生讀書不知通變，往往舍其大者，旁引瑣細，以相辨難，豈非好古而失之愚者哉！

清陶元藻《全浙詩話》卷十六“南宋高似孫”條：

似孫，字續古，慶元人。文虎子。淳熙十一年進士，歷官校書郎，守處州。有《疏寮集》。

《癸辛雜識》：高疏寮守括，因有籍妓洪渠，慧黠過人。

一日歌《真珠簾》詞，至"病酒情懷猶困懶"，使之演其聲，若病酒而困懶者，疏寮極稱賞之。適有客云："卿自用卿法。"高因視洪云："吾亦愛吾渠。"遂與落籍而去，以此得嘖言者。《談薈》：韓侂胄生日，高似孫獻詩九章，每章用一"錫"字，以寓"九錫"。

《武林舊事》：聚景園在清波門，孝宗致養之地。嘉泰間，寧宗奉成肅太后，亦嘗臨幸。其後蕪廢不修。高疏寮詩云："翠華不何苑中來，可是年年惜露臺。水際春風寒漠漠，官梅卻作野梅開。"

《居易錄》：四明高似孫續古《疏寮集》，劉後村謂能參誠齋活句者。《四聖觀》詩，後村亟賞之，詩云："水明一色抱神州，雨壓輕塵不敢浮。山北山南人喚酒，春前春後客憑樓。射熊館暗花扶宸，下鵠池深柳拂舟。白髮邦人能道舊，君王曾奉上皇游。""花知西路事，雁叫北人心。""山橫東壁含情斷，水出瞿塘快意流。"

按：聚景園內有會芳殿、瀛春堂、覽遠堂、芳華亭、花光亭、瑤津、翠光、桂景、艷碧、涼觀、瓊芳、彩霞、寒碧、花醉、澄瀾等目。又有錦壁、清輝二處，並柳浪學士二橋。故《乾淳起居注》紀淳熙六年幸園事，云太上太后至會芳殿降輦，上及皇后至翠光降輦，並坐瑤津西軒入御，筵畢，至錦壁賞花，又至清輝少歇，由翠光登御舟，入湖中，泊花光亭，仍至會芳少歇，還內。自孝宗至寧宗，屢見臨幸。理宗

以後漸至冷落。陸游詩："聖主憂民罷露臺，春風側苑晝長
開。盡除曼衍魚龍戲，不禁芻蕘雉兔來。水鳥避人橫翠藹，
宮花經雨委蒼苔。殘年自喜身強健，又任清都夢一回。水殿
西頭起砌臺，絲歌鬧處杏花開。簫韶本與人同樂，羽衛曾聞
一歲來。鷁首波生涵藻荇，金鋪雨後上莓苔。遠臣侍晏應無
日，目斷堯雲到晚回。"分明見苑囿漸宸游亦倦之意，卻説來
得體，於此見放翁筆墨之妙。四聖延祥觀在孤山。四聖者，
道經云紫微北極大帝之四將，天蓬、天猷、翊聖、真武也。
向有觀在汴京，韋太后奉事，惟謹靖康之變，高宗以康邸出
使，見四金甲人執弓劍以衛。未幾，太后北狩，乃佩平日所
繪像以行，嘗見於夢，止二人祠之，曰二護聖君。還南，二
留衛，聖母由是益崇信之。紹興十二年，太后南歸，遂於禁
中造沈香像，同所繪像，奉安於慈寧宮。越二年，委韋淵就
山建殿焉。高、孝、光三朝俱嘗臨幸，故有"君王曾奉上皇
游"之句。

《四庫全書總目》卷八十五《子略》提要：

《子略》四卷、《目錄》一卷，宋高似孫撰。似孫有《剡
錄》，已著錄。是書卷首冠以目錄，始《漢志》所載，次
《隋志》所載，次《唐志》所載，次庾仲容《子鈔》、馬總
《意林》所載，次鄭樵《通志·藝文略》所載，皆削其門類
而存其書名，略注撰人卷數於下。其一書而有諸家注者，則

惟列本書，而注家細字附録焉。其有題識者，凡《陰符經》《握奇經》《八陣圖》《鬻子》《六韜》《孔叢子》《曾子》《魯仲連子》《晏子》《老子》《莊子》《列子》《文子》《戰國策》《管子》《尹文子》《韓非子》《墨子》《鄧析子》《亢桑子》《鶡冠子》《孫子》《吳子》《范子》《鬼谷子》《吕氏春秋》《素書》《淮南子》《賈誼新書》《鹽鐵論》《論衡》《太玄經》《新序》《説苑》《抱朴子》《文中子》《元子》《皮子隱書》，凡三十八家。其中《説苑》《新序》合一篇，而《八陣圖》附於《握奇經》，實共三十六篇。惟《陰符經》《握奇經》録其原書於前，餘皆不録，似乎後人删節之本，未必完書也。馬端臨《通考》多引之，亦頗有所考證發明。然似孫能知《亢桑子》之僞，而於《陰符經》《握奇經》《三略》《諸葛亮將苑》《十六策》之類乃皆以爲真，則鑒別亦未爲甚確。其盛稱《鬼谷子》，尤爲好奇。以其會梓諸家，且所見之本猶近古，終非焦竑《經籍志》之流輾轉販鬻、徒構虛詞者比，故録而存之，備考證焉。

清張海鵬《學津討原本跋》：

續古氏取鬻熊以下三十八家，著之論説，其卑法術、拒刑名、黜玄虛、掃掉闒，可謂卓然絶識矣。唯能決洞靈之妄而樂治丹經，能戒黷武之殘而侈譚陳法，未免目淆五色，見涉兩歧。至謂殷檉既奠，子思未生，竟忘泰山未頹，伯魚早卒，偶疏點檢，未足訾謷。要其俯首孟氏，折衷孔經，揚子有云："好書而不要諸仲尼，書肆也；好説而不要諸仲尼，説鈴也。"續古其免於此議歟？宋槧久廢，兹從《百川學海》中録出，爲校正脱僞四百餘處，復取隋、唐諸志及馬、鄭兩家之書，核其篇目，悉爲釐正，稍還高氏之面目云。

司馬按：此跋同於清孫原湘《天真閣集》卷五十四《高似孫子略跋》，文字稍有點竄。二氏同時，此文或出孫氏代筆，或爲張氏剽竊，皆不得而知。孫文附下，舉此備考。

清孫原湘《天真閣集》卷五十四《高似孫子略跋》：

續古氏取鬻熊以下三十八家，著之論説，其卑法術、拒刑名、黜玄虚、掃捭闔，可謂卓然絶識矣。惟能決洞靈之妄而樂治丹經，能戒黷武之殘而侈言陣法，未免目涽五色，見涉兩歧。至謂殷楹既奠，子思未生，竟忘泰山未頹，伯魚早卒，偶疏檢點，未足訾謷。要其俯首孟氏，折衷孔經，揚子有云："好書而不要諸仲尼，書肆也；好説而不要諸仲尼，説鈴也。"高氏其免於此議歟？宋槧久廢，兹從《百川學海》中録出，爲校正脱誤四百餘處，復取漢、隋、唐諸志及馬、鄭兩家之書，核其篇目，悉爲釐正，稍還匡廬之面目云。

孫德謙《諸子通考》卷二：

諸子立言，無不自成一家。故治其學者，莫要於辨別家數。何者爲儒，何者爲道，知其家數，而立言之意亦可由此而窺矣。宋之學者，以尊儒之故，屏諸子爲離經畔道。高氏今謂不能盡宗於經，亦不能盡忘於經，猶曉然于諸子之術，不盡有悖於經教，其見超矣。吾嘗謂劉向之辨章諸子，用經爲衡，而班固故曰"六經之支與流裔"。今觀高氏之説，諸子之無違經義，殆亦先得吾心之同然乎？夫諸子名爲專家，其書則各有指歸。高氏云"可以通名家，究指歸"，其説是也，惟高氏能言之。而其論列諸子，則未必能得其指歸。列子貴虛，彼未識其指歸，疑爲"鴻蒙列缺"之類。鄧析則以爲流于申、韓，且不辨名自爲名，與法家不可混，何能探其指歸乎？然游文六經，留意仁義，爲儒家之指歸；清虛自守，卑弱自恃，爲道家之指歸；班氏於《諸子》一略，固皆標揭之。有好家學者，從高氏之言，以究其指歸，則誠確鑿而無可易者也。若謂荀況、揚雄不可與諸子同語，吾不知高氏何憒憒若此。是二家者，均諸子之儒家流也，漢、隋、兩唐，其史志皆然，乃謂不可與諸子同語，大可異矣。將二氏非諸子乎？雖然，諸子亦宗於經，而以究其指歸爲務，高氏之於子學猶有得焉者也。